国家"十二五"重点出版规划项目

中国社会科学院创新工程学术出版资助项目

新版《列国志》编辑委员会

主　　任　王伟光
副 主 任　李 扬　李培林
委　　员（按姓氏音序排列）

陈众议　　胡德坤　　黄　平　　李安山　　李剑鸣　　李绍先
李　薇　　李向阳　　李永全　　刘北成　　刘德斌　　刘　鸣
刘新成　　刘　稚　　钱乘旦　　曲　星　　王　镭　　王立强
王　巍　　王新刚　　王延中　　王　正　　邢广程　　杨栋梁
杨　光　　张德广　　张顺洪　　张宇燕　　张蕴岭　　郑秉文
周　弘　　庄国土　　卓新平

秘 书 长　晋保平　谢寿光
副秘书长　薛增朝　宋月华　张晓莉

列国志

GUIDE TO
THE WORLD
NATIONS

新版

沈永兴　张秋生　高国荣
编著

AUSTRALIA

澳大利亚

社会科学文献出版社
SOCIAL SCIENCES ACADEMIC PRESS (CHINA)

澳大利亚行政区划图

澳大利亚国旗

澳大利亚国徽

澳大利亚国会大厦

澳大利亚战争纪念馆

墨尔本市容（张秋生　摄）

墨尔本弗林德斯街公交站台

悉尼大学

悉尼大学内的涂鸦墙
（张晓莉　摄）

昆士兰大学（张晓莉　摄）

新南威尔士艺术馆

爱丽丝泉土著艺术品商店（张秋生　摄）

澳大利亚殖民地时期著名诗人
和散文作家亨利·劳森

大堡礁

布里斯班黄金海岸

十二门徒岩

树袋熊

袋鼠

澳大利亚国花金合欢

墨尔本海港（张秋生 摄）

塔斯马尼亚国王公园

塔斯马尼亚桥

出版说明

　　《列国志》编撰出版工作自1999年正式启动，截至目前，已出版144卷，涵盖世界五大洲163个国家和国际组织，成为中国出版史上第一套百科全书式的大型国际知识参考书。该套丛书自出版以来，受到社会各界的广泛好评，被誉为"21世纪的《海国图志》"，中国人了解外部世界的全景式"窗口"。

　　这项凝聚着近千学人、出版人心血与期盼的工程，前后历时十多年，作为此项工作的组织实施者，我们为这煌煌144卷《列国志》的出版深感欣慰。与此同时，我们也深刻认识到当今国际形势风云变幻，国家发展日新月异，人们了解世界各国最新动态的需要也更为迫切。鉴于此，为使《列国志》丛书能够不断补充最新资料，更好地服务于社会各界，我们决定启动新版《列国志》编撰出版工作。

　　与已出版的144卷《列国志》相比，新版《列国志》无论是形式还是内容都有新的调整。国际组织卷次将单独作为一个系列编撰出版，原来合并出版的国家将独立成书，而之前尚未出版的国家都将增补齐全。新版《列国志》的封面设计、版面设计更加新颖，力求带给读者更好的阅读享受。内容上的调整主要体现在数据的更新、最新情况的增补以及章节设置的变化等方面，目的在于进一步加强该套丛书将基础研究和应用对策研究相结合，将基础研究成果应用于实践的特色。例如，增加了各国有关资源开发、环境治理的内容；特设"社会"一章，介绍各国的国民生活情况、社会管理经验以及存在的社会问题，等等；增设"大事纪年"，方便读者在短时间内熟悉各国的发展线索；增设"索引"，便于读者根据人名、地名、关键词查找所需相关信息。

顺应时代发展的要求，新版《列国志》将以纸质书为基础，全面整合国别国际问题研究资源，构建列国志数据库。这是《列国志》在新时期发展的一个重大突破，由此形成的国别国际问题研究与知识服务平台，必将更好地服务于中央和地方政府部门应对日益繁杂的国际事务的决策需要，促进国别国际问题研究领域的学术交流，拓宽中国民众的国际视野。

新版《列国志》的编撰出版工作得到了各方的支持：国家主管部门高度重视，将其列入"国家'十二五'重点出版规划项目"；中国社会科学院将其列为创新工程学术出版资助项目，王伟光院长亲自担任编辑委员会主任，指导相关工作的开展；国内各高校和研究机构鼎力相助，国别国际问题研究领域的知名学者相继加入编辑委员会，提供优质的学术咨询与指导。相信在各方的通力合作之下，新版《列国志》必将更上一层楼，以崭新的面貌呈现给读者，在中国改革开放的新征程中更好地发挥其作为"知识向导""资政参考"和"文化桥梁"的作用！

新版《列国志》编辑委员会

2013 年 9 月

前　言

　　自 1840 年前后中国被迫开关、步入世界以来，对外国舆地政情的了解即应时而起。还在第一次鸦片战争期间，受林则徐之托，1842 年魏源编辑刊刻了近代中国首部介绍当时世界主要国家舆地政情的大型志书《海国图志》。林、魏之目的是为长期生活在闭关锁国之中、对外部世界知之甚少的国人"睁眼看世界"，提供一部基本的参考资料，尤其是让当时中国的各级统治者知道"天朝上国"之外的天地，学习西方的科学技术，"师夷之长技以制夷"。这部著作，在当时乃至其后相当长一段时间内，产生过巨大影响，对国人了解外部世界起到了积极的作用。

　　自那时起中国认识世界、融入世界的步伐就再也没有停止过。中华人民共和国成立以后，尤其是 1978 年改革开放以来，中国更以主动的自信自强的积极姿态，加速融入世界的步伐。与之相适应，不同时期先后出版过相当数量的不同层次的有关国际问题、列国政情、异域风俗等方面的著作，数量之多，可谓汗牛充栋。它们对时人了解外部世界起到了积极的作用。

　　当今世界，资本与现代科技正以前所未有的速度与广度在国际间流动和传播，"全球化"浪潮席卷世界各地，极大地影响着世界历史进程，对中国的发展也产生极其深刻的影响。面临不同以往的"大变局"，中国已经并将继续以更开放的姿态、更快的步伐全面步入世界，迎接时代的挑战。不同的是，我们所面临的已不是林则徐、魏源时代要不要"睁眼看世界"、要不要"开放"问题，而是在新的历史条件下，在新的世界发展大势下，如何更好地步入世界，如何在融入世界的进程中更好地维护民族国家的主权与独立，积极参与国际事务，为维护世界和平，促进世界与人类共同发展做出贡献。这就要求我们对外部世界有比以往更深切、全面的了解，我们只有更全面、更深入地了解世界，才能在更高的层次上融入世界，也才能在融入世界的进程中不迷失方向，保持自我。

与此时代要求相比，已有的种种有关介绍、论述各国史地政情的著述，无论就规模还是内容来看，已远远不能适应我们了解外部世界的要求。人们期盼有更新、更系统、更权威的著作问世。

中国社会科学院作为国家哲学社会科学的最高研究机构和国际问题综合研究中心，有11个专门研究国际问题和外国问题的研究所，学科门类齐全，研究力量雄厚，有能力也有责任担当这一重任。早在20世纪90年代初，中国社会科学院的领导和中国社会科学出版社就提出编撰"简明国际百科全书"的设想。1993年3月11日，时任中国社会科学院院长的胡绳先生在科研局的一份报告上批示："我想，国际片各所可考虑出一套列国志，体例类似几年前出的《简明中国百科全书》，以一国（美、日、英、法等）或几个国家（北欧各国、印支各国）为一册，请考虑可行否。"

中国社会科学院科研局根据胡绳院长的批示，在调查研究的基础上，于1994年2月28日发出《关于编纂〈简明国际百科全书〉和〈列国志〉立项的通报》。《列国志》和《简明国际百科全书》一起被列为中国社会科学院重点项目。按照当时的计划，首先编写《简明国际百科全书》，待这一项目完成后，再着手编写《列国志》。

　　1998 年，率先完成《简明国际百科全书》有关卷编写任务的研究所开始了《列国志》的编写工作。随后，其他研究所也陆续启动这一项目。为了保证《列国志》这套大型丛书的高质量，科研局和社会科学文献出版社于 1999 年 1 月 27 日召开国际学科片各研究所及世界历史研究所负责人会议，讨论了这套大型丛书的编写大纲及基本要求。根据会议精神，科研局随后印发了《关于〈列国志〉编写工作有关事项的通知》，陆续为启动项目拨付研究经费。

　　为了加强对《列国志》项目编撰出版工作的组织协调，根据时任中国社会科学院院长的李铁映同志的提议，2002 年 8 月，成立了由分管国际学科片的陈佳贵副院长为主任的《列国志》编辑委员会。编委会成员包括国际片各研究所、科研局、研究生院及社会科学文献出版社等部门的主要领导及有关同志。科研局和社会科学文献出版社组成《列国志》项目工作组，社会科学文献出版社成立了《列国志》工作室。同年，《列国志》项目被批准为中国社会科学院重大课题，新闻出版总署将《列国志》项目列入国家重点图书出版计划。

　　在《列国志》编辑委员会的领导下，《列国志》各承担单位尤其是各位学者加快了编撰进度。作为一项大型研究项目和大型丛书，编委会对《列国志》提出的基本要求是：资料翔实、准确、最新，文笔流畅，学术性和可读性兼备。《列国志》之所以强调学术性，是因为这套丛书不是一般的"手册""概览"，而是在尽可能吸收前人成果的基础上，体现专家学者们的研究所得和个人见解。正因为如此，《列国志》在强调基本要求的同时，本着文责自负的原则，没有对各卷的具体内容及学术观点强行统一。应当指出，参加这一浩繁工程的，除了中国社会科学院的专业科研人员以外，还有院外的一些在该领域颇有研究的专家学者。

现在凝聚着数百位专家学者心血，共计141卷，涵盖了当今世界151个国家和地区以及数十个主要国际组织的《列国志》丛书，将陆续出版与广大读者见面。我们希望这样一套大型丛书，能为各级干部了解、认识当代世界各国及主要国际组织的情况，了解世界发展趋势，把握时代发展脉络，提供有益的帮助；希望它能成为我国外交外事工作者、国际经贸企业及日渐增多的广大出国公民和旅游者走向世界的忠实"向导"，引领其步入更广阔的世界；希望它在帮助中国人民认识世界的同时，也能够架起世界各国人民认识中国的一座"桥梁"，一座中国走向世界、世界走向中国的"桥梁"。

《列国志》编辑委员会

2003 年 6 月

2008 年，本书获得澳大利亚政府和澳中理事会
授予的优秀原创著作奖

澳大利亚驻华大使孙芳安序

应邀为《列国志·澳大利亚》第三版作序，我感到非常高兴！

中国和澳大利亚有着强劲而富有成效的双边关系。众所周知，多年来，两国在经济上的互补性促进了双方贸易和投资的飞速发展。此外，在文化、司法、教育、军事、科研、农业、移民以及其他诸多领域，双方也开展了密切的交流与合作。同时，两国在地区和全球事务中也是重要的合作伙伴。

最新版的《列国志·澳大利亚》涉及了澳大利亚社会的各个方面。我相信它将有利于中国读者进一步了解澳大利亚的历史、民族、文化、政治和经济制度。而这也将促进和加强两国未来双边关系的发展。

本书是作者们付出辛劳所取得的成果，我在此向他们表示祝贺。

澳大利亚驻华大使

孙芳安

2014 年 5 月 8 日

澳大利亚前驻华大使唐茂思序

　　稳定的双边关系的基石是相互理解。为此，澳大利亚政府推动中国澳大利亚中心的发展，将促进澳大利亚研究作为增进澳中关系整体框架的一个重要组成部分。

　　我十分高兴地看到中国社会科学院现已编写了这本富有意义的《澳大利亚》卷作为有重要影响的《列国志》丛书的一部。我向作者们取得的综合性研究成果表示祝贺。我相信，《列国志》丛书的《澳大利亚》卷将会成为有兴趣更多地了解澳大利亚的所有中国读者的重要读物。我希望该书将会对澳中关系的进一步发展作出贡献。

澳大利亚驻华大使

唐茂思

2003 年 10 月 15 日

CONTENTS

目 录

CONTENTS

目 录

CONTENTS

目 录

CONTENTS
目 录

CONTENTS

目 录

CONTENTS

目 录

CONTENTS

目 录

CONTENTS

目 录

CONTENTS

目 录

CONTENTS
目 录

自　序

　　澳大利亚是位于南半球的一个疆域辽阔、神奇美丽的国家。提起澳大利亚，人们会很自然地想到可爱的动物考拉、独特的袋鼠、朵朵白云般的羊群，蜚声世界的悉尼歌剧院，还有碧海蓝天、金色沙滩和独一无二的大堡礁，以及雄居于大漠中央的世界上最大的单体巨形岩石——艾尔斯岩。但对于大多数中国人来说，澳大利亚仍显得颇为陌生，因此，对这个南半球最大的国家充满了好奇与向往。另一方面，随着中国的改革开放，中澳两国经贸往来的加强，赴澳留学人员的增多，以及每年有大批旅游者赴澳观光，人们又感到澳大利亚并不陌生，甚至觉得亲近而熟悉。尤其是在2000年悉尼奥运会之后，国人对澳大利亚的了解更多了，兴趣更浓了。人们希望对澳大利亚的历史、地理环境、文化教育、政治制度、经济状况、民族习俗等有更多的了解。作为《列国志》丛书之一的《澳大利亚》卷，正是为适应这样的需要而编写的。这不是一部研究澳大利亚某一方面的专著，而是一部较全面地介绍澳大利亚国情的作品。

　　著书的首要前提是占有资料，然后在继承已有成果的基础上不断向前推进。为尽可能多地收集本书应具备的资料，我们往返于北京各主要图书馆和书店，购买和复制了大量有关澳大利亚的图书资料，又利用现代网络，参考了所能收集到的外文资料。在广泛阅读和深入思考的基础上动笔写作，经过反复讨论和修改，又请有关专家审阅，最终才修改定稿。

　　为了详细、如实地介绍澳大利亚的国情，作为一本列国志，我们把握的尺度是：既要较全面地介绍历史、政治、经济、文化等各方面的情况，又要具有一定的学术深度，并写出应有的特色。近几年来，国内虽然出版了不少有关澳大利亚的著作，但它们在有些方面，比如对澳大利亚的科技、文化、军事、外交和中澳关系方面的内容涉及较少。本书在这些方面作了较多补充，以弥补其不足。作为研究历史的学者，我们对许多问题进行了历史溯源，这不仅使得许多问题的历史脉络清晰可循，而且在一定程度上避免了就事论事、隔靴搔痒的感觉。当然，我们也十分关注现实，求新求实，力图反映澳大利亚现实社会生活中的大事。我们以为，本书在政治制度、中澳关系及文化体育方面作了比较深入的描述，力图在吸收其他学者研究成果的基础上，有所创新。本书在资料的取舍上，力图准确新颖，运用了大量外文资料，其中包括较权威的《澳大利亚百科全书》和澳大利亚政府网上的最新资料。

近年来，澳大利亚确立了面向亚太地区发展的战略，它在该地区的地位将越来越重要。作为太平洋上的岛国，澳大利亚独特的自然生态世所罕有。作为移民社会，澳大利亚从落后的殖民地迅速崛起为发达的资本主义国家。所有这些，无不激起国人的浓厚兴趣。随着中澳两国关系的不断加强和国内"澳大利亚热"的升温，相信该书的适时出版既能加深国人对澳大利亚的了解，又能有利于人们放眼世界，对促进中澳友谊的发展稍尽绵薄。

由于题材的要求和篇幅的限制，我们对许多问题只能扼要叙述，而不能浓墨重彩地大肆铺陈。因资料所限和国内研究澳大利亚的基础相对薄弱，我们对一些问题，比如澳大利亚的选举制度、司法制度等，尚待深入探讨，唯愿这些问题的提出能起到抛砖引玉的作用。由于时间仓促和我们的水平所限，本书必定存在不少瑕疵。我们敬请读者和专家学者给予指正，但愿将来有机会再作修订。

还应说明的是，《澳大利亚》一书是1999年由我申请并被批准立项的。因时间紧、任务重，为保证质量按时完成，我约请了对澳大利亚素有研究的张秋生教授和勤奋上进的高国荣助理研究员共同来参加这项工作。他们不仅出色地完成了大部分章节的写作任务，而且为本书的资料、图片的收集，以及与澳大利亚相关人士的联系，做了大量工作。所以，本书是我们三人合作的成果。没有他们两位的合作和努力，本书是难以顺利完稿和问世的。

　　在本书问世之际，我们要特别感谢天津南开大学澳大利亚研究中心的殷汝祥教授和北京外国语大学澳大利亚研究中心的杜学增教授。他们两位应邀在百忙之中审阅了全部书稿，并提出了宝贵意见。我们在此深表谢意。

沈永兴

2003 年 8 月于北京

再 版 序

呈现在读者面前的这本书，是经过修订后重新再版的《列国志》丛书之一的《澳大利亚》卷。在本书初版时，我们曾将写作该书的一些缘由、重点和过程一一作了说明，在本书即将再版时，还想就修订的原因和内容作一些补充说明。

在信息技术突飞猛进和经济全球化时代来临之时，人们似乎总有一种感觉：从空间而言，这个世界似乎变得越来越小，地球真的成了一个村落，中澳两国虽然相距遥远，却又联系日益紧密。从时间而言，似乎时间老人步履匆匆，时光荏苒，这本书从初版到再版就是如此。记得《澳大利亚》课题立项是在1999年，当我们着手写作本书时，正值悉尼奥运会隆重开幕，全世界都把目光投向这一届令人赞叹、充满绿色与科技元素的奥运会，许多精彩的场面历历在目。为了求新，我们便多方搜集材料，把2000年悉尼奥运会写入本书的有关章节。转眼一晃，10年过去了，当本书再版时，令人震撼和难忘的北京奥运会已经渐行渐远，闭幕已一年多了。在这10年间，中国和澳大利亚都发生了很大变化。中国已经成为国际舞台上具有重要影响力的国家，是维护世界和平与发展不可或缺的重要力量，也是世界经济的发动机之一；澳大利亚在这10年中变化也不小，经过2007年大选，当政长达十余年的霍华德下台了，领导新政府的是一位能讲流利中国话的工党领袖——陆克文。自胡锦涛主席和温家宝总理与霍华德、陆克文实现互访之后，中澳两国建立起高度互信、长期友好、互利双赢的全面合作关系，中澳关系更加密切。现在澳大利亚已经成为中国公民重要的旅游目的地和重要的留学目的地国。中澳往来更加频繁，贸易额大增，2002年达200亿澳元，2007年达575亿澳元，中国已超过日本，成为澳大利亚重要的贸易伙伴。中国从澳大利亚大量进口小麦、天然气和矿产品（主要是铁矿石），中国不少著名企业，如中国铝业公司、五矿公司、吉利汽车公司和中国石油公司等，积极参与了澳大利亚企业的兼并重组。中国铝业公司曾出价198亿美元收购铁矿石巨头力拓公司，谈判长达半年之久，虽以失败告终，但在2009年8月17日，以宝钢为首的中国钢铁企业与澳大利亚第三大矿商FMG公司就铁矿石价格达成一致，粉矿价格下降35.02%，降幅超过了力拓与日本达成的首发价，这对铁矿石价格谈判的机制具有标杆性意义。2009年8月19日，中石油公司又与美孚澳大利亚公司签署了高贡（Gorgon）项目协议，出价410亿美元巨款，买入225万吨液化天然气，为期20年。以上这些都可以说明中澳关系的密切和重要。

另一方面，澳大利亚是亚太地区的重要国家。自20世纪70~80年代以来，随着国际经济重心日渐东移，作为一个农牧业、矿产资源和移民大国，澳大利亚在亚太地区的经济和政治地位日趋重要。但遗憾的是，尽管这些年来许多高校成立了澳大利亚研究中心，但在国际关系、世界历史等学科的教学和研究中，涉及澳大利亚的内容仍然偏弱、偏少，例如在世界现代史教科书中，有关澳大利亚的篇幅少得可怜，重点还是欧美与亚非地区和国家。有鉴于此，有关澳大利亚和大洋洲的教学与研究亟待加强，尤其对大多数中国人来说，对澳大利亚的了解仅限于初步和表层，许多情况和问题还需深入。

澳大利亚地大物博，国土面积占世界第6位，人口2200多万，国民生产总值达12531亿澳元，人均约57000澳元。据美国《财富》杂志按人口、土地、资源等综合指标计算，其综合实力居世界前列。澳大利亚既与美国保持传统的同盟关系，又与亚太地区国家"全面接触"，希冀经济联系紧密一些，取得较多的份额。澳大利亚是亚太经合组织（APEC）的倡导者和积极参与者，对推动亚太经济发展起着重要作用。从中澳关系历史来说，早在19世纪中叶的澳大利亚淘金热时期，华工赴澳达5万~6万人，揭开了中澳关系的序幕。1909年清朝政府就在墨尔本设立总领事馆。1972年，澳大利亚与中华人民共和国正式建交，此后两国关系发展很快，两国领导人频繁互访。1999 年、2003 年、2006 年，江泽民、胡锦涛、温家宝等领导人先后访澳，达成了构建面向 21 世纪的长期稳定、互惠共利的战略伙伴关系的共识。

自改革开放以来，中国赴澳移民大量增加，一度达 6 万余人，现在澳大利亚的华人达 80 余万，占澳总人口的 3% 左右。在澳的中国留学生约 13 万左右。20 世纪 70 年代以来，中澳两国省州（城市）之间建立友好关系的已达 68 对。

再就一些具体问题而言，深入了解和研究澳大利亚的历史与文化，有助于认识世界历史的整体性发展，也有助于了解和掌握经济全球化和区域经济一体化的趋势，从中得到学习和借鉴。例如，自 1901 年澳大利亚联邦建立以来，走出了一条与众不同、具有特色的现代化道路，经济发展很快，成为发达的资本主义国家。这条道路究竟有什么特点，与欧美国家有何差别，很值得研究。又例，大洋洲和南太平洋共有 14 个岛国，澳大利亚是其中最重要的国家，澳大利亚在推动亚太经济发展与合作方面究竟扮演着何种角色，起着什么作用，也值得我们关心；澳大利亚是最早实现福利国家的西方国家之一，它的起源与发展及其利弊，也应当引起我们的重视。另外，澳大利亚的环境保护政策也值得我们了解和借鉴，它曾从中国引进屎壳郎想以此解决牛粪问题；墨尔本这个城市曾两度被联合国评为世界最宜居住城市，而堪培拉是世界上少有的向全世界招标设计的城市，也是世界著名的花园城市。这些环境保护措施，包括荒漠化治理及其历史沿革与成败的经验教训，也值得借鉴。

综上所述，无论从哪方面来说，澳大利亚都需要我们去重新认识和了解。我国教材中有关澳大利亚内容的缺失和不足，实在是一件很遗憾的事，需要尽早弥补。我们撰写本书的目的之一，就是希望国人能更多地了解澳大利亚的方方面面。如果能在其中尽到一点绵薄，我们也就心满意足了。

最后，我们想对本次的修订作一些说明。自 2003 年初版以来，本书受到了读者的欢迎，因而在 2006 年重印一次。2008 年，本书获得了澳大利亚政府和澳中理事会授予的优秀原创著作奖，这无疑是对我们莫大的鞭策和鼓励。正因为如此，我们觉得有必要对本书再作一次修订和补充，尤其是充实 21 世纪初澳大利亚的内容，使本书更加完整、丰富和贴近现实。由于写作时间的关系，我们在初版时是不可能把 21 世纪初澳大利亚的政治、外交、经济、军事等内容写进去的，而到了现在，我们已经有条件把这些内容补充进来，以满足读者。这就是本次修订的主要内容，另外还增加了一节关于 2007 年大选的内容，同时对附录也作了相应的补充，增加了新的总督和总理，并加上了陆克文小传。但由于我们的水平和知识有限，其中难免会有疏漏，谨请读者谅解和指教。

最后，我们还要向社会科学文献出版社的领导和负责本书的范迎同志表示诚挚的感谢，没有他们的支持、鼓励和督促，本书的再版是不可能的。当然，最重要的感谢是献给读者的，自本书初版以来，时常得到读者的关心和支持。你们的意见和评价是我们最感兴趣和最愿意倾听的。我们期待和恳望你们对本书提出宝贵的意见。

沈永兴

2009 年 8 月于北京

第三版序

　　似水流年，转瞬间《列国志》丛书之《澳大利亚》卷问世已十余年了，从 2003 年的初版到 2006 年的重印，再到 2009 年经修订后出了第二版，至今又时隔五年了。第一版涉及的时限是 2000 年，第二版主要对 21 世纪初的澳大利亚的情况作了增补，包括政治、经济、外交、文化等诸方面的变化。但修订总是赶不上时间老人的匆匆步履和现实情况的变迁，从第二版至今的五年间，随着国际形势发生复杂和深刻的改变，澳大利亚的方方面面也有较大变化。首先，2008 年始发于美国的金融危机殃及全球，澳大利亚同样不能置身事外幸免于难，尽管这种负面影响比起欧洲要小得多。当时的总理陆克文发表了《全球金融危机》的长篇文章，并推出一系列应对之策，采取种种措施化解危机，但损失也不小。其次，在政坛上，工党执政了六年，但内部矛盾重重纷争四起，2010 年 6 月，吉拉德在工党内斗中获胜，取代了陆克文，成为历史上第一位女总理。但好景不长，2013 年 6 月在工党议会党团选举中，陆克文又重振旗鼓再度出山，将吉拉德赶下了台。然而富有戏剧性的是，仅仅时隔三个月，在 2013 年 9 月 7 日的大选中，曾在上次选举中败于吉拉德的自由党和国家党联盟领导人、被称为"政治粗汉"的托尼·阿博特却以压倒性多数战胜了陆克文，从此结束了工党六年的执政。在外交方面，2011 年 11 月美国总统奥巴马访问澳大利亚，宣布美国将战略重心转移到亚太地区之后，澳大利亚便进一步推行融入亚洲的政策，并且成为这一战略的一个重要支撑点，追随美国同意将达尔文港作为美国海军陆战队的训练基地，在罗伯逊兵营进驻了一个连的海军陆战队。2013 年 4 月 22 日，又派遣了第二批军事人员。以后逐年增加到 2150 人；说明美澳加强军事合作。在对待中国崛起的问题面前表现出心存疑虑，亦步亦趋紧随美国。2013 年 10 月初在巴厘岛举行 APEC 会议期间，美日澳三国外长发表联合声明，反对单方面改变在东海海域的管辖现状，矛头明显指向中国，同时也凸显出澳大利亚在美国战略东移中的地位和作用。当然，就中澳关系而言，经过两国几代领导人多次互访，中澳已建立起战略伙伴关系，两国保持着良好的关系，经贸往来十分密切，中澳互为重要的贸易伙伴，中国是澳大利小麦、铁矿石、天然气等最重要进口国。早在第二版序言中，我们对 21 世纪初的中澳关系作了全面而详细的叙述，此后陆克文和吉拉德都曾相继访华，两国关系总体上说是十分良好的。2013 年 10 月 6 日，习近平主席出席在巴厘岛举行的 APEC 会议时，与阿博特总理会晤，双方一致同意进一步推进两国关系发展。根据上述五年来形势新的变化和澳大利亚国内情况的变动，对本书作再次修改和补充确有必要和条件。这就是我们这次修改的缘由和初衷。

　　现在呈献给读者的是第三版《列国志》之《澳大利亚》卷。根据编委会和出版社的要求，从五年来变化的实际情况出发，我们对本书第二版作了多方面和较大幅度的修动和充实，主要有以下几个方面：第一，在本书的结构上，对章节布局有较大调整，使其更加合理和平衡，增加了第六章《社会》，这是为使读者进一步了解澳大利亚的社会真实情况而添加的，以单独一章的篇幅加以介绍，其内容十分广泛和丰富，包括衣食住行、就业、收入与消费、社会保障、医疗体制及其社会管理和环境保护等诸多方面，相当具体和仔细，这样就便于读者了解澳大利亚普通百姓真实的生活状况。为了全面和准确，本章引用了澳政府和权威统计机构最新的资料，直至 2013 年所能见到的最新资料，相信会对读者认识一个真实的澳大利亚有所帮助。与此同时，澳大利亚完善的医疗制度、成熟的社会保障、良好的环境，对我们也有相当重要的实际参考和借鉴的意义。首都堪培拉设计精巧而合理被称为"常青之城"，素有"大洋洲的花园"之美誉。最近，墨尔本又以优质的环境、适宜的气候和发达的经济，第三次高票当选为"全球最宜居城市"，再一次说明澳大利亚对环境保护的高度重视和切实有效，是很值得我们学习的。第二，对第二版修订后五年来的最新情况作了补充，其中最重要的是吉拉德政府时期的澳大利亚政治、经济、外交等诸方面的新情况，单独成节加以介绍，力求运用最新资料予以说明，时间下限尽可能延至此次修改的 2013 年 10 月，把新总理阿博特上台的大选情况和他承诺推行的内外政策都补充进本书，力求体现求新的特色。第三，对书中涉及的数据作了全面核实，用最新的权威数据加以更新。因为随着时间推移和情况不断变化，过去一些数据显得陈旧和落后，尤其是一些经济数据变化较大，为让读者知道新的情况与变化，我们对有关数据如人口、产量、收入与消费、进出口贸易等数据，一一作了核实，用最新公布的数据加以更新。第四，对书中部分内容作了调整，有些重复、多余的文字作了删节，但总字数大体保持不变。第五，附录中增加了吉拉德和阿博特小传，为便利读者，还添加了澳大利亚历史大事记和索引，让读者用最简便的方法了解到想要知道的内容。总之，我们的目的是为了求新求实，一切为了读者了解最新情况，一切为了方便读者。除上述我们追求的力争介绍澳大利亚最新的前沿情况之外，本书也力求从历史视角去分析问题，不仅要具有知识性和通俗性，还力求具有一定的学术研究水平，这也是我们追求的目标。以上就是本次修订的主要内容和目的，如果能让读者满意，我们将感到不胜荣幸和知足。我们相信经过这次修改，本书的内容将更加全面和丰富，质量亦有进一步提高，对于那些有兴趣深入了解澳大利亚的读者，一定会有所收获和帮助，对于想去澳大利亚留学、旅游的人士以及外事工作者，亦一定会有参考价值。例如，想去澳洲的旅游者，读了本书第一章，你就可以了解哪些城市和景点值得去一游。如果想去留学，那么读读文化教育这一章，就会知道报考哪所大学才比较适合。开卷有益，坚信我们的劳动与汗水不会付之东流。当然，囿于作者水平所限，书中难免有所疏漏和不妥之处，恳望获得读者严肃的批评与指正，并把赐教当作对我们的鞭策与鼓励。

最后，我们向在本书修订中给予我们诸多帮助的社会科学文献出版社的张晓莉和赵怀英同志表示诚挚的感谢，没有她们的支持和帮励，本书是不可能与读者见面的。

沈永兴

2013 年 10 月于北京

第一章

概　览

第一节　国土与人口

一　地理环境

澳大利亚是世界上最大的岛国，是地球上唯一占据一个大陆的国家。其总面积为 769.2 万平方公里，居世界第六位，是南半球最大的国家。它除占据整个澳洲大陆外，还包括沿海的塔斯马尼亚等一些岛屿。澳大利亚总面积为 769.2 万平方公里，其中澳洲大陆面积为 761.45 万平方公里，沿海岛屿面积为 6.78 万平方公里。澳大利亚的面积大致相当于不包括阿拉斯加在内的美国的面积，相当于加拿大面积的 4/5，欧洲总面积的 2/3。[①]

澳大利亚大陆位于东经 113.9°与东经 153.39°，南纬 10.41°与南纬 43.39°之间。南回归线穿过澳洲大陆，其中南回归线以北的区域占 38.6%。澳大利亚全国分为 3 个时区，不同的时区实行不同的作息制度。东部时区以东经 150°作为时区线，比北京时间早 2 小时，实行的区域包括新南威尔士州、维多利亚州、昆士兰州、塔斯马尼亚州及首都地区。南澳大利亚州和北部地区以东经 142.5°为时区线，比北京时间早 1.5 小时。西澳大利亚州以东经 120°为时区线，与北京时间相同。

---

① 《澳大利亚百科全书》（*The Australian Encyclopedia*）第 1 卷，悉尼，1979，第 192 页。

澳大利亚的最北端为约克角（Cape York），最南端为塔斯马尼亚岛的东南角，最东端为位于新南威尔士州东北沿海的拜伦角（Cape Byron），最西端为位于西澳大利亚州中部沿海的斯提普角（Steep Point）。南北两端直线距离为 3153 公里，东西直线距离为 4005 公里。[①]

澳大利亚是一个被海洋环抱的国家，东临太平洋，与新西兰隔海相望，大陆东南岸与新西兰的北岛之间的广阔水域是塔斯曼海，它是以曾经航海至此的荷兰人塔斯曼（Able Tasman）的名字命名的。澳大利亚的西南两面为印度洋环绕。北临帝汶海和阿拉弗拉海，与东南亚的印度尼西亚、巴布亚新几内亚相望。环绕澳洲大陆和塔斯马尼亚岛的海岸线长约 3.67 万公里。

澳大利亚位于南半球，不像欧亚大陆与非洲大陆、美洲大陆之间有地峡相连，它孤存于茫茫大洋中，海洋将它与别的大陆隔开。这种与其他大陆隔绝的自然条件对澳大利亚独特的生物圈的形成，具有重要的影响。澳大利亚被誉为"世所罕见的生物博物馆"，以其富饶被称为"骑在羊背上的国家""坐在矿车里前进的国家"。澳大利亚是一片美丽富饶的土地，是令人神往的南半球的一颗明珠。

澳大利亚地质结构非常稳定，处于世界主要地震带之外。长期的风化和侵蚀把澳洲大陆地表夷平了。澳洲大陆的地貌比较单调，其海拔较低，全境平均海拔 350 米，87% 的面积低于海拔 500 米，海拔在 1000 米以上的山地面积不到 1%。从地形上看，澳大利亚东西两面较高，中部较低，可分为 3 个主要的地理区域，即广袤的西部高原、中央东部平原及东部山地。

西部高原　西部高原地势低平，平均海拔为 300 米，覆盖了 2/3 的澳大利亚国土。在高原上横亘着 4 块浩瀚无限的大漠：大沙沙漠、吉布森沙漠和维多利亚大沙漠，以及它们东面的辛普森沙漠。这几片沙漠由东西走向的麦克唐纳山脉和马斯格雷夫山脉连成一片。在大漠外围环绕着一些凸起的高地或山岭。西南突兀着南北走向、海拔为 300 米的达令山脉。西部

---

① 《澳大利亚百科全书》第 5 卷，第 6 页。

高原的滨海地区，形成许多狭长的小平原。西北高耸着澳大利亚海拔最高、呈东西走向的哈默斯利岭。北部是形状不规则的金伯利高原和阿姆纳高地。东北是巴克利台地。东南林立着从东北朝西南走向的格雷山脉和南北走向的弗林德斯山脉。在靠近大澳大利亚湾的南部则是广阔的纳拉伯平原，这里的地面较为平坦，有不少溶洞，是较典型的喀斯特地形，不宜耕作。

中央东部平原　中央东部平原北起卡奔塔利亚湾，南至南澳大利亚州东南部沿海，约占大陆面积的25%以上。它分为三部分，由北向南依次为卡奔塔利亚盆地，大自流井盆地和墨累—达令河流域盆地。中央东部平原的海拔多在150米以下，艾尔湖湖面比海平面还低15米，是澳大利亚地势最低的地方。东部平原低地的地表多为很厚的能蓄水的砂岩层，地下水资源丰富，因此它是澳大利亚最主要的农牧区。

东部山地　东部山地是指大陆东部沿海地带，它北起昆士兰州北端的约克岛，向南经新南威尔士州、维多利亚州，一直延伸到塔斯马尼亚岛。这条南北长度约4500公里，东西平均宽度约150~300公里（最宽处超过600公里，在布里斯班附近），海拔800~1000米的山地，被称为澳大利亚的科迪勒拉山系。它是很多河流的分水岭，也被称为大分水岭。大分水岭地势由北向南逐渐增高，其西坡较为平缓，不知不觉融入中部平原；而东坡较为险峭，地表被河谷切割得很深，淹没入海洋而成为澳大利亚的岛屿，在沿岸则形成许多良港。大分水岭的北部和中部在昆士兰州境内，海拔约为900米。布里斯班以南，海拔高度渐渐增加到1500米。堪培拉以南的科西阿斯科山峰，海拔2228米，成为澳大利亚大陆上的最高点。在东部山地与海岸之间，有许多比较狭窄的沿海平原，比较适宜发展农牧业。

澳大利亚位于赤道以南，南回归线横贯大陆中央，北部2/5的国土处在热带范围，南部3/5的面积在温带范围。因此，澳大利亚具有热带和温带两种气候类型。澳大利亚的相当一部分地域位于南纬20°与30°之间，常年受副热带高压的控制，相对集中了地球上较大面积的热带沙漠；加上大陆东部南北走向的山岭像一道天然屏障，使来自东太平洋的东南信风所裹挟的暖湿气流无法进入内陆，而广大地区因地势低平，不能有效地形成地形雨。因此，澳大利亚虽四面临海，但夏季来自西太平洋的西北季风和来自东太平洋的东南信风以及冬季来自印度洋的西风所形成的降水仅限于澳大利亚沿海地区。澳大利亚大陆性气候的特征显著，广大内陆地区显得异常干燥。

与世界其他大陆相比，澳大利亚的降水量最少，蒸发量却很大。从降水量的空间分布来看，从沿海向内陆逐渐减少。除西部沿海外，沿海的年均降水量超过 1200 毫米。在广大内陆地区，"年降水量不到 500 毫米，约有 1/3 地区的降水不足 250 毫米，澳洲中部艾尔湖周围地区年降水量不到 120 毫米"。[①] 从降水的时间分布来看，澳大利亚的降雨季节，大体上能以南回归线为界，北部为季风气候，属夏雨区；南部为地中海式气候，属冬雨区；只有东南沿海及塔斯马尼亚岛全年有雨；内陆和西部沿海则终年干燥少雨。从降水的年际变化来看，降水多的沿海地区年际变化小，而降水少的内陆年际变化大。澳大利亚因纬度偏低，即使在南部地区，亦很少降雪。

因位于南半球，澳大利亚的四季更替与北半球正好相反。12 月至 2 月为夏季，3 月至 5 月为秋季，6 月至 8 月为冬季，9 月至 11 月为春季。由于地处低中纬度，澳大利亚四季不如我国分明。

澳大利亚的光照条件较好。大部分地区年均日照时数在 3000 小时左右，积温高，作物的生长期长。较少薄雾天气，雾期短而且范围小。澳大利亚发生的霜冻均属 ≤2℃ 的一般霜冻，≤0℃ 的严重霜冻极少。全国绝大部分地区无霜冻期可保持在 265～315 天。这为全年露天放牧牛羊提供了较好的气候条件。

澳大利亚总的来看，是一个地表水比较缺乏的国家，但地下水资源十分丰富。只有东部沿海和北部沿海降水比较丰沛，是全国水网比较密集的地区。在广大的内陆干燥气候区，河网比较稀疏，河流多为季节性的间歇河，部分内陆甚至属于无水流区。澳大利亚湖泊数量稀少，多常年干涸，湖底裸露，上面覆盖着厚厚的白色盐壳。由于澳洲大陆地下岩层的构造多

---

① 科林·赛尔：《澳大利亚：国土及其发展》，陕西人民出版社，1979，第 15 页。

为盆形，透水层与不透水层交错分布，澳洲大陆的地下水资源异常丰富。

墨累－达令河 它是澳大利亚流程最长、流域面积最广、支流最多的水系，流经昆士兰州、新南威尔士州、维多利亚州，最后在南澳大利亚州注入印度洋，流域面积超过 100 万平方公里。墨累河全长 2600 公里，源头在新南威尔士州的大分水岭上高约 1830 米的派特勒山的南坡。[1] 墨累河虽是澳大利亚最大的河流，但它一年的排水量只"等于密西西比河 9 天，等于恒河 7 天、亚马逊河 1 天的排水量"，[2] 墨累河基本上是风平浪静，在 5～7 年才会出现一次洪灾。在墨累河沿岸修建了一些水库，其中最大的是位于奥尔伯里以西的休姆水库。

达令河是墨累河的最大支流，全长约 2700 公里，流域面积达 65 万平方公里。[3] 达令河流经降水稀少、蒸发旺盛的广大平原地带，水量较小，干旱季节就会断流，分离出一连串的月牙形池沼。达令河水流平缓，泥沙在河床大量沉积，致使堤岸增高，有些河段成为地表悬河。澳大利亚政府为协调墨累－达令河河水在沿河各州的分配，综合整治该流域的生态环境，1988 年成立了墨累－达令河流域委员会。

艾尔湖 1840 年英国人 E. J. 艾尔发现此湖，并用其名命名此湖。艾尔湖是澳大利亚最大的咸水湖，面积为 5800 平方公里，位于南澳大利亚州北部。艾尔湖分为北湖和南湖，北湖长 145 公里，宽约 64 公里；南湖长 64 公里，宽约 29 公里。两湖间有河道相连，河道最窄处约为 140 米。艾尔湖地区是澳洲大陆最干旱的地区之一，年均降雨量为 127 毫米，而年蒸发量却高达 2540 毫米。因此艾尔湖常年干涸见底，湖底为一层约 43 厘米厚的盐碛，湖底最低处在海平面以下 16 米。[4]

大自流井盆地 澳洲大陆蕴藏的地下水资源非常丰富，全国分布着许多可自动喷水的自流井盆地，其中尤以大自流井盆地最负盛名。它是世界上最大的自流井盆地，面积达 200 万平方公里，包括昆士兰州的大部分以

---

① 《澳大利亚百科全书》第 4 卷，第 259 页。

② 科林·赛尔：《澳大利亚：国土及其发展》，第 15 页。

③ 《澳大利亚百科全书》第 2 卷，第 204 页。

④ 《澳大利亚百科全书》第 2 卷，第 432 页。

及维多利亚州、南澳大利亚州和北领地区的一部分。该盆地由侏罗纪、三叠纪、白垩纪年代的砂岩构成的蓄水层，只要钻井打通蓄水层，水便可汩汩流出。但各地的钻孔深度不同，一般不超过 1000 米，浅的不到 60 米，深的则超过 2000 米。地下水的含盐度西部比东部高，但大部分都不超过 1000 毫克/升。[①] 由于水中含有较多的碳酸氢钠，因此，地下水不适宜于农业灌溉，但是很好的牧畜饮水。在通常情况下，水温都比较高，必须流经一段较长的明沟冷却后，才能供牧畜饮用。近些年来，由于大量开采地下水，澳大利亚的地下水位已显著下降。

二　民族熔炉

（一）土著民族

在欧洲殖民者于 1788 年侵入澳洲大陆以前，澳大利亚土著民族已在这里繁衍生息了 5 万多年。欧洲人的殖民史对澳洲土著说来是一部血泪交织的苦难史。殖民者纷至沓来，不断屠杀土著居民，使他们的人口锐减，他们的传统社会结构和文化遭到灭顶之灾。

澳洲土著居民具有以下特征：身材中等偏高，成年人平均在 166 厘米以上，男人身高在 145～190 厘米之间。肤色不像非洲人那样黑，从深褐色到浅棕色不等。头发为黑色或棕色，或卷曲，或平直。脸形长而窄，前额倾斜，眉骨突出，鼻子扁平，鼻翼较宽，嘴唇较厚，胡髭浓密。

土著的语言　在殖民者到来之前，土著居民使用大约 260 种不同的语言。尽管这些语言同新几内亚地区的巴布亚语存在相似之处，但显然与澳大利亚以外的其他语系没有关系。这些语言大致可分为两个语族："南澳"语族和"北澳"语族。每个语族内的各部落的语言之间存在有机联系，在音韵和语法、词汇方面有许多共通之处。土著语言具有几个特点：首先，它的语音结构比较简单，没有喉音、啸音和摩擦音。在语法结构方面，通过词缀的变化来区分词性，表示动词的时态和语态及词语之间的关系。句法结构比较简单，很少有连接词，很少有复合句，句子多为简单

---

① 《澳大利亚百科全书》第 3 卷，第 234～235 页。

句，且句式很短，句子成分相对固定，通常宾语放在谓语的前面。在词汇方面，土著居民拥有相当丰富的词汇量，有非常确切的各种术语来描述日常生活的方方面面。但是土著语言中很少有表示抽象概念的词，比如关于各种蜥蜴的词有 9 个，但没有概括表示蜥蜴的词。由于早期殖民者对土著居民的肆意滥杀和白人政府对土著居民中年轻一代的教育同化政策，土著语言的大部分已经或者濒临消失。在 2008 年，只有 10% 的土著人口在家主要用土著语言交流。①

土著的现状 在澳大利亚建国之前的一个多世纪中，白人殖民者不断鲸吞、蚕食澳洲土著居民的土地，依仗坚船利炮残酷镇压土著人的反抗，将土著人驱赶到贫瘠、蛮荒之地，并在那里建立保留地，强迫他们定居。土著从澳洲大陆的主人沦为社会的最底层。殖民者的霸占和屠杀政策，加上他们传播的疾病、瘟疫使土著人大批死亡，人口不断下降。截止到 2006 年 6 月 30 日，全国土著人口只有 51.7 万，仅占全国总人口的 2.5%，其中一半以上居住在新南威尔士州（30%）和昆士兰州（28%）。14% 的土著住在西澳大利亚州。北领地区的土著居民占全国土著总人口的 12%，占当地总人口的 32%，成为全国土著人口比例最高的地区。②

即使在建国之后的很长一段时间内，澳大利亚土著居民的生存状况依然如故。他们被视为"劣等民族"，毫无政治权利，甚至不能获得澳大利亚公民资格，在人口统计时亦被排除在外。联邦成立后，政府长期对土著人实行同化政策。为加快同化步伐，各州成立了"保护理事会"，对所谓不能受到父母很好照顾的土著儿童大规模地实行强制性监管。大批土著儿童被从其父母身边强行抢走，称为"被夺走的一代"。伴随这些儿童的只有身心的严重戕害和痛苦不堪的悲惨噩梦。他们接受的是土著人低贱、白种人高贵的种族歧视教育，人格不能健康发展，往往变得非常自卑、抑郁。他们被隔绝在自己的种族之外，丧失了本族的语言、文化和传统，而又不能融入白人社会。他们孤悬在两种文化之外，精神上无所依归，给土

---

① Australian Bureau of Statistics, *2012 Year Book Australia*, p. 140.

② Australian Bureau of Statistics, *2012 Year Book Australia*, p. 138.

著文化的传承造成了后继乏人的危机。从这个意义上说，它不啻为一种文化意义上的种族灭绝。这种极不人道的同化政策直到20世纪60年代才偃旗息鼓。

第二次世界大战后，澳大利亚土著人口的增长及其城镇化进程，使土著的民族意识空前高涨。他们的抗议活动此起彼伏，土著问题已成为政治热点问题。土著居民争取正当权益的要求也为越来越多的白人所支持。在国外（主要是美国）风起云涌的民权运动的推动下，澳大利亚政府出于维护自己的国际形象，将土著问题提上议事日程。澳大利亚于1967年举行全民公决，废除了联邦宪法第127条关于"在统计人口时，土著居民不得计算在内"的不合理条款，土著居民由此获得了联邦公民权。联邦政府自20世纪70年代以来倡导的多元文化政策，使紧张的种族关系向着和睦共处、相互尊重、相互融合的方向发展。

1972年联邦政府成立了土著人事务部。1976年联邦议会通过了《土著人土地权法》，承认了土著人对北领地区原土著人保留地的所有权。之后，澳大利亚各州也相继制定法律，在不同程度上承认了土著对部分土地拥有所有权。但是土地权问题依然是一个棘手的问题。由于澳大利亚蕴藏着丰富的矿产资源，土地权问题直接涉及矿产的开发和矿业公司的利益。再者，承认土著的土地所有权又会破坏非土著居民拥有财产的合法基础，虽然很多人从道义上认为从各方面酌情补偿土著人是必要的。因此，政府对土地权问题反应谨慎，土著人要求归还土地的运动仍然任重道远。

为改善土著人的健康水平、居住条件、教育和就业状况，联邦政府做了一定的努力，主要是通过立法和财政拨款，实施一些福利计划。对土著儿童实施双语教育已成为一项既定政策，已有一部分土著青年能跨进大学校园，在阿德莱德还建立了一所专门的土著教育学院。联邦政府和一些基金会对土著人经营的渔场、农场、矿山、汽车旅馆进行资助，在税收和信贷方面也给予一定的优惠。联邦政府于1977年设立国家土著协商会，负责听取土著人的意见，帮助解决他们的实际困难。联邦政府还摒弃了对土著的同化政策，承认土著传统文化的价值，寻求保护和发展土著丰富多彩的文化遗产。

近 20 多年来，土著人的民族意识日益觉醒。随着多元文化主义政策的推行，土著人对同化政策的批判日趋尖锐，赢得了公众的广泛同情和支持，并推动政府对同化政策这一历史遗留问题进行清算。2008 年 2 月，澳大利亚第 42 届联邦议会在堪培拉开幕。新任总理陆克文发表演讲，代表政府首次向土著人正式道歉。他说，"过去历届议会和政府制定的法规和政策对我们的澳大利亚同胞造成极大的痛苦、伤害和损失。为此，我作为总理，代表澳大利亚政府和议会，对那些被从他们的家庭、社区带走的土著儿童，对那些遭受骨肉离散之苦的父亲母亲、兄弟姐妹，向你们毫无保留地致歉。"政府公开致歉，是澳大利亚社会为推动各民族和谐发展所迈出的重要一步。

近半个世纪以来，土著人的生活得到一定程度的改善，并涌现出许多杰出的代表，比如当选为"绘画艺术院士"的艾伯特·纳马吉拉，流行乐坛的明星阿齐·罗奇，1997 年 8 月在雅典世界田径锦标赛上 400 米金牌得主卡西·弗里曼等。土著人早就有了自己的旗帜，旗帜的上半部为黑色，下半部为红色，中心是一个黄色的圆球。黑色是土著人的肤色，象征着土著；红色是澳大利亚土地的颜色，代表土著世代繁衍生息的澳洲大陆；黄球代表太阳，象征着土著人的明天将像太阳一样光明灿烂。

尽管如此，土著人在许多方面仍处于不利地位，事实上的种族歧视仍然存在。土著人的健康状况不容乐观，他们的平均寿命要比其他澳民少 12 岁；土著的适龄学童辍学率高，大部分不能完成中等教育，能接受大学教育的就更少；土著人的工作待遇偏低，失业率较高。在 2006 年，全澳 3/4 的土著住在城市和小镇上；其余居住在边远地区。[①]

（二）白人移民

澳大利亚是一个以白人移民为主的国家，白人移民及其后裔约占全部人口的绝大多数。1788 年 1 月，首批英国移民约一千余人到达澳洲，其中大多数是英国罪犯。[②] 流放罪犯是当时殖民地人口增加的主要因素。在

---

① Australian Bureau of Statistics, *2012 Year Book Australia*, p. 138.
② 《澳大利亚百科全书》第 5 卷，第 63 页。

1830 年以前，流放的罪犯在 6.3 万~7.7 万之间。自 1830 年以后，为加快殖民地开发和缓解英国国内的人口压力，殖民地政府积极鼓励移民，并用拍卖土地所得对移民实施资助。随着自由移民的增多与罪犯流放制度的废除，自由移民的数量慢慢地超过了流放罪犯。到 1850 年，移民共有 33.3 万人，其中 18.7 万人为自由移民，14.6 万人为流放的罪犯。1850~1860 年的淘金热，使前往澳大利亚的移民达到 60.2 万人，其中约有 31.3 万人去了维多利亚区，因为该殖民区发现了金矿。自 1861 年后的 40 年间，较高的人口自然增长率，以及受政府资助的移民大量流入，使人口继续保持较快的增长势头。在 19 世纪的最后 40 年，进入澳大利亚的移民共有 76.6 万人。[1] 1891 年，澳大利亚人口达到 317.8 万人，到联邦成立时（1901 年）为 337.3 万人。

自英国向殖民地输送流放犯以来，男女比例严重失衡，"到 1817 年为止，流犯总数中的 20%"是女犯。[2] 她们以前大多是娼妓，到殖民地后多半重操旧业。男女人数比例悬殊在客观上造成许多人品行不端、道德败坏。为解决这个问题，殖民地政府竭力鼓励单身女性赴澳定居，并允诺给予多种优惠。许多后来漂洋过海的来澳移民往往携带家眷，再加上流放犯制度的废止，殖民地男女人数的比例渐趋平衡。从移民到殖民地的流向来看，19 世纪 50 年代发现的几个大金矿都在维多利亚州境内，因此许多人纷至沓来，令维多利亚州的人口激增。在 1892 年以前，它是全澳人口最多的殖民地。新南威尔士州借重经济、文化的优势，在 19 世纪末（1892年）人口首次超过维多利亚州，成为人口最多的殖民区，维多利亚州屈居第二，昆士兰州排名第三。昆士兰州在吸收移民方面最为主动，它甚至鼓励非英籍的斯堪的纳维亚半岛地区的和德国的移民。在另外几个殖民区中，由于西部采矿业的发展，移民大批涌入西澳大利亚殖民区，而到塔斯马尼亚岛和南澳大利亚殖民区的移民相对较少。从澳大利亚人口增长率来看，1810~1860 年以每 10 年 200% 的速度递增。在 19 世纪最后 40 年，

---

[1] 《澳大利亚百科全书》第 3 卷，第 376 页。

[2] 戈登·格林伍德：《澳大利亚政治社会史》，商务印书馆，1960，第 20 页。

人口也保持了较大的增幅。19世纪最后10年，澳大利亚人口的年均增长率约为2%。进入20世纪之后，澳大利亚人口增长率有所下降，从1900～1970年，每10年的人口平均增长率为1.7%。澳大利亚的人口总数：1901年为337.3万，1911年为445.5万，1921年为543.6万，1933年为663万，1947年为757.9万，1954年为898.7万，1961年为1050.8万，1971年为1275.6万（含土著人口）。到2012年12月30日，澳大利亚居民数量为2290.6万人。

1901年澳大利亚联邦建立后，为发展经济和增强国力，以对付远东正在崛起的日本，澳大利亚从英国大量移民。而英国也指望此举能缓解本国的人口压力，因此从财力上支持向澳大利亚移民的计划。1906～1929年，英国移民约为51万，占这一时期移民总数的90%。30年代爆发的世界经济大危机，使来澳的英国移民急剧减少，但没有阻止南欧人进入澳大利亚的步伐。从19世纪80年代起，就开始有一些南欧人流入澳大利亚，由于1921～1924年美国对南欧移民的限制，1919～1941年间约有5万南欧人陆续来到澳大利亚。同一时期，来自德国和东欧的移民约有5万人，其中一半属于犹太人。他们因19世纪80年代受沙皇俄国的迫害，以及20世纪20年代波兰及30年代德国的排犹运动而流落到此。

可以这样说，移民的数量是澳大利亚经济发展的晴雨表，同时它也与澳大利亚政府实施的移民政策有关。一般说来，当经济较为繁荣时，许多国际资本进入澳大利亚市场，铁路等基础设施的兴建及工农业的发展使劳动力不足的矛盾日渐突出。在此情况下，澳政府就会采取资助等方式从国外吸收大量的廉价劳动力。当经济萧条或战争时期，移民活动就处于停滞不前的状态。第二次世界大战后，澳大利亚的移民政策有所变化。第一，战争使澳大利亚充分意识到，澳大利亚人口稀少，国防虚弱，国家没有安全感。第二，战后的国际形势发生重大变化，东南亚地区出现了一批新独立国家，继续推行"白澳政策"已不合时宜，因为它不利于澳大利亚与这些近邻国家发展关系。第三，澳本土的人口自然增长过慢，远远不能满足战后重建对劳动力的需求。第四，英国的战后重建及经济复苏使能前往澳大利亚的移民减少，澳政府希望移民中有九成属于英裔乃是一厢情愿，而英国对此也有心无力。在此情况下，澳大利亚政府不得不扩大吸收移民的范围，将眼光投向其他地区。第五，澳大利亚于1951年加入欧洲移民国际委员会，出于"人道主义"考虑有接纳、安置一部分国际难民的义务。澳大利亚是一个典型的移民国家，其中70%来自英国和爱尔兰，18%来自欧洲其他国家，6%是亚裔，土著居民只占约2.3%。

1947～1978年，来澳大利亚的英国移民为136.5万，意大利移民为36.7万，希腊移民为24.6万，南斯拉夫移民为19.7万，荷兰移民为15.1万，德国移民为13.7万，亚洲移民为26.6万。虽然有一部分人后来又离开了澳大利亚，但1947～1978年在澳定居的移民为278.1万。此外，有约40万难民到澳大利亚安家落户。① 澳大利亚是一个地广人稀的国家。到2010年6月，人口密度为2.9人/平方公里。澳大利亚的人口分布极不平衡，人口密度最高的是首都直辖区，为150人/平方公里。维多利亚州的人口密度仅次于首都直辖区，为24人/平方公里。而北领地区的人口密度最低，仅为0.2人/平方公里。② 各州人口高度集中于州首府。2010年有64%的人生活在包括首都堪培拉及各州首府在内的6个城市。从全国范围来说，人口的重心在澳大利亚的东南部。新南威尔士州和维多利亚州的面积占国土面积的13.4%，但人口占全国约57%。大部分集中于大城市，如悉尼（461万）、墨尔本（417万）、堪培拉（36万）、布里斯班（200万）、阿德莱德（126万）。在2010年6月，除首都及各州首府外，全国还有11个人口在10万以上的城市，它们是黄金海岸（59.15万）、纽卡斯尔（54.68万）、昆比恩41.04万、伍伦贡（29.22万）、阳光海岸（25.11万）、吉朗（17.87万）、汤斯维尔（17.23万）、图文巴（13.13万）、凯恩斯（15.09万）、朗塞斯顿（10.62万）、奥尔伯里－沃东加（10.61万）。③ 约90%的人口分布在从沿海至内地的120公里距离的范围内，其他广大地区则人烟稀少，有些地区甚至无定居人口。由此可

---

① 《澳大利亚百科全书》第3卷，第377页。

② Australian Bureau of Statistics, *2012 Year Book Australia*, p.246.

③ Australian Bureau of Statistics, *2012 Year Book Australia*, p.248.

见，澳大利亚的人口分布状况也是其自然环境的反映。广大内陆属于沙漠地带，无人居住，也无法居住。而沿海一些都市多属优良海港，因此成为拓殖者最早的定居点。此后，在这些海港城市间修筑铁路，发展工商业，使沿海一带成为经济、政治、文化中心，从而吸引越来越多的人来此定居。由于澳大利亚是高度城市化的国家，因此只有不到15%的人住在城市郊区。

近年来，澳大利亚的人口年增长率约为13‰～16‰。由于生活水平的提高及医疗条件的改善，人的平均寿命比20世纪早期延长了24岁左右，男性的平均寿命从1901～1910年间的55.2岁延长到2008～2010年间的79.5岁，在此期间，女性的平均寿命从58.8岁延长到84岁。[①] 因此，澳大利亚人口老龄化问题比较严重，65岁以上的人口比例从1960年的8.5%增长到2010年的13%，在此期间，85岁以上的人口比例从0.4%增加到1.8%，而0～14岁的少年则从30%减少到了19%。[②]

同白人移民密切相关，英语成为澳大利亚的官方语言。澳大利亚英语秉承不列颠英语的特点，在发展过程中也受到美国英语的影响。澳大利亚移民社会的经历，使澳大利亚英语形成了一些独有的特点。

澳大利亚英语与标准的不列颠英语在语音上的区别主要是在元音的发音上面：由于发音时口型张开得稍小，舌头位置偏高，发音较趋口腔边缘和前侧，元音［ei］听起来像［aː］；典型的双元音如［iə］、［ɛə］、［uə］，在澳大利亚人念来滑音很不明显或者根本就没有，听起来好像单一的长元音。澳大利亚人在讲英语时鼻音较重，声调和语调较平缓，不像不列颠英语、美式英语那样韵律有致。

澳大利亚英语的词汇，借用了一些土著语言，发明了一些新词，从而丰富了英语词汇的词库。早期殖民者登陆澳洲时，澳洲许多事物是他们未曾见闻的，许多土著语言就随之编入澳大利亚英语词汇，比如 kangaroo（袋鼠）、koala（树袋熊）、dingo（野狗）、wallaby（沙袋鼠）、corroboee

① Australian Bureau of Statistics, *2012 Year Book Australia*, p. 254.
② Australian Bureau of Statistics, *2012 Year Book Australia*, p. 240.

（狂欢会）、boomerang（飞去来）、canberra（堪培拉）、kookaburra（笑翠鸟）、billabong（水塘）、bunyid（骗子）、humpy（小栅屋）及 waddy（棍棒）等。澳大利亚英语中借用的土著语言大约有 220 个左右，而且主要是地名和动植物名。澳大利亚英语借用美式英语的词汇、短语和俚语的现象也比较普遍。比如用 bushranger 代替 outlaw（逃犯），用 station 代替farm（农场），用 bush 代替 country（乡村），用 homestead 代替 farmhouse（农舍），用 paddocks 代替 field（圈地），用 creek 代替 stream（河流）。受澳大利亚早期边疆开拓生活的影响，澳大利亚词汇中保留了许多历史遗留下来的词汇，比如 squatter（占地农）、selector（自由农）、diggings（金矿）、jackeroo（牧工）、duffer（价值不大的矿井）等。澳大利亚英语往往还保留了不列颠英语中已经陈旧或过时的用法，比如 dinkum（真正的、诚实的）、barrack（喝倒彩）、tucker（食物）、ringer（剪羊毛最快者，引申为能力出众者）等。bastard、bloody、bugger 在澳大利亚英语中是含义特别丰富的 3 个词。bastard、bugger 既可指心肝宝贝，也可指十足的坏蛋。Bloody 是个"十足的澳大利亚形容词"，可修饰各种词汇，意思是"很""非常""太""极"等的意思。

在书写方面，澳大利亚人更喜欢不列颠英语的拼写方法，而不是美国英语的拼写方法，比如颜色用 colour，而非 color，中心用 centre，而非 center 等。澳大利亚人在日常生活中也常用一些简略语，比如Aussie 是指 Australia（澳大利亚），sickie 是指 a day's sick leave（病假），arvo 是指 afternoon（下午），abo 指 aboriginal（土著），compo 是指workers compensation（工伤赔偿金），paddo 是指 paddington（悉尼郊区的帕丁顿）。

（三）澳洲华人

华人移居澳洲始于 1848 年，当时有约 120 人被招募到澳大利亚出卖苦力。1850 年澳大利亚"淘金热"兴起后，华人大批涌入澳大利亚，他们的祖籍多是今天的广东、福建两省。他们除当矿工外，还有一部分人为菜农、木匠、洗衣工和厨师。对这些最早来澳的华人来说，衣锦还乡、叶落归根是他们根深蒂固的观念。他们筚路蓝缕，为澳大利亚早期的繁荣发展作出了贡献。但当时的清王朝积贫积弱，华人在海外饱尝欺凌与屈辱，排华事件接连发生。澳大利亚政府于 1904 年通过入籍法，采用语言能力测试限制有色人种入籍。据此大批华人被遣返回国。直到 20 世纪上半叶，在澳华人只有几千人。自澳大利亚政府废除"白澳政策"以来，华人才逐渐增多。2010 年，澳籍华裔约为 38 万人，约占澳大利亚总人口的 1.7%。[①] 他们主要来自东南亚华裔人口较多的马来西亚、越南、印度尼西亚、新加坡等国，以及中国（包括大陆和港台地区）。92% 的华人住在大城市，[②] 主要集中于澳大利亚东部 3 个州的首府，即新南威尔士州的悉尼、维多利亚州的墨尔本和昆士兰州的布里斯班，以及澳大利亚首都堪培拉市。在华人集中的地方便有唐人街。唐人街并不只是一条街，而是多条商业街交错形成的中国城。那儿有旧式牌坊，有威武的石狮子，有大红的宫灯，有碧瓦飞檐、挂着牌匾的店铺，有亲切的乡音俚语。唐人街上食肆林立，华夏子孙不管走到天涯海角，总能将名扬四海的中华饮食文化弘扬光大。饮食业当之无愧地成为华人社会的最大产业。华人多从事服务行业，除经营中国餐馆外，或经营杂货店、食品店，或开中小型旅馆和汽车旅馆。这主要是因为这些行业所需投资少，可以带动全家就业。资金雄厚的华人则投资办厂，一部分华人在政府广播电台、翻译协会任职。在教学科研部门工作的华人也为数不少。

华人一般能较快地融入当地社会，这可以从华人后代使用汉语的程度及其宗教信仰中反映出来。华人是澳大利亚的第 18 大民族，但汉语在澳大利亚的 20 种主要语言中排名第四，仅次于英语、意大利语和希腊语。随着华人移民的继续增加，加上东欧移民相对减少，汉语将很可能再次成为澳洲的第二大语言。[③] 当然，华人移居澳洲后，其后代因能较快地融入当地社会，华人后裔也会出现相当程度的语言退化现象。有一项调查分析显示，父母均为华人的移民中 81% 的人在家说汉语，到了第二代下降为

① Australian Bureau of Statistics, *2012 Year Book Australia*, p. 258.
② 戈登·福斯主编《当代澳大利亚社会》，第 42 页。
③ 戈登·福斯主编《当代澳大利亚社会》，第 43 页。

66%，第三代及以后就只有 16%。

在宗教信仰方面，第一代华人移民多数不信教，即使有信教的，一般多供奉关帝、观音、财神、华佗、孔子等。这种崇拜在华人后裔中就较少出现。土生华人中的第二代、第三代有许多人信仰基督教。华人受教育的程度总体上较高。在华人移民中，第一代、第二代及第三代中接受大学教育的比例分别为 13%、16.4% 和 10%，而全国的平均水平仅为 5.4%。①

兴旺发达的华人社团 澳大利亚的华人社团种类繁多，据说有 100 多个。这些社团的规模大小不等，会员人数少则几十，多则逾千。各社团性质互异，有的是以地缘与同乡为纽带的宗亲团体，主要是各类同乡会；有的是依据行业而形成的跨地域的社团，如各种商会、工会等；有的则是基于共同的志趣而组合的，如舞龙舞狮会、武术协会、文学沙龙等。在众多的华人社团中，较有影响的包括：新南威尔士州的澳洲侨青社、澳华公会，维多利亚州的侨友社、洪门民治党（会员多为餐饮业人士），昆士兰州的华人协会等。

澳洲侨青社是一个较有影响的华人团体，它成立于 1939 年，最早的会员是一批戏剧青年。为支援祖国的抗日战争，该社成员到处义演，号召华侨同仇敌忾，解囊资助祖国人民的抗战。1949 年 10 月，中华人民共和国成立，侨青社在澳洲大陆率先升起了第一面五星红旗，欢呼祖国获得新生。1972 年，中澳两国建交后，侨青社的活动更为丰富多彩。它经常组织海外寻根团，来祖国大陆旅游观光，加深海外华人尤其是年轻一代对祖国的了解。从 1986 年起，侨青社每年都要举办一年一度的嘉华年会，展示和弘扬中华民族悠久灿烂的文化。侨青社的宗旨是："增进中澳人民友谊，推动中澳文化交流，促进华侨福利。"② 它还定期出版《侨声月刊》。

华人社团的蓬勃发展，是与其发挥的重要作用直接相关的。首先，华人遵纪守法，与其他民族和睦相处，为澳洲的建设作出了贡献，因而普遍受到澳大利亚各阶层的好评。华人社团"非政党、非宗派、非宗教"的

---

① 戈登·福斯主编《当代澳大利亚社会》，第 43 页。
② 黄昆章：《澳大利亚华侨华人史》，第 154 页。

性质，使它们能够为澳大利亚社会所容。其次，华人是澳大利亚的少数民族，他们彼此同心，团结一致，才能更好地争取和维护自己的正当权益。华人社团直接服务于华人社会，通过开展各种文化活动，丰富华人的业余生活；通过开展救济活动，对举目无亲、孤苦无助的同胞伸出援助之手，为他们排忧解难，包括向他们分发食品、衣服，派人定期看望、照料，以及提供咨询服务等。目前，华人社团已成为联系澳洲华人、华人与当地政府、华人与祖国的桥梁。再次，澳大利亚政府目前推行的文化多元化政策，为华人社团的发展提供了较为宽松的政治环境，华人社团举办的多种活动能得到政府的赞同甚至资助，对华人社团是一个不小的鼓励。

华人撷英　目前，华人已在澳大利亚崭露头角，涌现出了一批杰出的代表人物。

张任谦（1937～1991）是国际知名的心脏外科专家，擅长冠状动脉搭桥手术、心脏缝扎和心脏移植手术。他因精湛的医术于1984年被评为"最杰出的澳大利亚人"，同年荣获"澳洲前进奖"，1986年又获澳大利亚政府颁发的"AC勋衔"。他曾多次来华讲学并做手术示范。张先生不幸于1991年为歹徒杀害，年仅54岁。

姚迪雄（1949～）他以中国画的写意笔法将澳洲风情描绘得淋漓尽致，以"百袋鼠图"蜚声澳洲画坛。该画于1985年完成后引起轰动。这幅长60米、宽0.5米的画卷于1988年被《吉尼斯大全》列为世界上最长的画。

王赓武（1930～）著作等身，是澳大利亚著名的研究东南亚史和华侨问题的专家。他先后曾任国际亚洲历史学家学会会长、澳大利亚亚洲学会主席、澳中理事会主席、世界华人研究学会主席，以及香港大学校长等职。

随着华人社会地位的提高，他们的参政意识已逐渐增强。部分华人开始竞选市长一职，有的已成功当选。比如1966～1969年，陈天福当选达尔文市市长；1984～1990年，邝鸿铨任达尔文市市长；1991年，曾筱龙当选为澳大利亚第一大城市悉尼市副市长。还有的华人当选为各级议会议员。1913年，朱俊英当选为联邦参议员，成为首位进入澳大利亚国会的

华人。1990年，年仅25岁的华裔青年刘威廉一鸣惊人，当选为昆士兰州驻联邦国会的参议员，成为澳大利亚有史以来最年轻的国会议员。1988年，沈慧霞当选为新南威尔士州州议会议员。1990年，余瑞莲当选为南澳大利亚州州议会议员。此外，还有一部分华人在政府部门担任公职。这些都从一个侧面说明华人的政治地位在不断提高。

华人参政意识的增强，首先是由于华人经济地位和社会地位的提升。澳洲的第一代华人移民多属蓝领阶层，因饱受文化水平偏低之苦，所以他们很重视对子女的教育。因此华人的第二代、第三代大多接受过高等教育，涌现出一大批专业人才。经济上的实力、事业上的辉煌及精英团体的出现，带动了华人参政的势头。其次，华人逐渐意识到参政的重要性和必要性。在白人占多数的澳大利亚主流社会中，种族偏见仍不时沉渣泛起。为维护自己的正当权益，华人在代议制的政治框架内，必须通过合法途径推选代表，反映自己的意见、愿望和要求，影响政府的行为和政府决策。再次，华人公民享有澳大利亚公民所享有的全部公民权利，澳大利亚强制性的选民登记和投票制度在客观上能抑制华人漠视政治的惰性。另外，华人凝聚力的加强及部分华人政治上的成功之举，对有意从政的华人说来是一个不小的鼓励。不过，从总体上看，华人社团还不够团结，宗派纷争还屡见不鲜，华人参政意识也还不够强烈。多数人还是将个人及家庭置于首位，对政治的兴趣淡漠。许多有专业潜质的人没有从政的愿望，活跃在政坛的华裔更是寥若晨星。

方兴未艾的华人报刊　20世纪80年代初，随着澳大利亚华人日益增多，他们需要有自己的文化传媒。华人多有崇尚阅读的儒家风范，而现代社会又要求人们掌握大量的信息。在此情况下，华人报刊便应运而生。

目前，在澳大利亚华人社会中较有影响的中文日报有4种：《星岛日报》《新报》《华声报》和《自立快报》。《星岛日报》创办于1982年，比《新报》早5年。它们是香港报业《星岛日报》和《新报》的澳大利亚版，除刊载澳大利亚新闻外，偏重于香港信息。《星岛日报》是全澳最大及开办最早的华文报。《新报》登载一些祖国大陆和台湾地区的消息，它采用横排的方式，很受有大陆背景的华人的欢迎。《华声报》1988年由印支华裔杨汉勇创办，后来老板换成了台湾人后，经营渐见起色。该报栏目众多，每期发行 40～48 版。1984 年，台湾人李永得在悉尼创办《自立快报》，它是澳大利亚第一份彩印的华人日报。

澳大利亚的华人刊物也较多，比较有名的如《汉声》《满江红》等杂志。《汉声》创刊于 1985 年，它辟有专论、人物、文艺及生活等栏目，其宗旨是弘扬中华文化，推进华人团结；其文风比较平实，在华人社团中较有影响。《满江红》是澳大利亚最早的中国留学生杂志，于 20 世纪 90 年代创刊。它曾就中国留学生问题采访过澳大利亚总理霍克，并获其题词。许多中国留学生对办报办刊抱有浓厚兴趣，因此，近年来华人报刊如雨后春笋，竞相涌现。因报刊众多，而华人读者毕竟有限，除主要几家报刊外，多数都无利可图。尽管如此，还是有不少新人继续闯入这片华人传媒领地。这些刊物为在澳华人的创业和发展提供了背景知识，并且成为华人在澳洲弘扬中华文化和传统的重要园地。

三　行政区划

澳大利亚分为 6 个州和两个地区。这 6 个州按人口的多少依次为新南威尔士、维多利亚、昆士兰、西澳大利亚、南澳大利亚和塔斯马尼亚州。塔斯马尼亚州与澳洲大陆隔海相望，除维多利亚州与新南威尔士州大致以墨累河为界，澳大利亚行政区划的边界，基本上是沿经线和纬线划分。另外，还包括北领地区和首都直辖区。

澳大利亚第一州——新南威尔士州　它位于澳洲大陆东南部，是英国在澳洲最早建立的殖民地，也是澳大利亚人口最多、工业化和城市化水平最高的州。它的首府悉尼，是澳大利亚最大的城市，世界上最大的海港之一。新南威尔士州的面积 80.16 万平方公里，占澳大利亚国土面积的 10.4%；其人口在 2012 年 12 月为 738 万人，[①] 其中有 461 万人住在悉尼。

---

① Australian Bureau of Statistics, *Australian Demographic Statistics*, Doc.：3101.0, Mar 2013, p. 8.

新南威尔士州从地理区域上可分为沿海低地、大分水岭与西部平原。西部平原约占该州面积的 2/3，这里分布着一些牧场，受降雨的影响，牧场的养畜能力自东向西逐渐降低。大分水岭在该州的北段为新英格兰高原。高原以南有蓝山山脉和雪山山脉。雪山山脉上矗立着澳大利亚的最高峰，即海拔 2228 米的科修斯科峰。大分水岭区域森林茂密，自东向西由雨林向稀树草原过渡。这里旅游业、伐木业及畜牧业较为发达。沿海低地有一些小的冲积平原，发展农业的条件较好，以集约型农业、乳酪业为主。该州有较多河流，沿海一带的河流包括霍克斯伯河（472 公里）、亨特河（462 公里）等。沿海河流流域占澳洲面积的 1/6，径流量占该州径流总量的 2/3 以上。内陆河流有拉克伦河（1484 公里）、马兰比吉河（1579 公里）、达令河（境内为 2617 公里）和墨累河（境内长度为 1936 公里）。① 新南威尔士州大部地区气候宜人，首府悉尼的冬夏温差仅为 9℃。该州矿产资源比较丰富，科巴的铜矿、布罗肯希尔的铅锌矿、蓝山山脉及亨特河谷的煤矿闻名全国。森林资源比较丰富，主要经济林木为雪松、桉树等。

新南威尔士州的农牧业比较发达，有 6% 的人从事农牧业生产，农畜产品在全国占有重要地位。在第二次世界大战前，新南威尔士州的经济主要依靠两大农牧产品——羊毛与小麦。二战的刺激、50~60 年代的和平稳定环境以及人口增长所带来的巨大消费市场，使该州的第二产业飞速发展，形成了悉尼—纽卡斯尔—伍伦贡—肯布拉港工业带，并成为澳大利亚的重工业中心。它们的钢铁业、机械制造业、纺织业在全国占有重要地位。在 70 年代末，新南威尔士州 63% 以上的人口从事商品销售、金融管理和社区服务等第三产业。

新南威尔士州得天独厚的条件，使它一直处于澳大利亚历史发展与变革的前沿。它作为澳大利亚的龙头，其优势在于有悉尼这样一个金融、商业和工业中心。该市的经济影响力可辐射到全国各地。

新南威尔士州教育发达。大学数量居全国之首，其中比较著名的大

---

① 《澳大利亚百科全书》第 4 卷，第 313 页。

学是：澳大利亚国立大学、新南威尔士大学、悉尼科技大学、伍伦贡大学等。

该州最重要的城市是悉尼。它既是州的首府，也是全国最大的城市，位于南纬 33.52°、东经 151.12°。悉尼环抱杰克逊湾，东临浩瀚的太平洋，西接风光旖旎的蓝山山脉，南面是植物湾，北部有布罗肯湾，面积为4074 平方公里，人口在 2011 年 6 月为 461 万。悉尼交通便利，国际航空线四通八达，密集的公路与铁路网将悉尼与全国紧密相连。杰克逊湾（即悉尼湾）水深港阔，是澳大利亚重要的贸易港和世界上最大的海港之一，是世界上最大的羊毛销售中心。悉尼市内的标志性建筑是悉尼港大桥和悉尼歌剧院，它们闻名遐迩，享誉世界，不仅是悉尼的象征，也成为澳大利亚的象征。

花园之州——维多利亚州　维多利亚州位于澳大利亚东南部，面积22.762 万平方公里，仅为澳洲大陆面积的 3%，但人口在 2012 年 12 月已达 568 万，[①] 在全国位居第二位，是人口最稠密的州。

维多利亚境内中部为阿尔卑斯高地，四周基本上是平原。墨累河沿该州北部边境绵延 1936 公里。主要内陆河流包括墨累河的几条支流：古尔本河（555 公里）和洛登河（338 公里）等。滨海河流包括霍普金斯河（209 公里）和斯洛伊河（129 公里）。维多利亚州东南一带气候温暖湿润，西部和北部相对炎热干燥。维多利亚州森林覆盖率达 30%，森林资源丰富，境内莽莽苍苍，鸟语花香，被誉为"花园之州"。州内有许多天然牧场，饲养牛羊数目在全澳居第三位。境内广泛种植小麦、燕麦、大麦。在墨累河沿岸栽种着各种果品，包括葡萄和梨等。该州的主要矿产资源有金、褐煤、石油及天然气。在工业中，纺织、机械制造、精密仪器、飞机制造、军火生产等行业比较发达。吉朗、巴拉腊特、本迪戈、莫韦尔等是该州重要的工业城市。维多利亚州的知名高校包括墨尔本大学、迪金大学、墨尔本皇家理工学院、维多利亚科技大学等。

---

① Australian Bureau of Statistics, *Australian Demographic Statistics*, Doc.：3101.0, Mar 2013, p. 8.

维多利亚州首府墨尔本是澳大利亚的第二大城市，它位于南纬37.50°、东经144.59°。墨尔本南临菲利普港湾，亚拉河如同一条白练，从市区穿过。墨尔本的面积比悉尼和美国的洛杉矶都要大，约为1300平方公里，但人口在2011年6月只有417万，约占该州总人口的近73.4%。

艳阳之州——昆士兰州 昆士兰州位于澳洲大陆东北部，面积为172.72万平方公里，约占澳洲大陆面积的22.4%，在全国居于第二位。昆士兰州约有54%的领土位于南回归线以北，光照充足，称为艳阳之州。该州人口在2012年12月为461万①，其首府布里斯班人口在2011年6月有215万，在全国居第三位。

昆士兰州的地形大致可分为三部分：东部大分水岭纵贯的地区为高原，内陆平原地区为澳大利亚大自流井盆地，西北则为荒凉的巴克利高原。昆士兰州东部沿海为世界八大奇观之一的大堡礁。该州河流较多，东部滨海河流注入太平洋，北部河流注入卡奔塔利亚湾。内陆河流的一部分属于达令河水系，另一部分则属于艾尔湖内陆水系。昆士兰州气候炎热，阳光充足，降水量从东部和北部沿海向内陆地区逐渐减少。

矿业、农业和旅游业是昆士兰州经济的三大支柱。昆士兰州矿产资源丰富，黑煤储量在全国居于第二位，州内有著名的穆尼油田。该州西北部是矿产资源最丰富、最集中的地区，有著名的芒特艾萨矿区，盛产铅、锌、银、铜，有韦帕的铝矿区，有世界著名的芒特艾萨矿业公司。从20世纪60年代早期到70年代中期，该州的矿业发展迅速，产值翻了4番。②昆士兰州的农牧业比较发达。北部沿海地带是有名的蔗糖之乡，蔗糖出口量仅次于古巴。小麦、高粱、大麦、玉米是该州主要的粮食作物。北部盛产热带水果，主要包括菠萝、香蕉、芒果。南部沿海地区则出产梨、葡萄和草莓等。沿海地带由于降水量丰沛，水草茂盛，有许多适宜给菜牛增膘催肥的牧场。牛一般养到2~3岁时就从内地送到沿海草场催肥，然后在

---

① Australian Bureau of Statistics, *Australian Demographic Statistics*, Doc.: 3101.0, Mar 2013, p. 8.

② 《澳大利亚百科全书》第5卷，第146页。

东部港口的肉类加工厂屠宰。昆士兰州内陆是大自流井盆地，那儿有许多水草丰美的天然牧场，牛羊成群。该州出口的牛肉占澳大利亚的一半以上，而澳大利亚是仅次于阿根廷的世界牛肉出口大国。在澳大利亚旅游热点前 20 名排行榜中，昆士兰州就占了 7 项。著名的景点包括黄金海岸、大堡礁、阳光海岸、布里斯班、怀特星期日岛等。昆士兰州的著名学府包括邦德大学（澳大利亚第一所私立大学）、格里夫大学、昆士兰大学、昆士兰科技大学、詹姆士·库克大学、中昆士兰大学等。

昆士兰州的主要城市包括布里斯班、黄金海岸、阳光海岸、凯恩斯、汤斯维尔、图文巴等。布里斯班是昆士兰州的首府，位于南纬 27.28°、东经 153.2°，在该州的东南部。

澳洲葡萄园——南澳大利亚州　该州位于澳洲大陆中南部沿海，南临南澳大利亚湾，是唯一与大陆上其他州都接壤的州。面积为 98.4 万平方公里，位居全国第三；人口为 166 万，[①] 全国排名第四。

南澳大利亚州南纬 32°以北的地区基本上都是广袤的荒漠。这块几乎占该州面积 78% 的广大地区，降水量稀少，很少有人定居，只稀落地点缀着一些牧场；[②] 而在南纬 32°以南地区则人口比较密集。南部沿海有伸向内陆的斯潘塞湾和圣文森特湾，并形成 4 个半岛，从西至东依次为艾尔半岛、约克半岛、弗勒里半岛和维多利亚半岛。东南部阿德莱德附近区域属于典型的地中海式气候区，冬季温和湿润，夏季炎热干燥。

南澳大利亚州的矿产资源包括煤、石油、天然气、铜和铀。从总体上看，该州矿产资源比较贫乏，但盛产宝石——蛋白石，其储量占世界的 50% 左右。墨累河流域是该州的农牧业基地，约克半岛是该州的大麦产地。墨累河下游河谷盛产柑橘。该州拥有全国 2/3 的葡萄种植园，是澳大利亚最重要的葡萄酒产地。巴罗萨河谷是最重要的葡萄园基地。南澳大利亚州有十几家葡萄酒公司，产品除销往海外，大部分供本国消费。澳大利

---

① Australian Bureau of Statistics, *Australian Demographic Statistics*, Doc.：3101.0, Mar 2013, p.8.

② 《澳大利亚百科全书》第 5 卷，第 373 页。

亚人均消费的葡萄酒比美国、英国及其他任何英语国家都要多。斯潘塞湾的皮里港—怀阿拉—奥古斯塔港三角区是该州最重要的工业中心，主要行业是钢铁、造船、汽车制造等。该州还是澳大利亚重要的军工产业基地，在北部寸草不生的荒漠中，建有伍默拉火箭发射中心、马拉林加原子能试验站和塔尔加尔诺科学研究所。

南澳大利亚州的知名高校包括阿德莱德大学、南澳大利亚大学、福林德斯大学。

阿德莱德是南澳大利亚州的首府，位于南纬 34.56°、东经 138.36°，人口在 2011 年 6 月为 126 万，是澳大利亚的第五大城市。

资源之州——西澳大利亚州　西澳大利亚州北部隔帝汶海与印度尼西亚相望，西、南两面濒临印度洋。它是澳大利亚面积最大的州，面积为 252.55 万平方公里，占澳洲大陆总面积的 1/3；人口在 2012 年 12 月却只有 247 万，[①] 大部分居住在佩思及其附近地区，是澳大利亚人口密度最小的州。

西澳大利亚州的地形比较单调，除西部的哈默斯利岭和北部的利奥波德王岭地势稍高外，大部分地区为海拔 300 ~ 600 米的较低的高原。它由北向南分布着金伯利高原、大沙沙漠、维多利亚沙漠和纳拉伯平原。西澳大利亚州除南部和北部沿海地区降水量较多外，广大内陆地区晴热少雨。

西澳大利亚州是澳大利亚的资源之州，矿产资源十分丰富。矿产品种多，储量大。自 20 世纪 60 年代以来，矿产开发使该州经济飞速发展，矿业产值"从 1965 年的 5400 万澳元上升到 1970 年的 57900 万澳元"，近年，"超过 270 多个矿区为西澳大利亚州创造的年产值超过 150 亿澳元"。[②] 丰富的矿产资源使该州异常富庶，在个人收入、汽车拥有量等指标方面将其他州抛在了后面。但是也应该看到，不少人就矿业公司开发资源对环境可能造成的灾难性影响忧心忡忡。有一位权威人士指出："从地

---

① Australian Bureau of Statistics, *Australian Demographic Statistics*, Doc.：3101.0, Mar 2013, p. 8.

② 王秀纬：《走向澳大利亚》，上海人民出版社，1999，第 246 页。

下如此高速度地挖出了这么多东西，结果不要多少时候，西澳大利亚州就
会变成一个废弃无用的大矿坑了。"① 实行可持续发展战略对该州来说是
当务之急。

除工矿业外，农牧业也是西澳大利亚州的重要经济部门。在离海稍远
的半干燥地区种植小麦、大麦、燕麦、棉花等，并出产牛肉和羊毛。在西
南角的地中海气候区，大量种植柑橘和葡萄。达令山脉盛产誉满全球的优
质桉树木材。该地区虽然面积不大，但它的木材产量比森林范围更广的新
南威尔士州和维多利亚州还多。

西澳大利亚州的知名高校包括西澳大利亚州大学、柯廷科技大学、伊
迪科安大学。

西澳大利亚州的主要城市包括佩思、班伯里和奥尔巴尼等。佩思是该
州的首府，位于南纬 31.57°、东经 115.50°。从地理位置上看，它处在印
度洋与大沙漠之间，被认为是世界上最孤立的首府，它与其最邻近的大城
市阿德莱德相距 2400 公里，与首都堪培拉的距离比到东南亚地区的新加
坡和印度尼西亚首都雅加达还要遥远。佩思人口在 2011 年 6 月为 183 万，
是澳大利亚的第四大城市。

度假之州——塔斯马尼亚州　塔斯马尼亚州是澳大利亚面积最小、人
口最少的州。它的主体部分是位于澳洲大陆东南方向的塔斯马尼亚岛，此
外，还包括环绕大陆周围的一群小岛，其中较大的岛屿是位于巴斯海峡的
金岛、弗林德斯岛和布伦尼岛。全州面积为 6.78 万平方公里；人口在
2012 年 12 月为 51 万，② 分布比较均匀，南部和北部几乎各占一半。全州
约 42% 的人居住在首府霍巴特及其周围地区。

塔斯马尼亚岛山脉纵横，盛产铜、铁、铅、锌、钨等矿产。塔斯马尼
亚州属于温带气候，雨水充沛。该州的水电资源得天独厚，受地形、降水
的影响，众多河流水流湍急，蕴藏着约近澳洲一半的水力资源。该州人均

---

① 约翰·根室：《澳新内幕》，第 276 页。
② Australian Bureau of Statistics, *Australian Demographic Statistics*, Doc.: 3101.0, Mar 2013,
p. 8.

拥有的电力资源仅次于挪威，在世界位居第二位。因电力充足，吸引了澳洲大陆众多耗能较多的企业前来投资设厂。在塔斯马尼亚岛的沿海地区，盛产海藻、龙虾、扇贝等海产品。境内植被茂盛，一半以上的地区覆盖着森林。造纸业在全国举足轻重。塔斯马尼亚州集约型的混合农牧业比较发达，农产品种类繁多，尤以生产苹果、草莓、马铃薯和啤酒花最为著名。这里出产的苹果个大味甜，被誉为"塔斯马尼亚的骄傲"，塔斯马尼亚州又被称为"苹果之州"。该州乳酪业生产也比较发达。

塔斯马尼亚州风景秀丽，气候宜人。它是英国在澳大利亚继新南威尔士州之后于1803年开辟的第二个殖民地，曾一度成为"帝国的监狱"。这里专门收容那些重刑犯，至今还有一些保存完好的监狱，里面陈列着各种令人心悸的刑具。塔斯马尼亚州人对这种历史背景往往讳莫如深，而各地游客则对此显得饶有兴致。塔斯马尼亚岛又是一座苦难的纪念碑，1804～1876年间，英国殖民者大开杀戒，上演了一出对该岛土著——塔斯马尼亚人斩尽杀绝的空前悲剧，从此这一土著民族就永远从世界上消失了。现今的塔斯马尼亚岛依然是一片田园风光，青山绿水，芳草萋迷，许多古旧建筑点缀其间，显得非常静谧，它是澳大利亚人旅游、休养的首选之地，故而又被誉为"度假之州"。该州只有一所高校，即塔斯马尼亚大学。

塔斯马尼亚州的主要城市包括首府霍巴特和麦夸里河河口的朗塞斯顿。霍巴特位于南纬42.53°、东经147.21°，东临斯托海湾，其他三面为青山环抱，德文特河由此入海。霍巴特人口为21.6万。

澳大利亚首都直辖区堪培拉是澳大利亚的国都，是一个纯粹的政治中心，没有什么名胜古迹，没有那种远古威严的逼视，没有密如蛛网的道路和车水马龙的喧哗，没有灯红酒绿的商业区和红灯区。这个城市的人口在2012年12月为38万人，[1] 因此堪培拉被誉为"寂寥的国都""丛林中的国都"。

---

① Australian Bureau of Statistics, *Australian Demographic Statistics*, Doc.：3101.0，Mar 2013，p. 8.

　　土著家园——北领地区 北领地区也称澳北区。它是澳大利亚政府直接管辖的行政区域，位于澳大利亚的中北部。面积为 134.62 万平方公里，约占澳洲大陆的 1/6，人口在 2012 年 12 月为 23.7 万，[①] 其首府达尔文市人口在 2011 年 6 月为 13 万人。北领地区约 4/5 的区域在南回归线以北，因此气候以热带为主，没有一年四季之分，受季风影响，全年可分为干季和湿季。年降雨量从北部沿海地区约 1500 毫米递减至南部内陆的 130 毫米。

　　养牛业、采矿业及旅游业是北领地区的经济命脉。滕南特克里克的金、银、铜、铋矿，戈夫半岛的铝矾土，格鲁特岛的锰矿，纽曼山的铁矿和阿利加托河流域的铀矿，它们的储量都相当可观。[②] 北领地区有几个很大的天然牧场，主要是分布在巴克利台地及北部的维多利亚河流域，放牧着成群的肉牛。因为牧场贫瘠，旱季又缺水，每个牧场往往占地几千平方公里，敞开放牧。只是到秋季时，才有人来挑选膘肥体壮的牛，通过由政府花巨资修建的全天候的"牛肉公路"送往屠场。北领地区是澳洲土著居住最集中的地区，有一批土著文化遗址，是品味土著文化和风情的绝好场所。这里的阿纳姆地区曾被描述为"现今世界上最原始、最没有开发、最荒无人烟的地方"，吸引了不少具有冒险精神的人前往探幽览胜。北领地区还有被联合国列为"世界文化遗产"的卡卡杜国家公园，该公园以湿地、野生动植物及土著文化遗址著称于世。最受游客青睐的还数北领地区南部的红色中央地区，那儿绵延着一望无垠的红色沙漠，有举世闻名的艾尔斯岩。

　　北领地区原属于新南威尔士殖民区管辖，1863 年被并入南澳大利亚殖民区；1911 年成为联邦的一个直辖区，1978 年 7 月 1 日成立自治政府，实行有限自治。它拥有的权限与各州相似，但联邦政府保留铀矿开采、土著人事务管理及否决领地立法等权力。

[①] Australian Bureau of Statistics, *Australian Demographic Statistics*, Doc.: 3101.0, Mar 2013, p. 8.

[②] 《澳大利亚百科全书》第 4 卷，第 358 页。

北领地区的主要城市是首府达尔文市。达尔文位于南纬 12.28°、东经 130.51°，因地处边陲，它被称为"北方门户"。

四 国家象征

澳大利亚国歌 从 1788 年至 1974 年 4 月，澳大利亚一直将皇家颂歌《主佑吾王》作为国歌。1974 年 4 月，工党政府总理惠特拉姆宣布，以《前进，美丽的澳大利亚》取代《主佑吾王》作为国歌；如果有英国女王在场或有必要表明女王是澳大利亚国家元首时，同时演奏这两首歌曲。1977 年 5 月，弗雷泽政府进行了一次全国民意测验，让人们从《前进，美丽的澳大利亚》《马蒂尔达，你将伴我舞翩跹》《主佑吾王》《澳大利亚之歌》4 首歌曲中评选出一首最适合作为国歌的歌曲。投票结果显示，这 4 首歌所获的赞成票依次为 43.2%、28.3%、18.7%、9.6%。[①] 1984 年 4 月，工党政府总理霍克正式宣布，今后将以《前进，美丽的澳大利亚》作为国歌，但在举行英国王室庆典活动时还要演奏《主佑吾王》。

《前进，美丽的澳大利亚》是由苏格兰人彼得·麦考米克于 1878 年前后创作，作者是以"埃米克斯"的笔名发表的。它是一首爱国主义歌曲，于 1878 年圣安德鲁日首次在悉尼演唱，很快便流行开来。第二次世界大战期间，在信息部长 A. 卡尔韦尔的要求下，澳大利亚广播公司将其作为新闻节目前的片头曲向全国各地播放。这首歌以优美的歌词和雄浑的旋律激发了人们的爱国主义热情和同仇敌忾的斗志，被广为传唱。歌词大意是：

> 欢笑吧！澳大利亚人，
> 我们自由而又年轻。
> 这里物产丰富，泥土如金，
> 家乡与大海为邻。

---

① 《澳大利亚百科全书》第 4 卷，第 283 页。

我们的国土瑰丽多姿，富饶绝伦，

世世代代自强不息。

前进，美丽的澳大利亚！

在欢乐的乐曲中，我们引吭高歌：

前进，美丽的澳大利亚！

灿烂的南十字星座高高照耀，

我们凭着双手和赤诚的心辛勤耕耘。

让我们的联邦，

显赫于世界各国之林。

我们有一望无际的土地，

供远涉重洋的人们前来分享、扎营。

让我们鼓起勇气，合力齐心，

把美丽的澳大利亚推向前进！

在欢乐的乐曲声中，让我们引吭高歌：

前进，美丽的澳大利亚！①

澳大利亚国旗　澳大利亚国旗的底色为深蓝色，象征澳大利亚是一个孤悬在海洋上的国家。在紧靠旗杆上部 1/4 的旗面上绘有米字形图案，象征澳大利亚和英国的传统关系。在米字形图案下方有一颗大的白色七角星，即联邦之星，象征澳大利亚的 6 个州及北领地区。国旗右边是由四颗白色七角星和一颗白色五角星组成的南十字星座，表明澳大利亚地处南半球，一年四季都可看到在夜空中闪耀的南十字星座。

在联邦成立前，澳大利亚各殖民区悬挂英国国旗。在 19 世纪 90 年代，联邦运动方兴未艾，有的政治团体就提出"一个民族……一种命运……一面旗帜"②的口号。1900 年，墨尔本《先驱报》发起了一次征

---

①　王德华：《澳大利亚：从移民社会到现代社会》，上海社会科学院出版社，1997，第 6 页。

②　《澳大利亚百科全书》第 3 卷，第 48 页。

集国旗的活动。1901年元旦,《评论》杂志组织了一次面向全球征集澳大利亚国旗的活动,该活动因得到澳大利亚政府的支持而备受瞩目,收到了来自澳大利亚、新西兰、英国、加拿大、马耳他、印度、中国、美国等国的人士提供的32823张图案。后来从中选出5张图案。它们由5个不同的人独立设计,但图案都与澳大利亚目前的国旗非常接近。国旗图案于1903年被英王爱德华七世批准。不过,当初米字旗下的联邦之星为六角星,象征着联邦建立之初的6个州。1906年,巴布亚新几内亚由联邦接管,1908年北领地区脱离南澳大利亚州单建行政区。为反映这些变化,联邦之星改为七角星。[①] 直到1953年,在孟席斯政府任内,议会才通过一项法令,正式宣布蓝色背景的旗帜为澳大利亚国旗。如果同时悬挂包括国旗在内的几面旗帜,国旗应该挂在面向观众的右侧,而且国旗的位置应稍微高出州旗或区旗等其他旗帜。

澳大利亚国徽 中央是一面盾牌,盾牌左右两边分别由澳大利亚的特有动物——袋鼠和鸸鹋擎起。盾牌上绘有6幅代表各州州旗的图案。它们分上下两排排列。在上面的3幅图案中,维多利亚州的州旗位于正中,这是因为维多利亚是英国在澳洲建立的最早的殖民地,它的图案是一幅蓝底的白色南十字星座和一个金色王冠。左边的以白色为底色,绘有圣乔治十字,在十字中心还有一个金狮的图案,代表新南威尔士州。右边的白底蓝色马耳他十字中心绘有王冠的图案,代表昆士兰州。在下边一排,中间那幅以黄色为底色、绘有红嘴黑天鹅的图案代表西澳大利亚州。左边的以黄色为背景、绘有张开双翅的黑白羽毛的伯劳鸟的图案,代表南澳大利亚州。右边的那幅以白色为底色、绘有红狮的图案,代表塔斯马尼亚州。盾牌上方是一颗七角金星,代表澳大利亚的6个州和北领地区。七角金星支撑在一个蓝黄相间的花束上。国徽下面还设计有金合欢的花枝及标有"澳大利亚"字样的绶带,但金合欢花枝和绶带不是国徽的组成部分。

澳大利亚的国色 绿色和金黄色是澳大利亚人最喜欢的两种颜色。绿色象征生命和环境,体现出澳大利亚是朝气蓬勃的年轻国家,还可以体现

---

① 《澳大利亚百科全书》第3卷,第49页。

出澳大利亚民众的环保意识。金黄色是澳大利亚国花金合欢的颜色，象征着这个国家充足的阳光和生活的富足。澳大利亚运动员在参加重大国际比赛时的着装常常是这两种颜色，在澳大利亚本土生产的正宗国货，其所印的澳大利亚制造的标签往往也是这两种颜色。1984 年，联邦政府正式宣布绿色和金黄色是澳大利亚的国色。

第二节 节日与宗教

一 主要节日

澳大利亚法定的节假日包括元旦（1 月 1 日）、复活节（4 月 24～27 日）、圣诞节（12 月 25 日）、节礼日。节礼日在圣诞节的次日，如遇星期日则推迟一天。按照当地习俗，这一天主人应该向雇员、仆人、邮递员等赠送盒装礼品。如果元旦或节礼日正好是周末（礼拜六或礼拜天），那么接下来的礼拜一就是公共假日。其他澳大利亚全国性的节日还包括：国庆节、澳新军团日、国王或女王诞辰日等。

国庆节 澳大利亚的国庆节是每年的 1 月 26 日。它是为纪念菲利普船长于 1788 年 1 月 26 日在悉尼湾登陆，英国殖民者开始在澳大利亚定居的日子。早在 1838 年，即英国向澳洲移民 50 周年之际，1 月 26 日就被官方宣布为法定节日。在 1931 年之前，各州对这一节日的称谓有所不同。之后，各州都仿效维多利亚州，将这一天称为国庆节。每到国庆节，到处鲜花竞放，彩旗招展，人们载歌载舞，用各种形式来庆祝这一盛大的节日。

澳新军团日 每年的 4 月 25 日是澳新军团日，它最初是为了纪念第一次世界大战期间配合英国作战的澳新军团于 1915 年 4 月 25 日在土耳其的加里波利岛强行登陆的战役。这一战役中，澳新军团伤亡惨重。大约从 1920 年起，它就成为各州的公共节日。澳新军团日后来成为悼念在两次世界大战等战争中阵亡士兵的日子。这一天，澳大利亚全国下半旗向烈士致哀，士兵和退伍军人都身着戎装，威武雄壮地组织游行，满载各种经过战争洗礼的枪炮的军车穿行于主要街道。这一天，战争纪念馆、烈士纪念碑成为最神圣庄严的地方。公交系统和一些服务行业为军人提供免费服务。

国王或女王诞辰日 除西澳大利亚州以外，其他州都会在每年6月的第一个或第二个星期一庆祝英国国王或女王的生日。早在1788年，菲利普总督就宣布，为庆祝国王乔治三世的生日（6月4日），所有罪犯和自由移民放假一天。从1936年以后，将在世的英王的生日作为节假日。但在乔治五世去世后，又将他的生日（6月3日）作为全国的节假日。

联邦日 从1905年起，英联邦国家于维多利亚女王生日（5月24日）当天举行庆祝活动，当时称为英帝国日（Empire Day），从1958年起改称英联邦日（British Commonwealth Day）。从1966年起改用现名，并将联邦日定在英国女王伊丽莎白一世的生日6月11日。

圣诞节 圣诞节是每年的12月25日，此时在北半球正值寒风凛冽的隆冬，而在南半球正是酷暑难当的盛夏。和欧美国家一样，澳大利亚人把圣诞节看作一年中最重要的节日，处处张灯结彩，热闹非凡。户户都买来圣诞树，家家都要吃火鸡。不过，澳大利亚人不像欧洲和北美国家那样，一家人围坐壁炉，聊天守夜。澳洲炎热的天气使许多人不愿待在家里。澳大利亚得天独厚的环境也为人们消闲避暑提供许多好去处，人们或去深山老林潜心静养，或去海滩游泳冲浪。

除这些全国性的公共节日外，各个州还有一些独具特色的节日。比如布里斯班的华兰纳节、墨尔本的蒙巴节、阿德莱德艺术节、佩思的野花节、悉尼的玛蒂格拉狂欢节等。

玛蒂格拉狂欢节 它是悉尼最盛大的民间节日，也是同性恋者的节日。不过它已从最初（1928年）单纯的同性恋者游行发展为一个综合性节日。每年2月，来自全球各地的同性恋者聚会悉尼，他们在2月的最后一个星期天的晚上进行游行表演。这种光怪陆离的现象使世界各地的游客慕名而来，观众可达40多万人。这为新南威尔士州带来了丰厚的旅游收入，从而得到了政府部门的认可和大力协助。

华兰纳节 华兰纳在土著语言中是"蓝天"的意思。自1961年起，每年 9 月在布里斯班都要举行华兰纳节。华兰纳节在澳大利亚家喻户晓，是布里斯班人民迎接春天的节日。最初，它旨在弘扬澳大利亚本土文化。近些年来，它经常以传播世界各地的文化为主题，每年选择一个主题国家，介绍她的历史、文化及风土人情。它既可以增加澳大利亚人民对其他国家的了解，又可促进澳大利亚与世界各国的经贸合作与文化交流，每年吸引观众达 100 多万人。

蒙巴节 蒙巴是土语，其意思为"让我们欢聚在一起"。蒙巴节是墨尔本的金秋艺术节，自 1954 年开始举办。蒙巴节前后 10 天，从每年的 2 月底到 3 月的第二个星期一。从内容上看，它主要包括文艺表演、电影周、艺术讲座等，最受人欢迎的节目是美女花车游行。

阿德莱德艺术节 第一届阿德莱德艺术节于 1960 年 3 月举行，以后每隔两年举办一次。南澳大利亚州最初筹办阿德莱德艺术节时，主要是想通过文化交流，树立南澳大利亚州的形象，带动经济发展。艺术节期间，邀请世界各地的艺术团体参加，文艺节目精彩纷呈。

佩思的野花节 9 月是澳大利亚的春季。此时，位于西海岸的佩思举办野花节，它是澳大利亚规模最大的园艺展览活动。7000 多种花卉争奇斗艳，是名副其实的花的世界、花的海洋。

二 宗教信仰

澳大利亚的宗教信仰可分为两大类：一类是土著人信仰的原始图腾崇拜和法术，另一类是海外移民带进来的各种宗教，包括基督教、犹太教、伊斯兰教和佛教等。

对土著居民来说，宗教渗透到他们社会生活的方方面面。不同土著部落有不同的宗教信仰，但他们都相信"梦幻时代"即创世纪时代。据说，混沌初开之际，一群神灵创造了世间万物，包括日月星辰、山川河流、花草鱼虫、飞禽走兽，以及男人和女人。人类社会由此诞生。

土著居民最主要的宗教形式是图腾崇拜。图腾是一个氏族的标志，代表着一个氏族的荣衰，不同氏族具有不同的图腾。图腾崇拜是指各氏族成员都相信自己同被作为本民族标志的图腾有某种特殊的亲属关系，因此崇拜图腾，保护图腾，禁止猎杀和采食被视作图腾的动植物。氏族成员都偏执地迷信，猎杀和采食图腾将大祸临头。这种恐惧感使图腾禁忌成为一种自我道德约束。只有在极度缺乏食物、无法果腹已威胁到氏族生存的情况下，他们才可以取少量属于图腾标志的动植物作为食物。

各氏族图腾崇拜的对象因地而异，但一般在本氏族活动的地域内较为常见，比如在沙漠地带生活的氏族往往将昆虫视作图腾，滨海地区的土著则以鱼和其他水生动物作为图腾。总的说来，图腾以动物为主，其中鸟类图腾占图腾总数的30%～40%。各种有袋类动物也是许多氏族图腾崇拜的对象。这种将动物视为图腾对象的情况在澳大利亚北部和中部相当普遍。以植物为图腾对象的氏族，常用颜料在树干上勾画多种图案，并绕树翩翩起舞。澳大利亚东部地区的某些土著部落中的氏族将某些天文现象如雾、雨、雷、电、彩虹视作图腾对象。一旦雨后初霁、彩虹悬空时，这些氏族的成员就顶礼膜拜。不少地区的土著崇拜"丰收与生育"女神，祈求五谷丰登、人丁兴旺。

土著居民常通过各种仪式来举行宗教活动。比如阿兰达部落中的氏族视袋鼠为图腾，成年男丁常聚集在某个固定地点举行宗教仪式。几个年轻人刺破自己的静脉，将鲜血滴在象征袋鼠灵体的一块石头上（也有用动物油脂和赭石涂抹象征图腾的物块），口中念念有词，祈求袋鼠祛病除魔，保佑本氏族兴旺发达。这类活动禁止妇女和儿童参加。男孩到一定的年龄之后要举行成丁礼，要经受一些皮肉之苦，比如拔门牙、割礼等。之后，他们就可以参加各种宗教活动了。女孩到一定的年龄后要举行献身仪式，一群男子使其破身后，这个女孩就将成为某个男人的妻子。

除图腾崇拜外，巫术也是土著人的一种宗教形式。澳大利亚土著将疾病和死亡归咎于仇人的致害。如有人企图加害他的仇敌，他只要将一根小棍或一截兽骨指向仇敌所在的方向，口吐咒语就行了，而且他要竭力将小棍或骨头放在他的仇敌的住处附近，让他的仇敌知道有人要加害于他。由于土著人非常迷信，一旦知道有人要加害于己，就仿佛受了某种心理暗示，认定自己在劫难逃，往往会在极度恐惧中郁郁而终。这种情况反过来又会加深土著人对巫术法力的迷信。有的部落由于宗教活动比较频繁，久而久之就分化出专事宗教活动的巫师。巫师被认为是能通神达鬼，具有超自然魔力的人，所以普通土著人对其非常敬畏。人们也指望巫师祈求风调雨顺、衣食无忧。土著人以为疾病是因妖魔缠身，只能求助于巫师。巫师在一定程度上也是巫医，他们在治病时常使用草药，也借助推拿、按摩等手段[①]。但巫医治病通常用的是欺骗性的手段，他用力摩擦和吸吮躺在地上的患者的痛处，口中不断吐出一些小块的木屑、石子等，仿佛这就是致病的病灶，而这些其实不过是巫师早巧妙地藏在口中的东西罢了。巫医往往也有一定的经验，通常拒绝医治明显的不治之症，而只治疗那些有望好转的小病。这反过来也使人们更加相信巫医具有超自然的魔力。土著中还流行一种求爱的巫术。男性用吼板（澳大利亚土著的一种乐器，演奏时能发出悦耳的乐声），或通过其他信物，让他喜欢的女人听到或看到，以赢得女子的芳心。这种求爱巫术无须求助于巫师。[②]

作为一个典型的白人移民社会，澳大利亚是一个以基督教为文化背景的国家。大多数人信仰基督教，并依据移民来源地的不同而信奉不同的派别。最主要的两大派别是圣公会和天主教。圣公会的信奉者主要是来自不列颠诸岛的移民及其后裔，天主教的信奉者主要为来自爱尔兰、意大利、中欧的移民及其后裔。据 2001 年澳大利亚政府统计，68% 的人口信奉基督教，其中，圣公会信徒为 20.7%，天主教信徒为 26.6%。除了这两大派别外，其他基督教派别还包括苏格兰移民及其后裔所信奉的长老会、希腊移民及其后裔所信奉的东正教等。

20 世纪 70 年代以来，非基督教教徒人数增加明显。随着"白澳政策"的废除，来自欧洲以外地区的移民数量不断增加，并带来了伊斯兰教、印度教、锡克教、佛教等宗教的快速发展。1996～2001 年间，佛教徒从约 20 万增加到 36 万，其占总人口的比例从 1.1% 增加到 1.9%；穆斯林从 20 万增加到 28 万，其占总人口的比例从 1.1% 增加到 1.5%。同一时期，不信仰宗教的人数从总人口的 16.6% 减少到 2001 年的 15.5%，

---

① 澳大利亚联合国教科文组织事务委员会：《澳大利亚土著文化》，堪培拉，1974，第 28 页。
② 《澳大利亚百科全书》第 1 卷，第 35 页。

但其人数较多，在 2001 年已经达到 290.6 万。

澳大利亚实行政教分离，各教平等，没有国教，没有任何宗教得到国家的特别扶持。根据澳大利亚的平等机会法，任何人不会因是否有宗教信仰、或有何种宗教信仰而受到歧视。尽管信教的人数还在减少，但宗教对社会的影响仍然不容忽视。在大小城镇，雄伟的教堂建筑随处可见，私立中小学大多数都是教会学校，这些学校往往受到富裕家庭的青睐，它们的数量还在继续增长。

第三节　特色资源

一　珍稀动植物

澳洲大陆在地质时代很早就与其他大陆分离。由于受海洋阻隔，在漫长的与世隔绝的环境中形成了非常独特的生物圈，它没有进化出其他大陆常见的高等哺乳动物。因为缺少食肉猛兽，澳大利亚保持了其他大陆早已灭绝的许多原始的生物，包括一些单孔类、有袋类动物。澳大利亚因此享有"生物博物馆"的美誉。

鸭嘴兽　在澳洲所有的珍禽异兽中，鸭嘴兽可能是最为独特的一种。鸭嘴兽的标本最初被送往英国时，一批生物学家认为，它是某位好事者将几种不同动物拼凑起来的恶作剧。鸭嘴兽属于单孔类动物，兼具两栖类、爬行类、鸟类和哺乳动物的特点。它能在水中和陆上生活，靠下蛋繁殖后代，用母乳哺育幼仔。雌鸭嘴兽虽然有乳腺，却没有乳头。它的腹面有一个凹沟，哺乳的时候，它仰卧在地上，幼兽爬上它的腹面挤压乳腺，乳汁流出后就汇集在雌兽腹面的凹沟里，幼兽就从凹沟里吸食乳汁。由于鸭嘴兽既下蛋，又吃奶，不伦不类，人们称其为"卵生哺乳动物"。

鸭嘴兽身长一般为 40～60 厘米，其中尾巴长约 12～15 厘米，乍一看很像家鸭。它的眼睛很小，角质的嘴巴扁平，四肢短小；脚生五趾，趾端有钩爪，便于掘洞；趾间有蹼，便于游泳。鸭嘴兽除口、鼻、四肢外，全身长满柔软光滑的皮毛，背部皮毛呈深棕色，腹部皮毛呈浅褐色。鸭嘴兽在河畔湖旁等沼泽地带掘洞、筑穴，洞穴既深又长，很难被人发现。它昼伏夜出，白天在洞穴睡觉，晚上到水中捕食小虫和鱼虾。鸭嘴兽主要分布在澳大利亚东部地区和塔斯马尼亚岛。作为澳大利亚特有的原始哺乳动物，鸭嘴兽被奉为国宝，它从 1920 年起就受到政府的严格保护。

袋鼠 提起袋鼠，人们就会想到澳大利亚。袋鼠已成为澳大利亚的象征。西方人一般称大袋鼠为 kangaroo。关于这个名字，还流传着一个有趣的故事。据说，英国航海家库克 1700 年航行到植物湾时，生平第一次见到这种跳跃前行的动物，便打手势向当地土著人打听这种动物的名字。土著人回答说："kangaroo。"大袋鼠由此得名，kangaroo 被编入英国字典。其实，kangaroo 在土著语言中是"不知道"的意思。

袋鼠广泛分布于澳洲大陆，它身高体壮，最高的可达 2.9 米，体重超过 90 公斤。[①] 头小，耳朵却很大，听觉非常发达。它的前肢和后肢极不相称，前肢又短又小；后肢却非常粗大。运动时不靠前肢，而依靠强壮的后肢跳跃前进。袋鼠善于奔跑和跳跃，奔跑时速可达每小时 49 公里，可越过 2、3 米高的障碍物，可跳过 7、8 米宽的小河。大袋鼠的尾巴长而粗壮，在奔跑和跳跃时，尾巴上下摆动，起到平衡身体、把握方向的作用；坐着时和后肢构成 3 个支点，以支撑身体的重量。

雌袋鼠没有胎盘，胚胎在母体内不能充分发育。袋鼠的胎儿在未完全发育成型时即分娩。新生的幼鼠只有人的手指头那么大，眼睛没有睁开，耳郭也未长出，不能独立生活。它出生后即摸索着爬进母体的袋囊吸奶，在袋囊中继续发育。小袋鼠一般要在袋囊中待 9 个多月才渐渐发育完全。随着小袋鼠慢慢长大，它在外面活动的时间也越来越长，一旦有风吹草动，便会迅速钻进袋囊。

目前，全澳洲的大袋鼠达到数千万只。由于数量过多，它们与牛羊争食牧草，不少农场主呼吁政府采取措施，抑制袋鼠的繁殖。澳大利亚政府允许每年猎杀一定数量的大袋鼠，向国外出口袋鼠皮肉。

树袋熊 树袋熊也是澳大利亚珍贵的有袋类动物，它又名考拉

① 《澳大利亚百科全书》第 3 卷，第 444 页。

（kolar）。考拉在澳大利亚土著语言中是"不饮水"的意思。树袋熊所食的枝叶中含有较多的水分，所以它很少下树喝水。

树袋熊前肢长，后肢短，趾爪锋利，不善行走，却善攀缘，长年生活在树上。它因长相似熊，所以称为树袋熊。树袋熊的尾巴已经退化，臀部的皮毛厚而重，便于坐在树上。树袋熊性情温和，激怒时会发出婴儿似的哭声，表示受了委屈。

树袋熊白天休息，晚上觅食。它对食物比较挑剔，喜食10来种桉树的细枝嫩叶，所以仅分布于这些树种生长的地区，如南澳大利亚州东南一带、新南威尔士州沿海及昆士兰州中部等地。

树袋熊的免疫力较弱，死亡率很高。它的繁殖能力也不强，每只雌树袋熊每两年才能产下一仔。树袋熊的交尾期在春天，孕期仅35天。初生幼仔只有约1.9厘米长，重约5.5克。它在母体的袋囊中要生活6个月才能长出皮毛，到8个月的时候，幼仔就能爬到母熊的背上玩耍了，1岁时开始独立生活。① 树袋熊属于珍稀动物，受到政府的严格保护。

鸸鹋 鸸鹋形状像鸵鸟，是世界上体格仅次于鸵鸟的第二大鸟类。身高1.5～1.8米，成年雄鸟的平均体重为36公斤左右；雌鸟重约41公斤。它身披灰色或褐色羽毛，翅膀和尾巴均已蜕化，不能飞，但腿长而有力，每步能跨越2.9米，急速奔跑，每小时能跑约50公里。它的脚上有3趾，边趾短，中趾长约15厘米，是防卫的利器。它虽属走禽，但能够泅水，可以从容游过相当宽阔的溪流。

鸸鹋在地表筑巢，一般是在地表的小坑里填些干草和树叶。鸸鹋在每年的4～8月交配，雌鸟一般下7～9个蛋，蛋壳粗糙，呈深绿色。鸸鹋蛋很大，每个长达12～14厘米，重约700克。雌鸟下蛋后由雄鸟孵化，8个星期后，小鸸鹋就破壳而出，由雄鸟抚育成长。

鸸鹋无天敌，以昆虫和青草为食，也偷食庄稼，因此曾遭到人们成批猎杀。不过，这个家族依然人丁兴旺。它们三五成群，昂首阔步，悠然自得，甚至主动与游人亲近，这已成为澳洲的一景。

---

① 《澳大利亚百科全书》第3卷，第468页。

琴尾鸟 它也是澳洲特有的珍贵动物。琴尾鸟大小如普通家禽，褐色羽毛，尾翼很长，由 12 支羽翎组成，舒展开来酷似一个宽约 4 厘米、长达 70 多厘米的竖琴。[①] 春天，雄鸟在求爱时，偶尔开屏，并一展歌喉，其歌声婉转悠扬，悦耳动听。琴尾鸟以昆虫为食，主要分布在澳大利亚东南部。

鹦鹉 世界上鹦鹉科的鸟类有 320 种，其中有 60 多种产于澳洲。澳洲鹦鹉中较为有名的是虎皮鹦鹉和白鹦鹉。虎皮鹦鹉的体羽草绿，面颊和尾翎上有蓝条的斑纹，两翼有褐色的花斑，因它颜色艳丽而被世界各地的人们广泛豢养。白鹦鹉的羽毛以白色为主，略带红色、黄色或浅灰色的斑纹，它因善学人语而受到人们的喜爱。

昆士兰肺鱼 昆士兰肺鱼是澳大利亚特有的鱼类，鳞大，眼小，牙齿细密，鱼鳍呈叶形。它所以珍贵，首先是由于作为早在泥盆纪古生代的第四纪（开始于 4.1 亿年前，结束于 3.55 亿年前）和三叠纪中生代的第一个纪（开始于 2.5 亿年前，结束于 2.03 亿年前）就已出现的一种早期原始鱼类，可以称得上是一种活化石；其次是因为它除以鳃呼吸外，还可浮出水面用肺呼吸。此外，肺鱼的鱼鳍与鲨鱼的鱼鳍很相似。[②] 它以水草、甲壳动物和软体动物为食。肺鱼体形修长，长约 1.5 米，鱼身呈草绿色，鱼肚略呈黄色。肺鱼原产于昆士兰州中部的玛丽河和伯内特河，从 1895 年开始，被引养到附近水域。肺鱼受到严格保护，不得捕杀。

受气候的影响，澳大利亚的植被呈环带分布。大陆外围，除西部沿海地区有一小部分是沙漠外，绵延着一条狭窄的莽莽苍苍的森林带。森林带内侧向里逐渐过渡为在澳洲分布最广的开阔的疏林带和草原，大陆的中心是一片浩瀚无垠的沙漠。据澳大利亚政府有关统计，2008 年林地面积为 1.47 亿公顷，约占全境国土面积的 19%。[③] 澳洲的森林分布极不均衡，约有 90% 的森林集中在沿海的狭长地带。澳洲的植物品种繁多，计有

---

① 《澳大利亚百科全书》第 4 卷，第 63 页。
② 《澳大利亚百科全书》第 4 卷，第 59 页。
③ Australian Bureau of Statistics, *2012 Year Book Australia*, p. 554.

1.2 万种以上，其中约 9000 种为本国所特有。在芬芳的植物王国中，桉树和金合欢最为典型，分别被称为澳大利亚的国树和国花。

桉树 桉树是澳洲最常见的树木，多达 550 种。桉树属桃金娘科，是世界上最高的树种之一，最高可达 100 米以上，树径多在 2 ~ 4 米。成片的桉树竞长争高，一般是树干细长，树冠较小。独株的桉树树干粗壮，树冠较大，呈皇冠状。桉树树叶呈针状下垂，因此其树林并不是浓荫蔽日；叶面油亮光滑，可减少水分的蒸发。桉树虽形态各异，但容易辨认，其典型的特征是花萼和花瓣浑然一体，呈帽状，开花时，两者才脱离。桉树花虽五彩缤纷，但都是伞状花序。

桉树适应性强，从热带到温带，从滨海到内陆，到处都能见到它们的婆娑树影。桉树形形色色，既有高达百米的参天大树，也有干旱地带的低矮灌木丛。桉树的经济价值高，它属于速生树种，成长快，树干高大挺直，树质坚硬细密，是上好的木材。桉树叶可提炼桉油。桉油是医药和工业的重要原料，可用于制作香料、杀虫剂、防腐剂。桉树花是很好的蜜源，蜜源异常丰富，大概没有别的树花可望其项背。在花季，从一个蜂房中可取得 180 公斤的花蜜。[①] 桉树根系发达，能涵养水源，防止水土流失，同时还可起到调节河流径流量的作用，对维护澳洲脆弱的生态环境发挥着一定的作用。

金合欢 金合欢是澳大利亚的报春花。每年 9 月是澳大利亚的春天，这时，黄灿灿的金合欢，一丛丛，一树树，漫山遍野，吐蕾绽放。金合欢树是澳洲仅次于桉树的另一重要树种，其种类繁多，达 700 多种，占世界金合欢树品种总数的一半以上。其形态各异，有的是挺拔的乔木，有的是矮小的灌木。根据其叶子的形状，可以将其分为两类，一类长有羽状叶，另一类长有叶状柄，柄上略带小刺。叶状柄又称假叶，因其宽大如叶而取其名。金合欢树的花期因种类而异，但一年四季都有绽放着的金合欢。金合欢叶片翠绿，枝条细长柔韧适宜作树篱来装点庭院或牧场，因此它又被称为"篱笆树"。它的绰影风姿深受人们的喜爱，其图案出现在澳大

---

① 《澳大利亚百科全书》第 2 卷，第 391 页。

利亚的国徽和钱币中，亦可视作澳大利亚的象征。金合欢花是澳大利亚的国花。

在众多的金合欢树中，有的品种具有较高的价值，因其木质坚实，纹理清晰，颜色古典高贵，是制作高档家具的上等木料。金合欢花还能分泌较多的花蜜，适于养蜂业的发展。有的金合欢树树皮可提炼一种用来鞣制皮革的化工原料——丹宁酸。此外，金合欢树的根瘤中含有固氮菌，能改善土质，提高土壤的肥力。

猴面包树　世界上的猴面包树有两种，一种分布在赤道非洲，另一种则是分布在澳大利亚的猴面包树。它的形状奇特古怪，树干极粗，与树身不成比例，这种树远看就像一丛树枝插在一个巨大的花瓶里。猴面包树在雨季能储存大量水分，不至于在干季到来时因缺乏水分而枯萎。它的果实呈葫芦状，表面有一层褐色的毛壳，果肉酸甜可口，是猴爱吃的食物。据说人们在沙漠中旅行，如果储水很少，可拿小刀在树干上挖一小孔用瓶子接水喝，水质酸甜、清凉，因此，猴面包树又称"吐酒树"。

二　风景名胜

在 2012 年，澳大利亚自然保护区达到 9700 多个，占国土面积的约 13.5%。全国共有 19 处被列入联合国世界自然或文化遗产，主要包括塔斯马尼亚荒原、大堡礁、乌鲁汝－卡达久达国家公园、昆士兰热带区、悉尼歌剧院、鲨鱼湾、皇家展览中心和卡顿公园、纳科特拉哺乳动物化石遗址公园等。[①]

菲利普岛（Philip Island）　到距墨尔本城东南 200 多公里的菲利普岛观看小企鹅，路途虽远，却是来维多利亚州观光旅游者必不可少的乐事。每日黄昏，在海岸边的观赏区站满了翘首而望的游客。只见在惊涛骇浪之间，一群群黑体白肚、颇有绅士风度的企鹅不断涌向海滩。它们上岸之后，排成方队，蹒跚摇晃着向前行进，离开沙滩，登上斜坡后就改为方队，各自回到自己温暖的巢穴里栖息，或喂养嗷嗷待哺的小企鹅。据粗略

---

① Australian Government Department of Foreign Affairs and Trade, *Australia in Brief*, p. 17.

统计，一夜之间登陆的企鹅会有 2000 多只。

在南半球至少拥有的 15 种企鹅中，澳洲特有的神仙企鹅（Little Penguin）属于最小的一种。它身高约 33 厘米，身长约 46 厘米。大约 30 只小企鹅才相当于一只"企鹅大帝"的重量。它虽体形娇小，却能在水中快速游进，时速最快时可达 40 海里以上。由于澳大利亚政府采取了有效的环境保护措施，以四海为家的企鹅每年总要来菲利普岛繁衍后代，壮观的企鹅登陆因此成了该岛的著名景观。

大堡礁（Great Barrier Reef） 大堡礁是和昆士兰州海岸大致平行的世界上最大的珊瑚礁群。它从澳大利亚东北的约克角沿着东海岸一直延伸到布里斯班东北，全长 2400 公里，离海岸最窄处 19 公里，最宽处 350 公里。海岸布满了郁郁葱葱的亚热带树木，沙滩平舒，惊涛拍岸，奇美异常。

大堡礁的范围包括各种大小珊瑚岛屿 600 多个，其中观赏价值最高的要数格林岛和赫伦岛。格林岛上建有一个精巧的水下观察室，其位置正好在珊瑚群中。旅游者可以通过舷窗观看海底世界的壮丽景观，也可乘坐玻璃底的游艇欣赏奇异的水下风光。

大堡礁海域生长着无数绚丽多彩、千姿百态的珊瑚群，有的似吐芳的腊梅，有的像盛开的丹桂，有的似瀑布飞流，有的像孔雀开屏。在珊瑚礁的缝隙中，还栖息着数百种鱼类和海生动物。一种名叫大魁蛤的巨蚌，重量可达 500 公斤。凶狠的昆士兰鱼，敢偷袭潜水员。还有张牙舞爪的龙虾，横行霸道的螃蟹，色彩艳丽的宝贝，行动迟缓的海龟，以及各种各样的海星、水母和藻类。

蔚为壮观的大堡礁是由一种微小的腔肠动物珊瑚虫构筑而成的。珊瑚虫从海水中摄取食物，不断分泌出一种石灰石骨骼，日复一日，年复一年，形成了像树林一样茂密的珊瑚丛。据科学家推测，大堡礁已有 3000 万年的历史。巧夺天工的大堡礁每年吸引了 25 万多名旅游者前来观光，它已成为澳大利亚著名的旅游胜地和自然保护区。

艾尔斯岩（Ayers Rock） 艾尔斯岩位于澳洲大陆的中心，紧靠爱丽丝温泉。它是目前世界上最大的整块不可分割的单体巨石，长 3.62 公里，宽 2 公里，高 348 米。岩石一圈周长 8.8 公里，形状酷似一个长条形的大面包。据测算，艾尔斯岩的形成距今已有 5 亿年的历史，它在 1873 年被探险家戈斯发现后，逐渐成为澳大利亚的旅游名胜。

硕大无比的艾尔斯岩雄踞大漠的中心，通体色泽赭红，光滑的表面在阳光的照耀下闪烁着奇异的光芒。它在空旷广袤的地平线上突兀挺立，直刺苍穹，每当拂晓日出或夕阳西下，更显得蔚为壮观而又变幻无穷。正因为如此，大自然鬼斧神工创造的艾尔斯岩被土著人认为是神明的化身，将它尊称为 Uluru（意为神岩）。土著人认定艾尔斯岩是"土地之母"和"一切从此开始"。这种信仰一直从远古流传至今，因而人们又把艾尔斯岩所处的澳大利亚中部沙漠地带称为图腾崇拜的古典地区。

黄金海岸（Gold Coast） 在昆士兰州首府布里斯班以南约 75 公里处是一片长约 30 公里的金色海滩。这里有蔚蓝无垠的海水，有洁净如粉的细沙，还有常年照耀的温暖阳光。看上去黄金海岸虽然没有夏威夷或加利福尼亚的沙滩那样华丽，可是它的沙滩之长属于世界之最，因而成为国内外游客常去的游览和度假胜地。据有关的资料统计，每年约有 200 万游客来此度假，享受南半球最灼热的阳光和最迷人的沙滩、碧波。

澳大利亚人民普遍喜爱游泳、滑水和冲浪。黄金海岸的地理位置靠近热带区域的亚热带，一年中虽然也有四季之分，但夏日特别长，而冬季里的阳光也是暖洋洋的。因此，一年四季，黄金海岸的沙滩上总是挤满了享受日光浴的游客和弄潮的人群。同时，这里有精彩的海豚表演，有迷人的水上芭蕾，有直升机供人在海上和田野间低飞盘旋，有比赛抛掷飞去来器的绿色草坪，有耸立在海岸边的一座座现代化的旅馆。这一切使黄金海岸成为澳洲著名的度假天堂。

三 著名城市

常青之城——堪培拉（Canberra） 堪培拉是澳大利亚的首都，联邦政府所在地。它仅有 36 余万人口，是一座只有 70 多年历史的新兴城市。堪培拉道路宽敞，交通便利，大多数居民在政府部门或国立大学工作。这里还驻有许多国家的外交使团。同繁华的大都市悉尼与墨尔本相比，堪培拉也许更像是乡村小镇，然而它却是世界著名的花园城市。

堪培拉的绿化面积占城市总面积的 85%，人均占有绿地 70 多平方米，仅次于波兰的华沙，居世界第二位。全城公园总面积有 1 万英亩，树木 1000 多万株，南北半球生长的珍奇树种应有尽有。漫步在堪培拉街头，可以看到白桦、西洋杉、伦巴第白杨、苏格兰松、榆树、桃树、胡桃、枞树等，还有秘鲁的胡椒树和中国的银杏；但最多的树种要数桉树，这可能与当年堪培拉的设计者、美国建筑设计师格利芬的偏爱有关，他把桉树称为"诗人之树"，提倡在堪培拉大量种植。

城市设计的新颖奇特为堪培拉增添了雅静迷人的田园景色。从高空俯瞰全城，公路和街道把城市勾画成错落有序的三角形、六角形、正方形和圆形等几何图案。

11 公里长的格里芬湖穿城而过，湖中碧波荡漾，沿湖风景如画，是人们周末垂钓、游泳和泛舟的必去之处。湖中央的人造喷泉从宁静的湖面一跃而起，高 139 米，直冲蓝天，如遇微风吹来，如烟似雾，随风散落，明朗的天空会出现美丽的彩虹，引得游人驻足忘返。

格里芬湖周围绿树环绕，把城市分为南北两区。旧国会大厦、新国会大厦、联邦造币厂、国立图书馆、联邦最高法院、国立美术馆、国立大学、联邦科学院等著名机构坐落在湖边。除旧国会大厦是殖民地时期的建筑外，其他均属现代建筑。国立图书馆是用 44 根白色大理石柱廊环绕而建的 5 层建筑物，显得宁静、庄重。馆内藏书丰富，采用现代化电脑检索、编目和借阅。它和美国、英国、加拿大等国的 200 多个文献数据库相连接，组成国际性文献联机网络，为读者提供多学科文献资料共享。面山环湖的国立大学是澳大利亚的最高学府，拥有各种尖端科研设备和高水平的科技人员。每年有许多国外学者专家来此讲学，进行学术交流。宏伟庄严的新国会大厦是澳大利亚最具现代特色的建筑，大厦前方耸立的巨型旗杆高 81 米，是世界上最高的不锈钢结构之一。门厅有 48 根大理石柱和两排雕刻精美的大理石台阶。新国会大厦中的两个大厅全部对外开放，参议院和众议院均可让游人参观。正厅中悬挂着根据澳大利亚著名艺术家博伊德的作品制成的巨幅挂毯。

堪培拉的高层建筑不多。政府对建筑的层数与栋数都有严格限制,全市 90% 以上的住宅都是二层别墅。为了绿化城市,政府还赠送每座新房主人 10 颗树木和 40 丛灌木。1927 年迁都时政府还作出规定,首都建筑不得修建围墙,至今这条法律仍在严格执行。[①] 全城除总理府有一道围墙之外,所有的机关、学校、使馆和私人住宅均以"绿墙"代之。合欢树是堪培拉人用来做绿墙的常用灌木。四季常青、清静幽雅的城市景色,使堪培拉赢得"大洋洲的花园"的美誉。

南半球的纽约——悉尼(Sydney) 200 多年前菲利普船长率"第一舰队"登陆的杰克逊湾周围,今天已崛起一座名城——悉尼。这个拥有约 461 万人口的城市以高楼林立和繁华喧嚣而有"南半球的纽约"之称。悉尼是新南威尔士州首府、澳大利亚最大的城市。

悉尼港水深港阔,东临蔚蓝浩渺的太平洋,巨轮可直抵港口,是澳大利亚与世界上 100 多个国家和地区贸易的枢纽,也是大洋洲的贸易中心。悉尼气候温和,终年阳光充足,四季景色迷人,每年有 342 天沐浴在阳光之中,夏日的海滩总是挤满了游人。唐纳德·霍恩认为:"火、空气和水……是构成悉尼的三大要素。"[②] 他所说的火即指照耀悉尼城的灿烂阳光。悉尼日平均日照时间达 6.8 小时,平均气温近 20℃;而从东北方吹来的阵阵海风沁人心脾,一望无际的蓝色大海令人心旷神怡。悉尼拥有众多的名胜古迹,其中以悉尼大铁桥、海上歌剧院、悉尼塔、邦迪海滩、猎人谷、蓝山、圣·詹姆斯教堂、海德兵房、皇家铸币厂、老悉尼城和伊丽莎白大厦最为著名。

横跨海湾、连接南北两岸的悉尼大铁桥(Sydney Habour Bridge)是早期悉尼的代表性建筑,世界上最长的单孔桥之一。大桥全长 1150 米,高出水面 59 米,桥面宽 49 米,上有双轨铁路、人行道、自行车道和 8 条平行的汽车道。

---

① 黄鸿钊、张秋生:《澳洲简史》,第 112 ~ 113 页。
② 唐纳德·霍恩:《幸运的国家》(Donald Horne, *The Lucky Country*),企鹅出版公司,1986,第 50 页。

悉尼大铁桥是由昆士兰州著名设计师布雷菲尔德博士于 1923 年设计的。1924 年开始建造桥基，1932 年 3 月竣工通车，历时 8 年。造桥工程浩大，仅建桥费用达 1000 万英镑。费用来源由英国贷款 800 万镑，其余由政府出资和社会赞助。有人根据大铁桥的外形结构，给它起了个别致的名称"大衣架"（Coathanger），而这个大衣架的承受能力却令人难以置信。根据设计，大铁桥的负荷量是每小时通行汽车 6000 辆，火车和电车128 列，行人 4000 名，并可经受时速为 250 海里的飓风袭击。历经 60 多年的风风雨雨，大铁桥仍稳当地横卧在杰克逊海湾上，为悉尼的繁荣默默地奉献。每当旭日东升，或晚霞满天，大铁桥浑身金光闪闪，像一把巨大的金弓在蔚蓝浩瀚的海面上闪烁，为悉尼增添了几分神奇的色彩和迷人的魅力。

大铁桥东边不远处，是世界著名的悉尼海上歌剧院（Sydney Opera House）。1955 年，澳大利亚政府向海外重金悬赏征集悉尼海上歌剧院设计方案，年仅 38 岁的丹麦设计师耶尔恩·乌特松以独具匠心的构思和超凡脱俗的设计一举夺魁。1973 年落成的悉尼海上歌剧院是当代世界上最异乎寻常的建筑之一。它有三奇：一奇是建在海上。歌剧院一面连接岸上的植物园，三面濒临碧波荡漾的大海。在剧院内看演出，如同置身于蓬莱仙境，有飘然欲仙之感。二奇是外形设计独具匠心。歌剧院建筑外表洁白晶莹，远远望去像是一支船队在扬帆远航，又仿佛是一对白色的大蚌壳在侧身沐日。三奇是内部设备齐全，富丽堂皇。歌剧院内有 6 个剧场，可供歌剧、芭蕾舞剧、音乐会和话剧等同时演出。其中音乐演奏厅最大，有2800 个座位。悉尼歌剧院一年到头都排满了国内外各种著名文艺团体的演出。世界各地的旅游观光者更是络绎不绝。

可以和大铁桥、海上歌剧院相媲美的是悉尼最高建筑大铁塔，它建于1968 年，竣工于 1981 年。大铁塔高达 325 米，造型新奇，细长的铁柱托起环形塔楼，像一只仙鹤翘首独立。塔楼为钢质金色，在阳光照耀下金光闪闪，十分壮观。它的底部是由 200 多家商店组成的一座大型购物中心，从塔柱中心可乘电梯直上塔楼。塔楼共分 8 层，1、2 层是自动旋转餐厅；3、4 层是观景台，登台远望，悉尼远景尽收眼底。如同埃菲尔铁塔象征着巴黎一样，这座具有高度艺术性的建筑已成为悉尼的标志之一。

澳大利亚是一个移民国家，悉尼则有"移民城市"和"小联合国"之称，有 140 多个民族生活在这里。华人社团是悉尼历史悠久且受尊敬的民族社团。在澳洲发现 200 周年之际，悉尼华人社团倡议兴建了悉尼的中国花园——谊园。这座当时海外最大的中国式园林建筑，由中国广东省设计建造，新南威尔士州提供园地和费用，共耗资 1700 万澳元。[①] 谊园坐落于美丽的达令港，占地 7000 平方米，建有双龙壁、人工湖、九曲桥，中国民族风格的亭台楼榭点缀其间，成为中澳两国人民友谊的象征。

繁华美丽的悉尼每年吸引着大量国内外游客。世界各地每年到澳大利亚旅游的客人在 200 万以上，其中 90% 以上的人必到悉尼观光。国家财政收入中每年仅悉尼的旅游收入一项就达 35 亿澳元。2000 年，悉尼以它日新月异的姿容风采，真挚热情的好客礼仪，成功地举办了世纪之交的奥运盛会。

新金山——墨尔本（Melbourne）　墨尔本是维多利亚州首府，人口约 417 万。它既是澳大利亚第二大城市，也是全国的金融中心。同犹如少女的悉尼相比，墨尔本更像是一位老成持重的绅士，城市建筑和社会生活都透出一股浓厚的不列颠遗风。古老的有轨电车在街上运行，不时发出当当的响声；电话簿上列有 1000 多家银行和支行，商业之风主宰社会；饱经沧桑的希腊科林斯风格的古建筑依然耸立……然而，墨尔本并不亚于悉尼，它的市政建筑气势恢弘，不仅有南半球最大的玛亚商场，更有 20 世纪 80 年代落成的维多利亚艺术中心。艺术中心由罗伊·格劳斯设计，白色的铁塔和下面的建筑物象征着正在翩翩起舞中的芭蕾舞女和她飘洒的裙子。艺术中心包括 3 座各具特色的建筑。顶部矗立着一座银色铁塔是圆形大剧院，上面安装了激光发生器，夜间会发出五颜六色的奇异光芒，与万家灯火相辉映。方形建筑国家美术馆颇似中国风格，馆内收藏了许多世界著名的古典的和现代的绘画作品，还有专门陈列中国艺术品的展室。北面圆柱形的建筑是墨尔本音乐厅，门面由落地巨型玻璃门装饰而成，里面设

---

① 周南京主编《华侨华人百科全书》（社区民俗卷），中国华侨出版社，2000，第 426 页。

有 2600 张彩色座椅。清清的耶拉河从它身旁缓缓流过,河面上成群的海鸥在自由自在地翱翔。两岸青翠的草坪,葱郁的椰子树,绽蕾吐芳的花朵,和音乐厅相映成趣,令人流连忘返。墨尔本皇家植物园占地 209 公顷,[1] 因气候适宜,自 1845 年建园以来,已汇集了来自世界各地 3000 多种植物和花卉。除精湛的园林艺术外,该园引人入胜之处在于园内有许多由澳大利亚和外国名人亲手植下的颇具象征意义的纪念树,其中尤以"分治树"最著名。它是 1851 年为庆祝维多利亚从新南威尔士脱离并单独建立殖民区而种下的,这棵松树历经百年风雨沧桑,如今更显得青葱苍劲。

墨尔本曾以"金色的墨尔本"而著称。它建于 1835 年,当时一个名叫约翰·巴特曼的牧场主从土著人那里买下了这片土地。他在此地设立客栈,开办商埠,该地便逐渐兴旺起来。巴特曼被誉为"墨尔本之父"。1837 年以当时英国首相的姓氏命名该地为墨尔本。1851 年,在墨尔本附近发现大金矿,兴起了"淘金热",众多华工远涉重洋来到这里开采金矿,并将墨尔本称之为"新金山"(与美国加利福尼亚的旧金山相对应)。淘金华工为墨尔本的繁荣与发展作出了重要贡献。1985 年建于墨尔本唐人街科巷的华人历史博物馆,陈列着早期华工在淘金时期的实物与图片,向人们无言地诉说着淘金华工的血泪与辛酸。墨尔本唐人街是维多利亚州著名的商业旅游区。唐人街两侧共有大小店铺 100 多家,华人餐馆、杂货店、食品店、百货公司以及各种华人会馆林立其间,繁荣兴旺,顾客如云。

墨尔本也是体育中心,它于 1956 年曾首次代表澳大利亚举办奥林匹克运动会。墨尔本板球场可以容纳 11 万名观众,它不仅用于国际板球赛,也能举行其他各种比赛。由于受英国的影响很深,在澳大利亚赛马非常盛行。一年一度的墨尔本杯赛马节,吸引了全澳人民和海外游客。自 1861 年以来从未中断的墨尔本杯赛马节,每年 11 月份的第一个星期二下午在弗莱明顿竞马场隆重举行,[2] 届时万人空巷。墨尔本因环境优美、经济发

---

① 《澳大利亚百科全书》第 4 卷,第 155 页。
② 日本大宝石出版社编《澳大利亚》,中国旅游出版社,1998,第 249 页。

达、社会稳定、基础设施先进完备，多次被评为全球宜居城市。

黑天鹅的故乡——佩思（Perth）　拥有约 170 万人口的佩思是西澳大利亚州的首府，也是澳洲西部重要的交通枢纽和澳洲飞往亚洲、欧洲和更远地方的客机必停之地。弗里曼特尔港是佩思的主要港口，海上贸易十分繁荣。从佩思到墨尔本的距离相当于从伦敦到莫斯科。从佩思到悉尼横穿澳洲大陆，乘火车需要 60 小时，乘飞机也得花 4 小时左右的时间。佩思地处边陲，起步较晚，随着采矿业的崛起，佩思才迅速发展成为一座现代化的工商业城市。工业化的飞速发展难以改变佩思人对黑天鹅的偏爱，环境的变迁也没有惊扰黑天鹅在这里繁衍生息。佩思是澳大利亚稀有动物黑天鹅的故乡，西澳人以此为骄傲，把她作为州徽。佩思市区到处可以见到黑天鹅的标志，许多高大的建筑物上闪烁着黑天鹅图形的霓虹灯，国际艺术节的彩旗上印着展翅飞翔的黑天鹅……

横穿市中心的斯旺河（天鹅河）便是黑天鹅的栖息之地。在绿树掩映、碧波荡漾的河面上，一群群黑天鹅时而追逐嬉戏，时而钻水觅食，时而静停水面，悠然自得。黑天鹅的优美姿态确实讨人喜爱，她浑身墨黑，红嘴上有一条白色的膜带，宛如红宝石上镶了一块白玉。她双翅羽毛微卷，在清风吹拂下晃动，映衬着一湖碧水，更显得雍容华贵。尤其令人惊叹的是黑天鹅对"爱情"的忠贞，黑天鹅一直是成双成对地相依为生，形影不离，如果一只死去，另一只则哀鸣不止，不食不眠，直至死去，即使有个别活下来的也终生不再另寻配偶。佩思人热爱黑天鹅，为她创造了良好的生态环境。

艺术之都——阿德莱德（Adelaide）　以艺术之都著称的阿德莱德是南澳大利亚州的首府，澳大利亚第五大城市。它建于 1836 年，有 120 万人口。阿德莱德位于托伦斯河畔，城市的奠基者是距今 160 年以前的威廉·怀特上校。阿德莱德的市政厅里至今还挂着怀特上校的画像，阿德莱德市的居民每年都要举办盛大庆典来纪念这位城市设计师。

阿德莱德以澳大利亚教堂闻名，不仅城内教堂多于其他城市，而且许多教堂建筑古老，风格各异。阿德莱德也许是澳大利亚最美的城市，市内现代化的办公大楼和许多 19 世纪的精美建筑相互辉映，得体地糅合在一起，形成了独特的风格。

阿德莱德是澳大利亚著名的艺术之城。自1960年以来，每隔一年在这里举行一次阿德莱德艺术节。艺术节持续两周，内容多种多样，有展览会、演讲会、花车游行、戏剧、舞蹈、演奏、歌唱和朗诵等，最受市民欢迎的是歌剧和芭蕾舞剧。如有著名的国外艺术团体莅临演出，更是盛况空前，门票在数月之前便订购一空。艺术节期间，全市市民陶醉在节日气氛之中，国内外游客也蜂拥而至。

阿德莱德处处流溢着艺术气韵，它拥有许多十分壮观的文化设施。市内大学林立，建有众多的艺术展览厅、影剧院、体育馆、博物院和画廊。1972年落成的节日剧院中心气派非凡，可以和悉尼海上歌剧院一比高低，它被《纽约时报》誉为"全球最佳的艺术大厅"。[①] 节日剧院中心坐落在绿草如茵的公园之中，外观如同两座巨大的方形帐篷，白色的金属结构庄重典雅，高大的玻璃门窗玲珑剔透。剧院中心内设2000个座位，红色软椅，整套后台设备都由电动控制、电脑贮存。国际知名的艺术团体或艺术家经常到这里登台演出。1983年，中国江苏京剧团来这里献艺，精湛的中国传统艺术使澳大利亚观众如痴如醉，演出获得巨大的成功。

阳光之城——布里斯班（Brisbane） 昆士兰州的首府布里斯班是一座美丽的亚热带城市和太平洋的重要港口。它坐落在布里斯班河畔，拥有约205万人口。布里斯班最初是作为罪犯监禁地而发展起来的，它是由约翰·奥克雷斯于1823年11月发现，以时任新南威尔士殖民区总督的名字命名。自1859年12月10日昆士兰从新南威尔士殖民区获得分治以来，布里斯班一直作为昆士兰殖民区的首府。此后，布里斯班的市政建设获得飞速发展，郊区不断延伸，城市规模越来越大。二战时期，布里斯班成为美军基地，盟军司令道格拉斯·麦克阿瑟将军的司令部就设在该市女王大街的伦农旅馆里。经过多年的建设发展，布里斯班后来居上，一跃成为澳大利亚第三大城市。在城市的繁华程度和建筑气派等方面，布里斯班暂时虽不能与悉尼和墨尔本相比，但也有自己的独特风格。

---

① 张颂甲：《澳洲见闻录》，中国展望出版社，1987，第167页。

布里斯班文化发达，人文荟萃。它拥有南半球规模最大、设备最完善的皇家医院和 10 多所各具水平的大学和学院。学术水平蜚声海外的昆士兰大学可以和英国名牌大学牛津、剑桥一比高低。布里斯班曾举办了规模空前的 1988 年世界博览会。布里斯班市政府十分重视市政建设，全市建有大小公园 160 多处，高达 320 英尺的钟楼矗立在市政厅正门。由于地理条件的缘故，布里斯班市郊大多数住房都是用木柱撑起的高脚木屋，以保持住宅的凉爽通风。

岛州府城——霍巴特（Hobart） 塔斯马尼亚是澳大利亚唯一孤悬海外的岛州，人口仅 21 余万的霍巴特便是它的首府。在澳大利亚联邦 6 个州的首府之中，霍巴特虽然最小，却是仅次于悉尼的第二座古老的城市，市中心至今还保留着 19 世纪的砂石建筑、货栈和皇家剧院等。英国乔治王朝时期（乔治王朝时期指 1714～1830 年英王乔治一世、乔治二世、乔治三世和乔治四世的统治时期）的陈迹随处可见，酒坊、风车、教堂、石桥、营房、望台仍保留着当年的风貌。霍巴特始建于 1803 年，1925 年为纪念前英国殖民大臣罗伯特·霍巴特，用他的名字正式命名。

霍巴特三面青山，风景秀丽。西郊的惠灵顿山，海拔 1200 米，山中云海茫茫，大树参天，站在山顶的观景台，用望远镜可以遥望到新西兰海岸。西南面的胡昂山谷土质优良，盛产味汁甜美的塔斯马尼亚苹果。位于德温特河入海口的宽阔的霍巴特港水深 9～16 米，是优良的避风港。港口主要采用集装箱装运，优质的塔州苹果就是采用冷藏集装箱运销国内外市场的。

由于地理位置偏远，自然资源缺乏，难以发展工业，霍巴特利用旅游业发展经济。为招徕游人，联邦政府特准霍巴特开设了全国独此一家的赌场。在 18 层楼的大型娱乐场内，各式赌博应有尽有。娱乐场内还设有旅馆、酒吧、夜总会、剧场和游乐场，每年为州政府赚取了大量收入。

置身霍巴特，人们会自然地想起它曾作为流放犯大监狱的那段阴暗的历史。在 19 世纪上半叶，这里共接受了 7 万名罪犯。在霍巴特市东南的亚瑟港还保留着当年的遗迹：阴森的牢房，血迹斑斑的刑具，罪犯悔过自新的教堂……它们至今还令人心惊肉跳，触目难忘。大多数塔州人对他们的祖先曾是罪犯这一点讳莫如深，以至于霍巴特《信使报》的旧合订本有多处被人开了天窗，档案局保存的许多罪犯记录文件也不翼而飞。[①] 岁月流逝，时过境迁，当年关押罪犯的监狱今天已成了招揽游客的场所。漫游在繁花似锦、绿水青山的霍巴特，回顾昔日的历史，人们无不恍如隔世，顿生世事沧桑、不堪回首之感。

北方门户——达尔文市（Darwin） 达尔文地处北部边陲，现有人口约 13 万人。达尔文市于 1869 年才开始有人定居。殖民政府以当时的英国首相帕麦斯顿的名字为其命名，澳大利亚联邦成立后，该地又被命名为达尔文市。据说，英国著名生物学家达尔文曾乘坐"贝格尔"号在此短暂逗留。

达尔文市是澳大利亚唯一经过战争洗劫的地方。1942 年 2 月 19 日，日军对作为军事要塞的达尔文市进行了猛烈的空袭。不过，对达尔文市破坏最厉害的要数经常发生的台风袭击，最严重的一次发生在 1974 年的圣诞节，台风将这个城市几乎夷为平地。现在的达尔文市是 1975 年后重建的。

达尔文市只有一条狭长而略微弯曲的大街，沿街有许多酒吧。因终年气候炎热，男女老幼都嗜好喝啤酒。据说按人口平均计算，达尔文市的啤酒消费量仅次于慕尼黑，居世界第二位。人们喜好的运动为游泳、打猎和垂钓。达尔文市沿海分布着一些珠蚌养殖场和鳄鱼养殖场，盛产天然珍珠和上等鳄鱼皮。

---

① 约翰·根室：《澳新内幕》，第 234 页。

第二章

历　史

第一节　早期历史

一　土著人及其早期文明

澳大利亚曾是一个长期与世隔绝的大陆，这一特殊的地理条件使得澳大利亚的古人类型被保留下来。

澳大利亚北端的卡卡杜国家公园内穴居石洞的考古发现，以及澳大利亚国立大学、伍伦贡大学专家进行的石器热发光年龄测定表明，至少在 5 万年前，澳洲大陆已有人类居住。[①]

当时正处于第四纪更新世晚期，全球进入冰期气候，南北两极的冰川向中纬度地区推进，海水大量蒸发，导致全球性海面平均下降 100 多米，许多浅海变成陆地，一些海峡变成通途。那时，亚洲大陆和澳大利亚之间出现了两个陆架：一个是巽他陆架，它从今天的马来西亚，经印尼的苏门答腊、爪哇、加里曼丹，一直延伸到澳洲西部沿海；另一个是萨呼尔陆架，它从中国华南沿海和台湾，经菲律宾、加里曼丹、新几内亚诸岛，一直延伸到澳洲北部沿海。这两个陆架成为两座天然桥梁，把亚澳两个大陆几乎完全连接起来。两地之间最宽的水面距离只有 80 公里左右，使用独木舟或木筏即可渡过，这就为远古时代的亚洲居民向澳洲迁徙提供了

---

① 1990 年 6 月 13 日《光明日报》。

可能。

澳大利亚著名史学家拉索尔伍德认为，澳洲土著起源于亚洲。考古发现显示：最早到达澳洲的居民有两支，即 Australoid 和 Mongoloid。第一支来自印度支那，约在 1 万年前他们进入新几内亚、澳大利亚和美拉尼西亚大部。接着来自中国南部和中国台湾的蒙古人种（Mongoloid）散布于密克罗尼西亚和波利尼西亚，并和先前进入新几内亚和美拉尼西亚的澳大利亚人种 Australoid 人进行大融合，而没有和澳大利亚的那一支融合。因而，澳洲土著人可能是 Australoid 人中最纯的一支。[①]

当时，澳大利亚与印度尼西亚群岛之间仅有一块狭窄的海峡相隔，澳洲土著先民的祖先由东南亚来到这块大陆。关于澳洲土著来源有三说：一说是非洲黑人的后代；二说是大洋洲古代居民的残余；三说是来自亚洲。笔者采用较通行的第三说。[②] 他们有 3 个不同种族的集团渡海来到这里，分别居住在澳洲东南、东北和沙漠 3 个不同的地区。其中最先进的是居住在东南沿海的一支。由于长期与外界隔绝，直到 18 世纪后期第一批英国殖民者到来时，澳洲土著仍处在石器时代。人们从事狩猎和采集，尚无农业，也没有社会分工。成年男子专事狩猎，女子从事采集。所有的器皿都是用木、竹制成的，还没有陶器。

早期土著居民社会的基本单位是氏族公社。他们通常以群体和家族集团的形式居住在一起，并在一定的范围内活动。土地、渔猎区和采集区及其他财产都属于公社所有。由于生产力落后，没有多余的剩余产品可供交换，所以没有出现贫富分化，也没有酋长和类似国家机器的机构出现。他们的婚姻制度是族外婚，也有个别部落出现了一夫一妻的现象。

在这种与世隔绝、生产力非常低下的条件下，澳大利亚土著居民却创造了灿烂的远古文明。澳大利亚现存的那些历经沧桑的岩石画，就是洪荒之世澳洲土著人原始文化高度发展的见证。

---

① 拉索尔·伍德：《有人类以来的澳大利亚》（Russel Ward, *Australia since the Coming of Man*），圣马丁出版社，1989，第 11 页。

② 参见郑寅达《澳大利亚史》，华东师范大学出版社，1991；张天《澳洲史》，社会科学文献出版社，1996。

　　岩石画是石器时代的一种艺术创造。史前或原始社会的人类，用坚硬的石工具或各色赭石，在石崖上刻凿或绘制了一幅幅关于狩猎、猛兽、精灵和各种原始宗教崇拜的图像。它们是远古时代狩猎和宗教活动的真实记录。这些岩石画是凭借原始思维创作的，图像直观古朴、怪诞离奇，具有很高的艺术价值。尤其当岩石画与整个大漠孤烟、长河落日等奇伟的地貌融为一体时，仿佛历史、世界、人生和艺术都凝聚在画面之中了。

　　远古岩石画在澳大利亚有多处发现。在澳大利亚北端的卡卡杜国家公园里，耸立着著名的马兰根格岩石画，岩壁高75英尺，周长1500英尺。洪荒之世的佚名艺术家用红、黄赭石颜料所绘制的奇异生物、鱼和其他图形，至今仍清晰可见。岩石画的手笔出自土著加古久人的祖先。他们是世界上最早的航海家，早在冰河时期水位低落时，由东南亚乘木筏来到澳洲大陆，创造了可以追溯到4万年前的加古久文化。

　　另一处是有名的尤万加耶岩石画，它绘于高达600英尺的悬崖峭壁之下、长200英尺的岩石之上。土著先人用红、黄赭石绘出的人、精灵、大袋鼠、鹤、针蟒及无数的鱼，有写实的，也有写意的。图像栩栩如生，呼之欲出，在深山密林之中更显得意境深远，令人产生超越时空的想象。

　　远古留下的加古久人的岩石画突出反映了他们的原始宗教崇拜。在许多岩石画中，可以见到一条彩虹巨蟒。据说它是造物主之一，叫阿尔穆吉。它创造了山岩、石拱和深渊。它生活在深潭里，每年带来雨季和新生，届时可以看到它竖尾而立，化为长虹。岩石画中最古老的彩虹蟒蛇可以上溯1万年前，至今澳洲土著仍保留着对阿尔穆吉神的崇拜。一些历史学家认为，阿尔穆吉可以说是世界上最古老而又延续不断的宗教崇拜的象征。

　　卡卡杜岩石画有好几千幅，是世界奇观之一。据人类学家和考古学家估计，这里最古老的岩石画可上溯到2万～3.5万年前。这一艺术传统代代相传，持续不衰。

　　澳大利亚土著的祖先还留下了一些罕见的岩穴画，其中以西澳大利亚州金伯利地区北部的恩格灵因那部落保存下来的岩穴画最为著名。澳洲远古先民在洞穴之中，用红、黄、黑、蓝各色赭石生动描绘了古代传说中的

英雄和象征虹霓的巨蛇等形象，将图腾崇拜、"精灵"观和原始宗教三者融汇在一起，创造了灿烂的远古文明。

此外，大量的地下考古发掘也证实了史前时代澳大利亚土著具有一定的生产力发展水平：

——公元前 2850 年已有线状雕刻

——公元前 2820 年已使用尖矛

——公元前 1800 年已使用薄刃刀

——公元前 1470 年出现了专门的骨器加工业①

……

根据大量考古资料和实物，澳大利亚土著研究所的人类学家马尔瓦尼指出：约在 5500 年前，澳大利亚土著人就已进入了以使用带柄工具为特征的阶段。然而，澳洲土著居民的文明发展史在 18 世纪因欧洲人的到来被打断了。

二 欧洲人在南太平洋的早期探险

Australia 一词来源于拉丁语，本意即"南方大陆"。古代流传下来的关于南半球存在"未知的南方大陆"的传说，一直吸引着欧洲人。15 世纪后半期，随着西欧资本主义生产关系的逐步发展，人们对铸造货币的黄金的需求越来越大。南太平洋存在"黄金岛屿"和"未知的南方大陆"的传闻不断吸引并推动他们前去探险。特别是长期以来科学技术的发展和海洋地理知识的积累，导致了新航路的开辟。1519 ~ 1521 年，葡萄牙人麦哲伦首次环球航行取得成功，打通了联结东西方的海上通道。这为西方殖民者去南太平洋地区探险和澳大利亚的发现奠定了基础。其后，随着与澳洲隔洋相望的邻近地区诸如南美、南非、南亚和东南亚地区相继被欧洲殖民者占领，西方国家的注意力便转向了探寻澳大利亚及其周围地区。

新航路开辟后，许多西方探险家试图通过麦哲伦海峡再向西航行，以寻找"未知的南方大陆"。由于都碰上了南太平洋环流和温带盛行的西

---

① 约翰·根室：《澳新内幕》，第 102 页。

风，途中又无岛屿可供船只停泊，只得向北航行，无功而返。在 200 多年的时间里，澳洲这块宽广的大陆好像一直在躲藏西方探险家，不让他们发现，有时甚至从他们的眼皮下溜过。

西方国家在南太平洋地区探险，首先是由葡萄牙人和西班牙人开始的。自 1519 年起，葡萄牙人曾多次从马六甲、雅加达和马鲁古群岛派遣探险队，寻找"黄金岛屿"和"未知的南方大陆"。据葡萄牙史学家记载，他们曾发现了澳大利亚。但因提不出确切的证据，这种说法没有被世人承认。

16 世纪后半期，西班牙航海家从秘鲁出发寻找南方陆地。门达纳（Mendana）于 1565 年和 1595 年先后两次航行，都没有成功。1606 年，西班牙人基罗斯（Quiros）和其副手托雷斯（Torres）向西航行到了紧靠澳洲东部的新赫布里底群岛。托雷斯在从新赫布里底群岛经由马鲁古群岛前往马尼拉的航程中，穿过了澳洲与新几内亚之间不到 100 英里宽的海峡。这个海峡后来就用他的名字命名。遗憾的是，这位有雄心但没有运气的航海家却没有发现近在眼前的澳洲大陆。尽管如此，托雷斯的探险却有新的意义。它证实了：新几内亚和"未知的南方大陆"之间是由一条海峡分隔开的，而不是像欧洲人长期认为的那样，两者是连接在一起的。[①]

葡萄牙人和西班牙人虽然未能找到"黄金岛屿"和"未知的南方大陆"，但欧洲人的探险活动并没有停止。继葡萄牙人和西班牙人之后，荷兰人开始了南太平洋探险的新时期。

荷兰人曾于 1596 年航行到雅加达。1605 年 11 月，威廉·扬茨（Willem Jansz）船长率荷兰东印度公司所属"杜夫根"号从班达启程东航，去新几内亚海域寻找神秘的"黄金岛屿"和新的贸易地区。他先沿新几内亚南部海岸航行，抵达托雷斯海峡西段，然后朝东南方向行驶。1606 年 3 月，他终于在澳大利亚约克角半岛西部海岸登陆。令人惋惜的是，扬茨当时并不知道自己已经踏上澳大利亚的土地，还误认为自己仍沿着新几内亚海岸航行。根据后来的记载，由于他发现在"那里没有什么

---

① 拉索尔·伍德：《有人类以来的澳大利亚》，第 26 页。

有益的事可做",所以就按照原路线返航,从而失去了澳大利亚第一位发现者的桂冠。但是,扬茨作为有记载的第一个踏上澳大利亚这块"未知的南方大陆"的欧洲人,却是无可争议的。

10年之后,荷兰人在南太平洋的探险有了新的进展。1616年10月,荷兰东印度公司"安德哈特"号船船长德克·哈托格(Dirk Hartog),根据航海家布拉威发现的由好望角到爪哇的新航线向东航行。他从好望角出发后,利用季风,在南纬35°~50°之间的海面上向正东航行4000英里左右,接着转向北航,直驶爪哇。海上气候反复无常,哈托格的船被"咆哮西风带"的飓风刮得远离航线,但他却意外地到达了澳大利亚西海岸,并在沙克湾入口处附近的一个小岛登陆。哈托格将一块刻有本人姓名的金属牌系在岛上的一根柱子上,以此标明他的奇迹般的发现。这样,哈托格便成为澳大利亚西海岸的首位发现者。荷兰阿姆斯特丹的里克斯皇家博物馆里至今还保存着哈托格的那块金属牌。

继哈托格之后,还有一些荷兰船只分别到达澳大利亚北部的卡奔塔尼亚湾、大澳大利亚湾东部岛屿及南澳大利亚。

探寻"未知的南方大陆"取得的巨大进展,激发了荷兰东印度公司进一步探险的欲望。1642年,公司理事会作出决定,认为发现"未知的南方大陆"的条件已经成熟,相信一定会在那里发现肥沃的土地和丰富的贵重金属矿藏。经过挑选,富有经验的航海家艾贝尔·塔斯曼(Abel Tasman)被任命为探险队队长。在1642年和1644年,塔斯曼在南太平洋进行了两次具有重要意义的探险航行。

在1642年8月的第一次探险中,塔斯曼率领"希姆斯柯克"号和"奇汉"号两艘船从巴达维亚港南下,经过3个多月的艰苦航行,终于在11月24日发现了现在被称作"塔斯马尼亚"的岛屿,并以荷兰驻东南亚总督的名义将该岛命名为"范迪门地区"(Van Diemen's Land)。[①] 接着,他又率船队向东航行,19天后又发现了新西兰的南、北两岛。

1644年,塔斯曼进行了第二次航海探险。为了证实西班牙人托雷斯

---

① 拉索尔·伍德:《有人类以来的澳大利亚》,第29页。

于 1606 年发现的处于新几内亚和"未知的南方大陆"间的一条海峡，他率领 3 条船沿新几内亚海岸向东航行，然后从约克角半岛折向南下，并向西航行到澳大利亚西岸中部的威廉斯河，最后沿澳大利亚北岸返航。当塔斯曼成功地完成两次航海探险后，他对约克角半岛以西经过澳大利亚北岸、西岸、大澳大利亚湾和塔斯马尼亚岛南部这一弧形的澳大利亚海岸已了如指掌，并将它详尽地绘入了海图。

　　塔斯曼的两次航行，对后来的探险家揭开"未知的南方大陆"的神秘面纱有重要的贡献。以前的航海家仅证实了"未知的南方大陆"和新几内亚之间有海相隔，并不相连，但并未证实"未知的南方大陆"和南极大陆也不相连。塔斯曼穿越塔斯马尼亚南海岸之行，推翻了澳大利亚与南极相连的旧说，得出了澳大利亚不是南极大陆一部分的正确结论。

　　17 世纪 50 年代，荷兰航海家又多次到过澳大利亚西海岸，并把这一带称为"新荷兰"（New Holland）。从此"新荷兰"一词就成了澳大利亚的泛称，延续了 200 余年。

　　17 世纪末，荷兰人逐渐停止了探寻南方大陆的活动，英国人开始取而代之。荷兰东印度公司原希望能在新陆地发现金银矿藏，使股东获利，但发现的却是贫瘠的土地，裸体的土著，因此他们又把眼光转向了其他地区。而英国人利用葡萄牙人、西班牙人和荷兰人的探险成果，不断把船只驶往南太平洋，并最后解开了"未知的南方大陆"之谜。

　　第一次踏上澳大利亚土地的英国人是一个海盗，他叫威廉·丹皮尔（Willam Danpier）。1687 年，他在菲律宾抢夺了一只船，将船长弃于岸上，躲开繁忙的商船航线驾船南驶。1688 年 1 月 4 日，他在澳大利亚西北海岸的巴肯尼亚群岛附近登陆。后于 1697 年发表了《环球新航行》一书，详细地描述了此次探险经历。该书的出版使丹皮尔从一个默默无闻的水手变成了赫赫有名的大探险家。英国海军部不仅没有追究他的海盗行径，反而让他率船再次探险。1698 年，丹皮尔率领一艘 300 吨的大帆船"鲁巴克"号前往南太平洋，1699 年 8 月在澳大利亚西海岸沙克湾登陆，随后和船员们一起沿海岸线向北寻找淡水和食物。

　　两次登陆的所见所闻，使丹皮尔感到惶惑和失望。展现在他眼前的是一片干燥贫瘠、多沙缺水的不毛之地，"树木不结水果或浆果"。当地土著人则面目凶恶，赤身裸体，是"世界上最不幸的人"，"除具有人形之外，和野兽没有什么区别"。①丹皮尔回英国后写了《新荷兰航行记》，阐述了他对"新荷兰"和当地土著的看法。

丹皮尔的《新荷兰航行记》被认为是第一部研究澳大利亚的权威性著作，它在相当程度上影响了当时英国和欧洲对澳大利亚的看法，使人们失去了对这块南方大陆的兴趣。在此后70多年的时间里，没有人再去澳大利亚进行重大的探险活动，这块大陆因而又沉寂了许多年。

三 库克船长到达澳洲

从麦哲伦的环球航行到1770年詹姆斯·库克（James Cook）船长在澳洲悉尼植物湾登陆长达250年左右的时间里，许多西方航海家或是航行到了澳洲沿海岛屿，或是短暂地踏上澳大利亚土地，但无一人真正发现了澳大利亚，并彻底解开"未知的南方大陆"之谜。澳洲大陆神秘面纱的最后揭开是和英国著名探险家詹姆斯·库克船长的名字联系在一起的。

詹姆斯·库克，1728年出生于英国约克郡的一个农民家庭。18岁进入当时著名的沃克船运公司当学徒。3年之后，成为一名熟练的水手，经常随运煤船航行于北海。后来参加了海军，29岁时升任"水星"号船长。在英法七年战争中，因为他准确测绘了圣劳伦斯河航道，使沃尔夫将军的登陆取得成功。战争结束后，他率领"格维林"号西航，测量纽芬兰海岸。

七年战争的胜利，使大英帝国成为欧洲的海上霸主。为了保护在两大洋的利益，探查南太平洋，寻找南方大陆一事再次被提上日程。

1768年7月，英国皇家学会会同海军部联合组织首次太平洋探险，库克被任命为考察队指挥官。此次探险的主要目的有两个：一是观测金星

---

① 曼宁·克拉克：《澳大利亚简史》（Manning Clark, *A Short History of Australia*），美国新图书馆出版社，1980，第18页。

凌日，测定地球与太阳之间的距离，确定经度；二是准确绘制南太平洋的
地图，寻找南方陆地，确定其陆块的形状和大小。① 7 月 30 日，库克奉命
前往南太平洋的塔希提岛，对金星凌日进行观测，然后探寻南方大陆。库
克在塔希提岛完成了观测任务后，继续向西航行。1769 年，他们发现了
新西兰，并沿 S 形航线环绕新西兰一周，确定它是南、北两岛。随之又用
6 个月的时间绘制出该岛的海图。

历史上有许多惊人发现往往出于偶然。发现新西兰后，库克临时决定
经由爪哇、好望角返回英国。在西航的过程中，库克到达澳大利亚的东海
岸。澳大利亚终于被真正地发现了。

库克船长率大帆船"努力"号沿澳洲大陆东海岸北航，1770 年 4 月
抵达一个巨大的海湾。他和同行的植物学家约瑟夫·班克斯爵士及索兰德
博士等人登陆上岸，进行了 8 天的考察。因为那里植物繁茂，便把海湾命
名为"植物湾"（Botany Bay）。这个传奇的名字后来曾一度被用来代表整
个澳大利亚。

他们在植物湾发现了许多奇观，诸如桉树、牡蛎、大量的肺鱼和土著
居民。库克在《航海日记》中写道："在这个地方发现了大量肺鱼，使我
想到要把它命名为肺鱼湾"，但由于"在这个地方，班克斯爵士和索兰德
博士发现大量的植物，使我想到要把它命名为植物湾"。②

库克发现的东部海岸，并不像"丹皮尔和别的人所描写的西边那样
荒凉可怜"。这里景色宜人，"旖旎多变，有崇山峻岭、平原峡谷，还有
几片小草地"。他毫无怀疑地相信："大多数谷类、各种果类和根菜类等，
都一定能够生长茂盛……而且一年四季都有充足的饲料，足以饲养能够运
入的所有牲口而有余"。此外，"在好几处地方望见袅袅炊烟，说明肯定
有人居住"。在植物湾的考察过程中，库克一行还给各种自然地形取了
名，如希克斯岬、豪角、德罗米德里角等。离开植物湾后，他们沿海岸继
续北航，途中曾 3 次登陆勘察。他们成功地越过昆士兰的大堡礁、珊瑚海

① 戴维·哈尼：《詹姆斯·库克和太平洋的探险家》，世界知识出版社，1998，第 21 页。
② 约翰·根室：《澳新内幕》，第 28 页。

和托雷斯海峡，航行1800英里，最后到达澳大利亚最北角，在今天的占领岛登陆。他们在那里升起了英国国旗，以英王乔治三世的名义宣布澳大利亚南纬38°以北的东海岸地区为英国领土，并命名为"新南威尔士"（New South Wales）。[①]

库克回国后受到英王接见，晋升为海军中将。1774年，海军部再次派他出航澳大利亚，进行探险。库克率"努力"号和"发现"号西航，1779年在与夏威夷群岛的土人冲突中被杀。

库克船长的探险，澄清了长期以来人们对南太平洋存在"黄金岛屿"和"未知的南方大陆"之谜的种种臆测，使他成了发现澳大利亚大陆的"哥伦布"。尽管现在对谁真正发现了澳大利亚还存在着一些争议，但库克的功绩是大多数人所公认的。库克船长到达澳洲虽比哥伦布到达美洲晚了近300年，但在完成地理大发现的过程中却是引人注目的尾声。澳洲的发现将澳大利亚与世界历史的潮流联系在一起。

第二节　从罪犯殖民地到公民殖民地

一　早期殖民地的建立

谈到澳大利亚历史，许多澳大利亚人毫不掩饰地说：白色的澳大利亚有一部黑色的历史；意即澳大利亚虽然是白人移民占统治地位的国家，但是由罪犯建立的。

为了洗清澳洲历史的创始者，一些历史学家一直在争论当初的犯人是否有罪，有的则避免谈及这一话题。然而，澳大利亚的早期历史确实是由英国流放犯书写的。今天许多澳大利亚人已能客观地对待这一点。

在库克船长完成第二次南太平洋探险回国后的第三年，即1779年，曾随库克在东澳大利亚登陆考察的约瑟夫·班克斯爵士向英国下院的一个委员会提出建议，主张在东澳大利亚的植物湾地区设立一个流放犯人的殖

---

① 拉索尔·伍德：《有人类以来的澳大利亚》，第34页。

民地，以缓解英国本土监狱人满为患之急。

1717 年以来，英国一直把北美殖民地作为重罪犯的流放地。然而，不到半个世纪，美国革命爆发，北美十三州殖民地于 1783 年独立。当时英国正值工业革命和圈地运动迅速发展时期，社会动乱不安，造就了一群又一群饥饿、失业和动辄犯罪的人，犯罪率不断上升，监狱挤满了犯人。政府不时接到监狱中囚犯暴动的警报，同时也害怕各种传染病从拥挤的监狱向农村蔓延，另寻遣送流放犯的地方成了当务之急。

在这种情况下，班克斯的建议终于被英国政府采纳。1786 年 8 月，英国内务大臣悉尼勋爵代表政府宣布，将东澳大利亚的植物湾地区作为流放刑事犯和政治犯的地区，同时指示海军部供应船只，运送罪犯和粮食、农具及生活必需品。英国政府又任命退役海军军官阿瑟·菲利普（Arthur Phillip）为新殖民地的第一任总督。

1787 年 5 月 13 日，菲利普总督率领 212 名海军陆战队队员，押运 575 名罪犯，分乘 11 艘船驶离英国前往澳洲。这首批殖民者后来被澳大利亚人以奇特的自豪感称为"第一舰队"。

1788 年 1 月 18 日，这支船队抵达植物湾。菲利普总督认为这里土地贫瘠，没有屏障，不宜建造城镇。于是他带人乘小船北上，发现了一块良好的海湾——今日的悉尼湾。菲利普选择了这块灌溉条件优越的地区作为居留地。为了向当时的内政大臣表示敬意，他把这里命名为悉尼湾。1 月 26 日，"第一舰队"在这里登陆。这一天后来成了值得永久纪念的"澳大利亚日"。

流放犯是澳大利亚早期开发的主力。他们中间的大多数人是被剥夺土地的农民、无以为生的贫民、乞丐或反抗英国殖民统治的爱尔兰人和政治犯，只有少数人犯有严重危害社会的罪行。史学家约翰·科布利曾在《第一舰队犯人的罪行》中，列举了第一批犯人移民的确切罪状。他写道：有人偷了"一件价值 3 先令的缎子背心和一件价值 5 先令的凸花斜纹布背心"，竟要被流放到澳洲，[①] 在第一批罪犯中，刑期少的 7 年，多的

---

① 约翰·根室：《澳新内幕》，第 30 页。

14 年，还有的是终身流放。

从 1788 年 1 月至 1868 年 2 月之间，从英国流放到澳洲来的罪犯约为 15.5 万人。[1] 在先后流放来澳的近 16 万流放犯中，有 2 万名妇女，其中 1/3 是妓女。男犯中有很多少年，他们多数是弃儿、孤儿和少年扒手。流放犯要在殖民地军队的看管下强制劳动，主要从事开荒种地、建造住所和修筑道路，稍有偷懒就遭到鞭打。1830～1837 年，在新南威尔士就有 4200 名罪犯遭到这种处罚。

在澳大利亚东部的早期开发时期，条件是极其艰苦的。这里气候炎热干燥，大部分土地贫瘠荒凉，粮食收成很差。在最初几年，粮食和生活必需品几乎完全要依靠英国船只运送。一旦运输船不能按时抵达，殖民地的移民和流放犯就要挨冻受饿。1790 年初，仅存的一艘粮食补给船触礁失事，另一支船队又延期从英国起航。殖民地受到了饥饿的威胁，只好削减粮食配给量。到 1790 年 4 月，每人每周只配给面粉 4 磅、大米 1.5 磅、咸猪肉 2.5 磅。

新殖民地最初两年的经历使菲利普总督认识到，如果要在这里立足并长期生存，仅靠流放犯的劳动是不可能的，应另谋良策。他制定了一些新的措施：（1）吸引自由移民到新南威尔士，把罪犯指派给他们当劳动力。（2）将土地授予移民官员，由罪犯耕种。（3）将土地赐予刑满释放犯。经过菲利普及其后任不断地完善修改，这些新殖民措施取得了成功。早期殖民地经济有很大发展，不仅实现了自给自足，而且逐步建立了新的经济部门，如畜牧业、手工业和商业等，还有多余产品出售给政府仓库。这种政策也给许多具有开拓精神的人以施展才能的机会。约翰·麦克阿瑟（John Macarthur）便是其中杰出的代表。

1791 年新南威尔士保卫队军官约翰·麦克阿瑟携妻带子来到澳大利亚。根据当地的自然条件和经济状况，他既经商又养羊，还进行改良农业的试验。到 1800 年，他的农庄已拥有 250 英亩土地，其中耕种面积为 100 英亩，栽种葡萄、蔬菜、谷物和其他果树，还饲养了猪、牛和家禽。1795

---

[1]　戈登·格林伍德：《澳大利亚政治社会史》，第 5 页。

年，他将第一部铁犁从英国引入澳大利亚。此后，又开始喂养美利奴绵羊，为以后澳大利亚享誉世界的养羊业奠定了基础。他被人称为能够"把坚硬的礁石变为平静的水"的奇才。

这一时期，为适应农牧业发展和人口增长的需要，沿海和内陆探险也取得了不少成果。海军军医巴斯（G. Bass）和马修·弗林德斯（Mathew Flinders）开始测绘悉尼以南海岸的海图。1798 年，他们环航范迪门地区，证明了范迪门地区西北海岸的大海只是范迪门地区和新南威尔士之间海峡的一部分。1802～1803 年，弗林德斯环航澳洲大陆，证实了新荷兰与新南威尔士之间并无大海相隔。1813 年，布拉克斯兰、温特沃恩和劳森三人探出了一条越过悉尼湾定居区通往西部蓝山山脉的道路。还有一些探险家冒着危险，绘制出了整个澳大利亚的地图，为澳洲大陆以后的发展开辟了新的区域。

二　麦夸里执政年代

麦夸里（L. Macquarie）任总督时期（1809～1821），澳大利亚经济出现了繁荣局面。为了调整新殖民地移民官员间的纷争和混乱状态，48 岁的陆军中校麦夸里于 1809 年被任命为新南威尔士及其属地的总督兼驻军司令官。麦夸里在任用人才、改善释放犯政策、开发内陆、修建公共工程方面成就卓著，使"新南威尔士由一个犯人营变成为一个繁荣的殖民地"。

麦夸里把惩戒罪犯和改造、利用罪犯为英国及其殖民地服务两者结合起来。他确立了一条原则：凡罪犯已获释放，就已付清了他对社会的欠债，应该受到社会的尊重。有专门才能的释放犯，同样可以委以重任。他曾邀请 4 名释放犯到总督官邸和他一同进餐，以证明他是守信用的。他任命了释放犯安德鲁·汤普森为豪克斯布里的治安推事兼知事，后又不顾马斯登牧师的反对，任命安德鲁·汤普森和另一名释放犯西米恩·洛德为悉尼—豪克斯布里的税道公路的管理委员和监督官，并在《悉尼新闻》宣布了该次任命。[1]

---

① 曼宁·克拉克：《澳大利亚简史》，第 44 页。

为了提高文明程度，建设悉尼，他下令制定了新的城市规划，大搞公共工程，命令每个地方都要划定城市规划区，每个规划区要有学校、教堂和法院各一所。他领导修建了不少道路和桥梁，利用犯人建筑师费朗西朗斯·格林韦的才干，建造了麦夸里灯塔、圣安德鲁大教堂和一家宽敞的医院。他还在帕拉马塔开设了一所土著子女学校，在杰克逊港海岸建立了一个土著农场。

1813年，当布拉克斯兰等人发现蓝山西部平原后，他立即派人去做进一步调查，然后修筑公路。1815年5月他又亲自去视察，选定了建设新市镇的地点，并用殖民大臣巴瑟斯特的名字命名。这一新地区的开发，为未来澳洲人口的增加和畜牧业的发展提供了出路。巴瑟斯特后来又成为淘金热的发祥地。

在麦夸里执政的10年间，殖民地的经济、贸易有很大发展。羊毛源源不断地由悉尼运往英国，鲸鱼油、海豹皮、腌猪肉、檀香和海参的外贸销售量也不断提高。利用贸易所得资金，1817年一些商人和富有的移民创办了新南威尔士银行。这一时期，殖民地人口增加，定居范围不断扩大，而总人口中犯人的比例逐渐下降。1819年，新南威尔士总人口为26026人，其中犯人占38.3%，为9986人。范迪门地区总人口是4270人，其中犯人占47.1%，为2190人。新南威尔士的移民开始从亨特河地区、巴瑟斯特等地向南部海岸扩展，扩大了农耕面积。在范迪门地区，定居区也由霍巴特镇沿德尔温特河谷扩展。

鉴于经济、人口和土地开发的重大发展和语言实用的需要，麦夸里于1817年接受了航海家弗林德斯在3年前提出的建议，把整个大陆叫做澳大利亚，这一名称一直沿用至今。

麦夸里的择能任用释放犯的政策，曾遭到一批天主教神父和移民上层人物的反对。他们向英国下院控告麦夸里偏袒释放犯，鞭打自由人，出卖赦免证，并任意改变陪审团的决定。为此，英国下院任命了一个调查监狱状况的委员会。殖民地大臣巴瑟斯特任命约翰·托马斯·比格为调查委员，前往澳洲调查。比格返回英国后，于1822年和1823年向英国政府递交了3份报告，建议用犯人牧羊；将顽固的犯人流放到莫尔顿湾、克提斯港和博恩港；刑罚宁严勿宽，限制假释证持有者的特权；废止将土地授予释放犯的政策等。这些建议被英国政府采纳。在比格报告提出之前，即1821年，殖民地总督由布里斯班（Brisbane）接任，麦夸里时代对待犯人和释放犯的政策被废止。

但是，澳洲殖民地由于其经济、移民人口和社会结构的变化，它并没有按照英国政府设想的轨道运行，对待罪犯的政策也没有按比格的建议演变。

布里斯班将有可能改造的罪犯从市镇迁往乡村，分派给自由移民从事农牧业劳动；将不能改造的罪犯遣往麦夸里港和莫尔顿湾，停止授予释放犯土地。这些做法然虽然平息了自由移民上层对原罪犯政策的不满，却不能满足对罪犯劳动力的大量需要。因为在19世纪20年代末，澳洲移民人口已经大大增加了。19世纪20年代以来，殖民地的经济权力也逐渐为富有的移民和商人所掌握，他们的要求对殖民当局和英国政府有一定的影响力。而且当时英国又值工业革命和圈地运动加速进行的时期，英国工业的发展需要殖民地提供更广阔的原料产地和商品销售市场。英国社会的激变造成了严重的两极分化，一些地区出现劳动力过剩，一些小农场主、退役军官、破落绅士和落魄的冒险家们也希望去新殖民地变成拥有土地的富人，也有不少投资者愿意到澳洲投机发财。这些因素导致了英国政府不得不改变对澳大利亚的殖民政策，澳大利亚的罪犯流放地性质也随之发生变化。

三 殖民地性质的重大变化

19世纪20~50年代，澳大利亚的殖民地性质发生了重大变化，其主要特征表现在以下几方面。

首先是罪犯流放制的废除。以往将流放犯作为主要劳动力的做法，已阻碍了殖民地经济与生产力的发展。随着殖民地资产阶级的成长和阶级结构的形成，反对给释放犯以应有的社会地位的"排斥论派"逐步处于劣势，废除流放制已成为广大中下层移民的共同呼声。新闻界和公众舆论都支持这一要求。沃德尔主编的《澳大利亚人》，霍尔编辑的《箴言》，还有R.豪的《悉尼新闻》，在这方面都做了广泛的舆论宣传。1837~1838年，英国下院被迫成立了一个由威廉·莫尔斯沃思爵士主持的委员会，对流放制进行调查。委员会在递交的调查报告中指出："流放制对于阻止犯罪没有什么效果"，建议"应停止把罪犯流放到新南威尔士以及范迪门地区的移民区"。在讨论这一问题时，英国政府要员中主张废除流放制的亦不乏其人，连殖民地大臣约翰·罗素勋爵也认为："指派制简直就是奴隶制"，不应"继续存在"。1839 年，英国政府终于下令在新南威尔士和范迪门地区废除了罪犯指派制，次年又废止了向新南威尔士流放罪犯的制度。消息传到悉尼，移民和自由工人举行了热烈的庆祝活动。以后，由于澳大利亚各阶级、各阶层人士的不断斗争和施加压力，直至 1866 年，英国政府最终在整个澳洲废除了流放制。

其次是移民政策的变化。为了减少英国本土的过多人口，吸引自由移民来澳洲，发展殖民地，英国政府于 1831 年作出了帮助自由劳工移民澳大利亚的决定。英国政府从 19 世纪 30 年代起，实行了移澳津贴制，凡经政府批准的移澳者可领取一定的路费和其他补助。他们抵澳后，殖民当局还给予土地、农具、种子和牲畜，并无偿提供流放犯劳动力。1831~1850 年，根据政府安排和享受津贴去澳大利亚的自由移民已达 20 万以上。这使澳大利亚的人口构成发生了重要变化，即自由移民数量超过了流放犯和释放犯的数量。据统计，到 1851 年，"因犯仅占新南威尔士人口的 1.5%，刑满释放犯占 14%，而自由移民则占 41%"。[①]

再次是用土地出售制代替土地赐予制。在 19 世纪 30 年代以前，澳洲殖民地一直实行的是土地赐予制度。对澳大利亚的自由移民，殖民当局一律无偿分配土地。土地赐予致使大量自由移民成为土地所有者和小业主，却无人去充当雇佣劳动者，这不利于澳大利亚经济的发展。针对这一状况，殖民地理论家吉本·威克菲尔德提出建议，将殖民地的土地定价出售，以出售土地的收入用于输入新的劳动力，从而形成劳动力市场，同时鼓励英国资本家来澳洲投资，使资本和雇佣劳动制相结合，建立资本主义的生产关系。1831 年，英国政府采用了威克菲尔德的建议，废除了土地赐予制，代之以土地出售制。戈德里奇勋爵于当年以每英亩 5 先令的最低

---

① 理查德·怀特：《创造澳大利亚》，云南人民出版社，1999，第 37 页。

价格出售皇家土地，后来售价又提高到每英亩 12 先令和 1 镑。1837 ~ 1842 年，仅新南威尔士和塔斯马尼亚岛两个殖民区就出售土地 200 万英亩。这一土地改革措施使澳大利亚的资本主义生产关系逐步确立，为殖民地经济的迅速发展提供了条件。

最后是澳大利亚移民上层政治力量的增长。这一时期，澳洲自由移民中逐步形成了地主资产阶级、中小资产阶级、工人阶级和农民阶级的社会阶级分野。随着经济力量的增长，地主资产阶级和富裕移民上层要求分享政治权力，摆脱宗主国的束缚。早在 1823 年，英国议会曾通过了适用于新南威尔士和范迪门地区的司法条例，在这两个地区设立由 5 ~ 7 人组成的立法会议。1828 年，英国议会又采纳了达令和麦克阿瑟的意见，对 1823 年的司法条例做了修改，把立法会议议员名额扩大到 10 ~ 15 人，其成员除政府官员外，还从殖民区的大地主和大商人中选出。这时的权力虽仍归总督，但未经立法会议大多数议员的同意，不得通过任何法律。以后又经多次改革，总督的权力不断被削弱。1842 年，在要求代议制—自治的呼声下，英国政府又通过法令，将新南威尔士立法会议改为 12 名议员由英王指派、24 名议员由具有巨额财产资格的居民选举产生。这就为拥有经济权力的地主资产阶级控制议会和政治机构铺平了道路。

以上几方面的变化，标志着在 19 世纪 50 年代澳大利亚已由罪犯流放地逐渐变成了英国公民的移民地。1820 年澳洲大陆仅有人口 3.35 万人，1830 年增加到 7 万人，1840 年为 19 万人，1850 年已达到 40.5 万人，30 年中人口增长了 12 倍。大量移民的涌入把澳大利亚变为宗主国的原料产地，使澳大利亚的畜牧业得到迅猛发展，养羊业成了澳大利亚的主要经济部门。养羊业的建立和发展则把澳大利亚"这个监狱变成了一个到 1850 年羊毛供应量占英国羊毛进口量一半的大牧场"，或者说，变成了"英国农村的延伸：澳大利亚和英国的工业联系在一起，为英国的工厂提供羊毛，为英国的商品提供市场"。[①] 为了统治的需要，英国殖民当局除原来建立的新南威尔士和范迪门（1855 年 11 月 26 日改名为塔斯马尼亚）两

---

① 理查德·怀特：《创造澳大利亚》，第 36、42 页。

个殖民区外，另在澳洲建立了西澳大利亚殖民区（1829年）和南澳大利亚殖民区（1836年）。到19世纪50年代，又相继建立了维多利亚和昆士兰两个殖民区，整个澳大利亚都已沦为英国的殖民地。

第三节　澳大利亚联邦的建立

一　淘金热与移民潮

19世纪中期的黄金热使澳大利亚历史出现了新的转折。它促进了民族经济的进一步发展，资产阶级政治力量的增长和6个殖民区的统一。

澳大利亚有许多山脉，它们大都分布在东部，北起约克角，南至巴斯海峡。在这些地质年代久远的山岩下面，蕴藏着丰富的金矿资源。最早发现的金矿主要分布在新南威尔士的悉尼和维多利亚的墨尔本附近地区。

早在1823年，一位名叫麦贝利恩的测量员就在巴瑟斯特以东的鱼河发现了金矿。1839年和1841年，斯特勒里基和克拉克也分别在新南威尔士发现了金矿。当时政府为保密起见，未把消息公之于众。

澳洲的第一次金矿大发现要归功于哈格雷夫斯。哈氏于1832年从英国来到澳洲，1849年曾去美国的加利福尼亚淘金，积累了丰富的经验。他认为新南威尔士和加利福尼亚的地质构造大致相同，一定会发现金矿。在这一思想的驱动下，他于1851年1月返回澳洲，随之即去距悉尼100英里的巴瑟斯特附近的山谷勘察，终于在一条河里发现了金块。接着又有人在离墨尔本不到100英里的本迪戈和巴拉腊特附近发现了金沙，而且这里的金沙不像美国的加利福尼亚那样埋在硬石块和河积矿床里，而是在冲积河床里，简直是唾手可得。哈格雷夫斯将他的发现写成报告，寄给殖民区政府秘书汤姆森，而汤姆森又将这一消息公布于1851年5月15日的《悉尼先驱晨报》。消息很快传遍澳洲，也传到了欧洲和世界各地，立即引发了澳洲史上第一次淘金热。

在淘金热开始之初，外来移民从国籍上看，主要是英格兰人、苏格兰人或爱尔兰人，其次是美国人和德国人。中国人虽占少数，但涌入的速度很快，1857 年已达 4 万人。不断涌入的海外移民使澳洲人口急剧增加，缓和了澳洲劳动力紧张的状况，给这个地旷人稀的大陆注入了新的活力。1851 年澳大利亚的人口为 43.8 万人，10 年后增加到 116 万人，1900 年底又增加到 376 万人，50 年中人口增长了近 9 倍。

淘金热创造了巨大的物质财富，为各殖民区提供了重要财源。1851 ~ 1861 年，澳洲的黄金产量约占同期世界总产量的 40%，价值约为 1.24 亿英镑。尤其是维多利亚殖民区，黄金产量居全澳各殖民区之首，1851 ~ 1860 年的生产总量超过了 1 千吨，价值 1.1 亿英镑。[①]

黄金不仅为澳大利亚增加了财富和人口，也刺激了殖民地经济的发展，特别是促进了畜牧业的发展。1861 ~ 1891 年的 30 年间，澳大利亚的绵羊头数从 2098 万头增长到 10642 万头，羊毛产量从 6700 万磅增长到 63404 万磅。畜牧业的大发展又带动了采矿业、制造业和交通运输业的飞跃发展。费茨罗伊、布罗肯希尔和埃斯班克等大矿业公司纷纷出现。制造业已形成了纺织、服装、制革、酿酒、农具、制砖、锯木和冷冻肉等门类众多的部门。1850 年开始修建铁路，各殖民区铁路的总长度由 1861 年的 243 英里发展到 1891 年的 9500 英里，并使铁路交通进入内陆地区。1901 年，澳大利亚基本上建成了全国铁路网。与此同时，一些重要城市建立了电报局和大银行。19 世纪 80 ~ 90 年代，澳大利亚已形成以悉尼和墨尔本为中心的全国电讯网和设有 7000 家分支机构的全国金融网。

二 淘金时代的排华风潮

1842 年，中国清朝政府在鸦片战争失败后，被迫开放东南沿海 5 个通商口岸。英国等西方国家从事苦力贸易的商人开始把大量华工输入美国、澳洲和拉丁美洲。根据 1848 年 10 月 3 日《悉尼先驱晨报》记载，第一批华工 121 人于该年 10 月 2 日到达悉尼，从事垦殖。[②] 以华工为主的亚

---

① 约翰·莫洛利：《澳大利亚 200 年史》（John Molony, *The Penguin Bicentennial History of Australia*），澳大利亚企鹅出版公司，1988，第 104 页。
② 参见张秋生《首批华工赴澳时间考》，《世界历史》1992 年第 6 期。

洲移民入澳在 19 世纪 50 年代初的淘金热时期达到高潮。仅维多利亚矿场，华人就从 1854 年的 2341 人上升到 1858 年的 4.2 万人。华人等亚洲移民大量入澳引起了澳洲白人移民和欧洲矿业界的惊恐和怀疑。白人和华人之间的摩擦日益增加，酿成了白人用暴力驱赶华人的悲剧。

澳洲白人对亚洲移民的排斥除经济利益的冲突外，"有时是基于生物上的依据，有时则基于文化的依据"。澳洲白人一般认为："亚洲的宗教较基督教低下"，"中国人是没有宗教观点的异教徒"，大量华人入澳，会破坏澳洲社会的宗教基础，而宗教又被视为构成社会道德观念的基础。一旦以基督教为主体的澳洲宗教受到亚洲东方宗教的"威胁"，由文化冲突所导致的种族排斥和种族歧视便会强烈地表现出来。澳洲白人还担心，华人等有色人种入境将威胁欧洲文明和英式政治机构，并会带来因种族通婚引起的各种弊端。他们偏执种族混血是一种恶行的认识，确信华人虽移民澳洲，但他们并不信仰西方自由民主的政治传统。另外，华人移民教育程度低，卫生条件差，"在 19 世纪人们普遍将疾病的流行归结于亚洲移民。中国移民则被认为造成了麻风、天花等的流行"。[①] 此外，华人不通英语，与白人不便往来，且大多数是年轻力壮的单身汉，常被误认为是对白人妇女的威胁，加上少数人染上了吸食鸦片和赌博的陋习，甚至脑后的辫子也受到欧洲人的讥笑，加深了种族歧视。

1854～1861 年，澳大利亚多次发生排华风潮。1854 年，白人举行群众大会，决定 7 月 4 日在本迪戈起事，企图把华人赶出金矿场。幸亏当局及时采取措施，才未闹出严重事件。1857 年在巴克兰河边爆发了排华暴乱，华人伤亡惨重。1861 年 6 月 30 日，新南威尔士杨镇附近的兰明低地有 1000 多白人手持大头棒和锄把，举着"不要中国人"的旗帜，直奔华人区。据《悉尼先驱晨报》报道："这些恶徒骑在马背上，手持大头棒和鞭子。他们抓住中国人的辫子，将他们拉向马屁股，割掉他们的辫子，然后让周围的人向他们发泄愤怒。有一个中国小孩跪在地上，泪流满面，乞

---

① 戈登·福斯主编《当代澳大利亚社会》，南京大学出版社、迪金大学出版社联合出版，1993，第 16～17 页。

求饶恕。但一个凶徒给他以足以致命的一拳，把他打倒在地。"① 后来，那些被指控参与暴乱的白人都被当地陪审团宣告无罪。1855 年维多利亚议会通过了澳洲历史上第一部移民限制法令，规定来澳船只每 10 吨限载华人 1 名；每个入境华人需交人头税 10 镑。次年又通过了征收华人每月 1 镑居住税的法案。

　　1880 年 11 月，澳洲各殖民地之间的区际会议在墨尔本召开，会议把对英国干预殖民地限制华人政策的不满转化为排华的统一行动，通过了协同排华的重大动议。1886 年 6 月召开的第二次区际会议把排华运动推向了高潮，会议所通过的 4 项重要议案把华人排斥在澳洲大门之外：（1）任何船只每 500 吨限载华人 1 名；（2）禁止在澳华人从一殖民地进入另一殖民地；（3）要求英国政府通过外交途径寻求解决办法；（4）要求英国政府禁止香港和新加坡两地默许华人入境。此后，在澳华人基本上有出无进，人数逐年减少。1888 年澳洲约有华人 5 万人，到 1901 年只剩下 3.2 万人。

三　各殖民区的责任政府运动

　　随着澳大利亚资本主义的发展，各殖民区在经济上要求取消相互的关税壁垒，实现自由贸易，建立统一的市场；在政治上要求成立自治政府，掌握更多的政治权力。

　　争取自主权的斗争首先是从草拟宪法问题开始的。金矿的发现使英国政府开始考虑殖民地的未来统治形式。1852 年英国国务大臣要求新南威尔士、范迪门、南澳大利亚和维多利亚殖民区的立法会议分别草拟各自的宪法，准备提交英国议会审查和批准。

　　新南威尔士殖民区在讨论草拟宪法的过程中，围绕谁应在澳大利亚行使政治权的问题产生了两种对立的观点。以温特沃思为代表的大地主和城市上层保守派，要求制定"一部保守的英国式的而不是美国式的宪法"，提出应由享有世袭爵位头衔的人组成上院，或者采取指派方式任命上院议

①　1861 年 7 月 20 日《悉尼先驱晨报》。

员，上院议员必须要有财产和教育条件的限制。而中小资产阶级自由派反对这一建议，他们要求宪法应规定：无论上院、下院，议员都应代表全体居民，而不只是代表拥有大量财产或有较高文化程度的人。

由于当时权力掌握在牧场主和上层资产阶级手中，在提交英国议会批准的法案中，保守派的利益得到了保障。法案规定立法会议由官方指派；修改宪法要取得 2/3 的多数同意，实行复数选举制；选举立法会议的选民要有财产资格限制。

维多利亚、南澳大利亚等殖民区也相继制定并递交了自己的宪法草案。这些宪法草案的主要内容表明了各殖民地议会对于地方性问题应具有最高权力，而英国议会只在外交、国防和有关帝国问题上享有决定权。根据 1855 年和 1856 年英国议会为新南威尔士殖民区等颁布的宪法，各殖民区议会既在地方性问题上取得了自治，也成为各殖民区的责任政府。

广大下层移民、淘金者对这种结局并不满意。他们为殖民地的富庶作出了贡献，但在政治上无发言权，于是开始争取普选权的斗争。1854 年10 月，因一个名叫詹姆斯·斯科比的淘金人在尤利卡旅店附近被杀，引发了尤利卡淘金者起义。1854 年 11 月，巴拉腊特金矿的淘金者召开 3 万人参加的大会，会上成立了"革新同盟"，提出了以成年男子选举权、充分而公平的代表权和立法会议议员不受财产资格限制为主要内容的纲领。这些斗争遭到殖民政府的镇压。同时，殖民当局也不得不采取了一些缓和淘金人不满的措施：如废除金矿执照费；把金矿列入选区；凡取得采矿权即具备维多利亚立法会议选民资格等。后来又经过几年的斗争，在1856～1858 年间，自由派和中下层移民在新南威尔士和维多利亚都实现了成年男子选举权制、无记名投票、重新分配选举区及废除立法会议议员的财产资格限制等。

在殖民地人民争取政治权力的进程中，澳大利亚又产生了新的经济区。应北部各地区居民的要求，英国政府在 1859 年宣布另行成立昆士兰殖民区。这样，到 1859 年，澳大利亚整个国土上已建立了 6 个殖民区，即以后澳大利亚联邦 6 个州的前身。在以后几十年的时间里，这 6 个殖民区都享有自治权，但各自为政，互不干涉。

四 联邦运动与统一民族国家的建立

统一 6 个殖民区和成立联邦的思想是经过很长时间才趋于成熟的。早在 19 世纪中期，就有人提出过这种主张。如在淘金热兴起后，温特沃斯就提出"从殖民地过渡到一个国家的新时代"的设想。1851 年英国殖民大臣格雷也曾试图建立澳大利亚联邦，设想由新南威尔士总督兼任其他 3 个殖民区的总督，同时他又是整个澳大利亚的总督；其他 3 个殖民区的总督则降为副总督。由于继任的殖民大臣不赞成这一计划，格雷的设想未能实现。直至 19 世纪晚期，澳大利亚的防御、贸易、关税及亚洲移民等问题日益突出，才使联合的主张得到重视。

到了 19 世纪末，西方列强到处争夺殖民地，德国和法国都向南太平洋扩张。各殖民区开始为澳大利亚的安全担忧。1883 年 4 月昆士兰总督托马斯·麦基尔雷思对英国政府不采取果断行动阻止德国兼并新几内亚东部感到恼火，他下令在莫尔兹比港升起英国国旗，以警告德国不要向南扩张。东部沿海的维多利亚和新南威尔士政府也担心法国人有兼并新赫布里底群岛的野心。另外，各殖民区都很关心法属新喀利多尼亚逃犯造成的危害。外部世界的纷扰促使各殖民区逐步走向联合。

为讨论上述问题，1883 年 11 月澳大利亚 6 个殖民区的总督在悉尼召开了殖民区区际会议。昆士兰新任总督塞缪尔·格里菲思在会上提议成立一个澳大利亚联合理事会，以处理各殖民区领土范围外的海上防御，与其他太平洋岛屿的关系事务，防范刑事犯流入，及海港检疫等共同关心的问题。

1889 年，爱德华兹少将又告诫各殖民区政府，如果各殖民区不联合而仅靠自身的防御力量，它们的地位是危险的。新南威尔士总督帕克斯接到爱德华兹关于联合防御问题的报告后，建议召开由 6 个殖民区和新西兰议会代表参加的联邦会议。1890 年 2 月，会议在墨尔本召开，5 个殖民区和新西兰各派两名代表，西澳大利亚殖民区派 1 名代表出席会议。会后代表们同意于 1891 年在悉尼召开联邦宪法起草会议。

19 世纪末澳大利亚的经济发展与澳洲无统一市场的矛盾，也促进了联邦的成立。19 世纪最后 20 年，澳大利亚总人口从 236 万增长到 377 万，耕地面积从 450 万英亩增加到 825 万英亩。畜牧业、采矿业、制造业有了飞速的发展，交通运输业、银行业开始建立。城市的兴起使人口由乡村流向城市。许多工商业主渴望在本殖民区以外寻求市场，进行自由贸易。但区际关税、运费差别和交通障碍等问题却日益严重地困扰着人们。悉尼的食品工业希望在墨尔本寻找出路，但被维多利亚的关税卡住了。新南威尔士里弗莱纳地区的农场主想到墨尔本出售羊毛和小麦，却被那里的高关税吓跑了。墨尔本和季隆的制造商希望在悉尼和阿得雷德销售产品，但被各种运费和关税阻塞了销路。各殖民区不同的铁路轨距更阻碍了开辟统一市场：新南威尔士铁路采用的是标准轨距，维多利亚却采用 5.3 英尺的轨距，而昆士兰、南澳和西澳则采用了 3.6 英尺的轨距。

地方保护主义的存在，加之 19 世纪 90 年代的经济萧条和银行危机，羊毛和其他产品价格急剧下跌，失业情况严重，使各殖民区的资产阶级深感实现统一、建立联邦的必要性和迫切性。

此外，各殖民地白人移民对有色劳工的担心也在一定程度上加快了 6 个殖民区的联合。黄金热期间，华工和有色移民大量涌入。白人劳工担心和有色劳工之间的竞争会降低他们的生活水平。当地资产阶级害怕华人进口商和家具制造商争夺他们的生意，还认为白人与有色人种通婚将影响欧洲移民的纯洁和未来的统治地位。而各殖民区在移民问题上却制定了不同的政策，不能有效地阻止有色人种移民的进入。这种限制、排斥亚洲劳工的动机导致了 6 个殖民区的早期合作和白澳政策的制定，并使它贯穿于统一的全过程。

基于上述因素，澳大利亚 6 个殖民区联合的步伐加快了。在建立联邦问题上首先作出尝试的是"边区利益集团"。这一集团主要是由"澳大利亚人协会""墨尔本商会""制造商协会"和"旅行推销员协会"等组织组成的。他们的代表于 1893 年在科腊瓦举行会议。会议通过的决议指出："首先，澳大利亚各殖民区目前和将来的利益，将因为它们在国王统治下及早联合而得到增进。其次，这些殖民区在人口、财富、资源发现和自治能力等方面现已大大增长。其增长的程度足以证明：已有充足理由依据公正对待各殖民区的原则，在一个具有立法权和行政权的政府下把它们联合起来。"次年，新南威尔士总督乔治·里德分别打电报给其他 5 个殖民区总督，建议在霍巴特就成立联邦问题举行磋商。1895 年 1 月，各殖民区总督在霍巴特召开第二次会议，决定成立国民代表会议，由各殖民区选民直接选举各 10 名代表组成，负责制定联邦宪法草案。

在 1897～1898 年间召开的几次国民代表会议上，代表们在成立联邦问题上取得了一致意见，但是在联邦议会和各殖民区议会的权限问题上产生了分歧。经过数月辩论，终于达成妥协，通过了宪法草案，决定以美国和加拿大的联邦组成方式为样板，将 6 个殖民区联合起来，组成澳大利亚联邦。联邦设众议院和参议院，众议院由普选产生，参议院由各州选民选出的每州 6 名代表组成。联邦设高等法院，由联邦议会任命的法官组成，其职责是审理联邦与各州之间管辖权相抵触的案件。联邦议会授权制定对外事务、租税、邮政及与外国或各州间的贸易通商等方面的法律。

1898～1900 年，宪法草案先后由各殖民区公民投票通过。1900 年 5 月，由英国殖民大臣约瑟夫·张伯伦在英国下院提出并获得通过。同年 7 月，由维多利亚女王签署批准。1901 年 1 月 1 日，澳大利亚联邦正式宣告成立，它成为英帝国的自治领之一，6 个殖民区改为州。霍普顿勋爵出任澳大利亚联邦首任总督，并任命埃德蒙·巴顿为总理组成联邦第一届内阁。这一天，悉尼百年纪念公园举行了盛大的庆祝活动，曾任联邦会议书记的布莱克默为霍普顿勋爵担任联邦总督举行就职宣誓，伴随着新的联邦国旗冉冉升起，会场上爆发出成千上万群众的欢呼声和礼炮的轰鸣声。在 100 多年前一个与世隔绝的大陆上，诞生了一个新国家。

第四节　1901～1945 年的澳大利亚

一　白澳政策

"白澳政策"（White Australia Policy）是英国殖民者限制有色人种移居澳大利亚的种族歧视政策。"白澳"的含意是指："通过禁止亚洲和太平洋岛屿居民移居澳洲，驱逐客那客（波利尼西亚语，意为"男人"）劳工出境以及歧视居住在澳洲的亚洲和太平洋岛屿居民等办法，维持欧洲人在澳洲社会中的绝对优势。"①

1901年澳大利亚联邦成立后，在社会舆论的强烈支持下，"白澳政策"不仅被正式提出，而且得到系统化、法律化，在整个联邦内全面实施。1901年9月，联邦议会通过了自由党议员迪金提出的《限制移民入境法案》（Immigration Restriction），其中规定："1. 凡来澳移民必须参加语言测验，听写任何一种欧洲语言的50个单词，不及格者不得入境；2. 任何在澳居住期未满5年的移民也必须参加语言测验，不及格者应驱逐出境。"②

该法案虽不提种族肤色，但其阻止亚裔入境的目的是显而易见的。因为对欧洲移民在事实上不需要测验；而对有色人种考试的语种则由澳方决定，即使亚裔移民懂一门或更多的西方语言，也照样会被拒之门外。澳大利亚外交部秘书艾德利·亨特在给弗利曼特尔海关的公文中直言不讳地说："允许那些人通过考试是不可取的。在任何测验之前，主考官应明白他不会及格。假如考虑到应考者极有可能通过英语考试，那就应该用他所不懂的语种考他。"③《限制移民入境法案》实施后的1902年，有33人考试及格，1903年降至13人，1904年只有1人，1907年则无人通过测验。

澳大利亚政府对待亚裔中不同民族的态度是稍有区别的，其根据是各种族的人数、职业，其母国的地位和影响力等。华人因占亚裔人口绝大多数，在经济上被认为是有损白人福利的廉价竞争者，加之清政府国际地位的低下，华人所受歧视最为严重。而当时的日本正处于上升时期，日本政府强烈反对澳大利亚颁布的《限制移民入境法案》。1902年，英日两国为对付沙俄在远东的扩张，曾签订同盟条约。1904年日俄战争爆发后，英日两国又于1905年8月签订第二个同盟条约。鉴于日本的强大和英日同

① 曼宁·克拉克：《澳大利亚简史》，第196页。
② 曼宁·克拉克：《澳大利亚简史》，第198页。
③ 《澳大利亚档案》（*Australian Archives*），CP253 03/977。

盟的加强，澳大利亚为避免激怒日本人，于 1905 年修改了《限制移民入境法案》，将"任何一种欧洲语言"改为"任何一种指定语言"。同年，日本、印度的学生、游客获准入境，但居留期限不得超过 5 年，而华人直到 1912 年才享有这种权利。

20 世纪初，联邦和各州还通过了许多带有歧视包括华人在内的有色人种的立法。如 1901 年颁布的《新南威尔士剪羊毛工待遇条例》，规定华人不得与白种人同时居住。1902 年制定的《联邦选举权条例》，禁止将任何澳洲、亚洲、非洲或太平洋岛屿（新西兰除外）的土著居民的姓名列入选民名册。澳大利亚工会的章程，禁止亚洲人加入工会。1903 年推出的《入籍法》，直截了当地阻止亚洲及太平洋岛屿的土著居民申请入籍。1908 年颁行的《养老金法》，将国外出生的亚洲人排除在外。

新的移民限制条例的实施，使华人移民的生活与澳大利亚社会隔离开来，使澳大利亚与亚洲国家的关系长期处于不正常的误解、歧视和隔阂状态，这一历史怪圈一直延续到二战之后。据统计，1901 ~ 1947 年，旅居澳大利亚的华人从 29627 人锐减至 9144 人，不到 50 年，竟减少了近 70%。[①]

二 政治舞台上的两党争雄

澳大利亚是实行多党制的西方国家，在国内政治舞台上党派林立、竞争激烈。许多政党都在全国范围内展开活动，并且都有与政府机构相并行的全国性组织。

在澳大利亚，组织力量和政治影响较强的政党有 5 个：工党、自由党、国家乡村党（1975 年前称乡村党，1982 年改称国家党）、民主工党和澳大利亚党。从历届联邦总理出任人次的情况看，当推工党最多，自由党次之，余下则分属乡村党和统一党等（其中亦包括两党联合执政）。

澳大利亚工党建立于 19 世纪 90 年代初。当时随着英国在世界上工业垄断地位的丧失，澳大利亚的羊毛价格下降，经济出现萧条，物价高涨。

---

① 张秋生：《澳大利亚华侨华人史》，外语教学与研究出版社，1998，第 138 页。

工人实际工资降低，失业人数增加，生活状况恶化，很多人加入了工会，他们的罢工斗争日益高涨。工人运动的发展促进了社会主义思想在工人中传播，产生了建立社会主义组织的要求。

1891年，澳大利亚工党建立，并制定党纲，提出了工会运动的迫切要求，如八小时工作制、废除或修改《雇主责任条例》等。1901年，工党首次参加大选，获得了16个众议院席位和8个参议院席位，取得了在议会中和其他政党的实力均衡。1904年，沃森组织了首届工党政府，因要求修改宪法未成，不久辞职。1908～1909年，工党领袖费希尔主持政府。1910年工党在选举中获胜后，费希尔再度组阁，成立了工党多数派联邦政府。在第二次世界大战结束之前，工党虽有起伏，但一直活跃在政坛，颇具势力。正如澳大利亚史学家基恩·汉考克所说："工党一贯是个'主动进攻党'，而自由党及其前身各党派都是在它反对之下的'被动招架党'。"

工党的主要选民是工会会员，占全部550多万工人中的55%。但该党既大又杂，政治倾向从左到右五光十色。其传统观点是"民主社会主义"。该党在1912年宣布的目标是："在工业、生产、分配和交换方面的民主社会化和平等、民主自由与社会合作——达到足以在这些领域内消灭剥削和其他反社会特征的程度。"与此同时，工党又发表了另一个宣言，称工党并不谋求废除私有制。

1914年，工党在选举中主张实施保护关税，反对自由贸易，获得多数选票，工党领袖费希尔第三次组阁。在第一次世界大战中，工党政府追随英国参战，组织了33万人的远征军，支出了3.6亿英镑的战费，加重了国内人民的负担，从而加剧了社会矛盾。与此同时，工党内部也发生了分化。

1917年，工党右翼领导人休斯脱离工党，和自由党合并成立新党——国民党。1920年10月，工党内部的左翼也与其决裂，建立了共产党。此外，澳大利亚还兴起了代表农场主和畜牧业主利益的乡村党。从1919～1929年的10年间，国民党在乡村党的支持下，连续执掌国家政权，使工党一度受挫。从大萧条时期到1945年第二次世界大战结束，工党曾3次组阁。

　　澳大利亚自由党是澳大利亚两大政党之一。它的建立晚于工党，而且几经兴衰，多次分合，直到第二次世界大战末期才东山再起。

　　自由党是在自由保护关税派领袖迪金的领导下，于 1909 年 5 月与保守党自由贸易派合并而成。首届联邦会议召开之后，澳大利亚政坛上出现了三党鼎立的局面。1901 ～ 1910 年，无论工党，还是自由党保护关税派或保守党自由贸易派，都无力在众议院获得绝对多数。有鉴于此，同时为了联合所有的联邦自由主义者在议会通过自由主义的立法，迪金决定与保守党自由贸易派进行合并，并担任了合并后的自由党领袖。

　　自由党的主要主张是：（1）忠于英王并维护澳大利亚联邦在政治与经济上的统一；（2）反对社会主义并支持企业的自由经营和自由发展；（3）坚持有效地保护关税政策，建立白种人的澳大利亚；（4）保持充分的防御力量，在内政和外交上反对共产主义；（5）紧密联系企业界，维持充分就业与扩展社会服务事业。自由党刚成立时，墨尔本《时代报》就曾根据自由党的政策和党纲评论说：自由党"是位于保守主义和工党两个极端之间的政党"。20 世纪 80 年代初澳大利亚新闻局出版的《澳大利亚》一书，则把自由党说成"是一个自由企业的政党"，"代表了联邦成立以来的澳大利亚政策的保守派"。这里需要指出的是，在两次世界大战之间，澳大利亚各主要政党尽管其纲领、政治策略和经济政策有所不同，但在"国家安全、白种人的澳大利亚和免于陷于共产主义"方面是基本一致的。

　　在第二次世界大战结束之前，自由党的政策一直未赢得人心。该党仅在 1913 年 5 月以 1 席之差在众议院获得多数（在参议院居于少数），由其领袖约瑟夫·库克组成第一届自由党内阁。在第一次世界大战末期关于征兵制的辩论中，工党发生分裂，主张征兵的工党内阁总理休斯脱离工党，于 1917 年与自由党合并组成国民党，并在当年选举中获胜，成立了国民政府。此后至 1944 年，自由党一度不复存在。

　　1944 年，律师出身的孟席斯领导重建了自由党。他依靠自己的政治手腕和勇气，同时利用了工党内部的分裂，在 1949 年的选举中与乡村党联合，一度取得胜利，使自由党在 35 年后重返政坛。

三 新南威尔士与维多利亚的建都之争

澳大利亚虽然在 20 世纪初已统一为一个新国家，但是它的首都的确切位置却到 1909 年才最终选定，首都正式搬迁直到 1927 年才得以进行。

在选建首都的问题上，新南威尔士和维多利亚两州经过了一番激烈的斗争。无论是从地理学的角度，还是从经济学的角度或从其他方面考虑，新南威尔士和维多利亚都有在本州建都的优越条件。两州的首府悉尼和墨尔本的人口加起来占全国半数，是澳大利亚两个数一数二的繁华大城市，也是全国工业、商业和文化中心及交通枢纽。悉尼有优良的深水港，墨尔本也有万吨轮船码头；悉尼 1788 年建城，墨尔本自发现金矿后也早已形成了大都市。

早在联邦建立之前讨论联邦宪法的时候，新南威尔士和维多利亚两州就为争取建都展开了激烈竞争。根据规定，联邦宪法须经全体人民的 2/3 投票通过，经过各州批准方可有效。新南威尔士州的选民依仗本州面积最大、人口最多、历史最早，提出在宪法中必须写进将首都建在他们州内，否则就不批准宪法。维多利亚州也据理力争，要求在本州建都。这便造成了两州争雄、相持不下的局面。其他各州为了抚慰新南威尔士州的自尊心，同时又不过分冒犯维多利亚州，从中进行调和。他们同意联邦首都设在新南威尔士，但要与悉尼市保持一定的合理距离，其理由是：联邦建立，澳大利亚历史揭开了新的一页，首都必须离开由早期流放犯建立的罪恶之地——悉尼。由于其他各州极力居中调解，维多利亚州觉得再争下去也徒劳无益，便同意了这种折中的建议。但该州又提出了一项条件：在新首都建成之前，墨尔本应作为联邦政府所在地。

经过各州多方面的斡旋，最后达成了在两大城市之外另建首都的协议。相持不下的建都之争终于平息下来，宪法获得了通过。关于首都的位置，宪法第 125 条规定：首都"将设在新南威尔士州，距离悉尼不少于 100 英里（约合 300 华里）"。[①] 1901 年澳大利亚联邦成立后，首先通过了

---

① J. A. 拉·诺泽：《澳大利亚宪法的制定》（J. A. La Nauze, *The Making of the Australian Constitution*），墨尔本，1972，第 239～247 页。

关于建都的协议，其内容主要有：（1）为平息两大城市之间的争执，澳大利亚联邦首都既不设在悉尼，也不设在墨尔本。出于对利用两大城市的优越条件考虑，联邦首都设在悉尼与墨尔本之间的地区。（2）新南威尔士州的面积大于维多利亚州 4 倍，首都应设在新南威尔士境内，但为了防止悉尼的距近垄断，位置必须距离悉尼 100 英里之外。（3）联邦首都的土地面积不得小于 100 平方英里，并且要划归联邦政府直接管辖。[①]

两州建都之争平息之后，首都确切位置的择定又历经磨难。建都协议签署后，首都的定点问题交给了新南威尔士州的数名立法议员去解决。为了符合协议的要求，他们争论了许多年，有人举荐了不少有一定基础的城镇但都被否决，只好进行实地勘察和会商研究。经过 8 年时间，即到了1909 年，议员们才达成一项折中意见，选定位于大分水岭里面的一个区域。它位于悉尼西南 100 多英里，距离墨尔本东北 400 多英里，到塔斯曼海 70 英里。这是一片旷野和牧场，居民很少，只有牧羊人出没。美国建筑设计师认为建造首都只需 69 平方英里的土地就可以了，但联邦政府为了保证首都的气派和今后的发展，新南威尔士州划出了 910 平方英里的土地，加上后来增拨的 28 平方英里，首都总面积达 938 平方英里，而且有一个优良的海港。

地点问题解决之后，首都的名称问题又颇费心机。被提出的首都名称不下几十种，譬如有人取 6 州首府（悉尼、墨尔本、阿德莱德、佩思、布里斯班和霍巴特）名字的第一音节，拼成"悉墨阿佩布霍"（Smapbh），这一巧妙的构思未被接受。首次获多数议席执政的工党政府内一些热衷文化的人士，还建议把首都命名为"莎士比亚"。后来官方不知采取了谁的建议，决定使用土著居民给这里起的传统称呼：堪培拉（Canberra，土著人写为 Kamberra）。关于它的含义，有不同的解释。一说为女人的乳房，因为这里有两座小山，远看犹如妇女的两个乳房；另一说为相会的地方；还有一说为流经这里的莫伦格鲁河的河湾。

① 帕梅拉·斯特瑟姆：《澳大利亚首都城市的起源》（Pamela Statham, *The Origins of Australia's Capital Cities*），悉尼，1989，第 319 页。

首都的定点于 1911 年被联邦议会通过。1913 年 3 月 13 日正式举行首都动工典礼，内政部长金·奥马利为首都建设奠基，总督夫人登曼正式把这座城市命名为堪培拉。

为了把首都建设成一座美丽的现代化城市，联邦政府不惜耗费巨资，向全世界公开招标征求设计蓝图。世界各地的城市设计专家纷纷前来应征，参加角逐者达 137 人。遗憾的是其中竟无一名本国人，因为澳大利亚人抵制了这项活动。经过复杂的审查和慎重的评选，最终让年仅 36 岁的美国芝加哥建筑设计师沃尔特·伯利·格里芬获此殊荣。

堪培拉的城市建设凝聚了格里芬和成千上万建设者的心血。建都工程自 1913 年开始，至 1927 年完成，历时 14 年，其间还经历了第一次世界大战的困扰。格里芬担任了 7 年的首都建设总监，在他的领导下，首都建成了一些主要街道和一条铁路线。由于官僚主义干扰和其他挫折，格里芬后来辞去了职务，但以格里芬名字命名的人造湖却成为永久的纪念。第一次世界大战期间，首都建设一度缓慢。堪培拉市政建设真正取得成绩是在 20 世纪 20 年代。在这段时间，建起了 500 幢住宅和一座雄伟的议会大厦。这座纯白色的议会大厦仿照美国国会大厦建造，内设参、众两院会议厅，会场颜色又仿效了英国的上、下两院，参议院用红色，众议院用绿色。

1927 年 5 月 9 日，澳大利亚首都堪培拉最终建成。联邦议会从墨尔本迁到这里，并隆重地举行了落成典礼。约克公爵（即后来登基加冕的英王乔治六世）主持了揭幕仪式。从此，堪培拉以它独特的设计、壮观的市政建筑和迷人的花园景色，跻身于世界首都之林。

四　为不列颠流血——卷入第一次世界大战

联邦成立之初的十几年，通常被澳大利亚史学家称为"乐观主义者的时代"。当时，联邦政府致力于缩小各州之间经济发展的差距，对制造业实行高关税保护政策，发展铁路交通，扩大社会福利。正当澳大利亚联邦起步前进的时候，战争的乌云从大西洋飘向太平洋。1914 年 6 月是自由党执政末期，第一次世界大战爆发了。澳大利亚公众从关注国内的经济发展和社会问题转而卷入战争。

澳大利亚联邦虽已成立，但它在政治、经济、军事和外交政策上一直依附于英国。这时澳大利亚正处于选举期，工党领袖费希尔站在沙文主义立场上，于 7 月 31 日在维多利亚州的科拉克作了煽动性演讲。他说："澳大利亚人将坚决站在祖国一边，协助她和支持她，战斗到最后一人和最后一个先令。" 8 月 3 日，联邦总理库克正式宣布将澳大利亚海军交由英国海军部指挥，并向英国提供一支 2 万人的远征军。

政治家的演讲、政府的表态，以及澳大利亚和宗主国的血缘与政治关系，使整个澳大利亚公众未来得及辨别战争的是非与性质，他们的参战狂热在 8 月 4 日英国对德宣战后被越煽越盛。

在 1914 年 8 月，库克政府一边准备参战，一边参加选举。在 9 月初的选举中，工党获胜，费希尔再次当选为联邦总理。为了迅速投入战争，费希尔政府做了两方面的准备：一是号召公民入伍，组成 2 万人的远征部队参战；二是加强军需物资的生产和调运，下令大量生产货车、马具、军服，改装运输船，准备粮食和药品。同时，澳大利亚政府还根据英国政府的指示采取了一些军事行动，诸如和新西兰分别派遣军队，占领太平洋上的德国殖民地新几内亚、所罗门群岛和萨摩亚等地。11 月 9 日，澳大利亚巡洋舰"悉尼号"在护送运输船队前往中东途中和德舰遭遇，击沉了德国巡洋舰"埃姆登号"。

为了减轻英国在欧洲的东线盟军俄国军队面临的强大压力，迫使土耳其退出战争，1914 年 12 月英军总参谋部制订了进攻达达尼尔海峡、炮击君士坦丁堡的冒险计划。澳大利亚和新西兰军队组成的"澳新军团"（ANZAC）在这次战役中担任了主力。次年 4 月 25 日，澳新军团在加利波利登陆，在滩头阵地相持了 8 个月。他们和协约国军队一起坚持到年底，直到英国下令撤至埃及。

这次注定要失败的中东进攻计划为澳新军团赢得了英勇善战的美名，澳大利亚付出了阵亡 7600 人、负伤 1.9 万人的沉重代价。加利波利之战被澳大利亚人看作是民族精神的具体体现。为了纪念澳新士兵作战的勇敢精神，4 月 25 日被定为"澳新军团日"。此后，澳新军团的步兵被从埃及调至法国西线，骑兵前往中东作战。

国民对战争的态度在选举中往往能加重支持参战政党获胜的砝码。工党领袖休斯对此不失时机地加以利用，于 1915 年 10 月当选总理。他继续推行追随英国的外交政策，表示要把战争进行到底。他出访英国，到处向卷入战争狂热的听众高呼："醒来吧，英国！"他奔赴西线为澳大利亚军队打气，因而赢得了"澳大利亚小兵"的美称。为了给英国以足够的战争支持，他打算增加军需品和粮食的供给，并准备实行海外服役征兵制，以保证每月能向协约国提供 1.6 万名士兵。而协约国则许诺在战争获胜后分给澳大利亚一定的战利品。

残酷的战争使澳大利亚人为其母国付出了鲜血和生命，令很多公众感到震惊。征兵制不仅在工党内部引起分歧，在全国也遭到反对，引起国内政局动荡不安。1916 年 10 月，当政府就征兵制问题举行公民投票时，有 108 万人投赞成票，而有 116 万人投反对票。征兵制的分歧引起了工党分化，导致了政府改组。在 1916 年 12 月举行的第二次公民投票中，赞成者下降到 101 万人，反对者增加到 118 万人，澳大利亚民众的厌战情绪明显增长。

1918 年 11 月，德国战败投降。作为第一次世界大战的战胜国之一，澳大利亚在英、法、美等大国主宰的凡尔赛会议上分到了一份战利品——托管德属新几内亚，和英国、新西兰共管瑙鲁。它付出的代价是在整个战争中阵亡 59342 人，负伤 152171 人，战费支出 3.6 亿英镑。[①] 在凡尔赛会议上，休斯曾想使德国人来赔偿这笔巨额战费，却未能实现。

五　为生存和正义而战——参加第二次世界大战

如果说，澳大利亚参加第一次世界大战只是为远在万里之外的母国英国效劳，那么它投入第二次世界大战则是为本民族的生存和人类的正义事业而战斗了。

第一次世界大战结束后，澳大利亚经过 20 余年的休整，经济有所恢

---

① 曼宁·克拉克：《澳大利亚简史》，第 213 页。

复和发展，城市化和工业化在加速进行，以致许多人又开始沉醉于在澳大利亚建立"千年地上王国"的幻梦中。

进入 20 世纪 30 年代以后，世界已不再宁静。那个用武士道精神统治的东洋岛国——日本，用不断膨胀的海军军备向华盛顿体系挑战，觊觎太平洋霸权。早在 1927 年，上呈天皇的《田中奏折》已将澳大利亚列入日本的"待征服地区"之中。① 1931 年日本对中国发动了"九·一八"事变，侵占中国东北，1937 年开始全面侵华战争。1939 年 9 月，希特勒德国也在欧洲挑起战争，并很快将战火烧到了大西洋东岸。澳大利亚一直作为依靠和后盾的英伦三岛已处在风雨飘摇之中。

在如何抵御日本侵略的问题上，澳大利亚执政的统一党政府同前任一样，坚信只靠本国力量对抗日本绝无可能，只能依靠驻新加坡的英国舰队。澳大利亚对外贸易有 50% 以上是和它的母国进行的，因此它不但和英国有共同利益，还必须紧紧依赖它的军事力量。基于和英国的传统关系，澳大利亚当时还无独立的外交政策可言。这种完全依附英国的外交政策使澳大利亚付出了重大的代价。

1939 年 9 月 3 日，英法两国对德宣战后，联邦总理孟席斯向全国宣布："由于德国继续进犯波兰，澳大利亚现在已处于战争状态。"

为了援救母国，澳大利亚政府开始军事动员，准备参战，增加军需生产，维持英联邦的生命线，并开始招募、训练远征军渡海与英军并肩作战。澳大利亚当时实行的是雇佣兵役制（1929 年取消了义务兵役制），1939 年对德宣战时仅有 1.4 万人的正规军，况且澳大利亚法律禁止政府派遣非志愿军开赴与本国安全无直接关系的地区参战。所以在大战初期的头几个月里，澳大利亚主要是向英国输送急需的木材、矿产品、食品和衣物等，从物质上提供援助。

1939 年 10～11 月，澳大利亚政府组建了一支 2 万人的志愿部队，即"澳大利亚帝国军队"第 6 师。1940 年 1 月，该师与新西兰的第 1 师远征军同赴中东，以加强英军在中东和地中海的防御力量。4 月，第 7 师成

---

① 曼宁·克拉克：《澳大利亚简史》，第 233 页。

立，不久又征召了第 8 师、第 9 师，澳大利亚志愿部队达到了 4 个师共 12 万人。1941 年 12 月太平洋战争爆发前，除第 8 师驻守新加坡外，其余 3 个师 10 万多人部署在中东、地中海，成为中东战场上盟军的主要力量之一。

在海军方面，澳大利亚暂缓考虑本国防御的需要，将全部现役海军舰艇划归英国海军部指挥。它的 3 艘巡洋舰、5 艘驱逐舰编入了英国地中海舰队，还有 3 艘巡洋舰在太平洋和印度洋，保护英国在那里的基地。澳大利亚还在空军力量上竭力援助英国。它的空军从大战初期的 5 个飞行中队增加到 1943 年初的 17 个飞行中队和 1.6 万名空军官兵。

澳大利亚军队在中东和欧洲战场上发挥了重要作用。在 1940 年 5 月英军的敦刻尔克大撤退之后，由于英国兵力严重不足，澳 6 师的 8000 人立即由中东开赴英国助防。澳大利亚空军也投入了保卫英伦三岛的不列颠空战，并在 1940 年 8 月 15 日创造了辉煌战绩。在地中海，1940 年 6 月澳大利亚海军与意大利舰队展开了激烈战斗，在到 6 月底的 19 天中击沉意大利潜艇 10 艘。7 月 19 日，澳大利亚"悉尼号"巡洋舰又在克里特岛海面击沉敌舰 1 艘，重创 1 艘。

在北非地区，德、意军队为解除进攻埃及的后顾之忧，曾将军事重镇托卜鲁克围困 8 个月之久。当时托卜鲁克守军仅 30000 人，其中的主力是 1.5 万名澳军和 1.2 万英、印军队，英军主要是装甲兵和炮兵，阵地防守几乎全由澳军承担。澳军以其英勇善战，将敌军牵制 242 天，为英军调整部署、发动反攻创造了条件。在震撼世界的北非阿拉曼战役中，澳军战绩更为卓著。英国陆军元帅蒙哥马利指挥的包括澳 9 师在内的盟军第 8 军向德、意军队展开决战，扭转了北非战场的形势。

1941 年 12 月太平洋战争爆发，使澳大利亚面临历史上最严峻的考验，联邦政府的外交政策被迫作出重大改变。

珍珠港事件后，日军长驱南下，在两个多月的时间里，攻占南洋诸国。1942 年 2 月 15 日，新加坡沦陷，拥有 1.8 万多人的澳 8 师全军覆没。2 月 19 日，日本空军轰炸达尔文港和西澳大利亚州的布鲁姆。

在国家安全遭到严重威胁的关头，澳大利亚政府不再把维护母国尊严作为天职，而把保卫本土作为首要任务。澳大利亚政府宣称："澳大利亚政府认为维护本身的安全，是它的第一位职责，而不能指望不列颠会在太平洋拥有更显著的作用。"这一声明是澳大利亚在认识澳英关系方面的重大突破。当时英国远东舰队遭到日军歼灭性的打击，使大洋洲失去了赖以依托的海上保护，与澳洲隔海相望的巴布亚新几内亚、所罗门群岛的部分岛屿已被日军占领。英国自身难保，难以东顾，不可能再给其自治领澳大利亚和新西兰以保护。澳大利亚的安全和生存只有依靠自己，国内舆论也要求联邦政府在决定盟军作战政策上有更直接的发言权。

1942 年 2 月 17 日，澳大利亚战时内阁拒绝了伦敦太平洋作战会议关于将正在开赴太平洋的澳 7 师调往缅甸的决定。丘吉尔和罗斯福都要求澳总理柯廷重作考虑，但未能奏效，澳 7 师终于返回本国。[①] 在这样重大的问题上和英国发生公开分歧，可以说在澳大利亚外交史上是没有前例的。与此同时，为了有效维护本国的安全，澳大利亚政府开始采取积极态度寻求美国的支持。

澳大利亚政府建议美国将盟军西南太平洋战区司令部设在澳洲。罗斯福也意识到了澳洲的重要战略地位，采纳了这一建议，并向澳洲调兵。从 1942 年 1 ~ 4 月，美国将 12.48 万人的部队调往西南太平洋，其中 3/4 集中在澳大利亚北部。麦克阿瑟将军于美军在菲律宾失败后，于 1942 年 3 月撤往澳大利亚，并在墨尔本设立了西南太平洋战区司令部。到 1943 年下半年，美国直接驻扎在澳洲的军队超过了 12 万人，在澳大利亚周围地区也有相当数量的美军。这十几万美军主要由澳方提供生活用品、民工、建筑材料和通讯设施等。由于澳大利亚特殊的战略地位及联邦政府与人民的配合，形成了西南太平洋地区美澳联合抗日的战略态势，为加速战胜日本法西斯创造了有利的条件。

澳大利亚不仅为美国提供了太平洋的后方基地，澳军还是太平洋战场上一支重要的抗日力量。在粉碎日军进攻莫尔兹比的战役中，澳大利亚空

---

① 《澳大利亚对外政策文件集 1937 ~ 1949》（*Documents on Australian Foreign Policy 1937 - 1949*）第 5 卷，第 521 ~ 554 页、第 559 ~ 566 页。

军和步兵发挥了重要作用，歼敌 1.3 万人，打破了日军企图控制澳洲北部海域、切断美澳交通线的企图。在 1943 年下半年盟军发动的太平洋反攻中，澳大利亚投入了大量兵力。1943 年 10 月，在西南太平洋，澳大利亚动用空军 13.6 万人、陆军 49.2 万人，两者均分别为美军的 2.4 倍，另外还有两艘巡洋舰参战。[①] 在新几内亚岛的反攻中，澳军担任主力，先后攻克许多重镇，歼敌 3.5 万人，解放了该岛大部。为配合美军西进，澳军在完成既定作战任务的情况下，派兵接替围困日军的布干维尔等岛的美军 6 个师，使进攻菲律宾的美军及时得到增援。澳军还解放了被日本占领的原荷属东印度地区，歼敌 16 万，接受了 34.4 万日军的投降。

和亚洲国家一样，1945 年 8 月 15 日也是澳大利亚人民值得纪念的历史性日子，日本在这一天无条件投降。当奇夫利总理正式宣布对日战争结束时，全国一片欢腾，庆祝世界反法西斯战争的胜利。作为太平洋战场主要抗日国家和同盟国的一员，澳大利亚也在对日停战协定上签了字。为了民族的生存和人类的自由，澳大利亚在第二次世界大战中有 17500 多人捐躯在欧、亚、非战场。澳大利亚人用鲜血和生命体现了自己和第一次世界大战内涵不同的民族精神。

第五节　战后的巨大变迁

一　战后的经济重建

第二次世界大战结束以来的半个多世纪中，澳大利亚发生了令世界瞩目的巨大变化。这个拥有 2000 多万人口的国家，今天在世界经济中已占有重要地位，它的许多产品在国际上名列前茅。

战后澳大利亚所取得的经济成就在很大程度上要归功于政府行之有效的移民政策。甚至可以说，在一定时期内澳大利亚的经济发展速度是和移

---

① 朗·盖文：《六年战争：1939～1945 年澳大利亚战争简史》（Gavin Long, *The Six Years War: A Concise History of Australia in the 1939 – 1945 War*），堪培拉，1973，第 323 页。

民数量成正比的。战争使澳大利亚人懂得了许多，其中之一是明白了人口过少会影响经济发展与繁荣。二战结束时，澳大利亚人口只有 730 多万。1946～1947 年，奇夫利和工党政府制定了鼓励欧洲移民入境的措施，开始有计划地进行大规模移民。他们决定不仅资助来自英国的移民，也帮助东欧人移居澳大利亚。澳大利亚不再因为占全国 97% 的人口属于英国血统而自豪，而是敞开国门接纳了数量空前的移民。在 1970 年之前，新移民几乎都来自欧洲，其中以意大利人最多，其次是希腊人、南斯拉夫人、德国人和荷兰人，东欧人亦占了相当的数量。从 60 年代起，亚洲人开始少量地移居澳大利亚，"白澳政策"渐渐地被历史悄悄摒弃了。1975 年后，由于越南难民的涌入，澳国的亚洲移民数量有所增加。正如国外的需求使得澳大利亚的羊毛业和采矿业兴旺发达一样，移民的需求也给澳大利亚的其他行业带来了繁荣。澳大利亚城市化的速度越来越快，到 70 年代，悉尼和墨尔本已拥有近 300 万人口，阿德莱德、布里斯班和佩思也各拥有近 100 万人。二战后的 50 年间，共有 525 万人从近 200 个国家和地区到澳大利亚定居。今天，与其人口规模相比，澳大利亚吸收移民的能力大于任何国家。据统计，每 10 个澳大利亚人中就有 4 人是移民或是移民的第一代子女，其中一半来自非英语国家。1995 年，来自非英语国家的移民约占移民总数的 70%。[①]

　　战后 60 多年来，澳大利亚的经济取得了前所未有的发展，工业化步伐不断加快。战后初期，各州要求联邦政府放宽战时集中起来的权力。联邦政府一度作出让步，把建筑工程管理权交还各州。1947 年，工党政府为防止通货膨胀而推行的银行国有化政策受挫，遂于 1948 年宣布废止一切经济管制，代之以谋求建立一个福利国家。自由党领袖孟席斯与乡村党联合执政后，利用从国际复兴开发银行得到的 1 亿美元的贷款，实施农田灌溉、土地开垦、增加动力等规划。大雪山水电枢纽——澳大利亚最大的水利建设工程和世界最大的电力灌溉工程之一，是联邦政府在宪法范围

---

① 澳大利亚驻华使馆：《澳大利亚概况》（Australia Embassy, *Australia in Brief*），堪培拉，1996，第 4 页。

内最大限度地行使职权才得以完成的杰作。这项宏伟的水利、发电工程横贯新南威尔士、维多利亚和南澳大利亚 3 个州，它完成于 1974 年，每年可为缺水的农业提供 23 亿立方米的灌溉用水，已装成的发电能力为 3740 兆瓦。

战后以平均每年 10 万人速度进入的移民，带来了大量劳动力和熟练技术，使澳大利亚工业特别是制造业得到巨大的发展。澳大利亚的制造业虽因国内市场狭小受到限制，但政治的稳定、自然资源的丰富、人口的稳步增长和国内外的大量投资，对它的发展十分有利。第二次世界大战曾刺激了机械制造、航空、造船、军需、服装和其他工业的发展。战后又出现了新的重要工业部门，如汽车、钢铁、石油冶炼、石油化工、家电、造纸和塑料及有色金属工业。60 年代末制造业的生产总值占国民生产总值的 28% 以上。由于经济结构的变化，制造业的增长速度在 70、80 年代虽有所放慢，但其产值占国民生产总值的比重仍保持在 20% 左右；而且制造业产品的出口在出口总值中比重不断上升，1984～1985 年为 28%。

澳大利亚的经济传统以农牧业为主。第二次世界大战后，经济结构虽有很大改变，但这一传统仍未放弃。1970 年，全国已有绵羊 1.8 亿只，占世界绵羊总数的 1/3 和羊毛产量的 1/3。尽管自 70 年代以来，农业占国民生产总值的比重在下降，使澳大利亚依赖初级生产的程度下降，但在 1985～1986 年，农产品仍占出口总值的 42% 左右，90 年代还占到 23% 左右。目前，澳大利亚在羊毛出口上仍居世界第一，国际市场上用于制衣的羊毛约有 70% 来自澳大利亚。澳大利亚也是小麦、乳制品、肉类、糖和水果的重要出口国。

由于政府重视对矿产资源的开发，采矿业在战后发展很快，在国民经济中的地位日益重要，20 世纪 60 年代，澳大利亚一跃成为世界主要采矿国，产品主要供应国外市场。1984～1985 年采矿业初级产品的出口值占总出口值的 37%。因此，"矿车之国"开始取代了澳大利亚的旧称"羊背之国"。同时，澳大利亚也成为经济合作与发展组织中仅有的 5 个能源净出口国之一。

二　对外关系的重大变化

反法西斯战争使澳大利亚的内外政策发生了深刻变化。澳大利亚政府认为，它再也不能单纯依赖英国的庇护，开始执行更为独立的外交政策，积极参与国际事务，支持联合国及其他国际机构。它虽然还是英联邦成员国，但同英国的关系已明显松弛，而与美国的关系日益密切。另外它还加强了与东方各国及东南亚地区国家的合作。日本成为它主要的贸易伙伴。当然，在战后初期，这种合作关系明显受到了世界政治形势和意识形态的制约。

1949～1966年，在自由党领袖罗伯特·孟席斯担任内阁总理期间，尽管政府一直在培养与英国关系的传统信念，但美国文化和美国对外政策对澳大利亚的影响不断增强。孟席斯政府追随美国抑制国内外共产主义的政策，把自身的安全建筑在它和新西兰于1951年同美国签订的集体防御条约《澳新美安全条约》之上，这一条约3年后又由东南亚条约组织加以增补。根据条约所规定的义务，澳大利亚于1955年派兵去马来西亚镇压暴动，后又支持并出兵参加美国在朝鲜和越南进行的战争。当朝鲜停战协定签字时，有281名澳大利亚人在朝鲜丧生或失踪。在越南战争中，澳大利亚派出的军事人员达6300人。但到了60年代末期，国内要求变革和反抗的力量日益增强，他们反对征兵和介入越南战争，呼吁恢复西方文明中有价值的东西。1972年，以高夫·惠特拉姆为首的工党政府开始执政，强调树立多元文化并容的新民族性成了时代的主流。具有政治远见的惠特拉姆就任总理后，立即承认中华人民共和国，并宣布从越南撤军。1973年，澳大利亚政府公开声明其移民政策是"全球一致，无人种、肤色或国籍之歧视"，颁布了新移民法，使"白澳政策"终于成为历史的陈迹。在中澳建交后的28年里，两国在经济、文化、贸易和技术等方面的合作不断发展。

70年代以前，澳大利亚对外经济关系的重要特点之一，是较多地发展与西方大国的经济关系，而较少地与邻近的亚洲国家发展关系。进入70年代以来，澳大利亚对外贸易的中心逐渐从欧洲转向亚太地区。在澳大利亚出口贸易中，65% 的产品销往亚太地区，进口产品也有 55% 来自亚太地区。[1] 1972 年中澳关系的正常化推动了这一趋势，并为澳亚经贸关系的进一步发展提供了动力和空间。中澳建交后，两国确立了贸易和发展援助合作关系。1973 年 5 月，澳大利亚外贸部长凯恩斯率代表团访问中国，签订了食糖长期贸易合同。同时，凯恩斯邀请中国外贸部长访澳。7月，中澳缔结了贸易协定，双方同意给予最惠国待遇以促进两国贸易。1973~1974 年中澳贸易委员会和澳中商业合作委员会成立。1973~1974年中澳贸易额首次超过 2 亿美元，比 1972/1973 年度增加了 100%。80 年代以来，中澳贸易发展很快，中国已成为澳大利亚的第五大贸易伙伴。澳日经贸关系也在迅速发展，日本已取代了英国成了澳大利亚的主要贸易伙伴，是澳大利亚羊毛、铁矿砂和煤的最大买主，1987 年澳日贸易额多达180 亿澳元。韩国、中国香港和中国台湾地区及东南亚各国也是澳大利亚的重要贸易伙伴。亚洲已成为澳大利亚发展对外经贸关系的重点地区，向东亚各国和地区的出口几乎占澳大利亚出口总值的一半。1990~1994 年澳大利亚对整个亚洲的贸易进口增长 9.2%，出口增长 11.6%。1994 年贸易额达 704.92 亿澳元，占其对世界贸易总额的 53%。[2]

三　福利国家的形成

在第二次世界大战后所取得的成就中，最令澳大利亚人引以为豪的是自己国家已进入了世界主要福利国家之列。澳大利亚经过战后几十年的发展，早已跻身于资本主义发达国家的行列。战后澳大利亚政府长期应用凯恩斯的需求理论，推行福利政策，扩大政府开支，以刺激需求来促进经济发展。工党政府还从缩小贫富差距、推动社会改造的目的出发，要求并实行扩大社会福利制度的政策。经过历届政府的调整与改进，澳大利亚各种社会福利措施日趋完善，它成为资本主义国家中的"公共福利先驱"。

---

① 沈荣：《澳大利亚经济》，华东师范大学出版社，1991，第 150 页。
② 澳大利亚澳亚关系研究中心：《亚澳概观 1995~1996 年》（Centre for the Study of Australia-Asia Relations, *The Asia-Australia Survey 1995－1996*），澳大利亚麦克米兰教育出版公司，1995，第 556~557 页。

澳大利亚的社会保障事业是从 1910 年设立养老金和伤残抚恤金以及 1912 年的产妇补贴开始的，并在二战后进一步修改完善。澳大利亚的社会保障制度向因年老、丧失工作能力、失业或单亲家庭而没有足够收入的任何家庭提供经济支持，同时也向有能力参加工作的人提供就业渠道。目前，大约有 500 万澳大利亚人享有社会保障待遇。1994/1995 年度，社会保障和福利项目的开支为 351.9 亿澳元。[①] 完善的福利制度，使失业者、残疾人、鳏寡孤独和有特殊困难的人及时得到帮助。譬如，单身失业者每年可领取 5000 澳元的救济金，而且不受时间限制，直到找到工作为止。全体公民享受免费医疗。青少年从小学到高中享受免费教育。国民的贫富差别不大。全国最低年平均工资为 1.2 万澳元，而联邦政府部长纳税后的年薪一般不超过 3 万澳元，因此，中产阶级人数居多。凡此种种，加上社会比较安定，使澳大利亚成为对外国移民颇具吸引力的国家。

第六节　20 世纪 90 年代的澳大利亚

一　面向亚洲政策的确立

20 世纪 70～80 年代以来，东亚地区经济的高速增长及其未来的潜力与广阔的市场，对以贸易立国、国内市场狭小的澳大利亚产生了强大的吸引力。进入 90 年代以后，基廷政府在前任惠特拉姆、弗雷泽、霍克等人探索、调整的基础上，加快了将对外政策重心转向亚太地区的步伐，提出了"面向亚洲"和"融入亚洲"的方针，并在经济、政治、外交、军事、文化与移民方面采取了一系列步骤，取得了明显的成效。同时，由于历史与文化传统等原因，澳大利亚在面向亚洲的进程中，也产生了与东方文明冲突和自身定位的问题。然而不管怎样，这一进程的复杂性却在相当程度上反映了全球经济一体化与东西方文明互补共生的历史趋势。

---

① 澳大利亚驻华使馆：《澳大利亚概况》，第 109 页。

　　澳大利亚面向亚洲政策的形成大体经过三个阶段。第一阶段从20世纪70年代初至80年代初，为酝酿和奠基阶段。其基本标志为惠特拉姆工党政府开始对亚洲政策作一系列重要调整。惠特拉姆政府在政治上改变了对东亚社会主义国家的敌对政策，先后同中华人民共和国、越南、朝鲜建交；在经济上加强了与亚洲国家的联系，签订了多项贸易协定；在移民政策上宣布废除"白澳政策"；在军事上从越南撤军。惠特拉姆就职后在首次记者招待会上明确宣布："澳大利亚将成为不在军事上卷入亚洲事务和反对一切种族歧视的国家。"1975～1982年弗雷泽领导的自由党执政时期，进一步发展了与亚洲国家的关系，1976年与日本签订了两国友好条约之后，立即对中国进行正式友好访问。在防务方面，他反对搞缓和，主张和其毗邻的亚洲国家共同建立有效的防御力量，以同苏联相抗衡。70年代末，弗雷泽政府作出了澳洲历史上第一次接受大量亚洲移民为永久居民的决定。①

　　第二阶段从80年代初至90年代初，为实施转向阶段。它以霍克总理于1989年倡导建立亚太地区经济合作论坛为主要标志。这一时期，随着国际经济重心的转移和亚太经济的迅速崛起，澳大利亚加快了转向亚太的速度，同美国拉开了距离，进一步接近亚洲国家。它积极发展与东盟的关系，重视双向对话，试图在亚太事务中发挥较为重要的作用。1983年11月，霍克总理和海登外长在出访泰国时一再强调，澳大利亚要把同"亚太邻国和同美、日的关系置于优先地位"；外交政策要以"本地区为重点"，因为澳大利亚有可能在邻近地区而非在全球发挥影响。1984年10月，澳大利亚议会的一份文件进一步指出，澳大利亚同东盟的关系是其对外关系中的头等大事。1989年霍克在汉城倡导成立"亚太经济合作组织"，并在堪培拉召开了有关的9国贸易部长和外交部长第一次会议，这被称为"太平洋时代的开始"。随着冷战结束，柬埔寨问题出现了转机，澳大利亚积极参与柬埔寨问题的政治解决。另外，由于东盟国家经济迅速

---

① 格雷格·谢里丹：《与龙共舞：澳大利亚在亚洲的未来》（Greg Sheridan, *Living with Dragons: Australia Confronts its Asian Destiny*），艾伦与昂文出版公司，1995，第7页。

发展，政治地位不断提高，澳大利亚加快了发展与东盟的关系。1989 年 12 月 6 日，澳外长、参议员埃文斯在做部长陈词时，第一次使用了"全面介入"来描述澳大利亚面向东南亚的政策。[①]

　　第三阶段从 1992 年至 1995 年，即基廷总理执政时期，为全面面向阶段。它以基廷在 1992 年初提议召开亚太地区国家首脑会议，并于 1993 年宣布"今年澳大利亚将全面面向亚洲"为标志。基廷执政期间，加快了将对外政策中心转向亚太地区的步伐，提出了"面向亚洲"和"融入亚洲"的口号与政策，并在经济、外交、军事、文化和移民方面采取了一系列行动，收到了显著的效果。它反映了澳大利亚在亚太事务中寻求发挥更大的作用和影响，也表明澳大利亚已全面进入了"面向亚洲"的历史进程。基廷政府"面向亚洲"政策的基本框架与主要内容包括：（1）加快发展与亚洲国家的经贸关系。1990～1994 年澳大利亚对亚洲的贸易进口增长 9.2%，出口增长 11.6%，1994 年贸易总额达 704.92 亿澳元，占其对世界贸易总额的 53%。（2）外交重点转向亚洲。基廷等高级官员频繁出访亚洲国家，开展以亚洲为重点的地区多边外交；发展与日本的建设性伙伴关系；高度重视和发展同中国的合作与建设性关系；加强东盟在亚澳关系中的重要地位。（3）促进地区安全与防务合作。基廷政府加强了与东南亚国家的防务合作，寻求与亚洲大国（中国、日本、印度和印尼）的多边安全合作，参加联合国在柬埔寨的维和行动。（4）在语言文化与移民方面，将学习亚洲国家的语言提到国家经济发展的战略高度，并制定了具体对策与计划，将阿拉伯文、中文、印尼文、日文、朝文、越文、泰文列为澳大利亚人的第二重点外语；继续调整亚洲移民政策，1990～1992 年，亚洲移民进入澳大利亚达到 10 年中的历史最高峰。1991～1992 年，在澳大利亚移民总数中，亚裔占 1/2 以上，而在亚裔移民中有华人血统的移民又几乎占到半数。[②]

---

① 加雷斯·伊万斯、布鲁斯·格兰特：《澳大利亚对外关系：在 90 年代的世界中》（Gareth Evans and Bruce Grant, *Australia's Foreign Relations：In the World of the 1990s*），墨尔本大学出版社，1995，第 195 页。

② 戈登·福斯：《当代澳大利亚社会》，第 41～42 页。

关于澳大利亚"面向亚洲"政策形成的原因，澳外交外贸部北亚司司长艾大伟在1995年会见中国新闻代表团时概括地归纳为三点：一是澳大利亚的地理位置；二是世界经济发展的态势；三是国家的未来利益。他在回顾自20世纪70年代以来澳大利亚"面向亚洲"政策由酝酿走向成熟的历史进程时说："20年来上下逐渐形成共识，连政府的反对派也从未提出过异议，足见这一政策是深入人心的。"① 澳大利亚著名学者凯文·拉德又进一步将其原因分为5个方面：国家利益、经济利益、移民利益、人权观、亚洲的变化性。② 艾大伟的概括和凯文·拉德的分析应该说基本上涵盖了澳大利亚"面向亚洲"政策的成因。但应补充一点，即它是历史选择的必然结果，不是单纯的经济因素所决定的。正如基廷强调指出的那样：澳大利亚"面向亚洲"，"不是某种粗略的经济决定论的结果，不是简单地追随市场行情……我们选择亚洲不是突发奇想，不是追求时尚，也不是玩弄什么政治花招"。同时，"亚洲不是一个由于方便而选择的目标"。选择面向亚洲是因为"澳大利亚经济、战略和政治利益已和周边地区结合在一起了"。"如果我们不能在亚太地区取得成功，在其他地区我们也不会成功，这是个简单的道理。"③

二 霍华德政府的内外政策

1996年3月2日澳大利亚大选揭晓，约翰·霍华德（John Howard）领导的自由党、国家党联盟赢得了胜利，从而结束了工党连续执政13年的历史。霍华德当选为澳大利亚第25届总理。

霍华德是一位务实的政治家，作风稳健，上台后首先致力于国内经济调整。联盟政府执政时面临的形势十分严峻。前任工党政府留下了1800亿澳元的外债，1996/1997年度预算中有高达80亿澳元的赤字，77万的失业大军，青年人失业率高达27%。霍华德执政后提出了10个首先要解

---

① 1995年9月17日、9月18日《光明日报》。
② 雷格·谢里丹：《与龙共舞：澳大利亚在亚洲的未来》，第31～34页。
③ 澳大利亚驻沪总领事馆："澳大利亚总理保罗·基廷在新南威尔士悉尼澳中论坛十周年招待会上的演讲（1995年10月12日）"。

决的问题，如解决青年人失业问题，废除不公正的解雇制度，增拨老年退休金，大幅度降低私人医疗保险税等，并提出了全面改革劳资关系的方案。尽管改革的阻力很大，特别是劳资关系改革方案遭到工党的盟友工会的反对，但霍华德仍表示要全力加以实施。

霍华德政府经济政策的主要目标和措施集中反映在《澳大利亚外交和贸易政策白皮书概述》中，其中提出，在全球化的经济中，澳大利亚的竞争力将是决定澳大利亚未来的唯一最重要的因素，是检验国内国际政策的标准。为实现上述目标，应采取下列主要经济措施："劳动力市场更为灵活；投资于研究和开发；加强教育和培训制度；建设适当的基础设施；实行有效的储蓄和税收政策。"在贸易方面，则是"通过改善海外市场对澳大利亚货物、服务及资本的准入，协助澳大利亚商界找到并发展出口市场来推进澳大利亚的经济利益"。[①]

霍华德政府执政以来，在削减财政开支、推行私有化、改革劳资关系、扶持小企业和农业，以及在实现低通货膨胀、保持经济中速增长方面，取得了一定的成效。1998 年初，霍华德政府为兑现大选诺言召开了人民修宪大会，在将君主立宪制改为共和制问题上迈出了重要的一步。因执政两党在一些国内政策上存有分歧，政府在提早进行税制改革和解决土著人土地权问题等方面进展困难。一些政府部长涉嫌经济丑闻而先后辞职，政府被迫进行数次改组。众议长霍尔沃森也于 1998 年 3 月辞职。当时，澳大利亚对外贸易状况虽有改善，通货膨胀率曾降至 1.5%，但失业率仍居高不下，外债增加，澳元贬值，并受到亚洲金融危机的一些不利影响，使公众对联盟政府的支持率有所下降。

霍华德政府的外交政策与基廷政府相比既有连续性，也有变化。他对外奉行更加务实的政策，在继续加强与美国安全和军事合作的同时，重视发展与亚洲国家的关系，将澳美、澳日、澳中和澳印尼关系列为澳对外关系中最重要的四大关系。《澳大利亚外交和贸易政策白皮书概述》指出：

---

① 澳大利亚驻华大使馆：《澳大利亚外交和贸易政策白皮书概述》（1997 年 8 月 28 日），第 4 页。

"在亚太地区之内，澳大利亚最重大的利益是同本地区三个大国和经济上最强大的国家美国、日本和中国之间的关系以及同我们最大的邻国印度尼西亚的关系。"[1]

霍华德虽不同意基廷关于将澳大利亚归入亚洲的部分提法，但表示在外交政策方面不作重大改变，认为与亚洲的关系仍是澳大利亚对外政策的重点。霍华德总理于 1996 年 9 月先后访问了印尼、新加坡和日本，并于 1997 年 3 月正式访华。访华期间，他强调澳中两国要在相互尊重和互利的基础上开展在各个领域的合作。与此同时，霍华德强调了在发展与亚洲关系的同时将加强与欧美的关系。《澳大利亚外交和贸易政策白皮书概述》提出：澳大利亚"对同亚洲太平洋地区各国关系的重视没有使澳大利亚在美洲、欧洲及其他地方必须追求的重要利益有所减弱"。"发展同亚洲更为密切的联系也不要求重新确定澳大利亚的身份或放弃作为澳大利亚社会特征的价值观念及传统。"[2] 1996 年，澳大利亚副总理兼贸易部长、外交部长、国防部长等接踵访美。1997 年 6 月，霍华德总理首次出访美国。

三　共和运动

澳大利亚历史上长期是英国殖民地。1900 年 7 月，英国议会通过了《澳大利亚联邦宪法》和《不列颠自治领条例》。1901 年 1 月 1 日，澳大利亚联邦正式成立，并成为英国的自治领。澳大利亚尊英国女王为法定国家元首，总督为女王的代表。澳大利亚为争取主权作了长期的斗争与努力，根据 1931 年英国议会通过的《威斯敏斯特法案》，澳大利亚获得了内政和外交的自主权，成为英联邦内的独立国家。从 20 世纪 60 年代以来，英国在世界各地的殖民地纷纷独立并成立共和国，这对澳大利亚造成了强大的冲击和影响。特别是近 20 年来，由于澳大利亚人民族独立意识

---

[1]　澳大利亚驻华大使馆：《澳大利亚外交和贸易政策白皮书概述》（1997 年 8 月 28 日），第 4 页。

[2]　澳大利亚驻华大使馆：《澳大利亚外交和贸易政策白皮书概述》（1997 年 8 月 28 日），第 2 页。

的进一步增强，澳大利亚民众要求建立共和体制的呼声日益高涨。

澳大利亚就建立共和体制问题的议论始于 1975 年。该年 11 月，惠特拉姆工党政府因预算案未获参议院通过，就向英国女王代表、总督克尔请求改选参议院。但克尔不仅对此不予理睬，反而宣布解散参众两院，还罢免了惠特拉姆的总理职务，指定反对党领袖为临时总理。此举意味着一个代表女王的总督竟有权免除一个澳大利亚民选总理的职务。澳大利亚人民因其民族自尊心受到极大伤害感到非常愤慨，开始酝酿共和制问题。1984 年 4 月，澳大利亚正式宣布《前进，美丽的澳大利亚》为新国歌，取代了英国指定的《主佑吾王》，后者只在女王访澳时才能演奏。此后，国内的共和派和君主派之间展开了激烈的斗争。澳大利亚通往共和之路并非一帆风顺。有关澳大利亚的君主立宪和改制共和的争论，其具体根源及 90 年代的发展进程，请详见本书第三章政治的第一节联邦宪法中的有关部分。

第七节　21 世纪初的澳大利亚

进入 21 世纪，随着国际政治和经济形势的重大变化，澳大利亚面临更多的机遇与挑战。经济上，澳大利亚凭借农牧产品和矿产品的巨大输出而保持着较强的国力，特别是与中国签署了几项大型的贸易合同，如 250 亿澳元的天然气合同以及铁矿石合同等，使其获益颇丰，而中国则在 2007 年 9 月超越日本成为其第一大贸易伙伴。政治上，随着"中国通"陆克文领导的工党政府在 2007 年末上任，澳大利亚政局发生重要变化。新政府在内政外交上的一系列举措令世人瞩目。对外关系上，澳大利亚独立处理国际事务和争端的能力增强，并积极寻求在国际舞台上，尤其是亚太地区，扮演更为重要的角色。社会文化上，"多元文化主义"为澳大利亚带来了更多不同层次的人才，新移民对澳大利亚社会的贡献使其综合国力上升。澳大利亚社会虽面临严重的金融危机的压力，但仍在稳定中发展。

一　21 世纪初的霍华德政府

到 2007 年，霍华德已连续执政 11 年，政绩显著：经济强劲增长，维持低通胀、低利率、低失业率。在大选期间，霍华德不忘提及他所领导的政府在过去 8 年半时间里取得的成就。霍华德强调："管理年国内生产总值 8000 亿澳元的经济是一项具有挑战性的任务。这需要全身心的投入，需要经验和坚定性，需要一支精明强干的队伍。政府所取得的成就并非我一个人的功劳。我有一支精干的队伍。我们创造了 130 万个就业机会。我们清偿了工党遗留下来的 700 亿澳元债务。我们使利率下降到 30 年来的最低点。我们使人民的工资收入实际增长 14%。"然而，对于其执政能力，有不少经济学家提出质疑。经济学家查尔顿将霍华德的功绩大部分归功于基廷政府的经济改革政策和全球良好的经济环境。霍华德本身的能力从其政府颁行的"新劳工法"及其效果上可窥一斑。霍华德认为新劳工法案有利于增加国内就业和国际竞争，但新劳工法给予雇主更多自由，而使劳工权利减少，工会在劳工合同中的权利也相应减少。这就有悖于澳大利亚人追求闲逸生活的原则，亦使得霍华德大失民望。

作为自由党代表，霍华德的保守思想在其执政后期丝毫没有改变，这一方面表现在他对移民的强制同化意识，另一方面则体现在他对美国"习惯性"的讨好。

"多元文化"的实质应当是兼容并蓄，广征博采。然而，当霍华德公开要求所有移民必须完全融入澳大利亚时，多元文化的意义便荡然无存。霍华德认为移民必须完全融入澳大利亚的生活方式，接受澳大利亚的价值观，并学会英语。从 2006 年开始，霍华德政府通过媒体公开宣传英语测试和澳大利亚历史考试的新规定，这些规定的施行对象为新移民以及所有申请加入澳大利亚国籍的移民。虽然霍华德政府官员表示人们只需具备合理程度的英语水准，并且真正想成为澳大利亚社区一分子，就能顺利通过测试，但这样的新规定未免有着"白澳政策"的影子，与积极的多元文化主义相悖。绿党领袖布朗对霍华德政府的举措严加指责，他认为学好英文是政府的责任，不应该将英文作为移民成为澳大利亚人的障碍，这是走"白澳政策"的回头路。这一规定曾一度引起了移民的回流。澳大利亚移民部报告显示，2007 年下半年，澳大利亚永久居民回流人数同比增长

8.5%，其中回流到中国大陆的有 2318 人，同比增长 6.4%，回流到中国香港地区的有 1115 人，同比增长 3.1%，回流到中国台湾地区的有 582人，同比增长 1.6%。

霍华德上台后推行全方位的"均衡外交"政策——既要"全面接触"亚洲，又要提升澳美同盟的地位。保守的自由党在传统上维持着"亲美"作风，霍华德将之继续发扬，不断增兵伊拉克和阿富汗便是例证之一。开赴伊拉克的士兵的主要任务是协助盟军的战场工作，包括从事战场运兵和撤兵的前线任务，不排除随时投入战斗。从 2006 年 7 月起，增派至阿富汗的士兵则主要从事协助基地重建的工作。增派的士兵数也不断增加，但由于澳大利亚人总体军队人数不多，派往伊拉克的士兵仅限于几百人，派往阿富汗的士兵加上技术人员仅过千。霍华德政府不断增兵的借口是防范有可能的恐怖分子和协助盟军，实则呼应美国。

进入 21 世纪以来，霍华德外交选择呈现出进退两难的局面。如果说澳大利亚的传统纽带在欧美，那么它的当今成长则立于亚太；如果说澳美同盟给澳大利亚带来安全保障，那么亚洲给澳大利亚带来经济利益。对于一个偏安南太平洋的大岛国而言，经济利益和安全保障是它生存、发展的关键因素。然而，当提供这两种因素的国家发生某种潜在冲突时，澳大利亚外交则面临两难的选择。进入 21 世纪，美国的亚太部署是其全球战略的重点。美国分别促成了美、日、澳三边的"2＋2"战略安全对话机制和美、日、澳、印四国战略安全对话机制，从地缘形势上将日本、澳大利亚、印度这三国连成曲线，构成一个战略新月形。由于意识形态和传统政策，美国不可能与中国结盟，而注定成为对手。中国作为一个大国崛起，它在经济、军事、科技等各个领域的发展令世界瞩目。美国的战略家自然地将中国视为能够挑战美国霸权的强敌，"中国威胁论"的呼声不断。当处在执政末期的霍华德政府面对美国筹组"亚洲版北约"这一敏感问题时，只能选择以谨慎的态度对待。基于传统的澳美关系，澳大利亚不会公然反对美国的这一举措；但基于与中国良好又广阔的合作前景，也不会像日本那样积极地支持美国去构建一个"亚洲版北约"以包围、限制中国。

二 陆克文政府的内外政策

澳大利亚在 21 世纪初最大的变化就是政党的更替，即工党上台。2007 年 11 月 24 日，陆克文（Kevin Rudd）领导的工党取得压倒性胜利，击败执政 11 年半之久的自由党－国家党联盟，组建新的联邦政府。

陆克文是第一位能操流利汉语的西方领导人。陆克文为其自取的中文姓名，其大学时代在澳大利亚国立大学主修中国语言和中国历史，大学毕业后，他进入外交部工作，曾先后在澳大利亚驻瑞典大使馆和中国大使馆任外交官。2001 年开始担任"影子内阁"外交部长，2006 年底击败金·比利兹成为工党领袖。

陆克文在竞选中提出"新领导""新思想"的口号，主要竞选纲领包括：承诺获胜后在劳资关系、教育、医疗和互联网基础设施建设等领域进行重点改革；完善社会福利，使劳动家庭获得最大益处；承诺从伊拉克撤军；承诺将签署《京都议定书》等。在对外政策方面，重视联合国多边外交机制的作用，维护与美国的同盟关系，以及加强同亚太地区和欧洲伙伴国的关系，这三项是工党新政府的外交政策重心。由于陆克文是个中国通，因此中澳关系是世人瞩目的对象。事实上，理解中国不等于亲近中国。澳大利亚与美国是最坚定的军事和政治同盟，但其经济动力来自中国。工党政府维系堪培拉、华盛顿和北京的"战略三角"，拉近中美关系的能力，对澳大利亚的未来发展至关重要。

1. 土著和移民政策的调整

2008 年 2 月 13 日，澳大利亚总理陆克文正式代表政府、议会向百年来在白澳政策中受害的土著居民道歉。陆克文在讲话中还专门向"被夺走的一代"致歉。从 20 世纪初期到 70 年代初，澳大利亚政府实行白澳政策，强行安排土著儿童到白人家庭或福利机构生活，使其接受白人文化，这期间大约有 10 万名儿童与家庭骨肉离散。这些土著儿童后被称为"被夺走的一代"。陆克文说，这种不公平将"不再发生"，希望道歉能弥合由此给澳大利亚带来的巨大创伤。陆克文还承诺，将成立专门援助土著人的政府机构，并在医疗、教育和住房三大领域改善土著人的状况。澳大利亚新政府作出这一举措的主要原因在于：土著居民维权意识的不断高涨促使政府去检省自己的种族政策；工党一贯奉行的民族和解政策需要新政府必须在土著问题上有所建树；构建和谐社会取决于土著民族必须融入主流社会；而改善国际形象以及建立和谐亚洲也对澳大利亚的多元文化政策提出了新的要求。

2008 年，陆克文政府又决定大赦难民，取消了霍华德政府所制定的临时庇护签证制度，约有 1000 名难民将获得永久居留签证，他们可以安心地在澳大利亚重建生活。临时庇护签证有效期为 3 年，祖籍国如果恢复太平，持证人便要返国。反对党立刻加以指责，认为这一举措无疑是向蛇头发出错误的信息，将澳大利亚大门再度打开。而移民部长艾文斯（Chris Evans）表示，此举是要履行工党大选时的诺言，同时再次确认陆克文政府致力于维护人权的决心。对非法入境的难民，前任政府只给了临时庇护签证，他们不准离开澳大利亚，不能享有就读移民英文班及就业与入息等援助的权利，并且不能与家人在澳大利亚团聚。从新的财年开始，目前持临时庇护签证的难民，符合安全及道德要求，将会获得永久居留，不用再行评估庇护的申请。难民因此可以享有与其他永居签证人士同等的福利。

另外，陆克文政府还适度增加了移民入籍配额。据澳大利亚移民局（DIAC）2008 年 5 月 28 日公布的最新数字，2007 年 7～12 月，全球共有98233 人获得澳大利亚永久居民资格，比上年同期增长 8.8%。其中包括来自中国大陆的 9593 人，来自中国香港特别行政区的 353 人和来自中国台湾地区的 560 人。2008 年 3 月 28 日公布的澳大利亚移民构成年度报告显示，中国已成为澳大利亚经济最发达的州——新南威尔士州的最大移民来源国。澳大利亚统计局（ABS）的数字显示，2008 年 3 月澳大利亚人口达到 21283000 人，比上年增长 1.6%，增长约 336800 人。这期间约有430000 名移民抵达澳大利亚，约有 230000 人离开澳大利亚。移民净增长200000 人，占全国人口增长的 59%，创下历史新高。同期澳大利亚人口自然增长（出生人数减去死亡人数）177000 人。西澳州人口增长最快，增长率达到 2.6%，其次是昆士兰州和北领地，增长率为 2.2%。维多利亚州增长 1.7%，堪培拉增长 1.4%，新南威尔士州和南澳州增长 1.1%，塔斯马尼亚州增长 0.9%。[①] 同时，陆克文也指出：增加还是减少移民配额要取决于经济发展需要，"当我们设定移民目标时，我们将会根据当时的经济情况作出调整"。[②]

2. 经济改革与金融危机应对措施

2008 年以来，受席卷全球的金融危机冲击，澳大利亚经济发展缓慢，失业率上升，反对党严词批评，国内保护主义情绪有增无减。陆克文分析了本次金融危机的根源，认为新自由主义经济学已宣告破产，应强化政府职能，增加市场干预，强化金融监管。陆克文工党政府采取了一系列应对措施，亦收到了一定的成效。

其一是反对贸易保护主义和增加就业。2009 年 7 月，工党举行全国代表会议前夕，澳大利亚国内购买国货、保护就业的呼声再度高涨。面对高涨的"购买国货运动"，陆克文政府则采取了坚决拒绝的态度。陆克文多次指出："这种保护主义将导致类似上世纪 30 年代的大萧条，因为澳大利亚的大部分利益取决于其对出口的依赖，任何形式的保护主义措施，都将引起世界各国的报复性保护措施。"面对工会发起的"购买国货运动"的压力，澳工业部长卡尔 7 月 28 日宣布，政府将启动一项耗资 1900 万澳元的计划，帮助本土企业参与竞投政府和私营领域的合同。同时，澳金融部长坦纳也宣布任命公共采购协调官员，以加强对联邦项目的竞投程序。对于联邦政府的决定，澳制造业工会和工人联合会均表示欢迎。

其二是加强政府干预，重点面向基础设施和国家建设项目。陆克文总理于 2008 年 12 月公布了 47 亿澳元的基础设施投资项目，旨在促进经济增长并创造 3.2 万个就业机会。这是新政府为了向经济领域注入资金以对抗经济增长放缓的最新举措。陆克文指出：新推出的基础设施方案将带动 2009/2010 年度的国内生产总值（GDP）增长 0.25%～0.5%。47 亿澳元

---

① 澳大利亚 2008 年 9 月 25 日《星岛日报》。

② http://www.canachieve.com.cn，发布日期：2009 年 6 月 22 日。

的新方案将主要以铁路、公路和教育项目为目标，从而使基础设施方面的总支出达到 74 亿澳元。[①] 2009 年 2 月，澳大利亚政府宣布，将花费 420 亿澳元，用于"国家建设和工作"计划。420 亿澳元中的 288 亿澳元将用于学校、房屋与道路建设；127 亿澳元将以现金发放的方式补助中低收入者。据澳财务部估计，这项国家建设和工作计划将在 2008 年 9 月至 2009 年 10 月间支持多达 9 万人就业。2009 年 5 月，陆克文政府还在最新的预算案中划拨 1 亿澳元用于智能电网建设。

其三是减免工薪阶层税收，发放现金福利，促进社会稳定。陆克文政府推出了减免税政策。中低收入者将从 2008 年 7 月起获得每年 1000 澳元的减税。澳大利亚财政部文件显示，年收入少于 5 万澳元的人群将成为政府减税政策的最大获益者。工资为 4 万澳元的人每周税金将减少 20 澳元，是以前联邦政府平均每年减税的 3 倍。年收入为 5 万澳元的中等收入者将获得每周 15 澳元的减税账单。

其四是强化政府职能，增加市场干预，加强金融调控。2008 年 10 月 12 日，陆克文总理宣布，政府将为银行存款提供为期 3 年的担保，这是政府为避免澳经济受全球金融危机冲击而采取的三项措施之一。2009 年 1 月，陆克文总理指出，政府已做好准备，向国内银行部门伸出援手。澳大利亚银行业面临 750 亿澳元（约合 490 亿美元）企业融资缺口，政府准备采取"一切必要行动"，填补因外国银行不愿向澳大利亚等较小市场放贷造成的企业融资缺口。陆克文总理还决定向州政府提供超过 150 亿澳元的援助，以抵御全球金融危机的冲击。

3. 对外政策的变化

2007 年，工党领袖陆克文赢得大选，成为新任总理，在前任霍华德政府"均衡外交"调整的基础上，试图开展"中等强国外交"，其外交举措从以下三方面可见端倪：

首先，在坚持澳美同盟框架的基础上谋求外交行动的"独立性"。陆克文也认为美澳同盟对澳安全利益和亚洲未来权力平衡十分重要。因此，

---

① 中新网 2008 年 12 月 12 日电。

他在当选之日就向美国表示，声称将继续忠诚于以美国为中心的同盟政治传统。但澳要发挥中等强国的作用，必须摈弃其对美国唯唯诺诺的形象。典型的例子就是陆克文上台之初就签署批准《京都议定书》，宣布与美国就澳从伊拉克撤军问题进行谈判。为了表明其创造性，陆克文采取了不同于前任政府的做法。

其次，拓展外交行动的参与面，全面参与联合国等国际组织，努力使澳大利亚在国际社会共同关心的议题上发出更大的声音。2008 年 3 月，陆克文在访美期间特意访问了联合国总部，宣称澳争取在 2013～2014 年成为联合国安理会成员。陆克文政府还竭力掌握一些国际议题的话语权，树立负责任的国际形象，如表示减少温室气体排放量、积极应对世界粮食价格上涨和帮助发展中国家特别是南太平洋岛国等。

再次，陆克文把多边外交的突破口放在"全面参与亚洲"事务之上，决心把澳打造成西方世界中最精通亚洲文化的国家，以顺应渐露曙光的亚洲新纪元。比如，2008 年他选择北京（而非东京）作为亚洲之行的第一站，正是因为中国经济增长势头强劲，业已取代日本成为澳最大的外贸伙伴。外长史密斯也先后出访东亚和东南亚国家。新政府还要求教育体系为澳大利亚人战略性地学习亚洲各种语言及为社会服务，鼓励澳大利亚人在亚洲学习、工作和生活，以帮助澳成为该地区的积极参与者。

陆克文所主张的"富有创造力中等强国外交"，虽然内容涉及宽泛，试图表明与前任的不同，但落实到具体的外交行动上就是以亚太地区为中心开展多边外交，实施新的均衡外交实践，本质也是在新的国际形势下对"均衡外交"的继承和调整。尽管陆克文初上台的两年里在某些特定外交议题上取得了一定的成绩，收到了明显的效果，但由于澳大利亚结构性外交的内在矛盾和亚太地区国际关系机制的变化，陆克文也面临着一大难题，他必须处理好"同盟体系"和"全面参与亚洲"这二者的平衡关系。但"平衡"不是对半开，如果他不偏不倚，外交政策模糊，则难以达到"创新"的效果；如果想打破平衡，则需要对传统的外交框架作出很大的调整，难度很大。总之，陆克文新政府的外交调整，积极参与亚洲事务，符合其中等强国的定位，也符合其现实的国家利益，但能否继续产生积极的效果，还有待时间检验。

三　吉拉德上台执政

朱莉亚·吉拉德（Julia Gillard）1998 年当选联邦工党众议员并连任至今。她于 2006 年 12 月当选工党副领袖，2007 年 11 月任澳大利亚副总理兼教育部长、就业和劳资关系部长。2010 年 6 月，吉拉德任工党领袖、联邦政府总理，成为澳大利亚第一任女总理。2010 年 9 月，她率领工党在大选中获胜并蝉联总理。陆克文执政两年多来，变得越发刻板、冷峻、难以沟通。与陆克文相比，吉拉德变通、温和、更易接近，再加上副总理头衔，她顺理成章地成为党内第一支持对象。吉拉德就任时面临的两大要务为：在党内，弥合不同派别在高矿税问题上的分歧；在党外，弥合工党与矿商因高矿税而产生的矛盾。澳大利亚媒体普遍认为，吉拉德比陆克文更加亲民。分析专家认为：执政党此时党内洗牌，意在减少陆克文支持率持续低迷对工党的影响。

在移民政策方面，澳大利亚新总理吉拉德上任后点燃的第一把火是抛弃陆克文的"大澳大利亚"人口计划，以消除选民们对政府移民政策的疑虑。前总理陆克文曾宣布"大澳大利亚"人口计划，确定到 2050 年澳大利亚人口达到 3600 万的目标。吉拉德要大大削减移民的政策与陆克文的政策大相径庭。吉拉德说："澳大利亚不应该向大人口计划的轨道猛冲。"她强调：实行新的移民政策不是要开展移民辩论，也不是要关闭移民的大门，而是要考虑受到很多因素影响的计划问题。这些因素包括供水、空间、基础设施、确保适度的纳税基础，以及应对老龄化、技能需求和维持良好生活质量需求等。她重新任命托尼·伯克为人口部长，并责成其于年底前拿出全面的政策主张，以应对人口问题。2012 年，吉拉德政府开始对技术移民的吸收模式进行改革，修改移民政策，出台新技术移民职业清单，提高了移民门槛，引起了各国留学生的不安。新的技术移民技术甄别系统技能筛选"Skill Select"，从 2012 年 7 月 1 日开始正式实行，所有独立技术移民、州及政府担保技术移民、亲属担保技术移民，以及部分商业移民的申请人都需通过系统甄别。该系统打破了有史以来只要达到技术移民评分就可以移民的格局，起到一个"筛选"的作用，选择权完全掌握在澳洲移民局的手中，政府可以根据劳动力市场决定移民挑选模式，以确保澳大利亚获得最紧缺、最具职业前景的高素质技术人才，还有助于解决边远地区劳动力的紧缺问题。针对陆克文政府对待偷渡移民采取宽容政策而引起了国民不满的状况，吉拉德上台后，对待难民采取强硬的态度。2010年4月吉拉德政府宣布一项新移民政策，严格控制抵达澳大利亚的难民船只数量。

在经济政策方面，澳大利亚总理吉拉德于4月19日敦促澳洲联储（RBA）进一步采取降息措施，并称澳洲政府年内必须实现预算盈余，将为降息提供空间。吉拉德指出，财政预算恢复盈余的状况，将使得澳洲联储有足够的空间去进一步降低利率水平，以平抑该国货币持续升值，对制造业以及旅游业等行业造成的压力。澳大利亚5月8日发布了预算，显示国家在2012/2013财年会有15.4亿澳元（约合15.5亿美元）的财政盈余。吉拉德在当天接受采访时指出，鉴于澳洲经济增速正逐步回到正轨，此前连续4年出现财政赤字的状况将告一段落。吉拉德表示，政府当前的要务，就是将财政政策维持在合理的框架内，以留出更多的空间，让澳洲联储可以在货币政策议题上进行自由定夺。这也是政府此前尽全力实现财政收支盈余的一大目的所在。

在外交政策方面，吉拉德政府也作出了较大调整。2009年，吉拉德针对澳大利亚部分政客的反华情绪，进行了公开抨击。她曾表示，"中国是我们的第二大贸易伙伴，是澳大利亚贸易区域内的'超级大国'，很显然，澳大利亚政府与中国政府建立联系是恰当的政策。"吉拉德政府执政后，在保持政府地位稳定的前提下，还是对澳大利亚外交进行了调整。在不到一年的时间里，除了参与重要的多边首脑会议之外，吉拉德首先正式出访了美国。访问日本、韩国和中国则是吉拉德第二次重要的外交出访。这种外交安排表明吉拉德政府在战略上倚重美国，以与美国的军事同盟保证国家安全；同时，更加强调东亚地区的整体作用。因为东亚已经是澳大利亚对外经济的重心。2010年1~12月，澳出口中对东亚地区的出口比例高达 67.3%；进口中东亚地区比例占 52.4%。在东亚国家（地区）中，日本一直是澳大利亚最重要的伙伴。但是近年来，中国与澳大利亚的经贸关系上升最快，已经取代日本，成为澳大利亚最重要的贸易伙伴，并形成稳定的结构性合作关系。以中国为代表的东亚密切的经济关系为澳大利亚的发展提供了有力的保障。

2012 年 10 月，澳大利亚发布了名为《亚洲世纪中的澳大利亚》的政策白皮书，澳总理吉拉德指出，本世纪亚洲会重返全球领导地位，白皮书就是为澳在未来搭乘亚洲崛起快车、促进本国发展规划的蓝图。《亚洲世纪中的澳大利亚》在 5 大方面提出了 25 个目标，涉及教育、外交、经贸等各个领域，提出让澳大利亚孩子学习包括汉语、日语、印尼语或印地语在内的亚洲语言，学习亚洲文化，更加了解亚洲。同时白皮书还强调，商界和政府决策人士也应该具备有关亚洲地区的专业知识，希望未来澳大利亚 200 强企业董事会三分之一的成员拥有和亚洲打交道的丰富经验或者了解亚洲地区。

在澳大利亚如何处理与亚洲国家的关系上，白皮书认为澳大利亚应通过建立互信、双边及地区多边合作等手段，支持亚洲国家在全球事务中扮演更重要角色；鼓励澳大利亚与亚洲发展社会及文化联系，从而实现更为深层的外交关系。白皮书还提到了"中国崛起"这一问题，指出任何旨在阻止中国军力增长的政策都是行不通的，澳大利亚可以在维持与美国的防卫关系和支持中国军力增长这两者之间保持平衡。

在经贸领域，白皮书特别指出，亚洲地区对澳大利亚矿产资源的需求为澳大利亚矿业带来了持续繁荣，而亚洲地区对澳大利亚的旅游业、食品供应以及教育等领域也有巨大的需求，希望这些领域也能像矿业一样，从亚洲的崛起中获益。

《亚洲世纪中的澳大利亚》发表当天，吉拉德在位于悉尼的智库洛伊研究所对白皮书进行了专门阐述。总理吉拉德亲自推介白皮书也显示出了澳政府"拥抱亚洲"的决心，澳大利亚已正式将"拥抱亚洲"上升到了战略层面。事实上，大多数澳大利亚人也承认，依靠亚洲新兴经济体，特别是中国的强劲需求，澳大利亚不仅未在席卷全球的金融危机中遭受重创，而且经济始终保持着良好的增长趋势。在亚洲崛起的世纪，毗邻亚洲的澳大利亚采取"朝亚洲看"的政策是明智而富有远见的。但由于无论是在历史文化上，还是在经贸传统上，澳大利亚都有着深厚的欧美渊源，因此要想真正"拥抱亚洲"，澳大利亚可能还需克服很多障碍。

四 陆克文短暂执政与自由党－国家党联盟重掌政权

2013 年 6 月 26 日，澳大利亚执政党工党议会党团举行投票表决，在 103 席的工党议会党团中，102 人参加了投票。结果显示，陆克文以 57∶45 票击败吉拉德，夺回工党领袖和政府总理职务。根据相关法律，澳大利亚执政党议会党团以票数表决方式确定党的领导人一事被称为党内信任投票，即党内改选，选出的新领袖自动成为总理。3 年前，吉拉德就是通过这种票选手段击败陆克文，成为总理。

自吉拉德政府上台以来，民众对政府碳税、矿业租赁税等政策不满的抱怨声和要求其下台的呼声一直不绝于耳。更为关键的是，距吉拉德宣布的大选日期已不足 3 个月。但民调显示，吉拉德领导的工党支持率仅为 29%，阿博特领导的反对党联盟的支持率却达到 48%，双方支持率相差悬殊。根据这一民调结果，执政的工党政府在即将举行的大选中必败无疑。所以，工党内部决定有所改变，以避免在大选中失利。

澳大利亚 2013 年大选于 9 月 7 日晚结束，澳官方媒体公布的结果显示，保守派挑战者托尼·阿博特（Tony Abbott）在与现任总理陆克文的对决中获胜。在众议院 150 个议席中，以托尼·阿博特为首的自由党－国家党联盟（联盟党）获 88 席；陆克文领导的工党得 54 席；绿党、独立党派瓜分 3 席。陆克文于当晚宣布竞选失败；阿博特随后宣布："这个国家的政府改变了。"根据澳大利亚宪法规定，阿博特可择日向昆廷·布莱斯总督提出组阁申请，准备就任澳大利亚第 28 任总理。阿博特经历丰富，他曾经进修成为天主教神父，还曾担任《澳大利亚人报》记者。2009 年，他在竞争中以微弱优势当选自由党领袖。阿博特支持加强边境管控，低税收和小政府，反对放宽对堕胎、干细胞研究和同性婚姻等的管控。此外，他的"亚洲优先"政策也颇受外界关注。大选之前他曾表示，联盟党政府将保持与英国和美国的良好关系，但要把澳大利亚与亚洲的关系放在第一位。一旦当选，他优先访问的国家将是印度尼西亚、中国、日本和韩国。他说："只有在照顾好本地区的贸易伙伴后，我才会按传统访问美国和英国。"在沉寂 6 年之后重新执政的自由党－国家党联盟究竟有何作为，人们将拭目以待。

第三章

政　治

第一节　联邦宪法

联邦宪法是澳大利亚国内的最高法律，是澳大利亚政治制度的基础，它于 1900 年 7 月经英国维多利亚女王签署后生效。1901 年 1 月 1 日，根据联邦宪法，成立了澳大利亚联邦政府。

一　制宪会议上的分歧与妥协

联邦宪法是澳大利亚联邦政治运动的产物。澳洲大陆居民多数属英国移民及其后裔，随着各殖民区经济实力的增强和经济联系日益紧密，他们要求摆脱英国、寻求独立的民族主义情绪日益高涨。19 世纪末期，德、日等国对南太平洋诸岛的觊觎使各殖民区的防务问题日益紧迫。各殖民区的有识之士意识到，只有联合才能更好地维护自身的利益。自 19 世纪下半叶始，各殖民区联合的步伐日益加快。

1890 年 2 月，各殖民区在墨尔本召开了代表大会。大会一致同意着手筹建联邦，各殖民区议会应选派代表组成联邦议会，商讨制定联邦宪法草案。1891 年 3 月，各殖民区代表聚会悉尼，起草了宪法草案，但该草案却被新南威尔士议会否决。尽管如此，该草案成为后来继续磋商和谈判的基础。1895 年在霍巴特召开的殖民区总督会议决定，由各殖民区选民直接选举代表组成国民代表会议，负责制定联邦宪法草案。此后各殖民区的代表，于 1897 年 3～4 月在阿德莱德，1897 年 9 月在悉尼，1898 年 1～

3月在墨尔本，相继召开了3次会议，起草了宪法草案。在1898年6月和1899年4~9月，经过两轮投票，宪法获得通过。1900年7月联邦宪法经英国下院通过，并经维多利亚女王批准生效。

联邦宪法的起草与通过历经曲折，是因为各殖民区之间存在着错综复杂的矛盾。

首先，大州与小州之间存在矛盾。新南威尔士、维多利亚等人口较多的殖民区，担心加入联邦会失去自身在政治上的优势，而其他人口较少的殖民区惧怕成为联邦成员后将受制于大州。后来经过多次协商，各殖民区达成以下妥协：联邦议会设参众两院，众议院议员名额按各州人口比例分配；参议院以州为单位，各州不论大小在参议院享有平等的代表权。但是大州与小州之间在参众两院的权限方面又存在分歧，大州倾向于加强众议院的权力，限制参议院的权力；而小州则恰恰相反。后来各州又达成妥协：实行责任内阁制，内阁对众议院负责。另外，参众两院因意见不一陷入僵局时，应如何解决也是一个十分棘手的问题。代表们经过商议，最终达成一致意见：当两院陷入僵局时，或召开两院联席会议投票表决；或由总督解散议会，重新大选。

其次，自由贸易派与保护关税派之间存在分歧。新南威尔士殖民区对外贸易发达，主张自由贸易；而维多利亚等殖民区希望实行关税保护政策以发展本区经济；经济较落后的西澳大利亚区，因其关税占年收入的90%，坚持保护关税政策。后经多次磋商达成如下妥协：授权联邦政府征收统一关税，其收入除供联邦开支，盈余部分应按照各州纳税比例拨还各州；各州之间实行自由贸易。为平息西澳大利亚殖民区的不满，联邦政府答应为西澳大利亚修筑一条从卡尔古利到南澳大利亚区奥古斯塔港的铁路。

再次，关于联邦政府与州政府权限划分方面的分歧。尽管各殖民区代表一致同意，联邦与州的权限划分采用联邦权力列举和州权力概括保留的方式，即联邦权力由宪法明确规定，逐一列举，未列举的权力属州所有。但是各殖民区代表在修宪问题上仍争论不休，实质上是关于两级政府权限划分的争端。主张维护州权的代表将复杂的修宪程序视作防止联邦权力过分扩张的有效手段；将联邦政府视为过渡形式的统一主义者则主张修宪程序简单化，以便联邦政府能审时度势，根据不同情况作出灵活的反应。

最后，关于首都所在地的分歧。有关这一争论和分歧的解决已在本书第二章第三节中述及。经各区代表反复权衡与选择，最终将首都定在堪培拉。在堪培拉建好之前，联邦政府所在地设在墨尔本。

联邦宪法草案经过不断修改，在 1899 年 2 月举行的公民表决中，在 5 个殖民区（除西澳大利亚外）获得通过，其中约有 37.8 万人投了赞成票，14.1 万人投了反对票。[①] 至 1900 年 7 月 31 日，西澳大利亚殖民区才通过联邦宪法。至此，联邦宪法在所有殖民区获得通过。联邦宪法于 1901 年 1 月 1 日正式生效。

二　联邦宪法

联邦宪法是澳大利亚联邦运动的成果，也是澳大利亚现行政治制度的基础。它规定了澳大利亚政治制度的基本原则：

联邦制原则　在联邦成立之前，各殖民区都制定了宪法，并实行责任政府和地方自治制度。时代的发展使各殖民区意识到建立统一的民族国家是政治经济发展的客观需要，但地方自治传统决定了他们不可能采取单一制的国家结构形式，联邦制便成为唯一的选择。为建立联邦，各州必须让出一部分权力给联邦政府。"授权给联邦政府掌管的事务都是那些显然是属于全国性的事务，或者是那些为达成真正的联合各殖民区不能不将其管理权交出的事务：关税、消费税、国防、外交、移民、邮电、银行和通货、对外贸易、州际贸易和商业、超越州界的劳资纠纷的仲裁以及税收。"[②] 联邦宪法以联邦权力列举、各州权力概括保留的方式规定了联邦与州的权限划分。

权力分立与制衡原则　联邦宪法规定，联邦权力在联邦议会、责任内阁及联邦高等法院之间分配。这 3 个部门分别掌握联邦立法权、行政权及

---

① 《澳大利亚百科全书》第 2 卷，第 456 页。
② 戈登·格林伍德：《澳大利亚政治社会史》，第 264 页。

司法权。政府部门对法官有任命权，但无罢免权。法官有固定的薪俸，非因渎职和无能均不能撤职，以保证司法独立。另外，联邦宪法规定了议会、政府与司法部门之间的相互制约，如议会对政府有质询、批准财政监督权和倒阁权。政府可解散议会，重新组织大选。高等法院可对议会议员和行政官员进行弹劾。

法治原则 法治是民主政治的基石。澳大利亚的法律体系相当完备，为做到有法可依奠定了基础。所有公民，包括当政者，都必须服从法律。当政者必须依法治国；而人民有较强的法律意识，不仅懂得遵守法律，而且善于运用法律武器维护自己的合法权益，可以毫无顾虑地对政府的工作提出批评意见。公民可借助选举、舆论等途径敦促政府负起保障公民民主权利的责任，使多重监督下的政府很难违背民意。自联邦成立以来，国内政局一直比较稳定，从未发生军事政变。执政党的更迭，政权的移交，都能依照法律有序地进行。

主权在民原则 自18世纪以来，在西方资产阶级民主中，主权在民是一条基本原则。尽管澳大利亚联邦宪法没有类似美国宪法的《权利法案》，但宪法条款还是体现了公民主权原则。政府的权力来自公民的同意，公民通过代议制治理国家。议员由人民直接选举产生。公民的生命、财产和自由不受侵犯。此外，公民还享有教育、言论自由、结社等权利。

联邦宪法的基本内容 联邦宪法共计8章128条。各章的序列依次如下：第1章，联邦议会；第2章，联邦政府；第3章，司法制度；第4章，财政与贸易；第5章，州；第6章，新州；第7章，其他国是；第8章，宪法的修改。整个宪法条文勾勒出了联邦的政治制度框架。

澳大利亚以英国国王或女王作为象征性的国家元首。依照联邦宪法规定，澳大利亚总督代表英王行使在联邦内的职权。总督由联邦总理推荐，由女王任命。总督享有联邦行政权，任免官员权，统辖军队权，召开、延期召开及解散议会权、审批议会议案权。从字面上看，其权力不可谓不大，但总督在行使这些权力前，须征得联邦各部部长，尤其是联邦政府总理的同意，这使得总督的权力形同虚设。自联邦建立至1931年，总督一职往往由英国人担任。1931～1965 年的 7 任总督中，曾有两位澳大利亚人，即艾萨克·艾萨克斯爵士（Sir Isaac A. Isaacs，1931.1 - 1936.1）和威廉·麦克凯尔（William Mckell，1947.3 - 1953.5）。自 1965 年孟席斯执政后，总督一职均由澳大利亚人担任。总督本土化，反映了澳大利亚人的民族意识和本土意识更加成熟。

关于宪法的修改，联邦宪法规定了两种途径：第一，宪法修改提案如在两院以绝对多数票获得通过，可在此之后的 2～6 个月内，提交各州有资格选举众议员的选民投票表决。第二，如宪法修正提案在议会中的一院以绝对多数通过，但被另一院否决或无法通过，或对其进行修正后通过而未获原提案议院的同意，经过 3 个月后，如两院再次出现僵局，总督有权将原提案及修正案交给公民投票表决。由于联邦宪法对国家机关所做的原则性和概括性的规定，宪法条文能在较大的程度上承受因客观形势变化所带来的影响，具有高度适应性和相对稳定性的特点。因此 100 年来，澳大利亚对联邦宪法只进行了一定程度的修改。迄今，在议会提出的 44 条修正案中，只有 8 条被通过。[1]

1900 年宪法的历史意义及其局限性　澳大利亚联邦宪法制定于 19 世纪末期，当时主要资本主义国家的民主制度早已确立，因此有可能借鉴其他国家宪法中的合理成分。从宪法条文上看，美国宪法对澳大利亚联邦宪法的影响最大。联邦宪法确立的民主体制，有助于澳大利亚长期保持稳定的政局，为澳大利亚生产力的迅速发展提供了良好的国内环境。联邦成立后，曾一度困扰各州的国防虚弱、移民政策及贸易壁垒等问题迎刃而解，为澳大利亚的现代化发展铺平了道路。

然而，联邦宪法的局限性也是很明显的。它尊崇英国国王为国家元首，作为英王代表的总督尽管没多少实际权力，但显示出这部宪法的不彻底性。它最严重的缺陷还在于以宪法形式确认了对土著居民的种族歧视，在进行人口统计时将土著居民排除在外。另外，许多制宪代表有着根深蒂固的"白澳意识"，将有色人种视为"劣等民族"，否认有色人种劳工

---

[1]　Australian Bureau of Statistics，*2012 Year Book Australia*，p. 180.

（包括华人）对澳大利亚的贡献，将他们驱逐出境或拒之门外。"白澳意识"的作祟使联邦宪法染上了民族歧视的色彩。

三 君主立宪与共和之争

尽管以英王作为象征性的国家元首，但随着澳大利亚人民族意识和本土意识的更加成熟，澳大利亚对英国亦步亦趋的时代已一去不复返了。近年来，澳大利亚掀起了维护君主立宪和改制共和的争论。这说明澳英之间的传统关系进一步松散已是不争的事实，共和运动之兴起基于如下事实：

第一，二战后出生的澳大利亚人，无论是否具有英国血统，都更多地视自己为澳大利亚人，较之前辈，他们对英王效忠的臣民意识要淡薄得多。同时，非英裔血统的移民迅速增加，他们和英国没有血统联系，谈不上对英王的尊崇感情。与英国情感的日渐疏离，使澳大利亚人的民族独立意识日趋增强，许多人希望澳大利亚在国际事务中发挥更重要的作用。而将英国女王奉为至尊在实际上会影响甚至否认澳大利亚的国家地位，所以不少澳大利亚人要求切断与大不列颠母体连接的脐带——君主制，改行能真正反映澳大利亚独立地位的共和政体。

第二，自20世纪70年代以来，澳英经贸关系日趋松弛。与此形成鲜明对照的是，澳大利亚与亚太国家的经贸关系迅速发展。自1973年英国加入欧共体后，一度作为维系英联邦关系的重要经济纽带的帝国特惠制被废除，这极大地削弱了英国对澳大利亚的传统影响力，两国贸易急剧萎缩。在此情况下，澳大利亚决定利用其特殊的地理位置，将对外关系和经贸重点放在亚太地区。澳大利亚前总理基廷说："实行共和政体，不只是文化问题，而且是经济问题。如果我们对自己的国家特性和自己的身份没有明确的认识，我们便休想在亚太地区取得成功发展。"与亚太地区密切的经贸关系促进了澳大利亚对英国的离心倾向。

第三，近年来英国王室丑闻不断，许多澳大利亚人不愿与终将接班、而又屡被丑闻困扰的英国王室的年轻成员为伍。此外，在伊丽莎白二世加冕登基40周年纪念日前后，英国出现了以共和制取代君主立宪的公开辩论，这在一定程度上是对澳大利亚共和运动的推波助澜。

第四，二战后，英国江河日下，而美国成为亚太地区举足轻重的力量。澳大利亚开始在外交方面追随美国，积极参加美国在亚太地区的防卫部署，以换取美国对澳大利亚未来安全的承诺。在外交上追随美国也使澳英传统关系更加疏远。

第五，1991年上任的基廷总理是共和派。基廷认为，实行共和是澳大利亚民族成熟的标志，是澳大利亚更好地"融入亚洲"的条件，上任伊始就将实行共和提上了议事日程。在英国女王巡视澳大利亚期间，基廷曾多次向她陈诉澳政府和人民要求实行共和制的愿望。1992年2月，英国女王访澳，基廷夫人没有按照传统的规定在迎接女王时行屈膝礼。同年，在归化澳大利亚的新移民的效忠誓词中，基廷政府删去了有关英国女王的部分。1993年4月，基廷支持成立了"共和咨询委员会"，为实行共和制做前期准备。该委员会建议政府修改宪法，争取在澳大利亚联邦成立100周年即2001年时实现共和，选举自己的国家元首。在悉尼申办2000年奥运会时，基廷多次宣称，如果申办成功，该届奥运会的开幕式将由澳大利亚人自己选出的国家元首主持，而不是英国女王。1995年6月，基廷在议会演讲时郑重建议：2001年1月1日之前，澳大利亚改为共和国，国家元首是澳大利亚人自己推选的联邦总统，而不再是英国君主。他提出在全国就此展开辩论，并于1998年或1999年举行全民公决。在基廷政府的推动下，共和思想日益深入人心。

在此情势下，英国无法阻止澳大利亚的共和运动，只能静观其变。1993年9月，英国首相梅杰对基廷的共和制计划表示理解，认为这一问题应由女王本人和澳大利亚人民作出决定。同月，基廷在谒见伊丽莎白二世时，得到了女王的明确承诺："我接受澳大利亚人民作出的任何决定。"

1996年初，联盟党领袖霍华德上台执政。他虽不支持共和，但不敢违背竞选诺言，制定了一个共和方案，即首先召开一个由152名代表组成的制宪会议，就是否实行共和制进行讨论。此后，霍华德曾表示，如果制宪会议支持共和政体，澳大利亚将于1999年举行全民公决。如果大多数人支持以总统制取代君主立宪制，澳大利亚将于2001年1月1日实行共和制。经过朝野各党派长时间唇枪舌剑的激烈较量，澳大利亚制宪会议于

1999 年 2 月 2 日在堪培拉举行。2 月 13 日，制宪会议以 73 票对 57 票通过一项议案，支持澳大利亚以总统制取代英国女王伊丽莎白二世作为国家元首。

共和派与立宪派长时间的论争，闹得沸沸扬扬，使越来越多的选民卷入了这场政治论争。民意测验表明，整个澳大利亚社会对改变政体的反应并不乐观。1992 年 5 月，《悉尼先驱晨报》公布的调查显示，56% 的澳大利亚人赞成共和政体，42% 的人愿维持君主政体，2% 的人未置可否。而 1992 年 3 月公布在《新闻周报》上的 AGB 麦克尔文民意测验记录表明，只有 41% 的人主张共和制，45% 的人反对。而在同年 11 月的该项研究显示，反对共和制人数的比率上升至 47%。[①] 到 90 年代末，民意测验逐渐显示出一些有利于共和派的迹象。据 1999 年接近全民公决前的民意测验结果显示，有 74% 的人赞同共和，维护君主立宪的人不及 30%。[②] 在一些共和派看来，赞成共和制的力量占有压倒性优势，实行共和似乎志在必得。但实际结果却并非如此。

1999 年 11 月 6 日，在经过长达两年的准备之后，澳大利亚迎来了是维持君主立宪还是改制共和的全民公决。这次全民公决提出的问题是："你是否同意修改宪法，把澳大利亚联邦变成共和国，由议会 2/3 多数任命的总统代替女王和总督担任共和国国家元首？"从投票结果来看，在全国登记有选举权的 1230 多万选民中，反对者占 54.9%，赞成者为 45.1%[③]；且赞成共和制的力量仅在维多利亚州和首都地区获得微弱优势。这样，澳大利亚仍维持以英国女王为君主的君主立宪制。

共和运动为什么在形势看好的情况下未能成功呢？首先是由于澳大利亚人求稳怕变的保守心理。澳大利亚政治稳定，人民安居乐业，他们对现状十分满意。澳大利亚的文化传统与英国一脉相承，在许多方面存在着千丝万缕的联系。许多人还对英国怀有很深的感情，在政体上主张维持现

---

① 罗宾·希尔：《通往共和政体的崎岖之路》，上海社会科学院澳大利亚研究中心编《澳大利亚纵横》，世界图书出版公司，1994，第 19 页。

② 1999 年 11 月 8 日《人民日报》。

③ Australian Bureau of Statistics, *2012 Year Book Australia*, p. 180.

状。还有很多人并不认为政体变革的意义有多大，他们更关心的是改行共和体制后，澳大利亚社会的总体趋势会发生怎样的变化，英国是否会对我们有所偏见？共和论者是否会颐指气使，推翻君主政府的一切？其次是共和派阵营的分化。共和派从一开始就存在着保守派和激进派。保守派主张共和制表决通过后，再决定是否民选总统；激进派坚持"宁愿维持君主立宪也不要议会任命总统的共和模式"的不妥协立场。再次是霍华德政府的策略。霍华德作为在任总理，是坚定的立宪派。霍华德的出色政绩为他树立了威信，他对共和运动大加诋毁，为其争取了一批举棋不定的选民。他提前举行公民表决，并在表决问题上将共和制与国家元首产生方式搅在一起，分化了对手的阵营，从而赢得了胜利。

尽管共和派在公民表决中败北，但他们仅承认是暂时受挫；认为共和的朝阳必将普照澳大利亚，仍要重整旗鼓，使共和运动更加深入人心。君主派虽如愿以偿，但也不敢有丝毫懈怠。两派的斗争主要是一场政绩与策略的较量。澳大利亚今后将实行何种政体，还需拭目以待。

第二节 行政部门

根据联邦宪法，联邦行政权名义上属于联邦行政会议。它由联邦总督及各部部长组成，召开联邦行政会议往往只需要达到法定的 3 ~ 4 名成员即可。联邦总督是女王的代表，是澳大利亚的国家元首。联邦总督由联邦总理推荐，由女王任命，任期一般为五年。联邦总督在联邦总理的指导下行使行政权力，包括任命联邦政府总理和部长；批准或驳回议会两院所通过的议案；召开、延期召开及解散议会；同时以女王的名义统帅联邦军队。联邦行政会议如同英国的枢密院，是一个纯粹形式的宪法实体，权力极为有限，主要包括：给予联邦政府内阁所通过的决议和任命以法律效力，接受官员辞职，发布公告和规章制度，签署正式文件。

在政府组织形式上，澳大利亚借鉴了英国的威斯敏斯特体系，实行责任内阁制。它由在下院占多数席位的政党或政党联盟组织政府，习惯上由政党领袖担任政府首脑，即内阁总理。总理从政见基本相同的议员中遴选阁员，组成内阁。内阁成员往往担任负责和处理有关国家事务的各部部长。

一　联邦总理

联邦宪法没有规定联邦行政部门的产生方式，宪法中甚至没有出现"总理"这个字眼，因此它也无从规定联邦总理的权限。澳大利亚实行内阁制，联邦总理从联邦议会选举中获胜的党派中产生。他的权力是在历史的发展过程中逐步形成和积累起来的，并得到议会的默认和内阁阁员的充分尊重，是位于"权力之巅"的政治领袖和行政领袖。

联邦总理是联邦政府首脑，他有权任命各部部长并委以重任。而当他们不称职或是不同意他的政见时，总理有权将其罢免。内阁与政府负责向总理提供对政府各部的政策及工作评价，以便于总理领导并监督各部工作。各部提交下院讨论的议案须先由总理审阅，各部制定的政策须经他同意才能实施，各部门之间的矛盾由他最后定夺。总理代表内阁向下院作政府工作报告。当议会的意见与其相左时，总理可以解散议会，提前大选，不过这样的行动要冒一定的政治风险。如果总理所在的政党或政党联盟在选举中没能继续保持多数，总理就必须下台。比如 1983 年 3 月，自由党的弗雷泽政府宣布提前大选，但在选举中，联盟党失去优势，工党取得了胜利，罗伯特·霍克上台。总理在任期届满之前，可以根据政治形势的变化，选择对其政党有利的时机宣布提前大选。比如霍克总理于 1987 年 6 月在其政府任期届满之前半年多，宣布提前大选。霍克总理对外解释原因时说，这是因为参议院两度否决政府为杜绝偷税漏税而提出的实行身份证的法案。其实，这不过是托词，究其原因，是因为工党政府一年多来的施政使澳大利亚经济开始走出谷底，工党的声望陡增，拥护工党继续执政的呼声较高。与此同时，自由党和国家党联盟在税收和领导权问题上陷入纷争，矛盾重重，两党联盟实际上已告解体。在此形势下提前大选，使得反对党匆忙上阵而败北，而工党则成功地蝉联执政。

联邦总理有一定的立法倡议权。总理倡导的立法，往往被议会列为讨论的重点。在外交和军事方面，总理处于支配地位，享有外交承认权、缔结条约权和对外宣战的权力。总理还有权宣布全国进入紧急状态，行使平时不能行使的非常权力。总理是执政党领袖，在广大选民眼里，总理是他所在政党的象征。因此总理的声望极大地影响着他所在政党的形象。他与其所在政党命运与共的关系，使党内各种力量基本上能团结在他的周围。总理还是女王的顾问，有权向女王建议总督的任免，他的意见往往能得到女王的充分尊重。此外，总理也是联邦总督的首席顾问。

联邦总理的权力不可谓不大，以至于许多人认为，总理已取代内阁，"内阁政府"已演变为"总理政府"。但这绝不意味着总理不受约束，事实上，对总理权力的限制是多方面的。在人事任免方面，尤其是在遴选内阁部长时，除要考虑候选人的才能、专长、行政经验外，还要充分考虑各种利益的政治平衡。这是因为：一是执政的如果是联合政府，就"必须照顾到两个党的人选，不得有所偏重"；二是内阁中必须保证每个州有一名代表；三是新南威尔士州和维多利亚州一向存有成见，总理在遴选阁员部长时，"必须慎重对待，以缓和它们之间的矛盾"。[①] 在一些重大问题的决策上，总理可能也不时会受到内阁的牵制和抵制。此外，总理还受下院和议会党团的牵制。总理通过下院中的多数控制下院，但是要对议会负责，回答议员的各种质询。总理也不能忽视本党"后座议员"[②] 的意见和要求，有时得作出一定的让步，以获取他们的拥戴。总理如果得不到议会党团的支持，他就会丢掉党的领袖头衔，也就失去了登上权力宝座的机会。另外，国事的纷繁复杂，加上总理知识、能力的局限，即使精力再旺盛的总理也不可能包揽一切。

二 责任内阁

内阁的组成 联邦宪法中，没有关于内阁的法律条文，但它实际上是最高的行政与决策机关。内阁是政府的核心，是政府的一部分。内阁是由

---

① 薛厉廉：《澳大利亚政府机构与文官制度》，中国社会科学出版社，1986，第 8 页。

② 议会开会时，执政党议会党团领袖及其他重要议员坐在前排；普通议员坐在他们的后面，被称为"后座议员"。

总理组阁时邀请在政府中担任重要职务的人员组成。这些阁员必须是议会议员，而且多半是众议院中的重要成员，借此便能控制议会。在1956年前，联邦各部部长都是内阁成员。1956年1月，孟席斯总理鉴于内阁部长过多，决策不易，且对保密不利，于是引进了英国的内阁体制。英国的内阁只吸纳重要部门的大臣参加，而相对次要部门的大臣则被排除在外。这些"非内阁大臣"只在内阁会议所讨论的事项涉及其所在部门时才应邀出席会议。该体制遭到了澳大利亚工党的激烈批评。1972年，惠特拉姆工党政府上台后，又恢复了27名部长均加入内阁的体制。1975年，自由党－国家乡村党联合执政时，又将英国的内阁体制重新恢复过来。[①] 以后的各届政府基本上沿用了英国的内阁体制。一般说来，重要部门的部长，如：财政部长、国防部长、外交部长和司法部长都是内阁成员，但在某些情况下，遴选阁员更多的是顾及部长的个人身份，而不是该部门的重要性。因此，同一个部门，很有可能时而由阁员部长主持，时而却由非阁员部长掌管，这种情况并不罕见。联邦总理有权随时任命新的内阁成员，因此内阁成员的变更比较频繁。在挑选阁员时，工党总理所受限制比自由党总理要大得多。工党执政时，部长人选由议会中全体工党议员组成的决策委员会以无记名投票方式产生，部长名次按得票多少顺序排列。总理在分派职务和遴选阁员时，既要考虑到名次，也要考虑他的专长与经验，以及他所主管的部门的重要性。

内阁的权力 内阁作为实质上的最高的行政和决策机关，它既有行政权，在立法方面也起很大的作用，即立法倡议权。内阁最重要的权力包括以下几项：内阁是最高的决策机构，由它决定国家的内政、外交、防务等重要国策。此外，它还在全国范围内对这些政策的执行情况实行管理和监督。内阁行使最高行政领导权，负责协调政府的各部门和各种委员会之间的工作，调解它们之间的政策分歧，敦促它们切实履行各自的职责。在立法方面，国家的重要法律，往往由内阁负责起草，或在内阁的监督下进行起草，然后交下院讨论。由于内阁成员所在的党派往往在下院中占优势席

---

① 《澳大利亚百科全书》第4卷，第470页。

位，内阁成员又往往是执政党内享有较高权威的重要议员，对本党的其他议员有很大的影响力，他们还能用党的纪律约束本党议员，因此使得内阁提出的议案在下院往往很容易被通过。当议会与内阁政见相左时，内阁可随时解散议会，重新举行大选。

当然，内阁要受到多种力量的牵制。首先，议会与内阁互相牵制，内阁应向议会负责，议会掌握着监督内阁的权力。议员在议会开会期间，有权就施政方针、重要政策或其他事项向总理或内阁成员提出质询并要求答复。如果议员对内阁的回答不满意，议员可提出动议，将质询的问题改为下院辩论的主题，向内阁施压；议会甚至可以对内阁提出不信任案，导致内阁解体。议会还可以通过立法手段制约内阁和政府。内阁和政府的决议没有经过议会的批准就没有法律效力，议会更可以否决他们的决议。另外，议会还掌握着财政预算权，负责审议、修改和批准国家的财政预算。如果议会不通过财政预算，内阁和政府的工作就会因缺钱而陷入停顿。另外，司法部门、大众传媒也有监督内阁和政府的权力。内阁阁员之间亦须彼此约束。

内阁实行集体负责制　内阁成员集体共进退，对政府政策和行动负连带责任。内阁成员内部可能存在分歧，但对外必须严守机密，保持一致。如果内阁成员不能受此约束，就必须辞职。如果议会对一个内阁成员不信任，那就是对整个内阁的不信任。在澳大利亚，内阁成员辞职的情况并不罕见。

三　联邦政府机构

根据联邦宪法第 65 条规定："除议会另有规定外，部长不得超过 7 人。"因此，在第一届联邦政府成立时，只设立了外交部、司法部、贸易与海关部、财政部、邮电部、国防部与内政部。此后，议会根据澳大利亚经济、政治和社会发展的客观需要逐步增加了一些新的联邦行政机构。比如 1915 年建立了海军部，1917 年又增设了劳动与铁道部，1921 年设立卫生部，1935 年联邦政府各部还只有 10 个。30 年代的世界经济危机和二战的爆发使联邦政府的职能急剧扩大，联邦行政机构在二战前后迅速突破

20 个，到 1946 年奇夫利总理执政时已达到 27 个。[1] 联邦行政机构的名称和数量并不是固定的。联邦政府可根据需要创设新的机构，或废止过时的职能部门。比如 1942 年奇夫利政府设立了战后重建部，1945 年设立了移民部，后来又撤销了国防生产部。不同总理任内设置的政府部门有所不同。在吉拉德当政时期（2010 年 6 月～2013 年 6 月），联邦政府设立过宽带、通信和数字经济部，气候变化和能源效率部，工业、创新、科学、研究和高等教育部。这些部门在吉拉德卸任之后就不复存在了。2013 年 9月，阿博特当选总理后，联邦政府设置了约 20 个部门，主要包括：原住民事务部、基础设施和地方发展部、外交部、贸易和投资部、就业和劳动部、文化部、司法部、企业发展部、农业部、教育部、工业部、社会服务部、电信部、卫生部、体育部、国防部、环境保护部、移民与边境管理局、金融部等。[2]

联邦政府各部的领导人是部长。部长负责指导和监督本部的行政工作，在其主管业务方面作为总理的主要顾问，向总理提出政策和建议。部长并不总是常驻堪培拉，除非是在开会期间，他们很少一个星期在首都待上 3 天。据统计，每个部长每年只有 100 多天在堪培拉过夜。从这个意义上说，比起他们的英国同行要轻松很多。这与澳大利亚人口少、实行联邦制不无关系。联邦政府各部虽然职责不同，但大都具有如下特点：（1）联邦政府领导班子，包括总理和各部部长，一般都比较年轻。比如弗雷泽于1975 年当选总理时年仅 44 岁，而当时的大多数部长还不到 40 岁。1991年，当基廷担任澳大利亚第 24 届总理时，年仅 47 岁。（2）各部机构设置一般是 3 个层次，即部、司和处，有的部在处以下设科。机构精简，人员编制不多。比如专管中澳文化、科技交流的"澳中理事会"，专职人员只有 4 人。（3）政府机构中副职少，政府只设一名副总理，且要兼任一

---

① C. A. 休斯、B. D. 格雷厄姆：《澳大利亚政府与政治手册，1890～1964》（C. A. Hughes & B. D. Graham, *A Handbook of Australian Government and Politics, 1890–1964*），堪培拉，1968，第 29～30 页。

② *Abbott Ministry list – 18 September 2013*，http：//www.dpmc.gov.au/parliamentary/index.cfm.

个部的部长。如 1998 年 10 月上任的澳大利亚副总理蒂姆·费希尔，就兼任贸易部长。有时总理也兼任一个部的部长。比如柯廷任总理（1941～1945）时，就兼任国防部长；孟席斯任总理期间，曾兼任外交部长和联邦科学与工业组织的负责人。① 部长不设副职；有的部连司、局级官员也不设副职，司长不在，由处长代理；处长不在，由科长代理。（4）联邦政府各部都设有许多委员会，有关委员会是各部为解决专项任务而设置的临时性机构，一俟使命完成，有关委员会就撤销。成立临时性委员会的好处在于能根据情况的变化，灵活及时地处理某项重要任务，而不用增加编制。各部都在联邦 6 个州和 2 个区内设有办事机构。

纵观 100 多年来澳大利亚的政治发展，权力重心逐步从议会转向内阁，内阁的权力又向总理集中。这种权力的调整，反映了时代的发展与变化，有着多方面的深刻原因。

首先，澳大利亚建国之初，资本主义已从自由竞争过渡到垄断阶段。资本的垄断要求国家权力的集中。20 世纪头 20 年工业化和城市化的发展，30、40 年代的经济危机和战争所带来的巨大破坏，战后的重建及福利国家的发展，都要求国家加大对社会调控的力度。议会因其行动迟缓不能适应社会发展的要求，而以内阁为中心的政府因反应灵敏并能及时处理棘手的难题，这是行政权力扩大的首要原因。

其次，澳大利亚的政治制度也促成了权力转移。其一，政党制度的建立与完善，使各政党从分散的组织发展成为高度集中和具有严格组织纪律的团体。而普选制度使大众都能参与国家的政治生活，这造成下院选择政府权力的旁落。在议员的选举中，选民与其说是选择议员，不如说是在选择政党及其政党领袖。而在选举之后，当选议员必须忠于自己的政党领袖，否则会失去再次当选的机会。总理正是通过政党机器对议会进行控制。其二，总理掌有广泛的任命权使他能将阁员团结在自己周围。其三，幕僚机构的建立。尽管总理个人的才能和精力有限，要独揽大权确有困难，但总理幕僚机构的建立却能在很大程度上帮助他克服这种困难。

---

① C. A. 休斯、B. D. 格雷厄姆：《澳大利亚政府与政治手册，1890～1964》，第 34 页。

再次，复杂的国际形势和瞬息万变的各种突发事件，也使人们期望总理能提供强有力的领导。而新闻媒体对总理和内阁的连篇累牍的报道，也对加强总理的威望与地位在客观上助了一臂之力。

第三节　立法部门

澳大利亚的立法权属于议会，它由英国女王、联邦参议院和众议院组成。由于女王不可能亲临联邦议会，只能由总督代表女王出席。联邦议会是国家的最高立法机关，享有全国范围内的立法权。

一　联邦参议院和众议院

联邦参议院。根据联邦宪法第 7 条的规定，各州不论大小，在参议院拥有平等的代表权。这种做法在一定程度上是为抵消人口较多的大州的优势，维护人口较少的小州的利益。但党派政治使这一初衷难以奏效，因为各州选出的参议员为了保住自己的席位和企望将来的提升，他首先要忠于他所在的党，然后才忠于他所在的州。联邦参议院由各州公民直接选举产生的参议员组成，每个州作为一个选区，产生 6 名参议员。1901～1949年，参议员人数一直保持在 36 人。宪法授权议会可制定法律变更参议院的规模，议会也根据澳大利亚人口增加的情况，几次制定法律，于 1948年将各州参议员名额增加到 10 名，参议员总数达到 60 人。1973 年又规定北领地区和首都直辖区各选参议员 2 名。1984 年再次制定法律，将各州参议员名额增加至 12 名，这样，联邦参议员共有 76 名。目前，联邦参议院还保持着这样的规模。

州和地区的联邦参议员任期有所不同。北领地区和首都直辖区的参议员任期 3 年；各州的参议员任期 6 年，但每 3 年改选半数。联邦宪法第 13条规定，在参议院举行第一次会议或解散后的第一次会议时，参议院应将各州选出的参议员分成两级，每级人数尽可能相等。第一级参议员应于就职 3 年后任职期满，第二级参议员应于就职 6 年后任职期满。参议员在任期未满辞职时，由其所在州的州议会推选 1 人接替，至原任期满，或根据联邦宪法选出继任人为止。如参议员辞职时正值州议会休会期间，则由州总督征求州行政委员会同意后任命 1 人接替。

联邦众议院。联邦众议院由各州公民直接选举产生的众议员组成。联邦众议员的名额，根据各州人口与全国人口的比例分配。具体做法是：用联邦最近统计所发表的联邦人口总数，除以参议员人数的 2 倍，得出平均多少人选 1 名众议员的比例参数；联邦最近统计所公布的各州人口总数，除以上述比例参数，得出该州应选出的众议员人数，除后的余数如果大于上述比例参数的 1/2 时，则该州得增选众议员 1 人。但不论人口多少，宪法保证每个州至少有 5 名联邦众议员。在 1949 年以前，联邦众议员人数为 75 人。第二次世界大战以后，议会几次制定法律，扩大众议院规模。而根据联邦宪法第 24 条之规定，众议院人数应尽可能比参议院多 1 倍。因此众议院的规模在战后也几度扩大。1949 年众议员人数在 1948 年的 75人的基础上增加到 121 人，1984 年扩充到 148 人。自 2001 年以来至今，联邦众议员人数一直保持在 150 人，[①] 2010 年 8 月这些名额分配如下：新南威尔士为 48 名，维多利亚为 37 名，昆士兰为 30 名，西澳大利亚为 15名，南澳大利亚为 11 名，塔斯马尼亚为 5 名；首都地区和北领地区各为2 名。[②] 联邦众议员任期 3 年，如在任期届满前辞职，或在议会开会期间未经同意连续缺席两个月时，其席位即视为空缺，不再补选。

根据联邦宪法，担任联邦众议员的资格包括：年满 21 岁，具有选民资格，当选时在联邦境内居住 3 年以上者；生来即是女王臣民，或至少入籍已经 5 年者。宪法还规定，众议员不得同时被选为参众两院议员。属于以下情况的人员也不得当选为联邦议员：（1）承认忠诚、服从和依附于外国的人；承认为外国的臣民和公民，享受外国臣民、公民权利和特权的人。（2）有叛国罪嫌疑或犯有根据联邦法律或州法律可处 1 年以上徒刑的罪行，已经定罪并在处刑，或准备处刑的人。（3）未免除责任的破产者。（4）现任有薪俸的官吏，或正领取联邦养老金的人；但联邦各部部

---

① Australian Bureau of Statistics, *2012 Year Book Australia*, p. 181.

② Australian Bureau of Statistics, *2012 Year Book Australia*, p. 185.

长、各州部长，享受全薪、半薪或养老金的英国海陆军官兵，享受全薪而并不完全为联邦服役的联邦海陆军官兵除外。（5）在与联邦公共事业订立的契约上，有任何直接或间接经济利益者；但作为一个由25人以上组成的注册公司的成员，则不在此限。

参众两院都设有议长，由各议院议员选举产生。众议院议长多由执政党成员担任。议长负责主持会议，安排议事日程，主管和监督议会的行政事务，对外代表议会。由于议会规模庞大，不容易议事、决策，政治上也不好驾驭；加之社会的飞速发展使得需要立法的事务日渐增多，而且这些事务都较复杂，处理起来需要有专门的技术和知识。在这种情况下，各种委员会应运而生。这些委员会是议会的辅助性机构，主要任务是协助议会审查议案，在议会立法过程中发挥重要作用。众多的委员会大致可分为三类，即两院联合委员会、常设委员会和特别委员会。两院联合委员会主要包括外交与国防委员会、议事日程委员会、公共账目委员会、首都直辖区委员会等。常设委员会是各院按职能建立的，主要包括财政预算委员会、议事规则委员会、社会福利委员会、贸易与商业委员会、教育与科学委员会、资源与环境保护委员会等。特别委员会是为进行某些工作而设立的临时性委员会，任务一旦完成即撤销。

议会两院有权对任何问题提出议案。关于拨款或征税的议案，只能由众议院提出，但参议院有权退回众议院的提案，要求众议院重新修正。除此之外的其他议案，两院享有同等的权限。宪法规定虽然如此，但在实际的政治生活中，众议院在议会中占据明显优势。参议院的作用主要是复核众议院所通过的议案，如果执政党在参议院中拥有多数席位，参议院照例只会批准议案，因而被人指责为"橡皮图章"；而参议院中如在野党占优势，反对党又会力阻众议院的法案获得通过，此时它又被人指责为"妨碍院"。

澳大利亚规定，大选必须在新一届联邦议会举行第一次会议后的3年内举行。但一般说来，每届议会的平均任期约为两年半。实际上，当总理提出要求大选并得到总督同意后，就能按照总理提出的时间开始竞选活动。从1901年成立联邦以来，澳大利亚选举过38届议会。联邦宪法第6

条规定，议会会议每年至少举行一次。① 议会会期长短不一，一般是在上半年度和下半年度分两次举行。开会时，先由总督致开幕词，开幕词实际上是由总理及其内阁研究起草的本届政府的施政纲领。之后，议员便可全面讨论各种议题。

100年来，联邦议会出现了许多变化。就外部关系而言，议会对政府的控制随政党制度的兴起和完善而减弱。同时，议会本身也出现了一些变化：议会的规模比以前有所扩大，议会的工作量增加，会期延长。为保持议会工作的连续性和稳定性，议会提高了议员的薪俸，使议员职业化成为可能。议会立法的繁杂，使各种委员会大量增设，议会的机构更加膨胀。

二 联邦议会的职权

联邦议会是国家的最高权力机关，其法律地位在行政和司法部门之上，政府要对议会负责。联邦宪法以逐条陈述方式授予议会广泛的职权。议会最重要的职能就是代表人民，制定法律，组织并监督政府。

联邦议会是代议制民主最重要的体现。议会参议员和众议员都由其所在州公民直接选举产生。而且议会议员必须是所在州的居民。虽然议员竞选要受政党的操纵，但其寻求连任的愿望驱使在职议员必须与选民保持经常的密切联系，重视和表达选民的意见和要求，维护选民的利益。否则，他在下次选举中就会落选。从议员的经历来看，议员大部分是有产阶级、白人、男性，多是新教徒，受过良好教育，同他们所代表的选民是很不相同的人。从议员的职业来看，他们中的绝大多数都是律师。从性别和种族来看，男性和白人占绝大多数，女议员的数量与妇女在全国人口中的比例极不相称。而少数民族裔的议员就更是凤毛麟角。这些都充分说明了澳大利亚议会民主所存在的局限性。政党竞争使各政党都力求扩大自己的社会基础，绝不轻易忽视选民的利益和要求，否则将长期在野。而议员若不与选民休戚与共，他便会被选民抛弃。选举成为连接选民和议员的桥梁，定期选举成为选民约束议员的最重要手段。从这个意义上说，议会还是能代

---

① 《澳大利亚百科全书》第2卷，第91页。

表民意的。

立法权是议会的首要职能。根据联邦宪法第 51 条规定，议会可以就各种事项进行立法，这些事项大致可分为几个方面：（1）在财政、金融方面可以立法的事项包括：对外贸易和州际贸易；征税；以联邦的信用举债；铸造货币，设立银行，发行纸币；规定度量衡的标准；有价票据的兑换；破产；版权、专利权和商标；外资公司和外国银行等。（2）在国防、外事方面可以立法的事项包括：国防与军队统辖，军事运输铁路的管制，移民和归化，外国人的出入境，联邦与太平洋岛屿的关系等。（3）在公用事业方面可以立法的事项包括：邮政，电报，灯塔，航标，天文和气象观测，由联邦与州协商将铁路收归国有，在各州修筑或扩建铁路。（4）在民政、卫生事业方面可以立法的事项包括：人口普查和统计，结婚与离婚，收养，监护，各种社会福利津贴，防疫等。

议会立法的效力在州立法之上。议会可通过新的立法否决州的法律。比如，塔斯马尼亚刑法曾规定，成年男子在个人私生活中的同性恋行为属于犯罪。压力集团便指控该规定侵犯了国际条约所确认、并经澳大利亚政府签字的条约所确定的人权。为履行自己的国际义务，澳大利亚议会通过立法否定了该项规定。

议会制定法律，必须经过一定程序。这些程序主要包括法案的提出、讨论、通过和公布 4 个阶段。议案由政府部门或议员提出。目前，政府部门是立法的主要倡议者。政府部门经过长时间酝酿，提出立法建议，交内阁批准，再提交司法部，由司法部根据这些建议草拟法律草案。议会开会时，政府议案往往是讨论的重点。被列入议事日程的议案在众议院一般要经过 5 个阶段才能通过：其一是通告阶段，将议案提交议会，由议长简单介绍议案的性质及该议案可能引起的反对意见。其二是一读阶段，仅仅是个形式，主要是宣读议案名称，确定二读的时间。其三是二读阶段，由呈递该议案的负责人提纲挈领地介绍该议案后，由议员展开辩论，辩论的重点是详尽地讨论该议案的一般原则。其四是委员会审议阶段，由议会委员会对议案进行逐条逐字详细讨论，审议往往会旷日持久，而且可能会被修改得面目全非。其五是三读阶段，议员就修改后的议案的一般原则重新进行讨论。在这个阶段，议员的唇枪舌剑并不激烈，议案往往能获得通过，除非该议案又引起很大的争议。

议案在众议院通过之后，再转到参议院复核，同样要经过以上 5 个阶段。参议院对议案不能修改，但可提出修改建议退回众议院。众议院可以接受，也可以不接受。参议院仍可驳回议案，这样两院便出现僵局。如参议院已将法案两次退回众议院，而众议院第三次又获通过时，参议院不得再次否决。如议案经参众两院通过，再送交总督批准后一段时间即可生效。联邦议会每年通过约 150 至 200 个议案。[①]

为保证联邦议会正常开展工作，提高议事效率，议员必须遵守一定的议事规则。首先是法定人数原则。据联邦宪法第 22 条、第 39 条的规定，参议院、众议院至少应有全体议员的 1/3 出席，才能开会行使其职权。议案获简单多数票即获通过。其次是会议公开原则。会议公开讲求的是政治透明，是为了让人民监督政府的活动。人民享有知情权，可以自由旁听会议。新闻媒体也可以自由报道，但报道要客观真实。议事纪录应全文公开发表。另外，为提高议事效率，议员的发言有时间限制。

议会负责组织政府和监督政府。政府由议会产生，对它负责，受它监督。议会对政府的制约手段很多，主要包括财政权和行政监督权。政府提出的财政预算，必须经议会通过。政府的增税方案只有在征得议会的同意后才能实施。议会可通过审计长和相关的委员会对政府的开支进行检查。议会的行政监督权包括：质询、辩论、倒阁等。议员既可向政府的官员就其所掌管的事项进行询问，也可以口头或书面形式就政府的施政方针、具体政策进行质询。质询主要是议员和政府官员的相互问答，如果议员对政府官员的回答不满意，还可提议延长会议时间，变更议事日程，将质询事项作为全院辩论的主题，以此向政府施压。辩论可能引发对政府投不信任票，导致政府改组。但是，议员的质询权也有一定的限制。质询须有一定数量的议员签署才能提出。质询提出后，政府可有几天的时间考虑如何答复；亦可以因质询的事项涉及国家机密为由拒绝作答。政府的施政方针和

---

① Australian Bureau of Statistics, *2012 Year Book Australia*, p.181.

政策必须同议会多数保持一致，否则议会就能以政府违背民意为由，对政府投不信任票。议会如果通过了不信任案，那么政府就必须辞职，或者总理呈请总督解散议会，重新大选，由新议会决定政府的去留。如果新的议会仍对政府不信任，政府只能辞职。议会还可以制定法律，以掌握充分的信息为由，调阅政府文件。

尽管如此，与美国国会对总统的牵制相比，澳大利亚议会对政府的制衡作用较弱。这首先是由于澳大利亚实行的是责任内阁制，由议会的多数党组织内阁，政府对议会负责，议会和政府在很多方面都具有高度的一致性。其次，澳大利亚议会的议员受议会党团的控制，独立性不强。议会议员以政党划界，接受本党领袖的领导，受党纪约束，支持本党的政策。议员虽由地方选出，但议员候选人由地方党组织提名，而地方党组织又受党的全国总部的领导。议员当选后，如不支持本党的政策，就要受党纪制裁，在下一轮选举时就会落选。即便是代表州利益的参议员，为保持自己的席位，为了将来得到晋升的机会，他首先要忠于他所在的政党，而不是他所在的州。

第四节　司法系统

澳大利亚的司法系统基本上是按英国模式建立起来的，实行公开审判、陪审团制、无罪推定、公民不受非法逮捕和不经审判的监禁等原则。根据联邦宪法的规定，澳大利亚联邦的司法权属于澳大利亚司法系统，即联邦高等法院及澳大利亚议会设立的其他专门法院。联邦高等法院是澳大利亚的最高司法机构，拥有对各种案件的终审裁决权。根据宪法，澳大利亚议会还设立了其他专门法院，包括澳大利亚联邦法院、澳大利亚家庭纠纷法院和行政上诉法院。

一　联邦高等法院的历史

澳大利亚联邦建立后，联邦议会于1902年通过了《司法条例》，依据该条例成立了联邦高等法院。由于多数人信奉政府权力应受限制及三权分立、相互制衡的原则，加之许多人对英、美的政治机制推崇备至，因此，法院自始便被赋予司法审查权。自联邦建立以来，联邦高等法院在国家生活中发挥着重要作用。

在成立初期，联邦高等法院以保守著称。当时的法官大多接受司法自我约束原则，认为法官的唯一职责是严格依法办事，至于议会的立法是否公平合理则无须考虑。即使议会立法与个人政见有很大冲突，也只能遵从法律。唯有如此，才能维护民主机制的平衡和正常运转，因此主张拘泥于宪法条文，从严解释宪法。在 1914 年以前有关劳资仲裁及政府管制的许多案例中，联邦高等法院认为，宪法的用意原本是这样的：除了明文规定移交联邦政府的权力以外，其他权力应留归各州行使。因此联邦高等法院曾将各州的铁路职工划在联邦劳资仲裁法庭的管辖范围之外。高等法院认为，铁路作为联邦与州共管的企业，联邦对铁路的管制权力不是专有的、完全的，因此理应由各州管辖。高等法院对联邦政府的许多议案提出异议，例如：对于旨在扩大劳资仲裁法案范围的议案；对于使全国某一工业部门全面实行"共同规则"的议案；宣布旨在控制一州或超出州界的垄断企业的议案，均宣布无效。这些判决使联邦政府倍感沮丧。在联邦成立初期，"司法解释的作用，总的说来还是有助于各州的独立，而明确限制联邦政府的权限的"。[1]

一战爆发后，因战时动员及征调物资的需要，联邦政府经与各州协商，达成了从各州取得它所需的大部分权力的协议。但该协议被有些州的参议院攻击得体无完肤。在此情况下，联邦高等法院却出人意料地支持和维护联邦政府的立场。1916 年 6 月在伯尔维特案（又称"面包案"）中，高等法院认为，政府对面包进行定价是国防权力的正当运用。法官艾萨克斯承认：任何措施如果同戒备法令有关系，高等法院必须予以支持。"这一决定对联邦政府是极其重要的，因为它保证了一切根据戒备法令而采取的行动几乎都能得到支持。"[2] 自 20 世纪 20 年代至 40 年

---

① 戈登·格林伍德：《澳大利亚政治社会史》，第 317 页。
② 戈登·格林伍德：《澳大利亚政治社会史》，第 349 页。

代，由于自由派在联邦高等法院中占优势，因此它的一些解释有助于扩大联邦政府的权力。[①] 一战之后，各种劳资纠纷越来越多，联邦高等法院仲裁调解法庭在各种裁决中树立了自己的威信。它规定州政府的劳资仲裁机构在联邦仲裁法庭管辖之下，联邦仲裁法庭的裁决应在州的裁决之上。"在1926年底，就威信和权力而论，联邦仲裁法庭已经远远地凌驾在各州的姊妹法庭之上……有84%的澳大利亚工会会员直接受联邦管辖。"[②]

二战以来，联邦高等法院中保守派势力又占了上风，他们对联邦集权的行动进行抵制，使工党政府的金融业改革和航空公司国有化改革破产。1945年，奇夫利政府颁布《银行法》，企图实行私营银行国有化，使金融业完全控制在联邦政府手中。联邦高等法院裁决该法因违宪而无效。奇夫利政府还提出过将所有民营航空公司收归国有的法案，该法案也因联邦高等法院宣告违宪而无效。1949年上台的澳大利亚总理孟席斯是一个狂热的反共主义者，他于1950年操纵议会通过《解散共产党法案》。澳大利亚共产党向高等法院提起诉讼。联邦高等法院认为，尽管当时发生了朝鲜战争，但澳大利亚并未处于战争状态，政府不能任意解散政党，从而否决了孟席斯的法案。

澳洲土著人的权益长期得不到保障。在20世纪60年代世界各地风起云涌的社会运动，特别是在美国人权运动的推动下，澳大利亚国内有越来越多的人开始关注土著人的命运及土著文化。在此情势下，联邦高等法院推翻了以往许多有损于土著的判例，作出了一系列有利于实现社会公正的判决。比如在1993年的"马波案"中，已开始部分承认土著人的土地所有权。近年来，环保运动在全球范围方兴未艾。联邦高等法院顺应潮流，在有关环保的案件中持积极态度。比如，20世纪70年代，为解决本州的能源和扩大就业机会，塔斯马尼亚州政府准备在富兰克林江上修建水坝和水电站。联邦政府认为，富兰克林江流经极富生态和文化价值的未开发的丛林地区，该流域是联合国确定的全世界100多个自然保护区之一。如果

---

① O. H. K. 斯帕特：《澳大利亚》（O. H. K. Spate, *Australia*），墨尔本，1971，第177页。
② 戈登·格林伍德：《澳大利亚政治社会史》，第420页。

在此修建水坝，势必破坏整个流域的生态环境。澳大利亚政府既然已经参加有关的国际条约，当然负有保护文化遗产的义务。因此联邦政府运用宪法授予的对外事务权，通过立法对塔州的行为加以阻止。双方进行了旷日持久的辩论，成为大众瞩目的焦点。1980年，塔斯马尼亚州政府就联邦立法的效力向联邦高等法院提起诉讼。联邦高等法院的7名大法官虽出现分歧，但在最后投票时以4比3的微弱优势，支持了联邦政府的行动。

联邦高等法院在积极司法和消极司法之间的理念转变，在很大程度上反映了一定历史时期内占主导地位的社会思潮及人们对两级政府的态度。在联邦成立之初，由于自由主义风行欧美，各国资产阶级都将其奉为圭臬，加之人们对联邦的感情还比较淡漠，所以，联邦高等法院固守法律条文，防止联邦权力的扩张。但在一战和二战之间，由于战时的需要及19世纪30年代世界经济危机的出现，自由主义到处碰壁，加强国家干预的呼声此伏彼起。这种时代思潮不能不影响到法官的态度，因此，联邦高等法院开始慢慢向司法能动主义迈进。二战结束后的一段时间内，联邦政府处处插手，联邦机构膨胀及办事的低效率，使得人们希望法院能扼制有增无减的联邦集权势头，因此联邦高等法院的保守倾向又占了上风。进入80年代以后，出于对全球环境、人权等的关注，联邦高等法院在敦促全国遵守国际公约方面持开明态度。

二　联邦高等法院的职权

联邦高等法院由于处在澳大利亚司法系统的顶端，因此对法官的资格要求比较严格。他们必须精通法律，有丰富的司法经验。联邦高等法院的法官由联邦政府（往往是联邦司法部长）推荐，由联邦总督任命。法官一旦被任命，就只受宪法和法律的约束，而不受行政部门的指挥和控制。为保证司法独立，澳大利亚联邦宪法规定，法官应享受议会规定的薪俸，任职期内不得减少。法官的薪俸较高，待遇优厚，不得兼任其他职务。除非议会两院能在同一会期以书面形式提供确凿证据，证明法官渎职或无能，否则法官不得免职。但在1977年通过的宪法修正案规定，法官在年满70岁时退休。由于法官在任的时间一般都比较长，因此历届政府都企图运用手中的权力，尽量任命本党成员或支持本党的政策和主张的人担任法官，使本党政府的政策即便在卸任之后仍能继续发挥影响。一般来说，工党倾向于推荐赞同扩大联邦权力的自由派人士担任法官，而自由党则乐意推荐保守派人士。1979 年通过的一项联邦法律要求，联邦政府在遴选联邦高等法院法官时，要与各州司法部长磋商。1981 年，弗雷泽总理在提名其内政部长艾利考特任首席大法官时遭到大多数州司法部长的反对，他只能物色别的人选。根据联邦宪法，联邦高等法院设首席大法官 1 名，其他法官的名额由议会决定，但不得少于 2 人。目前，联邦高等法院由 1 名首席大法官和 6 名法官组成。

联邦高等法院的主要职责有三：一是违宪审查，二是处理上诉案件，三是对举凡涉及联邦或有关联邦议会越权争议的部分案件行使初审权。

违宪审查是联邦高等法院的基本职能。尽管联邦宪法并未对有关宪法性效力的司法审查问题作出具体规定，在政治生活中，这一职能由联邦高等法院行使。联邦高等法院拥有宪法解释权和司法裁判权。在审理案件时，有权就宪法条文作出解释，可依法对议会立法及政府行为进行审理。这对立法机关及行政部门的权力是一个很大的制约。联邦高等法院既可依照法定程序对某项法律、条令进行原则审查，也可以在具体的案件审理中对法律、条令是否符合宪法进行审查。此外，联邦高等法院还负责审理国家机关之间、联邦与州之间及各州之间的权限争端，以及审理联邦政府官员弹劾案、联邦大选中的选举诉讼案、政党及其他组织是否合法的诉讼案件等。在对这些案件进行审理时，联邦高等法院不仅可以推翻议会立法和政府的决议，而且有权审查各州的立法。如发现它与联邦宪法条文或宪法精神相抵触，可宣布其违宪而无效，以保证各级议会、政府在各自的权限范围内活动。

审理联邦和州法律提起上诉的普通案件，构成联邦高等法院日常工作的很大一部分。据联邦宪法第 73 条规定，联邦高等法院对下列判决的上诉具有审判和决定权：（1）联邦高等法院行使初审权的法官的判决；（2）联邦其他法院、或行使联邦管辖权的法院的判决，各州高等法院的判决；（3）州际委员会的裁决，但以法律问题为限。高等法院对上述案件的判决是终审裁决,任何机关和个人都不得提出异议,不得继续上诉。联邦高等法院终审裁决的权力是 1986 年后才取得的。

在 1900 年联邦宪法送英国批准时,英国对其中规定的"澳大利亚高等法院是接受州最高法院上诉的唯一法院"的条款持有异议。后几经谈判,双方达成协议:英国枢密院保留一定的审理上诉案件的权力,但需要联邦高等法院出具证明书,认为其确系必要。自 1931 年以来,澳大利亚联邦高等法院从未出具过这种证明书,从而使这一条款形同虚设。1968年澳大利亚议会制定的一项法律,对送交英国枢密院审理的上诉案件的范围进行限制。1975 年议会对上述条款重新修订,即凡涉及联邦与州权限的划分,联邦高等法院认为有必要由英国枢密院裁决时才予以上诉。1986 年,澳英两国签署了《澳大利亚和英国关系法》,终止了英国枢密院对澳大利亚案件的上诉审判权,澳大利亚联邦高等法院的终审裁决权最终被确立。①

根据联邦宪法第 75 条规定,联邦高等法院对下列案件具有第一审管辖权:(1)由条约发生的案件;(2)关于外国领事或其他代表的案件;(3)联邦或代表联邦的个人作为诉讼一方的案件;(4)州与州之间或一州与他州居民之间的案件;(5)对联邦官员发出传票的案件。此外,宪法还将以下事项的初审权授予高等法院:源于联邦宪法或关于宪法解释的事项;由联邦议会制定的法律所发生的事项;关于海事和海上管辖权的事项;对同一问题,不同的州依据本州法律认为自己有权管理的事项。

三 联邦专门法院

澳大利亚联邦法院 设立于 1977 年,旨在减轻联邦高等法院的工作量。成立伊始,它便接管了以前由澳大利亚劳资仲裁法庭和联邦破产事务法庭所承担的司法任务。另外,它还被授权处理有关商务和行政管理的案件。② 1987 年,它又被授权处理有关联邦税务和知识产权等民事诉讼。目前,它的司法管辖权又有所扩大,可以处理要求向联邦官员发传票的诉

---

① 《远东和大洋洲年鉴·1999》,第 109 页。
② 《远东和大洋洲年鉴·1999》,第 109 页。

讼，可以复审由北领地区最高法院单名法官所作出的裁决。澳大利亚联邦法院设有首席法官 1 名和其他法官 20 多名。其总部设在悉尼，它在各州及北领地区设有办事机构。

澳大利亚家庭纠纷法院 成立于 1975 年，是一个审理离婚、儿童监护、因婚姻破裂而引起的财产纠纷、继承案件等的专门法院。该院有受理上诉裁判权，受理一切有关《家庭法》的上诉。该院有首席法官 1 名和 40 多名法官，在全国许多城市都设立了办事机构。家庭纠纷法院不像其他法院那样正规化。这里的法官和律师不穿长袍，不戴假发。另外，该法院还提供法律咨询服务。

行政上诉法院 建于 1975 年，负责审查政府机关或政府官员依据联邦相关法律所作出的行政行为。审查官员的职权范围、程序、行为动机及时间等；依据越权无效的原则，对该行政行为是否违法或不当作出维持、变更或撤销的决定，监督和保障政府机关依法行政。

澳大利亚设立了联邦法律援助基金，为处于贫困状况的诉讼人聘请律师，并为他们提供免费的法律服务。

第五节 政党制度

澳大利亚是比较典型的两党制国家。工党和自由党是全国影响最大的两个党。自 1900 年以来，澳大利亚的经济、社会及种族构成出现了很大变化，但政权多是在工党和自由党及其联盟之间易手。虽然自由党及其联盟在不断组合，但政权总是在这个非劳工同盟和工党之间进行更迭。因此，国内外学术界基本上都认为澳大利亚是较典型的两党制国家。[①]

一 政党的形成与向两党制演变

早在联邦成立之前，澳大利亚各殖民区的工人便组成许多行业工会。

---

① 苏珊·班布里克：《牛津澳大利亚百科全书》，第 148 页；《中国大百科全书·政治学》，中国大百科全书出版社，1995，第 212 页。

多次罢工斗争的失败使工人群众意识到，只有组织起来才能更好地维护自己的利益。1891年全澳工会代表大会宣布成立工党，以后各殖民区也相继成立了工党组织。在1901年第一届联邦议会选举中，工党在众议院的75席中赢得了14个议席，在参议院的36个议席中赢得了8个席位。[①]1902年，各州的工人政党代表共聚一堂，召开了第一届全国代表会议，此后全国代表会议每隔3年召开一次。工党在1904年和1908~1909年曾两度短期执政。

在1910年以前，在澳大利亚政坛上角逐的两支劲旅是关税保护派和自由贸易派。这两派并没有明显的政治分野，只是在关税问题上各执一端。关税保护派代表本国新兴工商业资产阶级的利益，主张提高关税和保护本国民族工业的发展。自由贸易派代表农场主、牧场主和大进出口商的利益，他们的农产品和矿产品主要销往海外，因此主张降低关税和实行自由贸易。在双方权力的角逐中，关税保护派由于得到工党的支持能在议会中占一定的优势，在1901~1910年的10年之内，执政长达8年之久。在此期间，工党运用自己的影响使议会通过了一些有利于劳工的法案，树立了自己的威信，获得了群众的广泛支持。工党的崛起引起了资产阶级的恐慌，加之1908年联邦的统一关税政策事实上逐渐消弭了两个资产阶级政党的分歧。为抵消工党的影响，关税保护派和自由贸易派捐弃前嫌，于1909年合并组建了自由党。该党宣称要联合境内所有的自由主义力量，在民主的基础上建设和发展澳大利亚。该党的政纲包括：实行保护关税，推行"白澳政策"，弘扬民族主义等。1910年自由党参加了成立以来的首次联邦大选，就获得了31个席位。它虽然没有达到众议院中的多数，但也足以显示其号召力。从此，澳大利亚出现了劳工政党与非劳工政党对政治权力的角逐。这标志着澳大利亚两党制的形成。

在1916年以前，与劳工党争雄的是自由党。在1910年的议会大选

---

① C. A. 休斯、B. D. 格雷厄姆：《澳大利亚政府与政治手册，1890~1964》（Colin A. Hughes & B. D. Graham, *A Handbook of Australian Government and Politics*, *1890 – 1964*），堪培拉，1968，第286页。

中，工党赢得众议院 75 席中的 43 席，并在参议院大获全胜。在 1913 的大选中，自由党以 1 票的优势开始上台执政，库克担任联邦总理。工党虽然败北，但在参议院中继续保持优势。由于自由党的法案两度被参议院否决，这届政府只维持了一年。在 1914 年澳大利亚举行的提前大选中，工党在众参两院都占有优势，该党领导人费希尔奉命组阁。此时正值第一次世界大战爆发，费希尔调任澳大利亚驻伦敦高级官员，工党的另一领导人休斯出任总理。征兵问题让休斯总理进退维谷，因为工党一贯反对征兵制，但援助母国作战又需要不断补充新的兵力。休斯迫不得已在工党会议上提出实行义务兵役制的建议。该建议引起工党内部成员的强烈反对，休斯冒险就征兵问题举行全民公决的计划也遭到失败。休斯及工党的一批领导愤而离党，组建新党，造成了工党的第一次分裂。

工党的分裂引起了社会力量的重组。在 1916～1931 年间与工党角逐的是结成联盟的国家党和乡村党。休斯及其追随者脱离工党后，于 1916 年与自由党合并组成国家党，早期的自由党不复存在。国家党成立伊始便先声夺人，在当年的大选中赢得众议院 75 席中的 53 席，并夺得参议院的全部席位。休斯出任联邦总理。休斯于 1917 年 12 月就征兵问题举行的公民投票中再次告负。第一次世界大战结束后，休斯在巴黎和会上为澳大利亚争得了不少好处。休斯在战后继续推行战时国家管制经济的政策，以及他独行专断的作风，使其在政治上走向末路。在 1922 年的选举中，国家党在参议院仅获 26 席。为抵制工党，国家党希望和乡村党（1920 年成立，代表农村利益，其领袖为厄尔·佩奇）联合执政，但乡村党坚持以休斯辞去总理职务为条件。休斯从大局出发，被迫接受了这一要求。1923～1929 年，澳大利亚一直是国家党与乡村党的联合政权，由国家党领袖布鲁斯出任政府总理。

与此同时，工党由于缺乏有号召力的领袖，加之俄国十月革命的影响，工党提出实现生产资料社会化的"左"倾政策引起了许多人的恐惧，这就造成了工党在 1917～1929 年长期在野。1928 年，斯卡伦接任工党领袖，他一反前任的"左"倾急进路线，重申渐进主义和议会斗争的道路，并强调国家利益高于阶级利益，为工党上台做了一定的准备。在 1929 年

的联邦大选中，工党取胜，奉命组阁。可惜时运不济，执政伊始，席卷全
球的经济大危机爆发了。斯卡伦政府采取平衡预算、紧缩开支、降低生活
水平的对策来应付危机。这些失灵的政策在政府内部引起内讧，而且它与
工党一贯提倡的逐步提高工人生活水平的传统政策相左。盘根错节的各种
矛盾再次引起工党的分裂。原财政部长莱昂斯率众离党，对工党政府反戈
一击，使工党政府垮台。

　　工党的又一次分裂再次改变了澳大利亚政坛的局势。国家党吸纳了脱
离工党的右翼成员，于1931年4月组建新党，国家党被更名为澳大利亚统
一党，原工党领袖约瑟夫·莱昂斯接任统一党领袖。此后直至1944年，朝
野之争便在工党与统一党及其联盟之间展开。统一党在1931年年底的大选
中一鸣惊人，在众参两院获得多数，莱昂斯出任总理。统一党在单独执政
两年后，因工党势力回升，又与乡村党于1934年和1937年两度组成联合政
府。莱昂斯于1936年提拔孟席斯为统一党的副领袖，孟席斯在莱昂斯于
1939年去世后继任领袖。但他的上台使统一党内部的派系斗争加剧，同时
统一党与乡村党也时有摩擦。统一党和乡村党两党联盟的破裂，使得工党
在1941年的联邦大选中东山再起，由柯廷出任二战期间的战时总理。然而，
工党内部于1941年又分裂出一批反共的派别，工党力量有所减弱。

　　1944年以来，工党与自由党可谓是双峰对峙，二水分流。1944年，
孟席斯在统一党的基础上组建了新的自由党。统一党在1941年选举中的
一败涂地使孟席斯大失所望。鉴于统一党已积重难返，1944年10月，孟
席斯撮合除乡村党之外的其他18个非劳工团体组成自由党。自由党在对
外宣传时说，较之统一党，"自由党的社会政策更加积极，社会基础更加
广泛，内部管理更加民主"。[①] 自由党成立后，由孟席斯任领袖。在1946
年的大选中，尽管工党获胜，由奇夫利组阁，但自由党也在大选中取得了
15个议席，在政坛上初步站稳了脚跟。在1949年的大选中，自由党获55
席，孟席斯任政府总理。他通过与乡村党结盟，连续执政达17年之久，
被称为澳大利亚政坛上"名副其实的不倒翁"。孟席斯之后，自由党又接

---

① 《澳大利亚百科全书》第4卷，第3页。

连组阁。自由党人出任总理的是：哈罗德·霍尔特（任期为 1966～1967 年）、约翰·戈顿（任期为 1968～1971 年）、威廉·麦克马洪（任期为 1971～1972 年）。自由－乡村党联盟连续执政达 23 年之久。

而在此期间，工党一直处于在野地位。之所以如此，是因为工党倡导的国家社会主义政策对联盟党来说是授之以柄。在国际冷战的大背景下，以反共为旗号就很能蛊惑人心，在政治上连连得分。因受意识形态之累，20 世纪 50、60 年代，工党再经历了一次分裂。1951 年伊瓦特在奇夫利去世后任工党领袖，引起轩然大波。伊瓦特曾作为共产党的辩护律师出席法庭，因此工党内的右翼要求把伊瓦特从领导岗位上撤换下来，而伊瓦特又得到工党左翼和中间派的拥护。后来，工党右翼分裂出去，组成了民主工党。民主工党在议会大选中总是与自由－乡村党联盟步调一致，与工党作对，使工党长期在野。在 1972 年的联邦大选中，工党大力抨击联盟党追随美国出兵越南的政策，它提出的改革蓝图深得选民赞赏，赢得大选胜利，由惠特拉姆出任政府总理。但此时正值全球经济衰退之际，经济滞胀和失业率上升使工党如履薄冰。工党政府的财政预算几次都没有在联盟党占优势的参议院中获得通过。在 1975 年的大选中，联盟党成为执政党，约翰·弗雷泽任总理（任期为 1975～1983 年）。但联盟党也未能使澳大利亚摆脱经济衰退的影响，政权再度易手。

1983 年由工党领袖霍克出任总理。在内政方面，工党政府的政策使经济呈现出稳步发展的势头；在外交方面，工党政府加强了与亚太国家的联系。霍克因此蝉联 4 届总理。之后，霍克又组织了两届工党政府。工党连续执政达 13 年。在 1996 年、1998 年、2001 年和 2004 年的大选中，霍华德领导的执政联盟接连获胜，自由党领袖约翰·霍华德蝉联了四任总理，连续执政近 12 年。在 2007 年的大选中，工党逆转乾坤，赢得大选胜利，工党领袖陆克文出任总理。2010 年，吉拉德接替陆克文成为工党领袖，成为澳大利亚历史上的第一位女总理。2013 年 6 月 27 日，陆克文在工党党首竞选中获胜，再次成为工党新领袖和联邦政府总理。在 2013 年 9 月 7 日的联邦大选中，自由党领导人托尼·阿博特战胜在任总理陆克文，成为澳大利亚第 29 任政府总理，从而终结了工党 6 年的执政历史。

二 主要政党简介

澳大利亚工党 （Australian Labor Party） 工党组成于 1891 年，是澳大利亚最早成立的政党。它强调通过议会斗争来维护工人的利益，得到了中下层劳动者的拥护。起初它的主要支持者来自雇佣劳动者及其工会，后来逐渐成为群众性的党派。工党自建立之初就一直受到工会的较大的影响。工党的许多党员来自工会成员和一些小资产阶级。工会的领导人在工党的党组织机构中一直担任着高级职务。工会的赞助是工党基金的最重要的来源。工党与工会之间的亲密关系在近些年得到进一步的加强。由于各行业工会之间存在分歧，加上工会领导人争权夺利，这也使得工党内部派系林立。工党曾经遭受过 4 次大的分裂，而每一次分裂，都造成工党的长期在野。

一般来说，工党强调民族主义和对外关系的相对独立性，更容易接受对资本主义经济的调节和干预，以维护中下层劳动人民的利益。尽管有一部分人主张将一些工业企业收归国有，但工党的大部分成员远未接受公有制经济。尽管工党也将美国视为澳大利亚最重要的战略伙伴，但它反对一味地追随美国，主张实行相对独立的外交政策。比如惠特拉姆政府并不唯美国马首是瞻，使澳大利亚摆脱了越南战争的泥淖，并对中国采取友好态度，承认了中华人民共和国。为强调澳大利亚的民族特性和对英国的独立性，工党曾鼓动采用新的国歌，但这被随后执政的自由—国家党联盟政府废止了。在内政方面，工党与非劳工政党在许多问题上不存在原则上的差别，而只是程度上的差别。它提倡阶级合作，主张保护民族工业，限制财产集中垄断，保证充分就业，改善社会福利，关心推进社会改革以吸引更多的外国投资。在种族问题上，工党承认土著对一部分土地拥有所有权。在移民政策上，工党不再宣扬对有色人种的歧视。但工党在其建立之后的半个多世纪中，由于受工会致力于反对有色移民劳工的影响，自诩为工人阶级代表的工党一直是"白澳政策"的坚定支持者和实践者。"白澳政策"作为一项国策，它是在联邦建立后由自由党保护关税派提出并正式确立的，但在一定程度上是受工党影响的结果。1912 年，工党在党纲中将"白澳政策"置于首位，关于支持"白澳政策"的内容直到 1961 年才从工党的党纲中删除。[①]

在组织结构上，工党全国代表大会及其执行委员会是最高的权力机构和执行机构，州和地方也成立相应的党组织。在 20 世纪 60 年代之前，工党的权力主要集中在州一级的党组织中。直到 1967 年，全国代表大会还只有 6 个州的党组织各派出的 6 名代表，一共是 36 名成员。那时工党在联邦一级还没有常设委员会，只设置了一个秘书处，秘书处中的全日制工作人员只有 1 人。[②] 自 1967 年后，工党在参众两院的领袖、副领袖成为党的全国代表大会及执行委员会的当然成员。各州工党在州众议院的领袖也是党的全国代表大会的当然成员。这样便逐渐提高了党的全国组织的地位，党的全国代表大会在 1990 年的代表人数已达到 101 名成员。[③] 它们对地方党组织的控制和干预也随之加强。

自由党（Liberal Party） 它是在 1944 年由罗伯特·戈登·孟席斯创立的。由于无法在联邦议会中赢得明显多数，自由党长期与乡村党合作，组成自由—乡村党联合政府。自由党是澳大利亚成立时间仅晚于工党的第二大政党。从该党的发展来看，其名称几度变换，但它善于组织非劳工同盟，能将从工党分裂出来的成员吸纳到本党中来。自由党的前身一直可追溯到 1931 年成立的联合党以及国家党和统一党。

虽然号称自由党，但它是保守派，受到城市中高收入阶层的支持，其中包括白领工人、大企业家和经理。自由党代表自由企业主的利益，支持资本主义经济，主张自由贸易。"在所有的理想中，最令自由党孜孜不倦地追求的始终是'自由经营'的信念。"[④] 自由党反对以牺牲州的代价来扩大联邦的权力，主张发展私人企业，反对国有化。在移民政策上，主张限制有色人种移民，重点吸收经济与技术移民。在对外关系上，追随美

---

① 《澳大利亚百科全书》第 1 卷，第 217 页。

② 《澳大利亚百科全书》第 1 卷，第 217 页。

③ 刘丽君：《澳大利亚文化史稿》，汕头大学出版社，1998，第 49 页。

④ 唐纳德·霍恩：《澳大利亚人——幸运之邦的国民》，上海译文出版社，2000，第 160 页。

国，重视发展与美欧国家之间的关系；维系与英国的传统关系，尊崇英国女王为国家元首，反对改制共和。

在组织结构上，在联邦和州一级设委员会，在地方一级也广泛设置了党的组织。联邦委员会是自由党的最高权力机构，它讨论并决定党的重大问题，修改党的章程，负责选举自由党的联邦议会领袖，决定和国家党的合作程度。为保证在议会选举中的胜利，自由党拥有比工党更强有力的联邦一级的党组织，党的联邦一级组织设有许多规模较大的常设机构。自由党很重视发展青年党员，下设"青年自由党"支部。

国家党（National Party）　国家党是澳大利亚仅次于工党与自由党的第三大政党，其前身是 1920 年成立的乡村党。乡村党代表农村人的利益，实际上以农、牧场主作为社会基础。乡村党最初寻求保护初级农产品的价格，降低运输成本，旨在维护农村人的利益。在 20 世纪上半叶，由于许多人分散在农村，农村人口约占全国人口的 1/4，因此乡村党在联邦选举中能赢得一定的议席。但它在议会中的议席又非常有限，因此乡村党往往乐意在议会中支持自由党，从自由党那儿分得一杯羹。随着农村人口的减少，乡村党的社会基础不断被削弱，其所获选票也在不断减少。1934 年乡村党在联邦议会选举中获得了 16% 的选票，而到 1966 年，当农村人口占全国人口约 1/11 时，它在议会选举中只获得了 8% 的选票。[①] 为扩大它的社会基础，乡村党于 1974 年改名国家乡村党，1982 年改用现名，但这并不能扭转国家党衰退的趋势。因此，"人们在谈到国家党作为一个独立组织的长远未来时，总不免产生相当大的怀疑"。[②] 很多人认为它在将来极有可能与自由党合并。

三　政党制度的特点

澳大利亚虽然除工党和自由党两大政党外，还有国家党、民主党、共产党、绿党（以环境保护为旗帜）等许多党派，但是它们在议会选举中

---

① 《澳大利亚百科全书》第 4 卷，第 284 页。

② 苏珊·班布里克：《剑桥澳大利亚百科全书》，第 153 页。

所获选票太少，很难左右全国政策。澳大利亚的两党制之所以能长期保持稳定，这是由于两党为生存和发展，善于吸收和采纳一些小党的纲领和改革计划。而且澳大利亚的选举制度也有利于维持两党制的稳定结构。澳大利亚选举联邦众议员，采用单一选区胜者得全票的方式。有的小党虽然在选区得到了一定数量的选票，但如果选票没有达到相对多数，那么这些选票就毫无价值。这种选举制度极大地限制和阻挠了第三党的产生和发展。另外，随着竞选费用的增长，竞选已成为一种金钱政治。第三党若没有相当的财力做后盾，获得竞选胜利只能是可望不可即。尽管如此，第三党在联邦政治生活中还是有一定的影响力。第三党的存在，对两党都会产生压力，迫使两党将第三党的合理主张接纳进去，从而推动国内的改革。而且第三党也直接影响着议会选举的结果，尤其是在两党势力旗鼓相当的时候，第三党在平衡党派力量上起着决定性作用。它决定与哪个党派合作，那个党派就能取得议会多数，从而上台执政。

第六节 选举制度

选举是民主制度最普遍的表现形式和最重要的内容，也是把普通公民选择权加以制度化。它是制约政府的最有效的一种政治参与行为，是西方代议制民主的基石。一般来说通过选举，公民可以定期对政府的政策进行评估，表示赞同或反对。对官员的政绩进行考核，从而决定政府的更迭和官员的去留。选举是政府及执政者的合法性的唯一根据，是公民管理国家和监督政府最有效的手段。

一 普选权的实现

澳大利亚是世界上最早实现普选权的国家之一。自 19 世纪 40 年代澳大利亚各殖民区实行责任政府制以来，澳大利亚各殖民区就开始部分实行选举。当时，选民有较多的财产资格限制，选举权主要掌握在有钱人手里，大部分人被排除在选举权之外。在人民的不懈斗争下，澳大利亚资产阶级为缓和各种矛盾，逐步降低了选民的财产资格。选举权不再作为一种特权，而为越来越多的成年男性所拥有。1856 年，南澳大利亚殖民区率先废除对选民的财产和职业资格的限制，给予成年男性以选举权，这对其他殖民区的人民说来是一个巨大的鼓舞，也加快了其他殖民区推行实现成年男性选举权的步伐。在联邦成立以前，澳大利亚的成年男性基本上都拥有选举权。

澳大利亚妇女获得选举权的时间比男性要晚一些。19 世纪 50 年代的淘金热之后，移民家庭大量增加。因缺乏劳动力，许多妇女走上了生产一线，这大大提高了她们的社会地位。妇女开展争取自身权益的运动也得到了广泛的同情和支持。1894 年，南澳大利亚殖民区妇女在澳洲大陆率先获得选举权和被选举权。根据 1900 年联邦宪法关于各州有权选举州议会议员的选民也有权选举联邦议会议员的规定，南澳大利亚州的妇女率先获得了联邦议会的选举权和被选举权。其他各州妇女赢得联邦议会议员选举权和被选举权的时间分别为：新南威尔士，1902 年、1918 年；维多利亚，1908 年、1923 年；昆士兰，1905 年、1915 年；西澳大利亚，1899 年、1920 年；塔斯马尼亚，1903 年、1921 年。[1] 澳大利亚因此成为世界上最早给予妇女选举权的国家之一。

土著居民在联邦成立之后的半个多世纪里都没能享有选举权。联邦宪法中有两处条文涉及土著人：宪法第 51 条第 26 款规定，议会有为土著人以外的其他居民制定法律的权力；宪法第 127 条规定，澳大利亚在统计人口时，将亚洲、太平洋诸岛血统的人和土著人排除在外。宪法将土著事务留给各州处理，仅仅是因为许多人认为，政府的种族隔离政策很快就会使土著部落灭绝。"即使最有预见力的政治家也没有预料到为一个行将灭绝的种族制定特别法律的必要性。"[2] 1902 年的《联邦选举权条例》规定，不得将土著人的姓名列入选民名册。[3] 这些歧视性的规定遭到了土著人的

---

[1] 《澳大利亚百科全书》第 4 卷，第 469 页。

[2] 威廉·利文思顿：《第一次世界大战以来的澳大利亚、新西兰和太平洋岛屿》（*Australia, New Zealand and the Pacific Islands since the First World War*），得克萨斯大学出版社，1979，第 153 页。

[3] 曼宁·克拉克：《澳大利亚简史》上册，第 326 页。

反抗，也引起了许多国际进步人士的抨击。为维护自己的声誉，澳大利亚政府转而对土著实行同化政策，让土著人享有与其他澳大利亚人同等的权利。1949 年 3 月通过的《联邦选举权条例》，赋予新南威尔士州、维多利亚州、南澳大利亚州和塔斯马尼亚州的土著人以选举权，1962 年又将选举权扩及其他地区的土著人。1967 年 5 月，澳大利亚删除了宪法中歧视土著人的条款。至此，土著人的选举权才有了法律保障。

在 20 世纪 70 年代之前，成年公民是指年龄在 21 岁以上的人。1970 年西澳大利亚州给 18 岁以上的人以选举权。这一举措在 1974 年为联邦和其他各州所采纳。

据澳大利亚法律规定，本国 18 岁以上的成年公民全都享有选举权。英联邦国家的公民在澳大利亚连续居住 6 个月，在某个州连续居住 3 个月，在某个选区连续居住 1 个月，即享有选举权。精神病患者及因触犯法律被判刑 1 年及 1 年以上的人没有选举权。至于候选人，除具备选民资格外，还要求在澳大利亚至少居住 3 年以上。

在实现普选制的过程中，澳大利亚的选举形式经不断调整而渐趋完善。在 19 世纪 40 年代，澳大利亚采纳了英国的选举制度，包括公开投票和复票制。公开投票需要在选票上署名，不能使选民真实地表达自己的意愿，因此遭到许多人的批评。在 19 世纪 50 年代，维多利亚、南澳大利亚和新南威尔士 3 州相继颁布选举法，实行秘密投票，即选民在选票上不必署名，填写的选票不向他人公开，并亲自将选票投入票箱。秘密投票较公开投票无疑是一个巨大的进步，有利于选民不受外界干预，能更真实地表达选民的意愿。秘密投票方式由澳大利亚在世界上率先实行，于 19 世纪 70～80 年代相继为新西兰、英国、加拿大、比利时、美国所采用。[1] 复票制是指选举人如占有一定数量的财产和达到一定的学历，在一次选举中就可以投两张票，直到 19 世纪 90 年代，复票制在澳大利亚还相当流行。这种不平等的选举资格也经常遭到批评。1901 年，联邦政府成立后，规定在选举联邦议会众议员时，实行一人一票、一票一值的原则。

---

[1] 《澳大利亚百科全书》第 1 卷，第 252 页。

在澳大利亚，公民主要是通过选举代表这种间接民主的形式来影响政府决策，偶尔也会采用公民表决这种直接民主的形式来表达自己的意见。公民表决是指选民可以就政府提交给他们的法案进行表决。在联邦成立之前，新南威尔士殖民区于19世纪上半叶就禁酒问题举行过全民公决。[①]各殖民区曾于1899年和1900年就是否赞成联邦宪法举行过全民公决。新南威尔士州曾于1903年、1933年、1967年、1978年举行过全民公决。[②]澳大利亚联邦宪法第128条规定，宪法修正案经参众两院通过后，还须提交公民表决。只有在获得双重多数——选举人多数票以及联邦选举区多数票，即获得全体选民50%以上的支持及在全国6个州至少有4个州的选民的赞成票在50%以上，宪法修正案才能获得批准。截止到当前，澳大利亚曾提交40多条宪法修正案让公民表决，只有8条获得通过。最近的一次公民表决是在1999年11月7日，澳大利亚联邦就维持君主制还是改制共和进行公民表决，但多数人还是拒绝了共和制。

从以上我们可以看出，澳大利亚普选权的确立，大致经历限制选举权、放宽选举权和实现普选权三个阶段。总的趋势是：从限制选举到普遍选举，从复票选举到平等选举，从公开投票到秘密投票。普选权的实现既化解了矛盾，巩固了资产阶级的统治，它也使公民参政成为可能，便于更好地维护大众的利益。

二　选举制度的特点

澳大利亚的选举制度比较完备，它使得澳大利亚的权力转移能有序地进行，有利于政局的稳定。澳大利亚的选举制除遵循广泛、平等的一般原则外，还具有以下特点：

（1）强制性选民登记和投票原则。该原则自1915年起在昆士兰州开始实行。澳大利亚建国后不久，人们对政治的兴趣逐渐淡漠，在1922年

① 《澳大利亚百科全书》第4卷，第16页。
② 《澳大利亚百科全书》第5卷，第194页。

的大选中投票率明显下降，去投票人数的只占选民的57.95%。① 这种状况使联邦政府非常震惊。为提高人们的政治参与程度，让选民关注国家的福祉，联邦政府开始效法昆士兰州，对不参加投票的选民进行处罚，因此澳大利亚的选民投票率约在90%以上。如果选民因生病离投票地点较远不能在选举日到指定地点投票，他可提前投票，或通过邮寄方式投票。② 但对土著居民来说，他们可以不进行选民登记，否则就必须参加投票。全国约有70%左右的人赞成强制性选民登记和投票原则。③

（2）替代性选举原则。该原则于1892年由昆士兰殖民区率先实行。选民在选票所列候选人的姓名前书写1、2、3等数码，以标识自己对候选人的选择次序。在计票时要按候选人的得票次序统计。在以第一提名顺序计票时，如无人获半数，那么得票最少的人被首先淘汰出局，但不能因此而忽视那些提名该出局者的选民的意志，因为选民在选票上标识了替代性的第二候选人。第二候选人的选票加上其在前一轮的选票即为他在第二轮计票时所获票。如仍无候选人获半数选票，则按上述方法进行计票，直至产生出票数过半数以上的候选人。假如在一次有100个选民参加投票的选举中，从3个党的候选人中竞选1名，工党、自由党和国家党候选人的第一提名票分别为45、40、15。那么，国家党的候选人在第一轮中遭淘汰，然后再就这15张选票来查看第二替代人，如工党候选人在其中为4票，自由党候选人为11票，那么，第二轮的计票结果是：工党和自由党的候选人所获选票分别为49和51。那么，自由党的候选人就得以当选。替代选举原则比起胜者得全票制更能反映选民的意志，因此在各种选举中被广泛采用。

（3）在计票方式上，实行多数代表制和比例代表制相结合。在联邦众议员的选举中，实行多数代表制，即每个州根据人口划分单一选区，在每个单一选区内只有1个代表名额，在该选区获得相对多数即可当选。这

① 戈登·格林伍德：《澳大利亚政治社会史》，第395页。
② 《澳大利亚百科全书》第2卷，第347页。
③ 唐·艾特肯：《澳大利亚政治的稳定及其变动》（Don Aitkin, *Stability and Chang in Australian Politics*），纽约，1977，第31页。

种制度对大党有利，可以保护和巩固它的地位。这对实行内阁制的澳大利亚来说，也有利于政局的稳定。但多数代表制也有它的弊端，不能如实反映国内政治力量的对比，因为候选人所获选票如果没有达到50%，这些选票就毫无价值。为弥补这个缺陷，在参议员选举时，采用比例代表制，各州按各政党所获选票在总票数中的比例分配议席，它使得小党在两大党的夹缝中能有一定的生存空间。

三　联邦大选

在各类选举中，联邦大选（众议院议员选举）最令人瞩目，因为哪个党或政党联盟在众议院中占据优势，他或他们就拥有组阁执政的权力。因此，联邦大选中的竞争往往异常激烈。各党都组织起庞大的竞选班子，向选民展开强大的舆论攻势，宣传其未来的施政纲领，并许下种种动听的诺言，争取选民投他们的票。各党还展开唇枪舌剑，大力宣扬本党的政绩，并拿对方的劣势大做文章。执政党还可以选择对它有利的时机，在届满之前提前大选。

1998年联邦大选　1998年8月，澳大利亚总理霍华德在任期届满前半年就宣布解散众议院，提前举行大选。竞选中，自由党－国家党联盟打的是经济牌，强调执政两年国库扭亏为盈；国家经济抵御了亚洲金融风暴的冲击。联盟党打出的另一张牌是"税改"牌，提出削减所得税和开征消费税的税改方案。在亚洲金融危机对澳大利亚的负面影响尚未充分显示出来之前，提前进行联邦大选，对执政的联盟党有利。

工党则采用"避实击虚"的策略，有意将选民的注意力引向联盟党任内不成功的就业问题，同时提出加大公共建设拨款，实行以工代赈解决失业问题的方案。工党还拿联盟党的"税改"方案开刀，提出联盟党的措施是劫贫济富，消费税的增加只会使普通公众的实际生活水平下降。工党还指责联盟党政府对种族主义行为过于迁就，以及联盟党削减教育经费、降低医疗福利。这些都使得工党的支持率有所上升。

1998年10月4日，澳大利亚全国举行投票。联盟党虽取得众议院148个议席中的78个议席，以微弱优势取胜，但与上次联邦大选相比，它在众议院的主导地位（90 个议席）已不复存在。工党虽败犹荣，取得了 70 个议席，在保住原有议席的基础上又增加了 17 个议席。这种结果在很大程度上是因为联盟党在税制问题上的失策及工党的竭力抨击所造成的。

2007 年联邦大选　澳大利亚联邦大选于 2007 年 11 月 24 日举行，连续四次胜出的自由党－国家党联盟和反对党工党在本次大选中争夺众议院多数席位。68 岁的自由党领袖、现任总理约翰·温斯顿·霍华德（John Winston Howard）与时年 50 岁的工党领袖陆克文（Kevin Michael Rudd）展开竞争。

执政的两党联盟以经济发展为出发点谋求再次连任。但在恶化的经济形势面前，对经济的强调却使霍华德在竞选中处于更加不利的位置。另外，审计部门在选举期间公布了政府管理项目基金不善的报告，也颇让霍华德难堪。随着大选的临近，执政的两党联盟潜伏的内部权力斗争也逐渐表面化。这些实际上都成为霍华德竞选的不利因素。

工党刻意标新立异。陆克文以政坛新面孔以及不同于当局的新政策主张，赢得了选民的青睐。工党承诺在获胜后，将立即签署执政联盟不肯签署的《京都议定书》，着手从伊拉克撤军，加强技术工人培训，加强医疗福利建设，扩大医疗保障的范围与程度，加强工会在工资谈判中的作用。陆克文还主打"中国牌"，强调加强中澳经贸文化交流。陆克文最终在大选中获胜，与居住在澳大利亚的 80 万华人华侨的全力支持是分不开的。工党还批评执政联盟高额项目预算助长通货膨胀和利率攀升。陆克文还巧妙地利用网络，赢得了年轻人的广泛支持。

澳大利亚大选投票于 2007 年 11 月 24 日当地时间上午 8 时开始。全国 1360 多万名合法选民陆续在 7723 个投票站进行投票。1421 名候选人竞选众议院的全部 150 个席位和参议院 76 个席位中的 40 个席位。当地时间下午 6 点，澳大利亚联邦大选投票结束。统计显示，工党赢得了众议院全部 150 个席位中的至少 80 席，超过组建政府所需的 76 席，身为工党领袖的陆克文成为新一任澳大利亚联邦政府总理。

2013 年联邦大选　2013 年 6 月 27 日陆克文在工党党首会议上胜出，

取代吉拉德成为澳大利亚总理。8 月 4 日，总督在陆克文总理的建议下解散国会，并共同宣布将于 9 月 7 日举行联邦大选。工党和联盟党紧锣密鼓，积极展开了竞选。

　　在竞选中，两党就选民关心的经济、失业和移民问题提出了各自的纲领。陆克文着力宣传其经济刺激和社会保障计划，承诺若连任成功，将提高社区服务水平，加强年轻人就业培训，拨款支持汽车制造业，建设北领地经济特区等。而艾博特则集中火力攻击执政党失败的经济政策，打出"变革"和"稳定"的口号来吸引选民，提出要削减公务员，建立小政府，取消碳税，终止赤字财政，阻止偷渡船。在外交方面，陆克文与阿博特不约而同主打"对华经济牌"。工党的竞选策略明显缺乏新意，再加上党内派系斗争，使工党在部分民众中失去信誉。大选前的多次民意调查显示，反对党领袖阿博特所领导的联盟党占有优势，而陆克文所在的工党则选情堪忧。

　　2013 年 9 月 7 日，澳大利亚联邦大选投票在全国 150 个选区展开，约 1470 万选民参加了投票。据澳大利亚选举委员会数据显示，共有 1717 名候选人参选，其中 529 人角逐 40 个参议院席位，1188 人竞争 150 个众议院席位。投票结果显示，阿博特领导的联盟党赢得众议院 150 席中的 90 席，而工党仅获 55 票。反对派领导人阿博特战胜了现任总理陆克文，成为澳大利亚第 29 任政府总理，从而终结了工党 6 年的执政历史。

第四章

经　济

第一节　概述

一　经济发展简况

澳大利亚是一个后起的发达资本主义国家。从1788年英国向澳洲移民到19世纪末，其经济活动主要是以农牧业和采矿业为中心进行的。1901年澳大利亚联邦建立以来，交通运输业、通讯业和制造业逐步发展起来，但直至20世纪中期，农牧业和采矿业仍是澳大利亚国民经济的支柱。第二次世界大战后的50~60年代，澳大利亚经济取得了迅速发展。澳大利亚政府依靠出口初级产品积累的资本和高关税的保护，积极发展制造业，以取代部分进口产品，制造业在国内生产总值中的比重从战前的不足20%上升至60年代末的28%以上。在60年代，澳大利亚采矿业的迅速发展，给国民经济注入了新的活力。国际财团和本国资本相继投入大量资本进行勘探和开发，出现了"矿业景气"，澳大利亚一跃成为世界主要采矿国。随着经济的发展，澳大利亚的经济结构发生了重要变化，其主要特征反映在服务业的兴起上。至21世纪初，澳大利亚服务业已占国民生产总值的80%。

据澳大利亚统计局的数据显示，2008年，澳大利亚国内生产总值达到10342亿澳元，人均国内生产总值为47910澳元；2011年，国内生产总值增加到了14915亿澳元，居世界第13位，人均国内生产总值为66333

澳元，居世界第 7 位。

从 20 世纪 70 年代中期至 90 年代初，澳大利亚曾发生两次严重的经济危机。经济低速增长，出口竞争力下降，国际收支恶化，失业率较高。澳大利亚政府对经济进行了重大的结构性调整，取得了一定的成效。1983年起，澳大利亚政府实施重大经济改革，包括放宽经济管制，实行浮动汇率，逐步降低进口税率和扩大对外开放等，从而推动了澳大利亚服务业的迅速发展，商品与服务的出口也急剧增长。80 年代澳大利亚经济增长率为 3.4%，高于 70 年代的 3%；90 年代则达到 3.7%，又超过了 80 年代的 3.4%。① 90 年代中期以来，由于西方国家经济复苏和亚太地区经济高速发展的推动，澳大利亚的经济持续增长，1997/1998 年度保持在 3.75%左右的增长速度。②

2000 ~ 2008 年，澳大利亚经济增长率年均为 3.11%，而同时期美国的经济平均增长率为 2.39%、英国为 2.52%、日本为 1.46%，同时远远超出经济合作与发展组织（OECD）成员年均 2.39% 的增长水平。③ 2008年美国次贷危机爆发，世界及主要发达国家的经济增长率放缓甚至出现负增长，而澳大利亚在 2009 年仍能保持 1.29% 的经济增长率，2010 年又达到了 2.7%。

二 经济改革与结构调整

在 20 世纪的大部分时间里，澳大利亚的经济是在高度的工业保护体制下运行的，政府对经济管理实行了有力的干预。同时，由于经济结构和产业结构的不合理，国内市场狭小，大多数产业没有达到规模经济，生产效率低下，制造业产品缺乏国际竞争力，而出口大部分依赖初级产品，澳大利亚的对外贸易曾出现过长时间的滑坡，在 80 年代中期以前的 25 年中，下降了 30% 以上。

---

① 联合国：《统计月报》。
② 《世界知识年鉴》（1998/1999），世界知识出版社，2000，第 901 页。
③ 黄梅波、魏嵩寿、谢琪：《澳大利亚经济》，经济科学出版社，2011，第 37 页。

从 70～90 年代，澳大利亚进行了产业结构改革，其主要目标是工业生产由内向型向外向型转变；产业结构由多元化向专业化转变。

80 年代以来，澳大利亚政府将经济政策的着眼点放在使本国市场与全球经济的结合上，将本国的工业置于国外竞争的压力之下，对经济结构和产业结构进行了重大的调整与改革，加大了对制造业的投入，力求使制成品结构合理化，并调整了工业地区分布和企业组织，取得了明显的成效。澳大利亚经济变得更趋于外向型，贸易面向亚太地区，实现了多元化。服务业蓬勃发展，制造业不断调整，经济结构发生了很大的变化。对传统的农产品出口创汇的依赖大大减少，工业制成品的出口不断增加，在对亚太地区的贸易增长中，复杂工业制成品的比重越来越大。

澳大利亚的企业已普遍接受了来自国际市场改革和竞争带来的激烈挑战，适应了政府减少保护的产业政策。在 70 年代初期，发达国家中仅有新西兰的关税高于澳大利亚。尽管高关税使经济多样化得以发展，但大多数制造业却因此缺少国际竞争力。澳大利亚消费者买到的常常是质次价高、技术水平低的产品。为此，澳大利亚联邦政府于 1988 年和 1991 年宣布降低关税，提出了一项至 90 年代中期逐步降低关税的计划。至 1996 年，除汽车、鞋类、服装和纺织品外，其他产品的关税平均降至 5% 左右。到 90 年代末，上述四类产品的关税逐步降至 15%～25%。低关税和其他鼓励竞争的新产业政策，促使澳大利亚制造业在国内和国际市场上变得更具竞争力。现在，澳大利亚企业越来越关注通过采纳诸如质量管理体制、合格证、技术改造和向国际最高水准的工艺、产品和发明创造学习等途径，获得具有竞争力的质量和价格。在政府控制的企业里，也在推进旨在提高生产力和竞争力的私有化或集团化。改革取得了显著成果，使澳大利亚的服务业和制造业的出口取得了快速持续增长，减少了长期以来对初级产品出口的依赖。

80 年代中期，澳大利亚还对公路和铁路的基础设施，主要机场、港口和码头的运营，以及通讯服务领域，进行了重大改革。在供水和建立全国天然气和电力服务市场方面的改革也在进行。这一系列的微观经济改革，改善了澳大利亚的商业环境，降低了向商业界提供的服务成本，扩大了服务领域，提高了服务质量，从而从整体上提高了澳大利亚经济的劳动生产率和竞争力。

金融体制改革也是澳大利亚经济改革的重要内容。80 年代中期以来，澳大利亚放松了对金融体制的管制，使金融机构更加适应消费者和商业界的需求。

在改革之前，政府控制银行存款和贷款的利率，限制借贷数额，规定优先贷款的项目；以行政手段，而非通过市场决定价格的机制，定量发放信贷。对金融机构的管制限制了它们将资金发放给那些回报率最高的用户的能力，从而形成整体经济中的资金配置不良，外国银行被大量拒之门外，银行间的有效竞争范围狭小等状况。

1983 年澳大利亚对澳元实行浮动汇率，取消了所有的实质性汇率管制和对外国投资的限制，使澳大利亚的市场向国际市场敞开了大门。放松金融管制导致了信贷能力的迅速扩大，增强了与外国银行的竞争能力。

产业结构的调整和国际竞争能力的增强，都需要提高劳动者的素质和技能。因此，自 90 年代以来，澳大利亚还进行了劳动力市场的改革，其目标是促进经济竞争能力和随着市场更加开放而相应地调整机构设置。这一改革还包括鼓励企业内部的协商，采取更灵活地确定工资额的办法。

第二节 经久不衰的农牧业

一 传统的养羊业

在相当长的一段时期内，澳大利亚的主要经济部门是养羊业。澳大利亚所产羊毛和出口羊毛的数量居世界第一位。因此人们把澳大利亚称为"骑在羊背上的国家"。

第二次世界大战后，澳大利亚的经济结构发生了深刻变化，经济优势开始从畜牧业向工矿业转移，但它仍然是世界上最大的羊毛生产国和输出国。人们很难想象，在 200 多年前广袤的澳洲大陆上，根本没有羊的踪影。1788 年 1 月，英国的菲利普船长初来澳洲时带去了 29 头欧洲绵羊，这块大陆才第一次有了羊。但由于不适应澳洲的自然条件，羊难以存活，只好宰了吃掉。

1797年，富有开拓精神的新南威尔士保卫队中尉约翰·麦克阿瑟在澳洲引进了世界名种西班牙的美利努羊。这种羊在多雨潮湿的英国易患烂脚病，但到了干旱的澳大利亚却不治而愈，加上这里有丰富的牧草和富有矿物质的水源，使美利努羊很快繁衍。

1801年，麦克阿瑟因和一位船员决斗，被送回英国军事法庭审判。但他带了羊毛样品，抓住机会说服了国务大臣卡姆登伯爵，使他相信在澳洲生产细羊毛可大获其利。卡姆登伯爵命令金总督在悉尼西南授予麦克阿瑟1万英亩土地，并拨派30名罪犯为其放牧羊群。澳洲养羊业由此开始兴起。当时正值英国工业革命时期，毛纺业对细羊毛的需求急剧增长，在客观上刺激了当时作为英国殖民地的澳大利亚的养羊业。养羊业的迅猛发展，使羊毛成了澳大利亚的主要出口商品和经济命脉。1810年澳大利亚出口羊毛167磅；1821年增长了1000倍，为175000磅；1830年达到200万磅；1849年又猛增至500万磅，约占英国进口羊毛总量的一半。19世纪中期以后，经过不断改良品种，澳大利亚的养羊业发展更快。1861年已有绵羊2098万头，羊毛产量6700万磅。1881年为6509万头。1891年达到了10642万头，羊毛产量为63404万磅。[①] 目前，澳大利亚的养羊业大体分布在3种地带：半干旱地区，包括昆士兰州、南澳大利亚州、西澳大利亚州和新南威尔士州的内陆地区；介于上述半干旱地区和海岸之间的养羊区；高降雨区，包括塔斯马尼亚州、维多利亚州的大部和大陆西海岸。

澳大利亚养羊业的迅速发展，除得益于有利的自然条件外，主要是依靠科学研究与改善管理、农业机械化、改良草场和改良品种。澳大利亚政府十分重视畜牧业的科学研究和应用先进技术。在联邦科学及工业研究组织所属的37个科研单位中，从事畜牧业研究的就有6个。许多大学中也有专门的畜牧业研究机构。西澳大利亚大学研制成功了世界上第一个全自动的剪羊毛机器人，剪一头羊的羊毛仅用4分钟，效率相当于一个熟练工

---

① 黄鸿钊、张秋生：《澳洲简史》，香港开明书店，1993，第79页。

人的两倍。研究人员还制成了一种测量羊毛长度和强度的自动监测器。这种仪器使用光电管，装有电动延伸装置，内有传递器、喷气器和感应天平，每6秒钟就能测量一捆羊毛的长度和强度。经科研人员多年努力，澳大利亚还培育出专门生产粗毛、中毛和细毛等不同品种的美利努羊。

经过100多年的发展，澳大利亚的养羊业已饮誉世界，20世纪90年代以来，澳大利亚羊毛产量始终位居世界第一。1990年羊毛产量为110.2万吨，占世界羊毛总产量的32.92%；1992年为106.61万吨，占世界的33.02%，是20世纪60年代以来的历史最高。但近年来，持续的干旱对养羊业产生了不利的影响，加之前期羊毛价格的低迷，澳大利亚羊毛业开始萎缩，2003年、2004年和2005年分别降到55.11万吨、50.88万吨和50.88万吨。与2006年相比，2007年羊毛产量下滑了8%，为30.05万吨。2012年澳大利亚羊毛产量为34.5万~35万吨，与2011年基本相同。

作为澳大利亚的支柱产业之一，澳大利亚的羊毛产量约占世界总产量的1/4~1/3，其出口创汇占全澳出口创汇总额的10%以上。20世纪90年代以来，澳大利亚羊毛产量的75%以上用于出口，出口品种以原毛为主，占其出口总量的82.29%。1990~2004年，澳大利亚羊毛年均出口46.59万吨，占世界的63.71%。从出口流向来看，20年前，澳大利亚羊毛主要出口到日本、前苏联和西欧。21世纪以来，澳毛的主要出口市场是亚洲，来自中国大陆、日本、印度以及中国台湾的需求显得日益强劲。在羊毛进口数量和金额方面，中国位居榜首。

二 以小麦为主的种植业

小麦是澳大利亚最重要的粮食作物，在澳大利亚的农业中占有举足轻重的地位。澳大利亚各州的气候和土壤条件都适于种植小麦，小麦种植区主要分布在澳大利亚东南和西南300~600毫米的降雨带。澳大利亚小麦产量的高低在很大程度上要依赖于4月至9月间降水量的多少，2010/2011年度，澳大利亚的小麦产量达到2790万吨，创下历史最高值。[①]

---

① Australian Government, *Australia's Agriculture, Fisheries and Forestry at a Glance* 2012.

澳大利亚是世界小麦的主要出口国，在世界主要的小麦出口国中居第四位，仅次于美国、欧盟和加拿大。2009 年，澳大利亚 80% 的小麦用于出口。澳大利亚小麦的主要出口市场是日本、韩国、印度和埃及，比较稳定的销售市场包括中东地区、东南亚地区和南太平洋岛国。

由于小麦是澳大利亚重要的出口产品，澳大利亚政府早在 1939 年 9 月就成立了小麦局，作为对内收购、对外销售小麦的唯一法定管理机构。小麦局的主要职能包括：（1）为小麦生产者筹措资金、提供贷款、进行价格管理，对小麦生产者实行最低价格保证和利润保证，维护其利益；（2）制定小麦的质量标准，维护出口信誉；（3）采取多种销售方式，以保证小麦顺利销售，同时保证国际市场的需要。澳大利亚政府通过立法规定，小麦生产者生产的小麦除少量留作种子和饲料外，其余都要送到澳大利亚小麦局。在国内出售的小麦约占总销售量的 20%。出售分为人消费用粮、工业用粮和牲畜饲料 3 种情况。人消费用粮的出售价格由立法规定，而工业用粮和牲畜饲料的出售价格则由小麦局负责制定。

澳大利亚极为重视对小麦种植与加工的科研工作。各州都在积极进行培育和推广小麦优良品种的试验。各州还设有一个由小麦培育专家、谷物化学家、农艺家、磨粉师、面包师和澳大利亚小麦局的代表组成的小麦咨询委员会，每年根据试验所得的数据资料公布小麦优良品种。除优良品种的培育外，小麦的科研工作还包括土壤研究、农艺学、植物生理学、病虫害防治、贮存及经济学等有关领域。

除小麦外，澳大利亚的主要农作物还有甘蔗、大麦、燕麦、高粱、玉米等。澳大利亚是世界上最大的甘蔗生产和蔗糖出口国之一。它的蔗糖生产约有 95% 产自昆士兰州。昆士兰州政府向种植者分配配额，以控制原糖生产，根据国内外市场的需求，与澳大利亚西斯尔有限公司和米乐群糖业有限公司就加工、供销和分配等问题签约。澳大利亚原糖出口占其年产量的 75%，主要出口市场是日本、加拿大、韩国、马来西亚、中国、美国和新加坡。2002 年以来，由于世界糖价下跌、气候干旱等原因，澳大利亚产糖量持续下滑。1997/1998 年度，澳大利亚产糖量为 560 万吨，而到 2010/2011 年度澳大利亚产糖量则降到 360 万吨。

大麦是澳大利亚仅次于小麦的重要农作物，主要用于麦芽酿酒和饲料，2010/2011 年度澳大利亚大麦的产量为 810 万吨，其中大约 35% ~ 40% 用于酿酒。澳大利亚平均每年有 63% 的大麦用于出口。燕麦为澳大利亚第三大农作物，3/4 作为粮食和饲料在国内销售，1/4 用于出口。2010/2011 年度澳大利亚燕麦产量为 114 万吨。澳大利亚也种植水稻，主要种植区是新南威尔士南部。澳大利亚水稻产量在 2000/2001 年度为近 10 年来最高峰，达到 160 万吨，但此后由于水利灌溉等原因，水稻产量持续下降，在 2007/08 年度，水稻产量仅为 2 万吨。部分大米出口巴布亚新几内亚等南太平洋岛国。澳大利亚还种植棉花和豆类作物，产品自给有余，略有出口。

第三节　战后崛起的工矿业

一　异军突起的制造业

第一次世界大战时期，澳大利亚开始发展制造业。二战之前，澳大利亚的制造业已有一定的基础。二战期间，制造业受战争的刺激得到进一步发展，同时澳大利亚政府实行全面进口替代政策，为建立多样化的制造业创造了条件。20 世纪 60 年代，澳大利亚制造业在经济结构中比重一直维持在 28% 左右，新兴的行业如纸及纸浆生产、化学品制造、石油炼制、汽车及零部件生产、金属制品业等都相继兴建起来。到了 70 年代初，澳大利亚已经建立了门类比较齐全的制造业体系。但 20 世纪 70 年代以后，由于劳动力生产成本的急剧上升、澳元升值、与其他国家生产率差距的拉大以及 1973 年大幅度削减 25% 的关税，制造业的重要性急剧下滑，制造业的产出占国内生产总值的比重已从 60 年代末的 28% 降至 1980 年的 20%，1995/1996 年度更降至 15%，[①] 到 21 世纪初仍未出现好转。

---

① 澳大利亚统计局：《澳大利亚年鉴 1997 年》（Australian Bureau of Statistics, *Year Book Australia 1997*），堪培拉，1997，第 455 页。

2009 年，澳大利亚制造业的产值约占国民生产总值的 10.29%。现在，澳大利亚制造业，包括先进制造业，已成为澳大利亚国民经济的三大支柱之一。2010～2011 年，制造业收入占澳大利亚行业总附加价值的 8.3%，达 1080 亿澳元。2010 年，澳大利亚制造业外国直接投资额达 880 亿澳元。

在 21 世纪的最初 10 年间，制造业中不同的产业部门有不同的绩效表现。总体来看，金属产品制造业，机械设备制造业，食品、饮料和烟草制造业是澳大利亚贡献最大的三大制造业行业。在 2009 年，金属产品制造业约占澳大利亚制造业总值的 24.8%，食品、饮料和烟草制造业约占 19.76%，机械设备制造业约占 19.22%，石油、煤炭、化工及相关产品制造业约占 16.4%。[①]

由于澳大利亚注重环境保护，拥有丰富的清洁水，它的食品加工业是制造业中的最大部门。澳大利亚生产的食品除供应国内市场，还向国外出口，2009/2010 年度，澳大利亚食品和饮料加工业总产值约为 197 亿美元，占国内生产总值的 1.8%。2010/2011 年度，澳大利亚的食品出口额为 271 亿美元，占该年度澳大利亚商品出口总额的 11%。纺织品、服装和鞋类则是澳大利亚制造业中最小的部门，1988/1989 年度产值为 92.66 亿澳元，占该年度制造业总产值的 6%。

澳大利亚的化学和塑料制品工业发展较快，它主要生产石化产品、肥料、塑料制品、农用化学品、药品、油漆、肥皂、橡胶制品、水泥制品和玻璃制品等。全国共有企业约 400 家，职工 11.5 万人，营业总额为 250 亿澳元。

钢铁、汽车、电器和电子工业在制造业中占有重要的地位。澳大利亚最大的布罗肯希尔控股公司是钢铁生产的主要企业。澳大利亚的钢铁产品包括钢板、钢坯、结构型钢、钢轨、钢条、钢丝、涂层和无涂层薄钢板及马口铁等。1994～1995 年的粗钢产量达 800 万吨。在汽车工业方面，1995 年澳大利亚共销售客车 327180 辆，小型卡车 48204 辆，面包车

---

① 黄梅波、魏嵩寿、谢琪：《澳大利亚经济》，经济科学出版社，2011，第 70 页。

13846 辆，载重汽车 11653 辆，公共汽车 2121 辆。汽车工业的出口总值（包括汽车部件）约达 15 亿澳元。[①]

信息工业是澳大利亚发展最快的部门之一。1996 年信息技术市场的营业额为 230 亿澳元。[②] 澳大利亚计算机科学公司是澳大利亚信息行业中一家拥有 118 亿澳元资产的技术公司，它在经过 20 余年的稳定发展后，1993 年公司的利润已达 1.2 亿澳元。澳大利亚计算机软件的开发已日益为世界所瞩目，澳大利亚的信息工业已成为跨国公司渴望投资的场所。

澳大利亚的航天工业和造船工业也具备一定的优势。航天工业的特点主要是利用外国技术为本国服务，其具体做法是澳大利亚公司从海外获得许可证后在国内生产，在生产中创新。其结果是许多澳大利亚自行设计的产品和工艺程序获得了海外执照。澳大利亚约有 80 家与航天工业有关的公司，雇用人数约 1.2 万人。它们主要从事设计、制造和组装航空平台和飞机部件，以及飞机的发动机、机身和控制系统的检修和保养，其年营业额为 12 亿澳元。虽然这一交易量还不到该国制造业产出的 1%，但该行业的出口值却占全国高级制成品出口总值的 8%。澳大利亚的造船工业正处在迅速发展之中，能建造从小型到中型船舶，包括小型贸易船和特种船，如高速渡轮、豪华游艇、石油钻塔服务船和挖泥船等，年出口创汇达 3 亿澳元。

尽管战后澳大利亚的制造业取得了长足的发展，但还存在一些问题有待解决和调整。如在制造业中，初级产品简单加工的行业所占比重较大，而高附加值的技术密集型行业的比重过小；制造业分布不平衡，许多企业集中在各州的首府和少数中心城市；小企业过多，制造业中约有 98% 是小企业，其中许多是不足百人的小厂；制造业长期在高保护政策下求生存、求发展，影响了竞争力的提高。此外，澳大利亚人口较少，国内市场容量有限，许多产品又因成本较高而难以进入国际市场，导致制造业的许多产品不能进行大规模生产，取得规模经济效益。因此，从 20 世纪 80 年

---

① 澳大利亚驻华使馆：《澳大利亚概况》，第 74 页。
② 澳大利亚驻华使馆：《澳大利亚概况》，第 73 页。

代中期开始，澳大利亚制造业的政策导向开始发生转变。为了培养国际竞争力，1974 年恢复的进口配额被关税取代，且关税也在逐渐降低。据统计，澳大利亚制造业平均有效保护关税从 80 年代早期的 25% 下降到 2000 年的 5%。[①] 另外，90 年代初以来，澳大利亚政府拿出大量资金资助制造业的发展，并拨款用于制造业的技术开发，加速产业结构调整和经济体制改革。

二 迅速发展的采矿业

澳大利亚是世界上矿产和能源的主要生产国和输出国之一。澳大利亚的采矿业发展较早，从 19 世纪 50 年代的"淘金热"算起，已有 100 多年的历史。至 20 世纪中期，特别是 60 年代以来，澳大利亚的采矿业获得迅速发展。

澳洲大陆蕴藏着十分丰富的矿产资源。全国约有各种矿藏 80 多种，其中储量丰富的就有 20 余种。从 20 世纪 50 年代初期起，许多勘探公司在西部为主的地区陆续发现了几十处各类金属的重要矿脉。60 年代大量矿藏的发现使澳大利亚人欣喜异常，以至于他们后来在描述这段历史时使用了"最大的好运"（the greatest good fortune）、"最激动人心的发现"（the most exciting finds）等词句来加以形容。这种欣喜是可以理解的，因为当时澳大利亚传统的羊毛业正面临困境，而陆续发现的丰富的优质煤、铝土矿、铁、铜、镍和铀矿与先进的开采、冶炼技术相结合，使澳大利亚的采矿业进入了世界先进行列。

目前，澳大利亚的采矿业在国民生产总值和出口总值中的地位日趋重要，从 1982 年以来已超过了传统的农牧业。在单项出口产品中，煤和铁矿石的产值已分别上升到第一和第四位。"矿车"逐渐取代了"羊背"，澳大利亚则开始被称为"坐在矿车上的国家"。

澳大利亚是世界上第二大铁矿石出口国。1963 年以来，澳大利亚发现大量铁矿。这些铁矿储量大、品位高、埋藏浅，易于露天开采。由于国

---

① 黄梅波、魏嵩寿、谢琪：《澳大利亚经济》，经济科学出版社，2011，第 61 页。

际市场对澳洲铁矿石的需求量很大，使铁矿石的开采量迅速增加。2011年，澳大利亚铁矿石产量为4.88亿吨，出口量为4.39亿吨。澳大利亚各州均有铁矿石，其中90%产自西澳。西澳州皮尔巴拉地区的纽曼山联合铁矿和海默斯莱铁矿是世界上最大的铁矿企业之一。该地区的矿山建设始于1965年，至70年代已建成6个大铁矿、5个专用港口、总长达1200公里的铁路专用线。每年开采和加工铁矿石超过1亿吨。澳大利亚的铁矿石1965年开始大量出口，现在一般年出口量约占年产量的90%。1995年出口1.287亿吨。[①] 出口铁矿石主要销往日本（约占出口额的50%），其次是中国（占18%）和韩国（占15%）。

煤也是澳大利亚储藏量和产量最多的矿产品之一。第二次世界大战后，随着世界钢铁工业的发展，澳大利亚的黑煤（主要是烟煤）和褐煤开始大量开采。澳大利亚已探明的有经济开采价值的黑煤403亿吨，褐煤300亿吨。澳大利亚约有近50%的烟煤资源可以露天开采，主要产地在昆士兰和新南威尔士州，这两州的产量分别占总产量的62%和34.2%。2012年，澳大利亚出口煤炭1.45亿吨，是世界上最大的烟煤出口国。近年来，澳大利亚生产的煤约有一半销往日本，但随着出口到亚洲其他国家和欧洲的煤增多，对日本的出口份额正在减少。目前，澳大利亚煤炭工业的生产已实行多样化，能生产许多类型的冶金煤和发电用煤。厂家可灵活调整产品以满足用户需要，用户也可在众多的厂家中进行选择。

澳大利亚铝矾土开采的历史虽然较短，至1995年还从国外进口铝，但近年来发展很快。20世纪50年代后期，在澳北区的果夫、约克半岛的维帕、西澳州的金伯利地区和西南的贾拉达勒等地都发现了特大的铝矾土矿，澳大利亚一跃成为世界上最大的铝矾土生产国和铝的主要出口国。目前，澳大利亚已探明有经济价值的铝矾土储量53亿吨。2002年，澳大利亚铝矾土产量5400万吨，占世界总生产量的1/3；氧化铝产量1640万吨，原铝产量180万吨。2001/2002年度，澳大利亚出口铝矾土、氧化铝和原

---

① 　澳大利亚统计局：《澳大利亚年鉴1997年》，第424页。

铝总金额达 82 亿澳元。至 2011 年，澳大利亚铝土矿的产量已达到 7000
万吨。除上述三大矿产品外，澳大利亚还盛产铀、镍、锰、铅、锌等稀有
金属。澳大利亚低成本铀的储藏量占西方国家初步核定的总储藏量的将近
1/3；已探明具有经济价值的铅和锌的储藏量占世界总储藏量的 12%。在
澳大利亚已开采的其他矿产量居世界前列的还有：蛋白石，约占世界总产
量的 80%；独居石约占 78.8%；锆石占 58.9%；金红石占 47.1%；金刚
石占 11.8%。

　　第二次世界大战以后，澳大利亚采矿业取得快速发展的主要原因在
于：一是有一个有利的国际和国内经济环境。二战结束以后，长期控制
澳大利亚经济的英国的实力遭到削弱，德、日等国的商品退出了国际竞
争，世界市场的需求增加了对澳大利亚矿产品的出口需求。国内经济的
发展，特别是钢铁、机器制造、冶金和化学等工业部门的发展，对矿物
原料与燃料的需求日益增加。二是政府的大力扶植，国家和私人企业大
量增加对采矿业的投资。二战后，联邦政府颁布一系列政策和法令，通
过放宽政策、减免税收、提供贷款、引进外资等推动采矿业的发展。三
是矿产品出口多元化。二战后，国际市场上农产品价格不稳，趋于下
跌，特别是英国加入欧洲共同市场后，英联邦贸易特惠制不再存在，澳
大利亚农产品的出口困难重重，促使联邦政府加快发展采矿业以维持和
扩大出口贸易。

　　澳大利亚采矿业也存在一些值得重视的问题。如外国资本在采矿业投
资中所占比例较高，在一定程度上控制了澳大利亚采矿业。英国曾是澳大
利亚的宗主国，到 1963 年，英国资本还控制着澳大利亚采矿业的
16.4%。从 1968 年起，美国资本取英国而代之，控制了澳大利亚采矿业
的 23.9%，跃居首位。从 60～70 年代以来，日本资本也向澳大利亚迅速
扩张，由澳、日、美组成的国际银行团在西澳州开采铁矿，其中日资占了
30%。[①] 现在，有许多跨国公司涉足澳大利亚采矿业，如美国铝公司、凯
塞钢铁公司、里奥廷托锌公司，加拿大国际镍公司，日本的三菱商事、三

---

① 黄鸿钊、张秋生：《澳洲简史》，第 83 页。

井物产、住友等大公司，在澳大利亚各大铁矿都有投资。澳大利亚国内对引进外资开发矿产资源的做法颇有争论，联邦政府专门设立了外国投资评审局来加强管理。

澳大利亚采矿业面临的另一问题是产品出口严重依赖国际市场。如其大宗出口初级产品煤的价格就很容易受到国际市场价格波动的影响。1985～1986 年国际市场的原油、煤炭等初级产品价格下跌了 10%～14%，使澳大利亚的煤炭出口在国际市场竞争中处于不利地位，被迫压价出售。1987年，因受国际市场煤炭降价的影响，澳大利亚有 7 个煤矿停止开采。在主要煤炭基地新南威尔士州和昆士兰州的 100 个煤矿中，约有 1/5 濒临倒闭。澳大利亚采矿业存在的问题在短时期内难以解决，因为它既取决于国内经济的整体发展水平，又取决于国际市场的变化。

三 资源开采与环境保护

澳大利亚是一个资源丰富的国家，在经过多年的资源开发后，仍能维持良好的生态环境，这与其环境保护以及可持续发展的战略分不开。澳大利亚对环境保护的努力主要体现在两个方面：

1. 健全完善的环境法制体系

健全法制、严格执法是保护环境的基础和重要保证。澳大利亚是世界上最早出台环境保护法律的国家之一。目前，澳大利亚已经建立起了十分完善的环境保护法律法规体系。澳大利亚环境立法主要分为联邦和州两级，联邦政府只负责有限范围内的环境保护活动，环境保护工作主要由各州负责。澳大利亚联邦先后出台了《海洋石油污染法》《大陆架（生物自然资源）法》《环境保护法》《国家拨款（自然保育、土壤保育）法》《国家公园和野生生物保育法》《臭氧层保护法》《资源评价委员会法》和《全国环境保护委员会法》等 50 多部环境法律法规，还有《清洁空气法规》等 20 多部行政法规；在州层次上，涉及环境保护的法律法规则多达百余部，其中维多利亚州出台了《环境保护法》、新南威尔士州出台了《环境犯罪和惩罚法》等几十部地方环境法规，在环境污染控制方面起到了重要作用（新南威尔士州和维多利亚州拥有全国 70% 左右的工业企业）。

在澳大利亚，环境法主要通过行政执法、法院司法予以实施。严格执法监督是保护环境的重要保证。在澳大利亚，主要由州级地方政府负责环境法的实施。目前，联邦和各州都有负责实施环境法的行政机构，如计划、环保、林业、土地等部门和各种专门委员会，其中环保部门的作用较大。一些州成立了专门的环境法庭，从司法诉讼方面加强环境法的实施。在维多利亚州，环保局每年都要向法院起诉 40～50 起损害环境的案件。此外，单位、公民和非政府组织对于环境法的实施也起到了十分重要的作用。

2. 生态环境的综合治理

在澳大利亚，生态环境的综合治理受到了政府的关注，它的内容包括对垃圾、污水、噪声、空气、土地资源及水质等多种环境因素的管理。由于澳大利亚矿藏资源极其丰富，勘探和开发的活动不断扩大，而矿业的开采活动对环境有很大的影响。因此，澳大利亚的矿山生态环境治理有很大的借鉴意义。在矿山的环境治理中，最重要的就是矿山"计划与环境报告"，因为它是矿业公司恢复与治理矿山生态环境与政府对其展开监督的直接依据。矿山生态治理的原则就是崇尚自然、以人为本，尽可能还原生态本来的面貌。根据这一原则，在开采前，公司必须专门组织植被研究中心或社会中间机构对矿区的草本、灌木、乔木等植物的品种、分布、数量进行调查分析，以便对开采区的植物进行原始恢复。开采期间，矿业公司必须十分注意开采作业引起的粉尘、噪声、水污染与病菌对环境的影响以及对当地居民造成的损害。为了把这些影响降到最低，对造成粉尘超标的工艺需重新设计。开采结束后，矿业公司按照"计划与环境报告"所确定的程序，把开采结束的范围进行复垦，矿业公司再把整理好的矿区转交给复绿公司，复绿公司根据确定的复绿方案进行绿化。

除了立法保护和实际综合治理之外，澳大利亚还积极鼓励公众参与，充分发挥非政府组织在环境保护事业中的作用，在经济发展的同时，维持良好的生态环境。

第四节　举足轻重的交通与通讯业

一　不断扩展的交通运输业

澳大利亚有长达 1.97 万公里的海岸线，全国有 60% 以上的人口居住在 6 个州的首府和首府附近地区。这些工业和人口高度集中的中心城市彼此相距极远，如从西澳州首府佩思至昆士兰州首府布里斯班的铁路距离超过 4425 公里。这些因素决定了交通运输业在澳大利亚国民经济和社会生活中占有极其重要的地位。2010/2011 年度，澳大利亚交通运输业的收入占国内生产总值的 5.1%。

澳大利亚的交通运输系统主要包括 81 万公里的公路、4 万公里的铁路、16 万公里的单程航空线和一些定期的远洋航线。

澳大利亚的铁路和公路始建于英国殖民时期。当时为了安置移民，运输农牧产品，殖民当局十分重视交通建设。澳大利亚联邦成立后，由于引进移民、开发矿藏和增加出口的需要，联邦政府大量投资发展国内和对外运输业。因此，在澳大利亚交通运输业中，公营比重很大。除公路运输主要由私人企业经营外，联邦政府和州政府实际上垄断了铁路、电车、桥梁和海港的经营管理。在公共汽车、民用航空和沿海运输方面，公营和私营并存，但公营占了很大比重。全国铁路线几乎全被州政府和联邦政府所拥有，私营铁路为数极少。

在澳大利亚的交通运输系统中，发展最快、作用最大的是公路交通运输业。澳大利亚全国现有公路 81 万公里，其中 22 万多公里是水泥路面或沥青路面。澳大利亚公路运输量约占全国交通运输量的 3/4。澳大利亚已形成了遍布城乡的公路交通网，行驶在国内公路上的机动车辆约有 900 万辆。在所有公路中，地方公路里程最长，达 68.5 万公里。全国 80% 以上的交通运输任务是靠 20% 的公路网络完成的，其中包括 1.85 万公里的国家公路。[①]

---

① 澳大利亚驻华使馆：《澳大利亚概况》，第 82 页。

　　澳大利亚公路交通网的发展，在很大程度上得益于联邦政府和各州地方政府的重视。20世纪50～70年代，各级政府用于修建公路的开支逐年增加，从每年5亿澳元增至20亿澳元。1974年政府决定建设连接各州首府和首都地区的国家一级公路系统，并于1980年完成了从南澳州的阿德莱德纵贯大陆腹地直达澳北区达尔文港的主干公路，从而改变了澳北区长期闭塞的状况，促进了南北物资交流。从1994年1月1日起的3年内，澳大利亚政府又拨款25亿澳元用于改善国家公路网。

　　澳大利亚的第一条铁路建于19世纪中叶的"淘金热"时期，1854年9月12日正式运营。1941年全澳铁路线总长43829公里，为历史最高纪录。二战后停运了一些效益不佳的支线，至1979年6月底，全澳铁路总长为39388公里。目前，澳大利亚铁路总长为4.4万公里，在2006/2007年度，全国铁路总共运送乘客6.77亿人次，同比增长5.2%；运送货物量6.65亿吨，同比增长3.8%。①

　　澳大利亚的铁路修建主要是由沿海大城市向内地辐射，以连接采矿中心、农业区和沿海城市，大陆东部、东南部和西南沿海地区铁路网比较稠密。由于历史的原因，铁路线使用了3种不同的轨距，即1600毫米的宽距铁轨、1435毫米的标准轨距铁轨和1067毫米的窄距铁轨。澳大利亚铁路的主要任务是长途运输大宗矿产品、谷物和石油产品，以及郊区和城市之间的客运。1991年，澳大利亚国家铁路公司正式成立，它共属于联邦政府和新南威尔士州与维多利亚州政府。其任务是提供全国性的铁路运输服务，推进各州之间的铁路货物运输，实现在统一管理下的完全一体化。90年代后期，为改善和提高州际铁路网的质量，澳大利亚制定了铁路系统改革战略，并颁布了有相当规模的铁路投资计划。

　　澳大利亚的航空和海运事业也比较发达。澳大利亚是国际民航组织的基本成员，并长期担任该组织的理事，同时还是南太平洋航空运输理事会成员。澳大利亚的民用航空事业包括客货运输、农业航空、空中医疗服务以及航空俱乐部等。2004年，澳大利亚有448个注册机场，其中12个国

---

① 《世界知识年鉴》，2011/2012，第939页。

际机场。2009/2010 年，国际客运量为 2562 万人次，国内客运量为 5176
万人次，货运量为 75.6 万吨。澳大利亚航空业务主要由快达（Qantas），
维珍蓝（Virgin Blue）和捷思达（Jetstar）航空公司主导，年客流量超过
100 万人次的国际机场有悉尼、墨尔本、布里斯班和珀斯机场。从 1990
年 10 月 31 日起，澳大利亚联邦政府取消了对经营国内航线的限制。

由于澳大利亚是一个长期借重对外贸易来发展经济的国家，所以海运
业也十分繁荣。澳大利亚共有 97 个港口。墨尔本是全国第一大港口。在
2009/2010 年度，澳大利亚拥有国际海运船只 80 艘，国际海运货运量
8.34 亿吨，有 5814 艘国际海运船只进入澳港口。

长期以来，外国海运公司一直在澳大利亚海外贸易中占有统治地位。
20 世纪 70 年代以前，进出澳大利亚港口的外国船只以英国船居多；而在
70 年代以后，日本船只的数量迅速超过了英国。目前，澳大利亚的远洋
航运主要依靠日本船、巴拿马船和希腊船等。1983/1984 年度，澳大利亚
的海运船只承担了 4.4% 的货物运输。[①] 现在，澳大利亚的远洋运输虽仍
依靠外国公司，但确立了以既经济又有效率的澳大利亚船只参加对外贸易
的政策，本国海运船只的吨位也有所增加。澳大利亚最大的海运企业是国
家海运公司和布罗肯希尔控股有限公司。国家海运公司为本国与欧洲、日
本、韩国、东南亚国家和新西兰之间的运输提供定期的航运服务，它拥有
14 艘船，其中 10 艘用于远洋贸易。布罗肯希尔控股有限公司拥有 17 艘
船，其中 11 艘用于远洋贸易。

二　日新月异的通讯业

澳大利亚的通讯业历史悠久，早在英国殖民时期就建立了以邮政、电
报和电话业为主体的通讯系统。1809 年，澳洲第一家邮政局在新南威尔
士开始营业。1878 年，澳洲开始使用电话。1901 年澳大利亚联邦建立后，
邮政、电报和电话业便由国家统一管理。第二次世界大战以来，随着传
真、电子邮件、光纤电缆、电视、通讯卫星等新的通讯工具的迅速发展，

---

①　殷汝祥：《富饶的南方大陆》，知识出版社，1991，第 5 页。

澳大利亚逐步建立了发达的现代化通讯网。

澳大利亚的主要通讯系统——邮政、电报和电话，均由联邦政府的两个法定机构——澳大利亚电讯委员会和澳大利亚邮政委员会管理，交由 4 家公司分别负责，即澳大利亚电讯公司、海外电讯公司、卫星有限公司和澳大利亚邮政公司。管理国内业务的澳大利亚电讯公司和海外电讯公司后来合并为澳大利亚和海外电讯公司，1993 年又改称"澳大利亚电信公司"（Telstra Corporation Limited）。

澳大利亚电信公司是澳洲最大的电信企业，澳政府分别于 1997 年、1999 年和 2006 年出售其股票，逐渐将其私有化。目前澳政府控股 17%。2010 年，公司利润约 39 亿澳元，总资产 392.8 亿澳元，雇佣员工 4.5 万多人。[①] 该公司还经营和管理一系列其他业务，包括数据传输、附加值、文传、宽频带远程中继网络系统和移动电话服务等。其海外电讯业务包括电话、电报、传真、租用线路、声频广播、电子邮件和数据传输等；通过海底电缆、通讯卫星和短波无线电同世界各地联系。

澳大利亚电讯有限公司的国际业务部门——澳大利亚海外电讯委员会还制订了价值 8 亿澳元的南太平洋通讯网络计划。它将 35 条国际电讯载波系统聚拢在一起，并把南太平洋地区与正在崛起的以光导纤维为基础的世界范围的水下电缆网连接起来。约有 100 家国际公司，其中包括 IBM、Unisy、DuPont、Sheraton 以及国际航空电讯集团等已在澳大利亚开始了工作。一条东联夏威夷、北接关岛的水下光纤电缆已经铺设，澳大利亚开始进入了一个新的通讯时代。[②]

澳大利亚是国际卫星组织的主要投资国，也是该组织 17 颗卫星的主要使用国。澳大利亚卫星有限公司拥有并使用国家卫星系统。联邦政府对该公司实行私有化后，将一般长途通讯许可证颁发给奥普特斯电讯有限公司（Optus），使它能与澳大利亚电讯有限公司在通讯市场上进行竞争。奥

---

① 《世界经济年鉴》，2011/2012，第 940 页。
② 上海社会科学院澳大利亚研究中心：《澳大利亚纵横》，世界图书出版公司，1994，第 48 页。

普特斯公司的通讯网络有三个主要部分，即陆地通讯、移动通讯和卫星通讯。它在长途电讯和移动通讯方面首先和澳大利亚电讯公司展开竞争。该公司还经营着 3 颗澳大利亚国内使用的卫星。

澳大利亚邮政是一家国有邮政公司，现有员工 35400 人，在全国有 970 万个投递点，4477 个零售网点，年邮件投递量为 53 亿件。目前该邮政公司已获得 AAA 信用等级，近三年在全国各企业信誉指数排名中居首位，是澳大利亚国内最值得信赖的公司。澳大利亚邮政近年来的财务状况是非常令人乐观的，2003/2004 年度的税后利润达到了创纪录的 3.71 亿澳元。2012/2013 财年，邮政净利润达 3.12 亿澳元，其中包裹和快递业务收入为 6.481 亿澳元，信件投递量只有 10 亿件，业务亏损 2.2 亿澳元，向政府交纳的税收和红利达 2.44 亿澳元。

第五节　日益繁荣的服务业与旅游业

一　独占鳌头的服务业

服务业是澳大利亚经济中最大的组成部分。它包括的范围很广，根据澳大利亚和新西兰的标准产业分类（ANZSIC），其服务业包括：批发和零售、旅馆和餐饮、旅游和娱乐、建筑、房地产、金融保险、交通运输服务、商业服务以及公共行政管理等。[①]

澳大利亚的服务业在历史上就较为发达，1900 年服务业产值已超过国内生产总值的 50%，1920 年就业人数超过全国总就业人数的 50%。[②]近 30 年来，由于澳大利亚对经济产业结构进行调整，服务业已经成为国民经济的支柱产业，一度占到澳大利亚国内生产总值的 80%。2009/2010 年度，服务业产值达到 8452 亿澳元，占国内生产总值的 65.8%，[③] 在

---

① 澳大利亚统计局：《澳大利亚年鉴 1997 年》，第 495 页。
② 沈仲：《澳大利亚经济》，华东师范大学出版社，1991，第 6 页。
③ 《世界经济年鉴》，2011/2012，第 938 页。

2010/2011 年度，服务业雇用工人数量达 8620700 人，占澳大利亚就业人口总数的 76%。

从服务业内部来看，金融和保险业在国内生产总值中所占比例最大，在 2010/2011 年度，金融和保险业约占国内生产总值的 10%；医疗卫生和社会救助业雇佣工人数量最多，2010/2011 年度，该行业雇佣人数为 1291800 人，约占服务业就业人数的 15%；其次是零售业，雇佣工人数量为 1234400 人。从 2006 年到 2010 年，在澳大利亚经济总增加值中发展最快的服务业部门是科技信息业，每年的平均增长率为 6%，其次是医疗卫生和社会救助业，每年平均的增长率为 5%；而住宿和餐饮业在这期间却逐年下降，在澳大利亚经济总增加值中平均每年减少 1%。[①]

根据澳大利亚统计惯例，批发业指将新的或已用过的物品卖给零售商或其他批发商，将成批商品卖给各种机构或商业用户的商业活动。零售业指将新的或已用过的物品卖给最终消费者，供个人或家庭消费之用的商业活动。从事批发业的主要经营者是批发商、制造商的销售部门、代理商（包括进出口代理商）、石油产品经销商以及从事农业销售的合作局与销售局。进口代理商是进入澳大利亚市场的重要销售渠道，澳大利亚进口代理商既经营工业用原材料，也经营消费品。国内大型零售商和部分进口批发商所需的消费品主要是通过其遍布世界各地的采购代理商进口的。据统计，澳大利亚大型零售商通过海外采购代理商进口的商品金额要占其总进货金额的 20% 以上。[②]

澳大利亚的零售网点分布广泛而合理，既有大、中城市中各种类型的百货商店，又有周围卫星城镇的众多购物中心，形成了一个发达的商业网络。据美国《海外商情报告》，澳大利亚有 11.05 万家零售商店，其中食品店 39416 家，汽车行、汽油、轮胎等零售商店 26516 家，服装和家具商店 17908 家，家用器具店、五金商店 8196 家。[③] 澳大利亚的零售商店主要有：食品杂货超级市场店、糖果店、烟草店、肉类专营店、餐馆及咖啡

---

① 澳大利亚统计局：*Year Book Australia 2012*，pp. 634 – 635.
② 衣维明等编著《今日澳大利亚》，第 45 页。
③ 衣维明等编著《今日澳大利亚》，第 45 页。

厅、酒店、服装店、独立食品店、综合商场、鞋店、首饰店、电器商店、家具店、建材店、药品店、书报店等。其中以食品杂货超级市场所居地位最为重要,在该行业中排在前列的有西农集团和伍尔沃斯集团。西农集团(Wesfarmers Limited)是澳大利亚最大的零售公司之一,前身为西澳洲农民合作社,成立于1914年,1984年上市。业务涉及零售、家装、煤炭等广泛领域。2007年收购当时澳洲最大的零售公司科尔斯公司(Coles)。2009/2010财年,利润约15.6亿澳元,总资产514澳元。雇用员工20万人。总部设在悉尼的伍尔沃斯公司(Woolworth Ltd.)是澳大利亚最大的食品供应商,成立于1924年。2005/2006财年利润约为10.3亿澳元,资产80.6亿澳元,雇用员工17.5万人。[1]

20世纪90年代以来,澳大利亚服务业发展更为迅速,特别是房地产代理、计算机服务、法律与会计服务、建筑服务、广告服务,以及企业管理服务、市场调研、咨询服务等。1992~1993年,这些行业被澳大利亚统计局列入特选调查对象,并将重要统计数据载入《澳大利亚年鉴》。[2]

21世纪以来,以房屋租赁和房地产经营为主要内容的澳大利亚房地产业发展迅速,从2009/2010到2010/2011年度,该行业就业人数从185600人上升到206200人,增长了11%。在2009/2010年度,房地产营业总收入为975亿美元,比上年增长了12%。[3]

信息技术服务在澳大利亚发展较快,它包括数据处理、信息储存与获取、计算机维修和计算机咨询等。从2009/2010到2010/2011年度,澳大利亚信息技术服务业雇用工作人员数量从834000人增加到861000人,总收入达到1804亿美元。

教育培训在澳大利亚服务业中占有重要的地位,在2009/2010到2010/2011年度,澳大利亚教育和培训业工作人员数量从830800人上升到866900人,其中学前教育和高等教育的工作人员增幅最大,分别增加

---

[1] 《世界经济年鉴》,2011/2012,第940页。

[2] 澳大利亚统计局:《澳大利亚年鉴1997年》,第497页。

[3] 澳大利亚统计局:*Year Book Australia 2012*, p. 242.

了 17500 和 13300 人。在 2009/2010 年度，教育和培训业总收入为 1663 万美元。[①]

二 兴旺发达的旅游业

由于得天独厚的地理环境和独特的自然景观，旅游业已成为澳大利亚的"黄金产业"和"无形出口业"。澳大利亚气候温和，景色迷人，旅游资源十分丰富。澳洲幅员辽阔，地跨温、热两带。从沙漠到雨林，从绵绵海滩到茫茫雪原，从现代化大都市到一望无际的草原，从充满东方神韵的唐人街到保留原始生活方式的土著居住地，以及各种奇异独特的植物群和动物群……澳大利亚的旖旎风光每年都会吸引无数慕名而至的国内外游客。

旅游业是澳大利亚发展最快的行业之一。在 20 世纪 70 年代的 10 年中，来澳大利亚的国外游客人数增长了 2 倍。1978～1987 年的 10 年中，国外游客的人数增长了 183%，远远高于世界同期的增长率（同期世界国际旅游人数的增长率为 38%）。1986～1988 年，赴澳旅游人数平均每年递增 25%。1990 年，来澳旅游人数达 185 万人次，旅游收入 238 亿澳元。1991 年，来澳旅游人数达到创纪录的 240 万人次，创汇 78.7 亿澳元，占该年国家外汇收入的 10%。2009/2010 年度，澳大利亚旅游业产值为338.8 亿澳元，占国内生产总值 2.6%。[②]

澳大利亚联邦政府十分重视发展旅游业。早在 1967 年，国家就成立了旅游事业委员会，总部设在墨尔本，并在世界许多著名大都市如伦敦、纽约、洛杉矶、旧金山、东京、大阪、新加坡、法兰克福和奥克兰等建立了办事处。[③] 澳大利亚各州政府均设有旅游事业管理局（包括堪培拉和澳北区）。1992 年 5 月，澳大利亚联邦政府发表了题为《旅游业——澳大利亚发展之路》的长达 87 页的文件，对澳大利亚旅游业的发展前景作了规划与预测。

鉴于世界各地的旅游资源日益遭到破坏，澳大利亚以开发生态旅游为

---

① 澳大利亚统计局：*Year Book Australia 2012*，p. 647.

② 《世界经济年鉴》，2011/2012，第 938 页。

③ W. P. 霍根、E. J. 塔普、A. E. 麦奎因：《澳大利亚概况》，广东人民出版社，1979，第222 页。

目标促进旅游业的发展。生态旅游是一种既能使环境增色又与环境协调的基于自然的旅游。澳大利亚投入了大量资金用于对生态旅游区的规划和发展，规划涉及设计与环境的协调性、建筑高度、植被利用、太阳能开发和垃圾与污水处理等。位于昆士兰州亨特的柔和橡树庄被誉为澳洲生态旅游的典型。亨特在热带雨林环抱之中修建了许多木屋旅馆，建设了价值25万澳元的污水处理厂，变清的废水被用来灌溉大面积的草地。1991年，柔和橡树庄获得国家旅游奖中的专家特别奖。

澳大利亚还加强了与中国和其他亚洲国家的旅游合作。澳大利亚旅游局一直在与澳大利亚和中国的有关机构共同努力，为澳大利亚争取"优惠度假资格"。这一优惠度假条件使中国公民到澳大利亚旅游度假更为方便容易。6个东南亚国家和地区已享有这一资格。澳大利亚希望能成为最先得到这一资格的西方国家。1997年8月在悉尼举行的旅游发展研讨会上，澳大利亚旅游局向近60位旅游业领导人介绍了澳大利亚旅游协会对中国的发展战略。

近年来，中澳之间的旅游往来有了较大幅度的增长。2010年，澳大利亚来华人数为336万人次，当前澳大利亚是中国第11大客源国。澳大利亚来华旅游者的类别主要分为三类：（1）商务旅游，1999年已占来华旅游总人数的40%以上；（2）过境旅游；（3）澳大利亚华人来华旅游，约占总人数的25%~30%。从中国来看，90年代以来随着人民生活水平的提高，出国旅游人数不断增加，特别是从1997年7月1日起，澳大利亚已正式对中国旅游者开放，中国赴澳旅游人数不断增加。在2011/2012年度，中国赴澳游客数量已经达到59.4万人，占澳洲外国游客总数的10%。中国已经成为澳大利亚旅游业的主要发展市场。

第六节　财政与金融

一　财政制度与财政政策

澳大利亚实行的财政制度是财政分权制度，或称财政上的联邦制。这种财政制度与加拿大、美国、联邦德国的制度基本相似。澳大利亚经济是公共部门经济与私人经济相结合而以私人经济占主导地位的一种混合经济，其经济上的各种紧密联系和政治上的联邦制决定了财政上的联邦制。

澳大利亚联邦有三级政府，即联邦政府、六个州政府和两个区政府（首都直辖区和澳北区）以及近900个州、区以下的地方政府。联邦政府及州、区政府都属主权政府，都有自己的议会、预算和税制。各州政府可以自行决定向公民征收多少税以及用多少收入提供公共服务。

联邦宪法规定，联邦政府负有国家防务、外交事务、对外贸易和海上商业活动、发行货币和银行，以及老年人、伤残人的补助等方面的责任。二战后修改了补助方面的内容，即由只负责老年和伤残人的补助扩大到给予所有家庭形式的社会保障。6个州政府签约规定的职责范围，包括负有教育、卫生、公共安全、运输和社会服务等方面的责任。州政府对州以下的地方政府进行管理，地方政府亦承担相应的职责。

澳大利亚的财政收入和支出均列入每年预算。联邦政府每年收入和支出的预算必须得到议会两院的通过，但在经济报告中也可以宣布额外的预算措施。6个州和两个地区的政府也提出各自的年度财政预算，而各州财政总收入中将近一半是由联邦政府提供的。

在澳大利亚税收收入中，个人所得税所占比重最大。在2003/2004财年，所得税在税收总额中所占的比例就达到56.63%，以后逐年增加，2005年以后稳定在59%以上。增值税是第二大税收来源，在2008/2009财年，当年的增值税在税收总额中的比重达到25%。财产税、工薪税和货物税分列税收来源的第三、第四和第五位。在2009/2010财年，澳大利亚财政总收入为3326亿美元，其中所得税收入为1870亿美元，比上一财年下降了7%，占澳大利亚财政收入的56%；增值税和财产税税额分别为886亿美元和318亿美元，比上一财年相应增加了5%和14%。[①]

澳大利亚的财政支出主要包括国防、公共秩序、教育、医疗、社会安全、住房、娱乐、农业和交通等方面。澳大利亚的财政支出主要分为三个

---

① 澳大利亚统计局：*Year Book Australia 2012*，pp. 756 – 757.

级别：（1）联邦政府支出：联邦政府主要负责国家级别的支出，如行政、国防、对州级政府的一般性财政转移、社会福利等支出。（2）州政府支出：州政府主要负责健康、教育、环境等支出，尤其重视公共秩序、住房和交通方面的支出。联邦政府负担了全国的大部分公共教育经费，目的是保证各级政府在公共教育方面的服务能达到同一水平。（3）地方政府支出：主要是社区服务等本地化支出，地方政府对教育、健康等方面较为重视。2007年，澳大利亚联邦政府财政支出达到2675亿澳元，其中39.8%用于社会福利，达到1064亿澳元。对州政府的财政转移支付比例达到政府财政支出总额的25%，为679亿澳元。[①]

澳大利亚同30多个国家签订了避免双重征税的协议并已付诸实施。这些国家是：奥地利、比利时、加拿大、中国、捷克、丹麦、斐济、芬兰、法国、德国、匈牙利、印度、印度尼西亚、爱尔兰、意大利、日本、基里巴斯、韩国、马来西亚、马耳他、荷兰、新西兰、挪威、巴布亚新几内亚、菲律宾、波兰、新加坡、西班牙、瑞典、瑞士、斯里兰卡、泰国、英国、美国和越南。

二　金融体系与货币政策

澳大利亚拥有完备的中央金融体系。这一体系包括中央银行、商业银行、专业银行、金融公司、保险公司、信托公司、证券交易所及短期资金市场等。

由于历史渊源与传统，澳大利亚的银行体系是在仿效英国银行制度的基础上逐步发展起来的。澳大利亚成为英国的罪犯流放地后，随着早期殖民地经济的发展，出现了必须建立更有序的通货和信用安排的需求。在新南威尔士总督麦夸里执政时期的1817年，悉尼出现了澳洲殖民地的第一家银行——新南威尔士银行。至19世纪中叶，银行增加到50多家。1851年，随着淘金热的兴起与经济的繁荣，澳大利亚金融业进入了新的发展阶段，先后建立了一些新的银行和银行分支机构。但到了19世纪末期，由

---

① 黄梅波、魏嵩寿、谢琪：《澳大利亚经济》，经济科学出版社，2011，第189页。

于经济危机的影响和相互兼并，只剩下 30 余家银行。第一次世界大战前，更减少到 21 家，其中有些还是英国银行的分行。两次世界大战之间，银行资本集中的程度越来越高，银行合并之风愈演愈烈，到第二次世界大战爆发前，大商业银行只剩下 7 家。1945 年，澳大利亚颁布了联邦银行法，以法律形式明确规定联邦银行行使中央银行的职能。

第二次世界大战后，除银行之外，澳大利亚还出现了许多非银行金融中介，金融领域的业务不断扩大。60 年代后期，随着外国在澳投资规模的加大和对外贸易的发展，一些外国银行在澳大利亚开设了代表处。70 年代以来，澳大利亚金融业发展较快，金融机构资产总额的年平均增长率为 10% 以上。目前，澳大利亚全国有 29 家商业银行，除澳大利亚联邦商业银行外，还有几家规模较大的商业银行，即澳大利亚和新西兰银行集团、阿德莱德银行、新南威尔士银行、澳大利亚商业银行有限公司、悉尼商业银行有限公司和澳大利亚国民银行。它们在全澳拥有众多的分支机构，其资产在商业银行资产总额中的比重接近 90%。

澳大利亚银行体系包括澳大利亚储备银行（中央银行）和 48 家根据《1959 年银行法》享有经营银行业务权利的银行。其中 28 家是外国拥有的。现已在澳大利亚开设银行的国家与地区有：美国、英国、新西兰、法国、中国、日本、约旦、荷兰、新加坡和中国香港。[①] 澳大利亚银行体系主要分为以下几种：

澳大利亚储备银行 它是澳大利亚中央银行。前身是根据 1911 年《联邦银行法》成立的澳大利亚联邦银行。早期它只是政府开办的商业储蓄银行，同已建立的其他商业储蓄银行处于竞争的地位。经过两次世界大战，联邦银行逐步取得了中央银行的许多职权。根据 1959 年储备银行法，联邦银行改名为澳大利亚储备银行。澳大利亚储备银行的最高权力机构是储备银行理事会，负责制定和实施银行政策。理事会由下列人员组成：由总督任命的总裁和副总裁各 1 人，兼任理事会主席和副主席；财政部国务秘书为当然理事；此外还有由总督任命的 7 名理事。

---

① 澳大利亚驻华使馆：《澳大利亚概况》，第 56 页。

储备银行的主要职能是：负责调控澳大利亚的货币和银行体系，管理纸币的发行，实施外汇管制，为政府提供银行业务服务等。

专业银行 此类银行是澳大利亚政府为了特定目的而建立的，它们主要包括：澳大利亚联邦开发银行、澳大利亚资源开发银行、澳大利亚第一产业银行等。

澳大利亚联邦开发银行是根据 1959 年储备银行法建立的，是隶属于联邦金融公司的专业银行。它的主要职能是为基础产业和建立中小型企业提供贷款，其贷款期限长于商业银行。1985 年联邦开发银行的总资产为 10 亿澳元。[1]

澳大利亚资源开发银行成立于 1967 年，由 4 家大商业银行平均认股组建。其主要职能是在当地和国外筹集资金，为大规模的资源开发项目提供中长期贷款和对发展项目的再贷款。1985 年其资产总额达 9 亿澳元。

澳大利亚第一产业银行成立于 1977 年，由联邦政府、大商业银行和 4 家州立银行共同投资组建。主要任务是对农业部门提供长期资金，以保证农业生产的发展。

商业银行 商业银行是澳大利亚金融体系中的核心，其资产占整个金融系统资产总额的 23.6%，在各金融机构中居首位。[2] 商业银行经营的业务范围包括：定期存款、中长期贷款、外汇买卖、信托业务等，同时设有信托卡机构和清算机构。

商业银行按照所有权划分，有国营商业银行（包括联邦和州立）和私营商业银行两类。联邦政府控制的商业银行，即澳大利亚联邦银行业公司，成立于 1960 年。它控制 3 家银行：澳大利亚联邦开发银行、澳大利亚储蓄银行和澳大利亚联邦商业银行。州政府控制的商业银行有：新南威尔士银行、西澳大利亚农业银行和南澳大利亚州立银行。私营商业银行主要有：新南威尔士农业银行、悉尼商业银行、澳大利亚国民银行、澳大利亚商业银行、西太平洋银行、澳大利亚新西兰银行集团、麦夸里银行和昆

---

[1] 沈仲：《澳大利亚经济》，第 162 页。
[2] 殷汝祥、衣维明：《澳大利亚市场经济体制》，第 68 页。

士兰银行等。

储蓄银行 澳大利亚储蓄银行分为联邦政府经营、州政府经营和私营3 类。联邦储蓄银行是澳大利亚最大的一家储蓄银行，其分支机构遍及全国。联邦储蓄银行拥有全部储蓄银行存款的 40%。州政府经营的储蓄银行有：维多利亚储蓄银行、南澳大利亚储蓄银行和西澳大利亚储蓄银行。这 3 家银行在储蓄银行存款总额中所占份额约占 1/4。储蓄银行吸纳了大量小额存款，投资于政府证券及购置、建设房屋和农场等用途，成为长期资金的重要来源。二战后初期，储蓄银行业务只由联邦或州政府经营。50年代中期，联邦政府才允许私人经营银行业务。1955～1962 年间，政府向主要商业银行发放了许可证，允许其建立储蓄银行。1973 年底，澳大利亚各类储蓄银行共吸纳储蓄存款 108.45 亿澳元。在 80 年代金融改革之前，储蓄银行可获得比商业银行更高的利润，因此，大多数储蓄银行都是由商业银行经营的。

货币政策历来是各国政府用以干预经济，谋求实现基本经济目标（包括充分就业、稳定物价、经济增长和国际收支平衡 4 个方面）的主要经济政策之一。澳大利亚的货币政策由澳大利亚储备银行与联邦政府协商制定并加以执行。

依据《储备银行法 1959》第 10（2）条款，澳大利亚储备银行货币政策目标包括：（1）维护澳大利亚货币稳定；（2）维持充分就业；（3）促进经济增长和保障澳大利亚人民的福利。1993 年以来，澳大利亚储备银行货币政策目标是在中期内将消费价格指数 CPI 年增长率维持在 2%～3%，并在此前提下，促进经济强劲持续增长。澳大利亚储备银行认为控制通货膨胀、维护货币价值稳定，是货币政策为经济长期增长奠定健全基础的首要方式。

第七节　对外经济关系

一　对外经济关系的发展趋势与特点

澳大利亚是一个对外开放型国家，经济结构有其明显的特殊性，它的经济繁荣在很大程度上依赖于对外贸易、吸收外资和技术的交流与合作。发展对外经济关系是澳大利亚政府对外政策的基本原则之一。第二次世界大战以来，世界经济格局发生了重大变化，英国等一些西欧国家在世界经济中的地位有所下降，而西太平洋地区特别是东亚地区经济的崛起，形成了世界经济重心从大西洋向太平洋逐渐转移的趋势。20 世纪 70 年代以来，澳大利亚对外经贸关系发生了面向亚太的重大转折。战后澳大利亚对外经济关系的发展与变化有以下主要特点：

1. 对英经济关系日趋松弛

长期以来，由于历史的和政治的原因，澳大利亚对外经济关系主要面向英国和英联邦国家。在二战后几十年的发展进程中，随着澳英防务关系和政治联系的松弛，澳大利亚的对英贸易下降。

仅就贸易而言，澳大利亚联邦成立之前，其出口产品的 70% 输往英国，二战之前其比重仍占 50% 以上。然而，这一比重在 1951～1955 年间下降到 36%，1987 年降至 3.7%。[①] 澳大利亚从英国进口占其总进口额的比重二战前在 40% 以上。20 世纪 60 年代后半期下降幅度较大，1983 年降为 6%，1987 年在 6.5%～7.5% 之间波动。[②] 在出口产品的构成上也发生了较大变化。历史上澳大利亚对英出口主要是农牧产品。二战后农牧产品出口的比重下降，制成品比重不断上升。当前英国的进出口贸易只占澳大利亚进口的 4.9%，出口的 4.5%。

二战后澳英贸易关系出现上述变化的主要原因，一是英国战后经济实力下降，美国产品乘机占领了澳洲市场。进入 80 年代，英国等西方国家经济萧条，生产萎缩，保护主义盛行，使澳英经济贸易关系受到很大影响。而亚太地区的经济发展迅速，生产需求较大，为澳大利亚产品出口提供了有利条件。二是战后英国本土的农业生产有所发展，对农牧产品的需求减少，贸易产品结构发生变化。特别是 1973 年英国加入欧洲经济共同体后，澳大利亚传统的农牧产品出口受到限制，导致了澳大利亚对外经济

---

① 澳大利亚统计局：《海外贸易》（Australian Bureau of Statistics, *Overseas Trade*）有关各期。
② 澳大利亚统计局：《海外贸易》有关各期。

贸易重心的转移。

需要指出的是，尽管战后澳英经济关系有所削弱，但英国目前仍是澳大利亚在欧洲的最大经济贸易伙伴，传统的政治与血缘关系仍对澳英经济关系起着重要影响。保持与包括英国在内的西欧主要经济大国及欧盟之间的经济联系，仍对澳大利亚具有重要的意义。

2. 对美经贸关系发展迅速

二战之后，随着英国经济实力的衰退，美国凭借强大的经济实力，在澳大利亚市场上同英国进行了激烈的争夺。经过反复较量，迫使英国在"帝国特惠制"方面作出让步，美国凭借强大的经济实力进入澳洲市场。

美国对澳大利亚经济发展有重要的作用，截至 2009 年，两国间贸易总额达 530.79 亿澳元，美国不仅是澳大利亚第三大双边贸易伙伴，也是澳大利亚第四大出口市场，并且是澳大利亚第二大进口来源地。20 世纪末，澳大利亚进口约 1/5 以上的产品来自美国，但对美国的出口并不多，仅占澳大利亚出口总额的 8.77%。到 2008/2009 年度，澳大利亚从美国进口的产品约占进口总额的 13%，澳大利亚向美国出口的比重约为澳大利亚出口总额的 6%，可见澳美进出口贸易存在一定的不对称。在产品构成上，澳大利亚多向美国出口农矿产品，如羊毛、糖、黄油、烟草、新鲜冷冻肉类、煤炭、铝矿、石油产品、原油和有色金属等。从美国进口飞机零部件、机械设备、电子设备、运输设备和精密仪器等。澳美两国都是世界农产品的主要出口国，彼此存在一定的竞争。近年来，由于美国对来自澳大利亚的羊毛、肉奶制品、铅、锌等产品的保护壁垒加强，澳美之间摩擦不断。[1]

3. 日本成为首要经贸伙伴

二战后，随着日本经济的崛起，对工业原料和燃料的需求量日益增大，日本逐渐成为澳大利亚农牧产品与矿产品出口贸易的最重要伙伴，同时也成为澳大利亚的重要投资国。

随着 1957 年澳日贸易协定的签署和 60 年代日本经济的起飞，澳日两

---

[1] 黄梅波、魏嵩寿、谢琪：《澳大利亚经济》，经济科学出版社，2011，第 266 页。

国经贸关系发展迅速。60 年代中期以来，日本一直是澳大利亚最大的贸易伙伴，特别是在矿产品出口方面。虽然由于近年日本经济的饱和及发展缓慢，中国、印度等发展中国家的经济增长对日澳之间的贸易造成了一定程度的影响，但日本仍是澳大利亚最主要的贸易伙伴国之一。2008 年，日本约进口澳大利亚 38% 的青铜，21.5% 的铁矿石，43% 的煤炭。从 2009 年数据来看，日本仍是澳大利亚最大的出口市场，出口额约占澳大利亚出口贸易总额的 19.3%。日本对澳大利亚贸易发展仍然起着举足轻重的作用。

二战后澳日经贸关系存在这样三个特点：（1）澳大利亚对日出口商品构成从农牧产品向矿产品、非石油能源产品转变。这是和战后日本经济发展不同时期的需求相适应的。（2）澳日在经济上互相依存，互补性较强，但澳对日依赖更多。（3）澳对日提供可靠的原料和能源供应，对维持日本的经济和社会稳定具有重要的作用。[①]

4. 中澳经贸关系前景广阔

1972 年中澳建交后，两国的经贸关系有了迅速发展，中国已成为澳大利亚重要的贸易伙伴。双方于 1973 年签订协定，互相给予最惠国待遇，并商定每年召开一次会议，商讨经济贸易问题。

进入 21 世纪以来，中澳两国双边经贸关系发展步伐加快，两国间贸易联系的重要性增强。从双边贸易总量来说，中国已成为澳大利亚最大的贸易伙伴国，约占澳大利亚对外贸易总量的 14.7%，而 20 年前的中国尚未进入澳大利亚贸易伙伴国前十位。截至 2008/2009 年度，中国是澳大利亚最大的进口来源国，约占澳大利亚进口总额的 13.8%；同时中国是澳大利亚第二大出口市场，约占澳大利亚出口总额的 15.6%。2006～2009 年，中澳双边贸易总额从 547.41 亿澳元上升至 830.08 亿澳元，平均每年增长率为 22.8%。

中澳经贸关系的发展前景广阔，两国的经贸关系具有以下特点：（1）澳大利亚对华出口多为原料和初级产品，约占对华出口总额的 80%

---

① 参见张秋生《略论战后澳大利亚对外贸易方向的转变》，《亚太研究》1993 年第 3 期。

以上；从中国进口以纺织品、服装和轻工产品为主。两国贸易中存在的主要问题是中国处于逆差地位，贸易发展不平衡。（2）两国经贸关系是互补型的，目前双方已从贸易发展到投资、联营、技术转让和补偿贸易等多层次、多领域的经济合作。（3）澳大利亚对华经贸关系的发展是其对日、美经贸关系的补充，有助于维护西太平洋地区的经济与政治稳定，促进澳大利亚对外事务的多元化。

鉴于中澳之间经贸关系的发展以及经济上的高度互补性，2005 年，中国与澳大利亚宣布启动自由贸易区谈判（FTA）。在两国政府高层的关注和直接推动下，谈判最初进展迅速，2006 年 4 月中国总理温家宝和澳大利亚总理霍华德就自由贸易区达成四点共识。如果中澳之间 FTA 谈判取得成功，建成自由贸易区，这不仅能够进一步加强两国之间的贸易联系，而且还能促进两国经济的发展。

二 与亚太国家和地区的经济合作

20 世纪 60 年代以来，随着亚太地区经济的迅速崛起，该地区（包括澳在内）在国际经济中的地位不断上升。这对澳大利亚的经贸转向起着重要影响，成为澳大利亚加强与亚太地区经贸合作关系的重要基础。

70～80 年代以来，澳大利亚对外经济贸易重心转向亚太地区，并取得了巨大的进展。90 年代初，在澳大利亚的 10 个主要市场中，有 8 个在亚太地区。特别是东亚地区已成为世界上最具活力的经济增长地区，也是澳大利亚在经贸关系方面与之联系最多的地区。基廷执政时期多次强调将东亚作为澳大利亚实现区域一体化、亚太经济合作和开放世界贸易体系的战略目标的重要组成部分。在其"面向亚洲"政策的推动下，澳大利亚对以东亚为中心的亚洲地区贸易有了巨大增长。澳大利亚对东北亚的贸易（包括日本、中国、中国台湾、韩国、朝鲜）占澳大利亚出口总额的一半以上。中国和日本分别是澳大利亚的第一和第二大贸易伙伴，占其对外贸易总额的 30% 左右；韩国则是澳大利亚第三大商品出口市场。

东盟是澳大利亚发展对外经贸关系的重要对象之一。1974 年澳大利亚与东盟正式建立关系以来，双边贸易发展迅速，贸易额不断增长，并积极推动澳新自由贸易区与东盟自由贸易区建立联系。2009/2010 财年，澳大利亚与东盟双边贸易额为 604.41 亿澳元，占其贸易总额的 15.1%。

澳大利亚对南太平洋地区有较大的影响，它重视南太平洋地区各国的合作关系和该地区的经济发展，一直对南太平洋地区国家提供经济援助。近年来，澳大利亚对南太地区的援助做出调整，由原来的直接预算援助改为项目援助，重点改善岛国政府管理、加强能力建设，督促岛国在良政的基础上实现自给自足。2007 年 12 月，陆克文政府执政后对岛国政策进行务实调整，主张与岛国发展积极和谐的关系，承诺投入 10 亿澳元实施"太平洋发展伙伴计划"，启动与岛国的自由贸易协定谈判。在南太地区，澳大利亚和新西兰互为重要的贸易伙伴，两国经济贸易关系不断发展，2009/2010 财年，双边贸易额为 210 亿澳元，新西兰是澳大利亚第 7 大贸易伙伴。

三　东盟－澳大利亚－新西兰自由贸易区协定

澳大利亚与新西兰在历史、政治、地理和经济关系方面有着传统的密切联系。两国一衣带水，隔海相望，都曾是英国的自治领并签订过贸易协定（1933 年），又同为英联邦成员国。两国在经济上有不少相似之处，农牧业、矿产业都在国民经济中占有重要地位，加工工业都相对薄弱，难以参与世界市场上的竞争。

为了加强经济联系与贸易合作，增强潜在的经济互补性，提高国际竞争力，澳大利亚和新西兰两国总理于 1982 年 12 月签署了《进一步密切澳新经济关系协定》。协定规定为期 12 年，分两个阶段：1983 年 1 月 1 日至 1987 年为第一阶段。在该阶段，经过双方检查评议，对协定进行修改补充。1987~1995 年为第二阶段，到 1995 年逐步取消关税和两国间的出口奖励制度，使两国经济紧密合作，最终建成完全的自由贸易区。

2009 年 2 月 27 日，东盟 10 国与澳大利亚及新西兰签署《东盟－澳大利亚－新西兰自由贸易协定》，2009 年 7 月 1 日生效。协议内容包括货物、投资、服务和经济合作等领域。根据协议规定，从生效日到 2020 年，东盟将逐渐对澳大利亚和新西兰削减 96% 的货物关税，其余 4% 的敏感性产品则仅会降至 5% 或排除在协定之外。这也标志着包含 12 个国家近 6

亿人口的自由贸易区域正式形成。

东盟－澳大利亚－新西兰自由贸易协定的签订是南太平洋地区建立区域经济集团的成功尝试，它不仅加强了澳大利亚与新西兰之间的经济联系，还推动 APEC 的扩大，促进环太平洋区贸易组织的发展，也有利于整个南太地区的稳定与繁荣。

第八节　21 世纪初期澳大利亚经济发展

一　21 世纪以来澳大利亚经济发展概况

21 世纪的第一个 10 年，澳大利亚经济年均增长率为 3.18%，即使遭遇 2008 年的全球金融危机，澳大利亚的经济表现仍好于大部分发达国家。2000~2008 年，澳大利亚经济增长率年均为 3.11%，远高于经济合作与发展组织（OECD）成员国年均 2.39% 的增长水平。2008 年美国次贷危机爆发，世界及主要发达国家的经济增长率均放缓；进入 2009 年，很多发达国家都经历了经济的负增长，美国、日本、英国经济增长率分别为 －2.44%、－5.24% 和 －4.29%，而澳大利亚 2009 年的增长率仍能保持 1.29%，受挫较小。在 2009/2010 财年，澳大利亚国内生产总值约 1.28 万亿澳元，人均 GDP 为 57460 澳元。澳大利亚经济发展的稳定性与其国内的经济结构特点是密切相关的。

一国经济的增长主要反映在该国在一定时期内产业结构中三大产业的增加值及其比值关系上。在 21 世纪第一个 10 年，澳大利亚农业除受旱灾影响的年份，其余年份增加值占总增加值的比重均在 3% 以上，矿业占总增加值比重基本在 8% 左右，2009/2010 年度，采矿业是澳大利亚国内生产总值的第四大贡献力量，占该年度 GDP 的 8.4%。10 年来，农矿产业占总增加值的比重基本保持在 11% 左右，呈相对稳定的增长。2000 年以来，尽管澳大利亚制造业实际产出仍在不断增长，但其占总产业增加值的比重一直处于下降态势，2009 年该比重已降至 10.1%，相比其他产业，制造业的增速已明显放缓。整个 20 世纪，服务业在澳大利亚的经济发中一直扮演了重要的角色，服务业增加值占总增加值的比重远远高于农矿产业及制造业。进入 21 世纪，服务业增加值占总增加值的比重不断提高，2009 年达 78.9%。①

作为澳大利亚经济发展中的一个重要产业，旅游业在这 10 年中也稳定发展。在 2009/2010 财年，澳大利亚旅游业的增加值占总产业增加值的2.6%，旅游业创汇收入约占澳出口收入的 8.9% 左右。近年来，海外游客来澳人数虽然不断上升，但国内游客仍是旅游业的主导。2009/2010 年度，国内游客消费支出 707 亿澳元，海外游客消费支出 228 亿澳元。

二　21 世纪以来澳大利亚对外经济发展

1. 澳大利亚进出口贸易总体状况

澳大利亚对国际贸易依赖较大。进入 21 世纪以来，澳大利亚对外贸易发展迅速，与 130 多个国家和地区有贸易关系，贸易总额占 GDP 的比重为 47.1%，进出口额分别居世界第 18 位和第 22 位，澳大利亚进出口占世界贸易总量的份额分别为 1.5% 和 1.4%。在 21 世纪的第一个 10 年，澳大利亚进出口贸易具体情况如表 4-1 所示：

表 4-1　2001～2010 年澳大利亚商品贸易进出口情况

单位：亿澳元

年　份	2001/ 2002	2002/ 2003	2003/ 2004	2004/ 2005	2005/ 2006	2006/ 2007	2007/ 2008	2008/ 2009	2009/ 2010
出口额	1552.19	1472.69	1431.78	1623.08	1767	2180	2343	2847	2995
进口额	1541.94	1669.57	1672.75	18878.42	1960	2370	2549	2790	2906
顺逆差	-19.75	-196.88	-240.97	-255.34	-193	-190	-206	57	89

数据来源：《世界知识年鉴》（2002～2011 年各期）。

澳大利亚以出口矿产资源和农牧业产品为主，其对外贸易结构一直被认为是用本国初级产品换取国外工业品。在 2008/2009 年度，对澳大利亚

---

① 黄梅波、魏嵩寿、谢琪：《澳大利亚经济》，经济科学出版社，2011，第 38～39 页。

商品出口贡献最大的三个行业是采矿业（48%）、制造业（25%）和批发贸易（12%），共计占出口总额的85%以上。初级产品的出口达1612亿美元，比上一财年增长了41.4%，其中出口增幅明显的商品主要包括：煤炭、天然气、小麦、铁矿石以及与教育相关的旅游服务出口。[①] 2010/2011年度，澳大利亚的矿业出口额增长两倍多，达到1360亿澳元，占该年度澳大利亚贸易出口总额的55.4%。

澳大利亚进口商品构成与出口情况恰恰相反，在澳大利亚进口商品构成中，农矿产品始终占极小比重，而包括原油在内的工业品则占85%以上。增长较快的进口商品包括：机器零件及其他服务类贸易。其中从中国进口的主要有纺织品、轻工和塑料制品、机械设备、化工产品等。

2. 澳大利亚对外贸易发展伙伴的变化

21世纪以来，随着亚洲经济（尤其是东亚经济）的高速发展，澳大利亚对欧美的贸易开始逐渐收缩，并逐步重视扩大与亚洲各国的经贸关系。

近年来，澳大利亚对东南亚新型工业化国家及发展中国家的出口增幅尤为明显。对亚洲出口占澳出口总量的比例由1988/1989年度的53.6%上升至2008/2009年度的68.7%。而同期对欧洲出口比例从19%下降至12.9%，对北美出口比例则由11.9%下降至8.6%。尤其是日本、中国、韩国、新加坡，以及中国台湾地区已日益成为澳大利亚主要的出口市场，约占2008/2009年度澳大利亚出口总量的48.4%。2008/2009年度，澳大利亚最大的出口市场是日本，其次是中国，两国出口量合计占澳大利亚出口总量的1/3以上。

澳大利亚从亚洲的进口占澳大利亚进口总量的比例由1988/1989年度的38.5%上升至2008/2009年度的49.4%，而2008/2009年度对欧洲、北美的同一比例分别为23%和15.8%。2008/2009年度，澳大利亚最大的进口来源国是中国，其次是美国，再次是日本和新加坡，前五大进口国约占进口总量的46%。截至2008/2009年度，中国成为澳大利亚

---

① 《澳大利亚年鉴2012》，第567~569页。

最大的贸易伙伴国，两国贸易总额同比上年增长了29.8%，过去5年的平均增长率约为22.8%。近年来，日本也一直是澳大利亚的第二大贸易伙伴。

同时，澳大利亚是诸多双边和多边国际协定及国际组织的积极参与方。澳大利亚充分认识到国际贸易的作用，致力于寻求与国际上多数国家的双边贸易伙伴关系，并借此巩固其作为成员加入的区域性组织。通过一系列国际性、区域性及双边贸易组织和协定，澳大利亚不断开放其国内市场，加强区域性联系，促进其对外贸易的发展。

3. 澳大利亚投资状况

在外资政策上，澳鼓励外资的进入，但一直保留着外资审查体制。该体制对一些敏感行业和投资金额巨大的外资项目实行"项目申报"（Notification）和"预先审批"（Prior Approval）。1997年以后，澳政府进一步放宽了外资审批手续，加大了吸引外资的力度。目前，澳大利亚国内的外国投资比例保持在35%左右。外国投资已经成为提升澳大利亚经济，促进市场发展的重要手段。在投资来源国中，虽然英、美资本仍然占统治地位，但是澳大利亚的投资来源国已经开始了其多元化发展的趋势，许多亚洲新兴工业国家或地区如新加坡、中国香港、韩国、泰国等对澳大利亚的投资也都日趋上升。根据澳大利亚外国投资审查委员会（FIRB）发布的2011/2012财年年报，FIRB共批准外国投资总额1707亿澳元，较上一财年的1767亿澳元下降3.4%。从投资来源国看美国仍是澳最大的外资来源国，投资额达366亿澳元；其次是英国，投资额203亿澳元；中国以162亿澳元位居第三位。这是中国连续4年位居澳外资来源国前三名（2008/2009财年中国位居第二位，此后连续3年保持第三位）。从审批情况看，共有13项申请被否决，均为房地产购买。从投资领域看，房地产（591亿澳元）是外国投资最多的领域，矿产勘探开发（517亿澳元）、制造业（295亿澳元）分居第二、第三位。

21世纪，澳大利亚海外投资发展迅猛。2001年，澳大利亚海外投资存量为5160.68亿澳元，2009年该数据上升为11303.63亿澳元。从流量方面看，2001年澳大利亚海外投资流出额为362.33亿澳元，2009年该数字上升为1041.51亿澳元，几乎为2001年投资额的3倍。与其他发达资本主义国家一样，澳大利亚资本主要投向经济发达地区，形成发达国家间资本输出的双向流动。截至2010年11月，澳大利亚海外累积投资额达到11857亿美元，其中超过一半的海外投资流向OECD国家，这些国家中又以美国、英国和新西兰为重点。从投资方式来看，澳大利亚的海外投资以组合投资和直接投资为主。2010年，澳大利亚组合投资为4605亿美元，占比38.84%；直接投资为3618亿美元，占比为30.52%。[①]

三 21世纪以来中澳经济关系的发展

（一）双边贸易关系的发展

进入21世纪后，中国和澳大利亚两国经贸关系发展势头迅猛，前景广阔。2001年，澳大利亚是中国第九大贸易伙伴，中国是澳大利亚第三大贸易伙伴。而到2005年，中国已经是澳大利亚第二大贸易伙伴和第二大出口市场，仅次于日本。截至2007年，中国已跃居澳大利亚第一大贸易伙伴的地位，双方贸易以平均每年27%的速度增长。我国从澳大利亚主要进口产品为铁矿砂、氧化铝、煤、铜矿石、羊毛和大麦，对澳主要出口产品为家电、计算机、服装、纺织品、鞋、箱包、玩具等。

2001～2010年中澳两国双边贸易具体情况如表4-2所示：

表4-2 2001～2010年中澳双边贸易额

单位：亿美元

年份	2001	2002	2003	2004	2005	2006	2007	2008	2009	2010
贸易额	89.97	104.36	135.6	203.9	272.5	329.45	438.7	596.6	600.8	800.92
增长率	6.5	16	30.5	50.3	33	20.9	33.1	36.1	0.7	46.5

数据来源：《世界知识年鉴》（2002～2011年各期）。

（二）双向投资的发展

近年来中澳两国双向投资日趋活跃，发展势头总体良好，澳大利亚已

---

① 黄梅波、魏嵩寿、谢琪：《澳大利亚经济》，经济科学出版社，2011，第310页。

成为我国重要的投资目的国之一。

1. 澳对华投资

据中国商务部统计，2003年，澳在华投资项目6073个，实际投入34.21亿美元；2005年，澳在华直接投资项目7401个，实际投入45亿美元；到2006年，澳在华直接投资项目为8130个，投资金额为50.3亿美元；截至2008年底，澳累计在华投资项目8954个，实际投资额58.2亿美元。[1]

据澳统计局公布的数字，截至2007年底，澳累计对华直接投资额51.52亿澳元，占澳累计对外投资总额的0.52%。其中，2007年当年澳对华直接投资21.27亿澳元，比上年增长114.63%，占同期澳对外直接投资总额的1.7%。[2]

2. 中国对澳投资

据中国商务部统计，截至2008年底，中国累计在澳非金融类直接投资额为30亿美元。2008年在澳非金融类直接投资额新增15.5亿美元，比上年增长192%，主要涉及能矿资源领域。据2007年底统计，中国在澳设立境外企业300余家，雇佣澳当地雇员约1400人。从2007年底中国对澳投资存量的行业分布看，采矿业占45.5%，商业服务业占30.6%，制造业占7.2%，金融业占4.9%，批发零售业占3.1%，房地产业占2.8%，交通运输仓储业占2.1%，建筑业占1.9%，其他行业占1.9%。

据澳统计局公布的数字，截至2007年底，澳累计吸收中国直接投资62.34亿澳元，占澳累计吸收外国直接投资总额的0.38%。其中，2007年当年澳吸收中国直接投资27.26亿澳元，比上年增长120.91%，占同期澳吸收外国直接投资总额的1.35%。[3]

中澳两国于2005年5月正式开始双边自由贸易协定谈判。2013年5月，两国已经进行了19轮FTA谈判。如若双方达成共识，两国将简化投

---

① 《世界知识年鉴》，世界知识出版社，2000~2008各期。

② http://www.abs.gov.au.

③ http://www.abs.gov.au.

资审批程序、增加投资政策的透明度和提供更好的投资保护，中澳两国都会从投资自由化进程中受益。

（三）两国经贸关系发展取得的重大成果

2003 年 10 月，胡锦涛主席应邀对澳大利亚进行国事访问，就深化中澳全面合作关系与澳领导人达成共识。胡主席应邀在澳联邦议会发表了题为《携手共创中澳全面合作关系的美好未来》的演讲，全面阐述中国政府发展与澳关系的政策主张，得到了澳各界积极响应。双方签署了《中澳贸易与经济框架》以及能源、教育、质检、食品安全、水利、卫生等一系列合作文件。

2005 年 4 月，霍华德总理和温家宝总理在北京启动双边自由贸易协定谈判是两国经济关系上的一个重要里程碑。一项全面的、高质量的自由贸易协定将建立在 2003 年胡锦涛主席访问堪培拉时签订的经贸框架上。该框架承诺将进一步促进贸易往来和贸易自由化，促进广泛的重要领域中的战略合作，增强高层对话和合作以及在经贸方面的互访。

2006 年 4 月，温家宝总理正式访澳，与澳领导人就发展 21 世纪互利共赢的全面合作关系达成共识。双方签订了《中澳和平利用核能协定》、《核材料转让协定》，为澳大利亚向中国核能计划提供铀矿，以及中澳和平利用核能技术的合作奠定了基础。此外，两国还在农业技术协助和煤矿安全等领域签订了协议。同时，澳中"高层经济合作对话机制"第一次会议也签署了六个商务项目，包括能源与矿产的一系列产品，如铝土矿、铁矿石、天然气、煤和风能。2004 年 12 月，中石油与澳大利亚伍德赛德石油公司正式签订的为期 25 年的资源供应合同也于 2006 年正式生效。根据合同规定，澳大利亚伍德赛德石油公司将从 2006 年起连续 25 年向中国出口液化天然气。这项合同将成为澳大利亚有史以来最大的天然气出口合同。

（四）中澳经济关系迅猛发展的原因

1. 两国经济上的互补性

中澳两国经贸关系的迅速发展得益于双方经济有较强的互补性，这种互补性是发展双边经贸关系的坚实基础和有力的推动力量。这种互补性主要体现在以下几个方面。①

（1）经济结构方面的互补性

中国第二产业在 GDP 中的比重不断增加并已占据主要地位，对外贸易结构也显示出同样的发展趋势，即制成品出口已占据主要地位，虽然第三产业的比重也不断上升，但主要以生活性服务业为主。澳大利亚的经济结构则已明显具有发达国家的特征，即第三产业在 GDP 中占主要比重，第一产业和制造业则比重较低。在对外贸易结构上，农产品出口占澳大利亚产品和服务出口总额的 23% 左右，是澳大利亚出口的重要组成部分和创汇的主要来源，服务业的出口额也不断上升。在进口方面，工业制成品则一直是澳大利亚主要的进口商品，而且随着经济的发展、本国竞争优势的重新定位以及全球化形势下国际分工的进一步细化和深入，这种需求将越来越旺盛。因此，从现有的产业结构及今后一段时期的发展趋势来看，双方的互补性远高于竞争性。

（2）技术水平上的互补性

澳大利亚的优势产业是第一和第三产业。澳大利亚农业的竞争力不仅来自优越的天然条件，也来源于不断提升的农业技术水平。其农业的附加值链条较长，农产品的附加值较高，使其在国际贸易中保持了竞争力，开拓了更多的市场。中国除某些产业具有高技术生产水平外，总体来说，技术水平仍较为落后。大部分制造业的技术水平仍是 80 年代甚至更早的水平；农业则基本上仍以劳动力投入为主，采用机械耕作的还相当少，农产品的加工水平也很低，基本上只能进行简单的粗加工，附加值很低；服务业主要以生活服务型为主，技术水平低。因此，双方的差距及互补性是显而易见的。这将十分有利于贸易和投资的扩大。

（3）在多边及区域经济合作中地位与作用的互补

澳大利亚十分重视多层次的对外贸易政策，如多边贸易政策、区域贸易政策和双边贸易政策。在多边贸易体制上，澳大利亚一直是全球贸易自由化的倡导者和推进者。作为 APEC 的创始国，澳大利亚十分重视 APEC

---

① 许梅恋：《WTO 框架下的中澳经贸关系》，《亚太经济》2002 年第 6 期。

的发展并积极推动 APEC 的贸易与投资自由化进程。双边经贸关系也是澳大利亚对外经贸关系的一个重要方面。这些贸易合作的层层铺开不仅使澳大利亚的外贸直接受益，而且将大大提高澳大利亚在国际经济领域的地位和影响。中国在世界政治、经济舞台中则一直是重要大国，但中国的对外贸易政策并不像澳大利亚那么平衡。首先在多边贸易关系上，中国长期处于多边贸易体制之外。在双边贸易关系上，中国虽然与东盟、日本、美国、欧盟等许多国家和地区保持着良好的经贸发展势头，但除了于 2001年 11 月提出在未来 10 年内建立"中国—东盟自由贸易区"以外，再无其他更进一步的较为密切的双边自由贸易协定。因此，在这方面，中国可以说起步甚晚。从以上分析可以看出，双方在国际经济领域中不同的地位、作用以及经验形成了一定的互补关系，为双方在国际经济各领域进行合作提供了广阔的空间。

2. 两国关系稳定，高层领导人频繁互访推动了两国经济互利合作的展开

中澳经贸关系发展得益于两国稳固的政治关系，经常性的高层互访标志着两国双边关系已经成熟，也有力地推动了两国经济的合作与发展。进入 21 世纪以来，中澳两国高层领导人互访频繁。2003 年和 2007 年，胡锦涛主席两次访澳，2006 年，温家宝总理访澳。澳总理霍华德执政以来也 5 次来华，2008 年，澳总理陆克文首次正式访华并出席博鳌亚洲论坛年会。中澳经贸关系发展得益于两国稳固的政治关系。2009 年 10 月，中国国务院副总理李克强对澳进行正式访问。2011 年 4 月澳大利亚总理朱莉亚·吉拉德上任后首次出访中国，并于 2013 年 4 月参加了在海南举办的博鳌论坛之后，再次对中国进行了国事访问。

第五章

军　　事

第一节　概述

一　国防预算与国防力量

澳大利亚位于南半球东部，其海岸线长达 25760 公里，武装力量的构成与发展对国家安全极为重要。因此，澳大利亚国防预算在国家预算中一直占有重要的地位。2012/2013 年度，澳大利亚国防预算总额为 241.8 亿澳元。2012 年 5 月，澳大利亚政府宣布，防务开支在今后 4 年将削减 54 亿澳元。澳大利亚从 2001 年到 2010 年的 10 年内每年增加军费开支 3%。虽然到 2010 年军费开支所占 GDP 的比例仍然为 1.9%①，但随着其 GDP 总量的增长，军费开支的绝对量将会继续大幅度提高。

根据澳大利亚联邦宪法第 68 条的规定："联邦海陆军的最高统帅权属于作为女王代表的总督。"② 因此，澳大利亚总督掌握军队统帅权，担任武装部队总司令。国防部为军队的行政管理机构。国防委员会为总司令的参谋机构。国防军司令为国防部长的首席军事顾问。澳大利亚国防军由澳大利亚皇家海军、皇家陆军和皇家空军组成。澳大利亚国防军由国防军司令部指挥，以设在首都堪培拉的三军总部为后盾。国防军司令和国防部常务副部长共同负责管理国防军。

---

① 注：从 1939 年到 2000 年，澳大利亚军费开支年均占 GDP 的比例为 1.9%。
② 转引自金太军《当代各国政治体制：澳大利亚》，兰州大学出版社，1998，第 259 页。

2011/2012 年度，澳大利亚拥有常规军兵力为 57994 人，预备役兵力为 22072 人，文职人员为 22330 人。常规军中，陆军 29697 人，海军 14054 人和空军 14243 人。[①] 另外，在澳大利亚国防部文职人员的任务包括管理与国防有关的财政和人事、设备购置、工程以及制定战略和国际政策等。其中约有 60% 的文职人员直接为澳大利亚国防军服务。

为培养优秀的军事指挥人员，澳大利亚政府专门设立了堪培拉国防学院。该学院附属于新南威尔士大学，开设政治、军事、工程、艺术等大学课程。国防军还建有专门的军官培训基地，如在邓特伦的皇家军事学院培养陆军军官，在皇家海军"克雷斯韦尔号"舰培养海军军官，在库克角的皇家空军学院培养空军军官。

根据自力更生的防务原则，澳大利亚国防军确立了未来的纵深防御战略，它包括三个层面：一是严密监视所在地区、国土北部海洋与空域，防止入侵者袭击；二是快速打击与拦截在接近澳大利亚领海与领空出现的敌对力量；三是加强陆地与沿海防御，建立一支海空军支援下的高度机动的陆军，防止入侵者进入北部边境，有效地保护国家安全。

二 国防政策与安全战略

20 世纪 80～90 年代以来，澳大利亚在对外关系上将国家利益摆在首位。国家利益主要包括经济利益与安全利益，前者是国家利益的基础，后者是国家利益的保证。在这一前提下，澳大利亚将其防务政策建立在自力更生的基础上，即澳大利亚在参加同盟和地区防务组织的情况下，主要依靠自己的资源，发挥独立自卫的能力。[②]

澳大利亚一直致力于维护地区与周边环境的安全，努力使它所在地区的军事威胁的可能性降低到最低限度。澳大利亚与东盟、巴布亚新几内亚和南太平洋诸岛国在防务上进行长期合作，旨在帮助他们发展应变能力并加强安全合作。澳大利亚长期和新西兰保持紧密的防务合作关系，并于

---

① Australia Government: *Defence Annual Report 2011 - 2012*, pp. 21 - 22.
② 澳大利亚驻华使馆：《澳大利亚概况》，第 94 页。

1991 年签订了《密切防务关系协定》。

澳大利亚政府还十分重视与亚太国家的安全与防务合作。澳大利亚政府认为：亚太地区"日益发展的相互依存关系是本地区稳定和安全的力量"。① 《澳大利亚 1994 年防务白皮书》指出：由于冷战时期各种制约因素的缓解以及亚洲地区的经济增长，使一些国家发生变化和出现新的关系，因此，澳大利亚的战略前景将面临更多捉摸不定的因素。② 以往澳大利亚在安全问题上一直依赖英美两国，1951 年签订的《澳新美安全条约》所规定的相互义务是澳大利亚长期与美国防务合作关系的基础。另外，澳大利亚还根据同英国、新西兰、新加坡和马来西亚签订的五国防务协定来实施防务合作计划。苏联解体和冷战结束后，亚太地区的安全形势发生了重大变化，美国从菲律宾基地撤出驻军后，又提出削减在东南亚的驻军。与此同时，亚洲各国随着经济高速增长都在加紧建立自己的安全保障机制。澳大利亚发现，单纯依靠美国军事保护这一传统的安全战略，已不足以应付多变的安全形势。因此，澳大利亚开始把安全保障的立足点由美国转向亚洲。

《澳大利亚 1994 年防务白皮书》指出："和我们的经济繁荣一样，澳大利亚未来的安全不可避免地与亚洲和太平洋的安全与繁荣联系在一起。澳大利亚对该地区的战略介入是我们致力于在该地区确定位置的要素。"③ 澳大利亚国防部长罗伯特·雷在议会发言中指出："正像将我们的经济与亚洲结合起来从而加强了自身繁荣一样，我们也要通过与亚洲的更紧密的战略合作来加强我们的安全。"④ 需要指出的是，澳大利亚转变防务政策并不意味着放弃与美国的军事同盟，而是提高本国防务政策的独立性，加强地区性安全合作，并与亚洲邻国改善关系。

2012 年 10 月，吉拉德发布《亚洲世纪中的澳大利亚》白皮书，新政府认为亚太地区经济的发展将敦促澳大利亚人重新思考与亚洲的关系。白

---

① 澳大利亚驻华使馆：《澳中关系》，第 34 页。
② 《澳大利亚 1994 年防务白皮书》（Defending Australia, *Defence White Paper* 1994），第 4 页。
③ 《澳大利亚 1994 年防务白皮书》，第 3 页。
④ 《简氏防务评论》（*Jane's Defense Review*, 10 December 1994），1994 年 12 月 10 日。

皮书强调要通过建立互信、双边及地区多边合作等手段，支持地区安全，支持亚洲国家在全球事务中扮演更重要角色。①

澳大利亚重视加强与近邻大国印度尼西亚的安全合作。1995 年 12 月，澳大利亚与印度尼西亚签署了一项重要的双边安全协定，正式阐明两国在地区安全方面的共同利益，以及双方为维护这种利益进行合作的意愿。2011 年美国总统奥巴马宣布在澳北部部署海军陆战队，印尼曾称此举将引起紧张和猜疑。总理吉拉德和印尼总统苏西洛签署了两国之间的首份军用物资"赞助"协议。这标志着双方开始了一段新的战略伙伴关系，而澳大利亚无疑是想借此来缓解印尼对美军驻澳的紧张情绪。为了进一步加强与印尼的军事联系，澳大利亚还将为一个印尼武装部队维和中心提供支持。

在国际安全方面，澳大利亚制定了维持和平的战略，支持加强联合国的作用，主张不扩散核武器和实施国际军备控制，这些都有利于维护地区与国际的和平与安全。

第二节　军种与兵种

一　机动快速的皇家陆军

1. 发展简史

澳大利亚陆军军事史始于英国殖民初期。1788 年，菲利普船长率"第一舰队"在悉尼登陆时，曾有 4 个连的海军陆战队随船押送犯人前往澳洲。在 1790～1792 年，海军陆战队被新南威尔士保安队所取代，即以后的第 102 团。1809 年麦夸里出任新南威尔士总督后，新南威尔士保安队被他自己的团（即第 73 团）所取代。澳洲各殖民区的防务一直由英军承担，19 世纪 40 年代新南威尔士曾组建少量地方部队，协助英国驻军。直到 1870 年，他们开始接替撤走的 26 个英国步兵团和少量的炮兵及工兵

---

① 《澳大利亚发布亚洲世纪白皮书，率先大胆应对亚洲崛起》http：//www.dfat.gov.au/issues/asian - century/。

队，防守澳洲殖民地。[1]

在殖民地时期，澳大利亚的军事力量没有规范的建制，主要兵力分为民兵和志愿部队。前者一般根据每一地区人口比例义务征招，并不得在规定地区之外使用；后者则由自己提供军服，没有薪水。1870 年英国政府为了缩减开支，撤走了所有的军队，将地方防御的责任留给各殖民区，英国仅提供军事教官，帮助训练地方部队。少量正规的殖民地军队于 1870 年在维多利亚首次出现。1871 年，新南威尔士还建立了两个正规的步兵连。[2] 从 19 世纪 80 年代以来，各殖民区政府都开始重视武装力量的建设。1883 年，维多利亚殖民区建立了国防部，并投资 50 万英镑用于筹建陆军和海军，致力于实施五年防御计划。其他殖民区也随之效法。1885 年，新南威尔士曾派出了两个正规的炮兵连、一个步兵连和一个救护分队去非洲的苏丹协助英军镇压当地的人民起义。

1901 年 1 月澳大利亚联邦建立，3 月，原殖民地军队被移交给新建立的澳大利亚陆军，其中包括 1457 名常备军、18603 名民兵和 8863 名不领薪水的志愿兵。但直至 1903 年 10 月国防法颁布之前，这些军队仍接受各州相关法律的管理。1901 年 12 月，爱德华·休顿担任了澳大利亚联邦军队的指挥官。联邦政府接受了休顿提出的组建新的军事机构的建议。在 1904 年他离职之前，成立了联邦政府防务理事会和军事部，并任命了一位军事监察长。1911 年在邓特伦建立了皇家军事学院。此外，在 12 ~ 18 岁的青少年学生中实行普遍军训制度。在 1911 年注册的 15.5 万青年中，共有 9 万人参加了军训。

1914 年第一次世界大战爆发后，费希尔政府宣布全力支持英国参战，并在 8 月开始征召志愿兵，到 11 月已完成建立 2 万人的 1 个步兵师和 1 个轻骑兵旅的招募任务。入伍者中 80% 出生在澳大利亚，他们来自各个

---

[1] 杰弗利·格雷：《澳大利亚军事史》（Jeffrey Grey, *A Military History of Australia*），剑桥大学出版社，1990，第 15 页。

[2] 澳大利亚联邦陆军部：《英国殖民地和保护国地面部队手册》（The War Office of the Commonwealth of Australia, *Handbook of the Land Force of the British Colonies and Protectorates*），1905，第 2 页。

阶层，有的曾参加过在南非的殖民战争，也有不少人是接受军训不久的民兵。这支军队被称为"澳大利亚帝国军队"（AIF）。在第一次世界大战中，澳大利亚帝国军队共拥有第一至第五师的编制，首任司令官为 W. T. 布里奇斯准将。他不同意将这支军队分编到英军各个师团中去，使澳军的整体性和独立性得以保持。1915 年 4 月 25 日，以澳大利亚和新西兰共同组成的"澳新军团"为主力的协约国联军参加了加利波利登陆战，赢得了英勇善战的美誉。1916～1918 年，澳大利亚陆军中的步兵和骑兵也分别在法国战线（AIF 在法国共有兵力 11.7 万人）和叙利亚—巴勒斯坦战线作战，为协约国的胜利作出了贡献。

1939 年 9 月第二次世界大战爆发后，澳大利亚统一党和工党都主张参战。同年 10 月，开始招募志愿军，组建"第二澳大利亚帝国军队"（"第二"是为了与第一次世界大战中的"澳大利亚帝国军队"相区别），第一批 2 万名志愿兵组成了第 6 师，后又组建了第 7、第 8 和第 9 师，这些军队成为盟军的一支重要力量。1941 年 12 月太平洋战争爆发，澳大利亚继英美之后对日宣战，参加了太平洋战争。在整个反法西斯战争期间，以陆军为主的澳大利亚军队转战欧亚非战场，为战胜法西斯发挥了重要作用。特别是在麦克阿瑟将军指挥下的盟军西南太平洋战场，澳大利亚陆军已发展到两个集团军 14 个师的兵力，达到 49.2 万人，成为盟军在太平洋战争中反攻的主要力量之一，为最后打败日本法西斯立下了不可磨灭的功勋。

第二次世界大战后，澳大利亚陆军第 34 旅作为英联邦占领军的一部分参加了对日占领。随着远东冷战格局的形成，澳大利亚政府追随美国在亚洲推行冷战、争夺远东霸权的政策，参加了朝鲜战争和越南战争，损害了自身作为独立主权国家的形象。1950 年 7 月 26 日，孟席斯总理宣布，"将以海外驻军、现役和预备役中的志愿人员组成地面部队一个营，派往韩国"。9 月初，"从澳大利亚空运到日本编入占领军驻日皇家第三营，任命 C. H. 格林中校为营长"[1]。月底，由 960 名士兵组成的澳大利亚营乘美

---

[1] 韩国国防部战史编纂委员会编《朝鲜战争》第 1 卷，黑龙江朝鲜民族出版社，1988，第 109 页。

国运输船抵达朝鲜，配属英联邦军第 27 旅，参加朝鲜战争。越南战争爆发后，澳大利亚政府将这场战争视为"对澳大利亚和南亚与东南亚国家的直接军事威胁"。[①] 1965 年 4 月 29 日，孟席斯总理向众议院通报，将派一个步兵营去越南参战。同年 5 月和 6 月，澳军 1500 人抵达南越，驻防边和，编入美国第 173 空降旅。此后澳大利亚又相继派出许多空军和地面部队去越南参战，在 1970 年时达到 4.4 万人。其间，澳大利亚有"6.37 万名国民军战士通过抽签以 4 比 1 的比例成为正式军人。不到 1/4 的义务兵——15542 人和 26395 名志愿兵在越南作战"。[②] 1972 年惠特拉姆工党政府执政后，宣布撤回所有澳军，退出了越南战争。

1975 年，澳大利亚通过了《防务力量重组法》，取消了原有的三个军事指挥机构，任命了三个武装力量领导人。1986 年重建了一系列军事领导指挥机构（如国防、海军、陆军、空军和供应），并将它们扩大为国防部。[③]

80 年代以来，随着冷战结束，澳大利亚在促进柬埔寨和平进程中发挥了重要作用。根据巴黎和平协定，联合国安理会同意于 1992 年 4 月在柬埔寨建立联合国管制下的过渡政权，其军事方面由澳大利亚陆军中将约翰·桑德林领导。澳大利亚为他的指挥机构提供了 36 名助手，同时派出了 500 名官兵组成通讯联络分队，成为来自不同国家总数为 1.6 万人维和部队中的重要一支。

2. 编制与主要装备

澳大利亚陆军人数为 3 万人，后备兵员为 1.7 万人。澳大利亚的陆军编制如下：

（1）陆军司令部。下辖：2 个师司令部（其中 1 个为总预备队），10 个旅司令部，1 个后勤支援部队司令部，1 个地面联络群，1 个综合装甲团，3 个侦察团，1 个侦察、装甲人员输送车综合团，1 个装甲人员输送车团，2 个中型炮兵团，5 个野战炮兵团，1 个综合防空团，3 个战斗工兵

① 《澳大利亚联邦议会辩论集》（*Commonwealth Parlimentary Debates*）第 45 卷，1965 年 4 月 29 日，第 1060~1061 页。
② 杰弗里·博尔顿：《澳大利亚历史（1942~1988）》，北京出版社，1993，第 183 页。
③ 杰弗利·格雷：《澳大利亚军事史》，第 248~249 页。

团，1 个野战工兵团，1 个工兵支援团，2 个修建团，1 支陆军通讯部队，
5 个通讯团，21 个步兵营，1 个特种空勤团，1 个突击团，2 个航空兵团，
2 个师属情报连，1 个运输团，1 个战地后勤营，此外还有技术保障、医
疗服务等军队服务人员。

（2）后勤司令部。下辖：司令部后勤部，全国国防器材储存与发放
中心，2 所验证与实验院，3 个后勤群，4 个后勤营，5 个后勤连，8 支综
合运输部队，1 个宪兵连，10 个基地后勤支援中心，1 个支援部队，1 所
国防部队教养院和 1 所军队医院。

（3）培训司令部。下辖：司令部培训总部，3 所军事院校，1 个新兵
培训营，陆战中心，陆军冒险培训中心，陆军作战模拟群，陆军培训技术
中心，8 个培训大队，以及陆军机械中心。

澳大利亚幅员辽阔，实施防御战略必须要有一支能迅速部署在北疆地
区并能得到有效后勤支援的机动陆军。因此，澳大利亚加强了陆军的现代
化机动性装备建设。澳大利亚陆军的主要装备如下：豹 1A3 坦克 105 辆，
M113 装甲人员输送车 700 辆，LAV - 25 轮式步兵战车 20 辆，M2A2 驮载
105mm 榴弹炮 255 门，M198 型 155mm 榴弹炮 36 门，105mm 轻型火炮 45
门，米兰反坦克导弹数量不详，M40 106mm 无后坐力炮 68 门，轻剑地对
空导弹发射系统 19 个，RBS - 70 地对空导弹发射装置 60 具。[①] 澳大利亚
陆军航空兵装备有各型飞机和直升机共约 160 架，其中，"黑鹰"式战场
直升机可使陆军在作战中每架次将 150 人的整连兵力运输到半径为 160 公
里的任何地方。陆军还新装备了 3500 辆新式"佩伦蒂"轻型车和 2800 辆
新式"尤尼莫格"卡车。这些新式装备大大提高了澳大利亚陆军的快速
机动性与战斗力。

二　现代化的皇家海军

1. 发展简史

澳大利亚长期是英国的殖民地，它在对外政策和防务上一直依赖英

---

① 《澳大利亚军事实力》，引自 http：//www. isee. net. cn/cowry/thesaurus/military/global/adly.
htm。

国。19 世纪 50 年代中期，英、法和俄国之间爆发了克里米亚战争，悉尼殖民当局下令当地船厂建造了"喷火号"炮艇。该艇成为澳大利亚的第一艘军舰。19 世纪 80 年代，随着德、法在南太平洋地区扩张，澳大利亚意识到加强海上防务的重要性。在 1887 年第一次殖民地会议上，澳大利亚接受了英国海军部关于澳大利亚和新西兰每年共同提供 12.6 亿英镑，作为英国皇家海军附属澳大利亚舰队军费开支的海军建设方案。1891 年新建的 7 艘舰船从伦敦驶抵杰克逊港。

1901 年澳大利亚联邦建立之后，日本的海外扩张已成为澳洲的潜在威胁。1905 年 8 月，以迪金为首的保护关税派和工党联合政府上台，时值日俄战争已近尾声，日本已牢牢控制了远东和太平洋上的制海权。日本对澳洲的潜在威胁已变成现实的危险。经热衷于国防的工党议员休斯提议，一些著名人士成立了"澳大利亚国防联盟"，其宗旨之一是要求建立一支以瑞士为模式的陆军和以英国为模式的海军。在 1907 年的英帝国殖民地会议上，迪金正式向英国政府提出了建立澳大利亚海军的要求。当时英国由于需将其海军主力部署在北海以对付德国的威胁，因此同意了澳大利亚的要求。作为院外集团，休斯领导的澳大利亚国防联盟也对联邦政府施加巨大的压力，迫使迪金总理于 1908 年同意每年由政府拨款 25 万英镑用于海军建设。1909 年，迪金政府批准了英帝国防务会议通过的海防计划，该计划同意各自治领建立自己的海军。

1911 年，工党政府顺利实现了建立一支独立的澳大利亚海军的计划。新建的海军舰队由 1 艘战列巡洋舰"澳大利亚号"、3 艘轻型巡洋舰和 3 艘鱼雷驱逐舰组成。这些舰只均在英国制造，1913 年 10 月正式驶入悉尼湾。当时的海军基地设在悉尼湾的科卡图岛。

第一次世界大战期间，澳大利亚卷入了战争。由于历届澳大利亚政府推崇单一的海上防务政策，即依靠英国海军保卫澳大利亚的领土，所以当时澳大利亚的海军力量有限，其主要任务是护送运输船只，或配合陆军行动，很少采取独立的军事行动。在英国对德宣战的第二天，即 1914 年 8 月 5 日，当德国的"行宫号"商船试图逃离菲利普港时，澳大利亚海上巡逻队立即前往堵截。1914 年 9 月，应英国政府的要求，澳大利亚派遣了一支 1500 人的部队前去占领德属新几内亚。这支部队在澳大利亚舰队的护送下，在卡卡鲍尔湾成功登陆，使澳军在该年年底顺利控制了德属新几内亚全境。1914 年 11 月 1 日，一支满载士兵和货物的澳新运输船队在英国和澳大利亚战舰的联合护送下驶往埃及，进行备战训练。11 月 9 日，船队在印度洋的澳大利亚科科斯群岛附近与德军遭遇。澳大利亚巡洋舰"悉尼号"与德舰展开激战，击沉德国巡洋舰"埃姆登号"，为澳大利亚海军赢得了第一次重大胜利。

第二次世界大战爆发后，澳大利亚政府于 1939 年 9 月 3 日对德宣战。除征召陆军志愿兵外，澳大利亚的全部现役海军舰艇也划归英国海军部指挥。它的 3 艘巡洋舰和 5 艘驱逐舰被编入英国地中海舰队，另外 3 艘巡洋舰部署在太平洋和印度洋，以保护英国海军基地。

在第二次世界大战中，包括海军在内的澳大利亚军队在欧亚和北非战场发挥了重要作用。在太平洋战争爆发后，澳第 6 师、第 7 师和第 9 师先后奉调回国，但澳大利亚的空军和海军还留在欧洲和地中海作战。澳大利亚海军在欧亚非地区参加了托卜鲁克解围战、希腊和克里特保卫战、马塔潘角海战、叙利亚之战、马耳他和摩尔曼斯克的护航、北非登陆战和大西洋之战等几乎所有主要的海战，为在海战中歼灭法西斯轴心国的有生力量作出了贡献。1942 年 5 月，澳大利亚的两艘巡洋舰"澳大利亚号"和"霍巴特号"参加了和日军争夺海空控制权的"珊瑚海海战"，双方损失相当，但盟军挫败了日军攻占莫尔兹比港的企图，缓解了日本对澳大利亚的威胁。1943 年下半年，盟军在太平洋战场转入反攻，澳大利亚陆、空军成为盟军在西南太平洋反攻部队的主力。虽然这支部队没有配备战列舰和航空母舰，但 2 艘澳大利亚巡洋舰和 3 艘美国巡洋舰参加了反攻，为反法西斯战争的最后胜利作出了贡献。

二战后，澳大利亚成为第一个追随美国卷入朝鲜战争的国家，且陆海空三军均有部队开赴前线。1951 年，时值麦克马洪担任海军和空军部长，他参与指挥了以"悉尼号"航空母舰为首的澳大利亚皇家海军，先后有 9 艘水面舰艇在朝鲜附近海域活动，目的是协助美、英等海军夺取制海权，封锁黄海东海岸，以防中、朝军队在空军的支援下从后方登陆包抄"联合国军"。60 年代，澳大利亚又深深陷入了越南战争的泥潭，但主要是空军和地面部队的介入。

70 年代以来，随着国际关系格局的变动，澳大利亚对亚洲政策作了重大调整。1972 年惠特拉姆就任总理后，确立了"澳洲至少在 10 年内不会面临严重威胁的观点"，[①] 与中国建交并宣布从越南撤军，结束了将东南亚作为澳大利亚前沿防御阵地的历史。80~90 年代以来，澳大利亚调整了防御战略。澳大利亚海军加强了西北沿海的基地建设，由海军和空军组成海空防御屏障，而以机动的地面部队配合作战，确保"挫败未来任何来自陆地和海空的威胁"。[②] 澳大利亚政府还宣布更新于 2002 年到期的太平洋巡逻艇计划，决定将 22 艘太平洋巡逻艇更新设备，延长使用 30 年。这一计划将执行到 2027 年，耗资约 3.5 亿澳元。

2. 编制与主要装备

澳大利亚皇家海军的主要基地在悉尼。在西澳佩思附近的斯特林新建的海军基地使澳大利亚皇家海军成为能在太平洋和印度洋作战的双洋海军。

澳大利亚皇家海军人数为 1.41 万人。下辖两个指挥部，一为舰队指挥部，另一为政务指挥部。此外，司令部下辖七大作战单位：水面作战部队、两栖和海上支援部队、航空集团、海军潜舰部队、海军扫雷部队、海军巡逻部队、水文，气象和海洋测量部队。

海军部署 6 种主要军舰，约 60 余艘：澳新军团级巡防舰 8 艘、阿德莱德级巡防舰 4 艘、阿米代尔级巡逻艇 14 艘、翁恩级扫雷艇 6 艘、柯林斯级潜艇 6 艘、军舰级两栖运输舰 2 艘，以及其他舰只，如两栖舰船、海洋调查船、沿海勘察船、油弹补给舰和后勤补给舰等。2012 年，澳大利亚国防部计划引进 12 艘苍龙级潜艇，以代替现有的柯林斯级潜艇。

海军装备有 3 艘驱逐舰（包括导弹驱逐舰和护航驱逐舰），6 艘护卫

---

① 南维兰·米尼：《澳大利亚和世界，19 世纪 70 年代至 20 世纪 70 年代文献史》（Neville Meaney, *Australia and the World: A Documentary History from the 1870s to 1970s*），朗曼出版公司，1985，第 20 页。

② http：//mil. eastday. com/epublish/gb/paper 2/20001023/class 000200001/hwz 130792. htm.

舰，4 艘潜艇，2 艘近岸猎雷舰艇，2 艘教练与直升机支援舰艇，6 艘登陆艇，15 艘"弗里曼特尔"级巡逻艇，以及其他舰只，如扫雷艇、供应艇、水道测量艇、海洋调查艇、通用船和拖船等。此外，皇家海军还拥有海军航空兵 950 人，装备有各型飞机和直升机共 32 架。

澳大利亚皇家海军还购置了 8 艘本国制造的"澳新军团"级护卫舰替换老式的护航驱逐舰。同时，皇家海军新装备的 16 架"海鹰"式多功能直升机能够与导弹护卫舰和"澳新军团"级护卫舰一起执行任务。从 90 年代中期起，皇家海军已逐步起用 6 艘新建造的"柯林斯"级潜艇，以替换过时的"奥伯隆"级潜艇，该计划耗资 50.1 亿澳元。这一计划完成后，将大大提高澳大利亚的海防能力。①

三 装备精良的皇家空军

1. 发展简史

澳大利亚皇家空军建立于 1921 年，仅比建立最早的英国空军晚 3 年。② 1912 年，澳大利亚军用飞机在库克角中心飞行学院进行了首次飞行，该学院后来成为澳大利亚飞行团。1914 年第一次世界大战爆发后，澳大利亚空军已被派往新几内亚作战，帮助夺取德属殖民地。翌年，澳大利亚飞行团又在美索不达米亚作战。第一次世界大战即将结束时，有 4 个澳大利亚飞行中队在法国西线参战。

两次世界大战之间，澳大利亚空军的发展遇到了一些困难，特别是陆军和海军方面总认为澳大利亚不需要发展独立的空军力量，空军的存在仅仅是用来支援陆军和海军。

1939 年 9 月 3 日，澳大利亚皇家空军参加了第二次世界大战，他们投入了数千人，远涉重洋，参加了保卫英国本土的大规模空战。1940 年 10 月，麦克尤恩就任空军和民用航空部部长后，针对本国空军装备落后、

---

① 《柯林斯级潜水艇》（The Collins Submarine），引自 http：//www. navy. gov. au。
② 《澳大利亚飞行团和皇家空军简史》（A Short History：Australia Flying Corps and Royal Australian Air Force），引自 URL http：//www. Defence. gov. au/RAAF/History/shorthis. html。

人员素质较差的特点，亲赴墨尔本附近的联邦飞机公司，监督各式战斗机的制造，敦促其提高飞机性能、增加数量。同时坚决贯彻二战初期英国制订的"帝国空军训练计划"，年均培训 1.1 万名空军人员，后又协助组建了"澳大利亚空军女子辅助部队"，加强了本国防空力量，有力地支援了欧洲战场。1941 年 12 月珍珠港事件爆发后，日军长驱南下，南洋诸岛一一沦陷，澳洲大陆的北方门户遭受日机轰炸 60 次以上。澳大利亚皇家空军将作战重点转向了西南太平洋。

美国充分认识到澳大利亚在太平洋中的战略地位，将西南太平洋司令部设在澳洲，并加强了海空军的联合作战。1942 ~ 1943 年，在争夺新几内亚岛的激烈战斗中，日本派出了 16 艘舰艇运送军队增援。澳美空军联合作战，摧毁日舰 12 艘，彻底粉碎了日军再次进攻该岛并重新威胁澳大利亚的可能性。

第二次世界大战开始时，澳大利亚皇家空军仅拥有 3000 人和 300 架飞机。而到 1945 年，空军人数增长了 60 倍，飞机增长了 10 倍，分别达到了 18 万人和 3000 架飞机。[①]

战后澳大利亚空军参与了对日占领。1946 年 2 月，包括第 76、第 77 和第 82 飞行中队在内装备了 P - 51 野马战斗机的一支战斗机联队，作为英联邦占领军的一部分飞抵日本，实施占领任务。

在柏林危机期间，澳大利亚达科他的 86 名运输机联队的飞行人员在 1948 年 9 月参加了对柏林的空运。他们总共飞行了 6000 小时，向柏林空运了 7264 吨物资和近 8000 名人员。

1950 年朝鲜战争爆发，澳大利亚的第一个反应是向新加坡派遣轰炸机。孟席斯总理解释说："朝鲜'事件'不能孤立的来看，而应视为共产主义在亚洲地区入侵的一个证据。马来亚共产党的游击队正在作战，他们的行动很可能受到朝鲜事件的鼓励。"[②] 6 月 30 日，驻日澳大利亚皇家空

---

① 《澳大利亚飞行团和皇家空军简史》，http：//www. defence. gov. au/RAAF/History/shorthis. htm1。

② A. 雷努夫：《受惊之国》（Alan Renouf, *The Frigtened Country*），墨尔本，1979，第 73 ~ 74 页。

军第 77 战斗机中队交给美国调遣。皇家空军的"林肯"式轰炸机和 C -
47 运输机也随英联邦军队在马来亚展开行动。1952 ~ 1954 年，澳大利亚
皇家空军还派出一个战斗机联队飞往基地设在马耳他的英联邦中东军事要
塞。根据东南亚条约的规定，装备有"军刀"式战斗机的第 79 飞行中队
从 1962 年 6 月 1 日到 1968 年 7 月 31 日一直在泰国执行空防任务。

在 1962 ~ 1972 年越南战争期间，澳大利亚追随美国，加大了军事投
入。皇家空军的"堪培拉"式轰炸机和"驯鹿"式运输机全面投入，而
"易洛魁人"直升机则用于帮助澳大利亚陆军执行任务。"海王"式侦察
机和 C130 运输机也参加了战争。此外，还有大批澳大利亚皇家空军人员
服务于美国空军联队，包括 F/RF - 4"鬼怪"式攻击机组和侦察机飞行
员、前导空管领航员、摄影判读人员和情报官员等。

在 1991 年的海湾战争中，澳大利亚皇家空军没有直接参与，但提供
了情报人员、翻译人员以及一支医疗队。1998 年头几个月，澳大利亚皇
家空军的波音 707 加油机还为在伊拉克南部禁飞区实行监控任务的美国和
英国飞机提供空中加油。皇家空军还在一些国家和地区执行过联合国维和
行动与人道主义救援。

2. 编制与主要装备

澳大利亚皇家空军装备先进，技术精良。空军人数为 1.42 万人，拥
有各式现代化战斗机、轰炸机、侦察机、支援机、运输机和教练机等。
皇家空军在澳洲大陆各州首府附近均有基地，在澳洲北部也有一系列空
军基地。

澳大利亚皇家空军的编成和装备如下：

2 个战斗侦察中队，装备战斗机 33 架和战斗侦察机 4 架；4 个战术战
斗机中队，装备 F/A - 18 攻击战斗机 54 架、教练战斗机 17 架；2 个海上
侦察中队，装备 P - 3C 巡逻机 19 架；6 个运输中队，装备各种类型的运
输机 66 架。

澳大利亚皇家空军的 P3C"奥里翁"式飞机和"金达利"式超地平
雷达是空军监视系统的基础，能监视澳大利亚北方辽阔的近海地区。"奥
里翁"式飞机能够连续飞行 12 小时以上，巡逻范围可达 25 万平方公里，

它能发现、识别并在必要时使用鱼雷和"鱼叉"式导弹攻击潜艇和水面舰只。

澳大利亚皇家空军装备的 F－111C 和 F/18 "大黄蜂"飞机都是歼击机，它们能发射"鱼叉"式反舰导弹，共同组成了一支威慑和截击敌机的战斗力量。皇家空军的运输机主要有波音 707 飞机、C130 "大力士"飞机和"驯鹿"式飞机。改装后的波音 707 飞机可在空中给各类战机加油，从而大大延长了诸如 F/A－18 等各类战机的续航能力，提高了空军的战斗力。C130 "大力士"飞机则能一次运载近 20 吨物质与装备，能在满载时连续飞行 6000 公里而不需加油。而"驯鹿"式飞机的运载量较轻，飞行距离较短，但机动性较强，可用于伞兵突降作战。

第三节　兵役制度与国防工业

一　兵役制度

澳大利亚 6 个殖民区统一之前，兵役制没有定制。1901 年澳大利亚联邦建立以来，一直实行志愿兵役制。在第一次世界大战期间，改变招兵制度，以征兵制取代志愿兵制的问题开始提上日程。但在 1916 年和 1917 年进行的关于征兵制问题的两次公民投票均未获得通过，休斯总理因此辞职。在 1929~1933 年经济危机期间，斯卡伦政府为了减少政府支出还被迫废除了义务军训制度。

第二次世界大战爆发后，为加强国内的军事力量，澳大利亚政府决定对适龄青年恢复义务军训制，规定每个人必须接受 3 个月的军训。1939 年底又规定"海外军役志愿参加，国内强制服役"的原则。1943 年 2 月，因战争需要，工党政府被迫改变原计划，要求议会修改兵役制，允许义务兵在赤道以南、东经 110°~159°之间的地区作战。4 月又将士兵的服役年龄从 19 岁降至 18 岁。

第二次世界大战结束后，澳大利亚曾追随美国卷入冷战，兵役制有所改变。1948 年重建了国民军。1951 年澳大利亚政府颁布了《国民服役法》，强制规定年满18岁的男青年必须服军役176天，其中96天是全日制的。到1956年，国民军的兵力超过了8.7万人。[①] 在1965年4月孟席斯政府宣布向越南派兵后，为了保证兵源，澳大利亚实行"挑选式"（用投票或抽签选拔）征兵制度。被挑选出来的年满20岁的男子，经过两年训练，即被送往海外服役，由此出现了澳大利亚历史上第一次由抽签应征、出国作战的情况。直到1972年惠特拉姆工党政府执政后，才从越南撤除全部军队，并在国内废除征兵制（即《国民服役法》）。

澳大利亚现在实行的是志愿兵役制。2011/2012年度，常规军兵力为57994人，预备役兵力为22072人。澳大利亚没有准军事部队，全国可动员的兵员有446万人，而适于服役的有389万人。

同时，澳大利亚完善了预备役部队体制，加强了对预备役部队人员的训练。澳大利亚预备役部队目前分为三种类型：一是普通预备役；二是紧急预备役；三是常备预备役。[②] 澳大利亚的常备预备役是近年新建立的，其主要成员是刚刚从军队退出现役的官兵。常备预备役部队的战备状态和作战能力都强于其他类型的预备人员。陆军常备预备役编制为300人，海军和空军各为450人。鉴于正规部队人员编制在不断削减，为在战时能够迅速增加兵员，澳大利亚将正规部队与预备役部队混合编组，并且不断提高预备役部队的比例，改善预备役部队的装备和训练状况。

二 国防工业

澳大利亚十分重视发展本国的国防工业，因为澳大利亚将其防务政策建立在自力更生的基础上，所以注重把科学技术的研究成果应用于国防工业。政府一方面增加科研经费，一方面对国防工业企业的投资给予减税优待，同时强调发展与国防有关的制造业，促使科研成果尽快商品化。军队主要依靠本国的国防工业提供新的装备与零配件，同时对现有的军事装备进行修理和改装。这反过来又促进了澳大利亚国防工业中新技术的发展，

---

① 杰弗利·格雷：《澳大利亚军事史》，第200页。

② http://mil. Eastday. Com/epublish/gb/paper2/20001023/class 000200001/hwz 130792. htm.

推动了军队的现代化建设。

在制造国防新装备的大部分重要项目中，国产化的比例不断提高。例如制造现代化的新式"柯林斯"级潜艇和"安扎克"军舰，国产的部件占了 70% 以上。还有诸多新的国防装备，如"金达利"超地平雷达等，也采用了本国国防科学家的发明，并在世界同类装备中占有领先地位。

近年来，澳大利亚一直把国防工业现代化作为军队建设的一项重要内容。陆军改装了 M113 轻型装甲运兵车，提高了它的作战能力。2000 年初，陆军全部装备了这种轻型装甲车。单兵通讯设备、全球定位系统和夜视仪也是澳大利亚国防工业发展的重点。澳大利亚海军将根据《走向未来的计划》，使海军拥有海上作战的先进技术优势，保持高效率的作战能力，特别是提高与陆军和空军联合作战以及与盟军联合作战的能力。按照这一目标，澳大利亚海军装备发展的重点是更新海军舰艇，建造和改装大、中型水面舰只，以及改善各类作战舰船的指挥通讯系统、火控系统、电子战设备和海上导航系统。澳大利亚政府还更新了于 2002 年到期的太平洋巡逻艇计划，决定将 22 艘太平洋巡逻艇更新设备，延长使用 30 年。这一计划执行到 2007 年，耗资 3.5 亿澳元。澳大利亚重点发展海军的思想在 2001 年公布的《21 世纪的澳大利亚海军》发展规划中体现得较为充分。该文件要求澳大利亚海军提升海上快速反应能力、支持登陆作战能力和区域防空能力。澳大利亚海军不但要在周边地区，还要能配合盟国遂行远征作战。2007 年总理陆克文上台后宣布将快速加强海军力量，并耗资 600 亿澳元加强军备，以应对亚太邻国日益增长的军力。[①] 军方已开展为期 10 年的现代化计划，以建立一支规模更大的军队，所将增添的军备包括大型两栖攻击舰、导弹驱逐舰。澳大利亚还将继续改进其拥有的全球最先进的常规潜艇——"科林斯"级潜艇。[②] 2009 年国防白皮书指出未来 20 年政府将着重提高自身防卫能力，尤其是加强海军军备力量的建设。

---

① New Chinese Marketing Weekly, 12.9—18.9 2008 澳大利亚《新市场报》（周报），2008 年 9 月 12 日~18 日。

② 中国新闻网：《美国侨报：陆克文也有一版"亚洲威胁论"？》，2008 年 9 月 16 日，http：//www.chinanews.com.cn/gj/xwbj/news/2008/09 – 16/1383149.shtml。

大部分资金将用于购置新型潜艇、驱逐舰、护卫舰，用以加强对领海的控制能力。白皮书要求对澳军 85% 的武器装备进行更新或升级，总费用为 1500 亿澳元。这些计划对澳大利亚的国防工业提出了更高的要求。

为此，吉拉德政府上台后对本国的国防工业发展采取了新的举措。2011 年 8 月，政府宣布对《澳大利亚国防工业技能培训计划》再投入 1400 万澳元，以创造 4000 个培训岗位，包括国防工业学徒培训和技能培训。到 2020 年，澳大利亚国防工业完成的工作量将从每年的 55 亿澳元增至 75 亿澳元，这无疑将对工业能力和从业人员的技能形成挑战。9 月，政府发布了一系列培训计划，以提高本国国防工业从业人员的技能，应对实施澳大利亚军事现代化计划所面临的挑战。此次宣布的措施包括：制订跨部门计划，以确保国防工业从业人员的技能符合军方的需求；增加经费以增强和保持重点国防工业能力；实施鼓励工程专业的大学生进入国防工业领域的计划。①

第四节　对外军事关系

一　主要军事条约

1.《澳新协定》

1943 年，二战中太平洋地区的战况开始向有利于盟军的方向转变。澳大利亚对处理战后太平洋地区事务日益关注，并对 1943 年 11 月由中美英三国召开的开罗会议未邀请澳大利亚参加表示不满。澳大利亚外长伊瓦特积极加强了与新西兰的联系，以便掌握战后处理本地区问题的主动权。在伊瓦特的发起下，澳新两国政府于 1944 年 1 月 21 日在堪培拉签署了共同抗击日本的《澳新协定》，同年 2 月 1 日开始生效。

具有军事同盟性质的《澳新协定》，划定了一个包括澳大利亚、新西兰及两国北部和东北部岛屿在内的防御地区，规定太平洋国家有权维护太

---

① 《澳大利亚发布一系列国防工业培训计划》，新华网军事，2011 年 9 月 6 日。

平洋地区领土的主权和控制权，坚持凡将太平洋上的敌国领土移交给其他国家，必须得到澳大利亚和新西兰的同意。协定还就美国在巴布亚新几内亚以北的马努斯岛建立大型军事基地问题作出规定，即任何国家均不能对战时占领并建有基地的岛屿提出主权要求。《澳新协定》的签订反映了澳大利亚决心奉行独立自主的外交政策和在南太平洋地区扩大影响的意图。

2. 《澳新美安全条约》

1951 年 9 月 1 日，澳大利亚、新西兰和美国在旧金山签订了《澳新美安全条约》，1952 年 4 月 29 日起正式生效。该条约规定无限期有效。

该条约由序言和 11 条正文组成，其主要内容如下：

（1）缔约国将单独地和共同地用继续的和有效的自助和互助的办法来保持及发展他们单独及集体抵抗武装攻击的能力。

（2）当缔约国任何一方认为缔约国任何一国的领土完整、政治独立或安全在太平洋受到威胁时，缔约国应共同进行协商。

（3）每一缔约国都认为在太平洋地区对任何一缔约国的武装攻击都将危及它自己的和平与安全，并宣布它将按照自己的宪法程序采取行动，去对付共同的危险。

（4）对任何一缔约国的武装进攻，应认为包括对任何一缔约国的本土或它在太平洋上所管辖的岛屿领土，或在太平洋上的武装部队、公有船只或飞机的武装进攻。[①]

根据该条约规定，缔约国设立了一个由 3 国外交部长或其助理组成的"澳新美理事会"。理事会一般每年召开一次会议，由 3 国外长参加。理事会助理会议和军事代表会议则不定期召开，分别由 3 国外长助理和军事代表出席。

该条约签订之前，美国对日本的方针已由抑制转向扶植。美国提出的《对日媾和七原则》在澳大利亚政府和政党中引起了激烈的争论。澳大利亚不少政要都担心日本会重新武装，再次构成对澳大利亚的威胁。美国则计划将澳、新纳入其亚太防务体系，并以提供安全保障来换取澳新两国支

---

① 参见刘志功、何春超主编《战后国际关系史手册》，广西人民出版社，1987，第 159 页。

持它缔结对日和约。《澳新美安全条约》正是这种交换的产物。条约将英国排除在外，反映了亲美疏英已成为澳大利亚亚洲政策的重要方针。同时，澳大利亚政府把《澳新美安全条约》视为非常重要的地区安全保证。

3.《东南亚集体防务条约》

东南亚条约组织是在朝鲜战争结束后，印度支那人民抗法斗争取得重大胜利的背景下，由美国发起筹建的，其目的是为了遏制中国的影响和亚洲的和平与中立运动，填补法国留下的"真空地带"。该条约是战后澳大利亚与亚洲国家签订的第一个军事条约。

1954年9月8日，美、英、法、澳、新西兰、菲律宾、泰国、巴基斯坦8国在菲律宾首都马尼拉正式签署了《东南亚集体防务条约》及其议定书，又称《马尼拉条约》。该条约的主要内容规定：

（1）东南亚或西南太平洋地区任何缔约国或条约保护国如遭武力侵略，各缔约国将按照本国的宪法程序采取行动来对付共同危险。

（2）在同一区域内任何缔约国或保护国如受"武装进攻以外的任何方式的威胁"，各缔约国须就"为了共同的防御而应采取的措施，立即磋商"。

（3）议定书将柬埔寨、老挝和"越南国家管理下的自由领土"（即南越）划为条约保护国；规定如在条约保护国领土上采取行动，须经有关政府邀请或取得其同意。①

《东南亚集体防务条约》于1955年开始生效时成立了"东南亚条约组织"，该组织的总部设在泰国首都曼谷。

东南亚条约组织的建立将美澳新军事集团推向亚洲化，它和澳新美安全条约及美国与日本、菲律宾、韩国、台湾国民党当局签订的双边防御条约一起，构成了美国全球弧形军事联盟体系。澳大利亚和新西兰通过该条约取得了与西方大国协商并参与亚洲事务的资格，这正是二战后澳大利亚不懈追求的目标。

---

① 《当代国际事务实录》（*Current Notes on International Affairs*）第25卷，1954年9月25日，第671~674页。

1962 年 7 月，扩大的日内瓦会议通过了《关于老挝中立宣言》，宣布不承认该条约对老挝的"保护"。1967 年法国拒绝派正式代表参加该组织的部长理事会，并从 1974 年起不再提供经费。1972 年，巴基斯坦首先宣布退出这一组织。因其内部矛盾日益加剧，1977 年 6 月"东南亚条约组织"正式宣布解散。

4. 其他军事协定

（1）《澳大利亚新加坡军事协议》

澳大利亚和新加坡之间一直存在着军事合作关系，澳大利亚在新加坡驻扎有少量军队。同时，澳大利亚同新加坡与马来西亚、新西兰、英国又同为"五国联防"成员国，存在着防务合作关系。为了促进新加坡军队在澳大利亚的军事训练，1988 年 2 月 10 日，澳大利亚与新加坡缔结了一项新的军事协议。澳大利亚宣称，澳新军事协议的签署，表明两国之间业已存在密切的军事合作关系又向前迈进了重要一步。

（2）《澳美防务合作协定》

1989 年 11 月 3~4 日，澳大利亚外交部长埃文斯和国防部长比兹利与美国国务卿贝克和国防部长切尼在悉尼举行了第五次部长级会谈，4 日签署了两国防务合作协定。这是澳大利亚与美国之间关于后勤供应的 10 年防务合作协定。澳大利亚方面认为，这项协定将确保对两国武装部队在和平和战争期间所用防务装备的供应，而且澳大利亚将由此得到美国先进武器系统的技术资料。

（3）《澳日防务与安全合作的声明》

2007 年 3 月，澳日在东京签署了《防务与安全合作的声明》。这是战后日本与美国之外的国家所签订的第一个防务协定，也是澳大利亚与美国签订《澳新美同盟条约》之后的又一个着眼于国家安全的防务协定。这使国际社会普遍认为"美日澳构筑战略铁三角，欲打造亚洲版北约"。①

---

① 2007 年 3 月 17 日新华网军事新闻：http：//news. xinhuanet. com/mil/2007 - 03/17/content_5859883. htm。

二 军事交流与军事合作

澳大利亚外交政策的最高目标是捍卫国家主权和独立，推进本国的经济与战略利益。其重点是加强同美国的联盟关系，发展对亚洲尤其是与东亚、东南亚国家的关系。澳大利亚将美国、日本、中国和印度尼西亚作为最重要的发展对外关系的四大国家，同时也不断加强与它们之间的军事交流与合作。

第二次世界大战以来，澳大利亚政府一直将澳美关系视为其外交政策的基础。《澳新美安全条约》虽由于80年代新西兰的禁核政策而陷于瘫痪，但澳美之间一直保持密切的盟国关系。澳大利亚支持美国在亚太地区的军事存在，允许美国继续使用在澳的军事基地，并表示南太平洋无核区将不限制美国的核动力舰艇进入澳洲港口。1996年澳大利亚联盟党政府执政后更加重视澳美军事合作，两国国防部长相继互访。根据1996年澳美部长级磋商会议发表的《联合公报》和《澳美21世纪战略伙伴关系联合安全宣言》，澳大利亚允许美国在澳洲扩大军事基地，双方于1997年3月在澳北部举行了20年来规模最大的联合军事演习。在1998年伊拉克武器核查危机问题上，澳大利亚支持美国对伊拉克采取军事行动。2001年"9·11"事件发生后，澳大利亚单方面启动了《澳新美安全条约》，先后参加了阿富汗战争和伊拉克战争，并正式决定参与美国导弹防御系统。在1996年之后发生的数次因台海危机导致的中美关系紧张之时，澳大利亚都不仅表示了支持美国的意向，而且还付诸行动。如2001年4月，正值中美因南海撞机事件关系紧张之时，澳大利亚3艘舰艇驶过中国台湾海峡，被认为是澳大利亚海军为"配合美国在东亚加强军事前沿部署的安排"[1] 而做出的举动。2007年陆克文政府时期工党仍然将澳美关系视为对外关系的基石，对华政策也随着美国的对华政策的调整而改变。[2] 2010年

---

[1] 苏浩：《从哑铃到橄榄：亚太合作安全模式研究》，北京：世界知识出版社，2003，第112页。

[2] 2010年12月，维基解密网日前公布了一份机密电报，文件透露澳大利亚前总理陆克文曾建议美国国务卿希拉里，在其他方式无效的前提下，对华使用武力，对两国关系产生了很大的影响。

吉拉德上台后，高度重视与美国的军事合作。2011 年 4 月，美国太平洋司令部司令亚当·罗伯特·威拉德证实，澳大利亚方面十分乐意美国增加在澳洲的军事活动。[①] 2011 年，美国总统奥巴马在抵达澳大利亚进行访问时宣布，美国将从次年开始在澳大利亚北部部署海军陆战队。

澳大利亚非常重视发展和与其相邻的亚洲国家的军事交流与合作关系。在苏联解体、冷战结束后，澳大利亚将其防务重点转向了亚洲，推行在地区或双边基础上发展与亚洲邻国安全防务合作的政策。根据这一政策，澳大利亚将它同亚洲邻国的双边军事关系从防御合作转向建立"建设性伙伴关系"，其中包括联合防务计划、共同训练和协作采购装备等。而东南亚国家在这一涉及澳大利亚地区安全的计划中，被"给予最高优先权"。[②] 澳大利亚的防务政策旨在"更加侧重于同该地区国家建立防卫关系"。澳大利亚和东南亚国家逐步建立了双边军事关系合作网，重点集中在海空力量方面，如地区共同防御、海上巡逻和监视训练、空中防御演习等，并拟订和实施了一系列联合训练计划。

澳大利亚认为未来对自身威胁最大的地区是来自北部海域的东南亚区域，为了防范可能来自北部海域外来的入侵，必须将海军防卫力量也相应地由东部和南部重点挪移到北部和西部。澳大利亚在北部海岸设置了警戒雷达体系，还在重要海域和水道布设海底声呐以监控外国潜艇的行动，并加强了北部海域的海上巡逻力量。海军舰艇按照"三级保卫网"配置，以北部和西部为防御重点。澳大利亚加强了同东盟国家特别是与印度尼西亚、马来西亚和新加坡等国的海军合作和交流，同时也展开与越南、菲律宾、泰国和文莱等国的海军合作，并积极促成防务协定的签署和多种形式的地区联合军事演习，如多国海军联合军演、多国海空联合演习、多国多兵种协同演习、"五国联防"军事演习、澳新海军联合演习等。澳大利亚还十分重视海军军事人员的培训和交流，通过"太平洋巡逻艇"计划，向西南太平洋国家提供巡逻艇及相应的海上行动与技术顾问、训练、后勤

---

① 《美国拟向澳大利亚部署军队》，人民网军事，2011 年 4 月 11 日。
② 《澳大利亚 1994 年防务白皮书》，第 80 页。

和修理支援。同时，澳大利亚还积极向东盟国家"出借军事基地"，提供军事人员培训等。这些措施有利于增强澳大利亚与周边国家的军事互信，确保周边海域的安全，也有利于扩大地区影响力。

《澳大利亚1994年防务白皮书》认为，随着"冷战后亚太战略格局的演变"，"该地区的战略事务将更多地由亚洲国家自己决定，将更多地取决于亚洲主要大国日本、中国和印度的政策"。澳大利亚首次在国防白皮书上提出了发展同中国的军事合作与对话关系。到1994年，以前大多数用于对付中国的防务条款均被废除，并开始加强中澳两国军队高层领导人的交流与互访。1994年5月澳大利亚空军司令巴里·格里申中将访问中国。同年10月，澳大利亚国防部长罗伯特·雷的发言人宣布：澳国防部长访华"已没有任何形式的障碍"。此后，两国军事交流不断扩大。2000年9月24～29日，澳大利亚皇家海军的两艘军舰"布里斯班"号和"成功"号访问上海，这是澳大利亚海军军舰对上海的第六次访问，也是对1998年和1999年开始的两国海军之间正常交流模式的一种肯定。① 近年来，中澳两国军事交流日益频繁。2010年9月23日，中国海军北海舰队"洛阳"号导弹护卫舰、北拖725船与来华访问的澳海军"瓦拉蒙加"号护卫舰在黄海海域举行联合军演，科目有编队通信、海上联合搜救、编队运动、火炮对海射击等内容。中澳军事官员都认为此次海上联合演练时间长，科目多，很务实。在打击海上目标科目中，双方均使用实弹演练，这在中外海军演练中比较罕见。在澳舰访华的同时，中国海军舰艇正访问悉尼港，这在两国海军友好交往史上尚属首次，推动了两国海军的务实性合作关系。海军互访，增进了两国军队之间的相互了解和信任，也促进了两国关系的发展。

关于和日本的防务关系也被提到了新的重要位置。《澳大利亚1994年防务白皮书》提出："我们主要通过发展对话和战略问题政策方面的交流，逐步寻求发展和日本的防务关系。我们的目标是积极和日本接触，以

① 《澳大利亚驻上海总领事馆新闻简报》（*Newsletter of Australian Consulate General in Shanghai*），2000年第3卷，第10期。

形成我们各自安全问题的观点和在亚太地区的优势地位。我们将进一步就战略计划问题进行对话，并将在整个时期内进行更多的实际合作。"澳大利亚高级军事领导人还提出，要扩展和日本的防务合作关系。自 1996 年起，澳大利亚与日本每年举行"政治、军事"年度磋商，双方就地区战略和安全问题协调立场。澳大利亚欢迎日本更多地参与亚太地区和国际事务，但反对日本大幅度的增加军费和建立具有远距离攻击能力的防卫体系，认为日本如将越来越多的技术用于军事，会给本地区的形势带来不稳定。

2007 年，澳大利亚还与日本签署《防务与安全合作的声明》，两国实际上构成了准军事同盟的关系，被国际社会普遍认为"美日澳构筑战略铁三角，欲打造亚洲版北约"。此外，澳大利亚还不断实施"向西看"的海洋安全战略，加强与印度的关系。澳美印日 4 国战略合作和靠拢十分明显，一旦与中国存在某种问题，4 国之间的松散同盟必然会遥相呼应，在战略遏制中国上发挥彼此作用。

澳大利亚集体安全联防的总体思路，为东南亚国家拉拢更多的区域外大国、以形成大国平衡的战略态势提供了某种便利之处。东盟最近酝酿的 10＋8 模式（包括中日韩、澳新、印度、美俄）就是证明。澳大利亚的安全战略在客观上与东盟、日本、印度的各自意图具有利益链条和战略博弈的关系，也符合美国亚太战略整体构想（如构建澳日"亚洲版北约"和所谓美日澳印"四国同盟"），澳大利亚自觉不自觉地都要置身于这个总的战略格局中。

第五节　新时期的澳大利亚军事

一　21 世纪初的国防力量概况

澳总督为武装部队总司令。国防部为军队行政管理机构。国防委员会为三军最高决策机构，主席由国防部长担任。国防军司令为国防部长的首席军事顾问。现任国防军总司令安格斯·豪斯顿（Angus Houston）空军上将。

澳大利亚实行志愿兵役制。国防军由陆、海、空三军组成。2007/ 2008 年度，常规军兵力为 51476 人，预备役兵力为 19550 人，文职人员为 19506 人，合计 90532 人。常规军中，陆军 25486 人，编成地面部队司令部、特种作战司令部和训练司令部；海军 12700 人，编成海军司令部和海上作战司令部，下辖海军防空兵及 7 个海军基地，装备各类舰船 70 余艘；空军 13290 人，编成空战司令部，装备 F/A – 18、F – 111、P – 3C 等各类飞机 280 余架。① 澳大利亚 2005 年国防报告明确指出，恐怖主义、大规模杀伤性武器扩散和来自"失败国家"的威胁是澳面临的最直接挑战。澳大利亚政府强调建立多层次国防体系和提高综合作战能力，包括部队的灵活性、机动性和远程投送能力，以应对周边地区安全挑战、各类突发事件及参与美国领导的国际"联合行动"。

2007 年 6 月，霍华德总理宣布，澳大利亚将斥资 110 亿澳元（约 93 亿美元），从西班牙购买 3 艘 F100 驱逐舰和两艘水陆两栖战舰。其中 F100 驱逐舰作战半径约 5000 海里，可装载"战斧"式巡航导弹，将分别于 2014 年、2016 年和 2017 年交付使用。计划采购的水陆两栖战舰排水量为 2.7 万吨，这种两栖战舰能够承载超过 1000 名船员，以及新型 M1 艾布拉姆斯主战坦克、火炮等，能起降大型直升机和水上飞机。新军舰也将成为澳最先进、最昂贵的军舰，它们将进一步提升澳海军的战略防御能力。新的军购计划不仅增强了澳大利亚国防能力和经济安全，而且由于 5 艘新军舰都有部分工程在澳国内完成，也为 1000 多家承包商和 3500 多人提供了工作机会。② 澳大利亚近年来大手笔购买军备，每年国防开支超过 200 亿澳元，除军舰外，另一项总额 500 亿澳元的军购计划将购买包括 F – 35 联合攻击战斗机在内的装备。2007 年陆克文上台后，宣布将耗资 600 亿澳元加强军备，快速加强海军力量。吉拉德执政时期，由于战略和

---

① 中华人民共和国外交部网站。

② "澳耗资百亿购军舰打造亚太海军强国"，http：//news. sina. com. cn/w/2007 – 06 – 21/ 112312065549s. shtml。

财政环境的影响，澳大利亚 2012 年 5 月宣布大幅消减国防预算，计划 4 年内削减 54 亿。2012/2013 年度防务预算总额为 241.8 亿澳元。

二　新时期国防政策的调整

2007 年 7 月 5 日，总理霍华德在澳大利亚战略政策研究所举办的"全球力量 2007"会议上公布了最新的《国家防务报告》（即《国防白皮书》）。新白皮书与以前版本的白皮书一致认为对澳国家利益的直接威胁主要是三个方面：恐怖主义、大规模杀伤性武器的扩散和来自脆弱国家的危险。[①] 所不同的是，2003 年白皮书主要阐明的是为了应对新的战略环境，均衡安排军事力量的使用及其重点；2005 年白皮书强调的是应对广泛的可能性事件的能力；2007 年白皮书则是对前几个文件的继承和发展。这体现在三个方面：一是强调国家安全环境的新变化；二是更明确地表达了多年来追求的不局限于区域内的世界安全观，即在本地区内充当领导者、在世界上作贡献、借助"盟友"和"伙伴关系"保护其国家安全和国家利益；三是首次以较大篇幅谈及中国，涉及中国的经济崛起、军事现代化以及中美关系等问题。可以说，2007 年白皮书是澳最新的国际安全环境评估报告，是其国家防务政策纲领，昭示了 21 世纪澳国家安全观念和国家防务政策的走向。

新白皮书共分六大部分，对澳的安全环境、国防政策与国防力量建设、与区域内伙伴的关系等做出了新的战略判断，进而指出了澳联邦政府为确保国家防务战略付诸实施所应采取的各种措施，明确了运用军事力量的方针，并规划了军事力量的发展方向，勾画出国家防务战略的新图景。其主要内容可分为三个方面：

第一、战略安全环境发生变化，澳大利亚的战略架构必须调整。白皮书说明了全球化的积极意义与负面效果，认为全球化的发展加深了澳与世界其他国家的联系，也带来了新的安全威胁，缩短了应对威胁的反应时

---

① Australia's National Security: *A Defence Update* 2007 ［Z］, http: //www. defence. gov. au/ans/ 2007, p. 14.

间，增加了应对危机的不确定性。同时，恐怖主义正威胁着国家安全，并不能忽视如"基地"组织和活动于东南亚地区的"伊斯兰祈祷团"这类恐怖组织的破坏性影响。澳安全环境中的"失败国家"问题也日益突出。这些国家特别是澳周边地区一些处于动乱中的国家易受跨国犯罪和大规模叛乱的影响，地区不稳定性很强，所以澳政府必须采取包括军事手段在内的措施，帮助所谓"失败国家"建设稳定、团结、强有力和民主的国家，以维持地区的安全与稳定。另外澳必须努力促成防止大规模杀伤性武器扩散的谈判。"9·11"事件后的新形势对军事力量建设提出了新的要求，澳还应该能够提供维和、调停、安全保障行动和人道主义灾难救援等非军事服务。这基于两个主要因素，一是美国作为亚太地区的稳定力量具有长期的优势；二是全球化对安全的影响。以 1999 年东帝汶危机为转折点，澳调整了国防战略和政策，国防力量作为国家力量的一部分运用得更加频繁，就如同警察力量的使用一样。这表明，澳为了自己的战略利益，必须准备在远离本土地区进行军事行动，同时运用经济和外交手段。

第二，澳应大力发展同亚太地区及有关大国的关系。白皮书特别举出了其周边的很多热点地区，如南太平洋和东帝汶。这一地区不少岛国包括东帝汶长期深陷政治、社会的不稳定，政府统治能力赢弱，经济发展严重受阻。澳由于历史和地理上的原因与这些地区有着紧密联系，因而有责任促进这一地区的稳定与繁荣，为此应该向该地区提供包括国防军事力量在内的大量支持。

澳未来战略前景的主要塑造者是亚太地区的主要大国美国、日本、中国及印度。必须加强与亚太大国的关系，以促进地区内的和平与稳定。从多边看，美国是亚太地区最主要的稳定力量，日美同盟是战后亚洲稳定与和平的基石，美日澳三边同盟合作关系日益重要。从双边看，美澳双方有着共同的价值观、安全利益以及相似的战略规划，美澳同盟是澳最重要的战略关系，澳通过美澳同盟来增强自身的"硬实力"和"软实力"。日本是澳在本地区内最亲密的战略伙伴，与其经济和外交实力相适应，日本在美日同盟和多国联盟内的安全行动日益活跃，澳欢迎并支持日本这种安全行动以及为地区和全球稳定所作的富有价值的努力；《澳日安全保障合作协定》是澳日两国安全关系的重要里程碑。① 中国经济日益增长并努力担当负责任大国的角色。澳将继续支持台海两岸关系保持现状并坚持"一个中国"的政策。印度是成长中的世界性大国，并且与美国的关系日益紧密，在国际安全问题上的声音也越来越大，澳希望与印在安全与防卫上加强合作。

第三，澳将奉行以本国安全为首要内容的国家防务政策，同时将在地区及全球安全问题上发挥重要作用。白皮书称应增加国防预算，大力发展海陆空等军事力量。对外，应努力捍卫澳在本土、邻近和其他地区的战略利益，视为整个国家安全战略的重要组成部分；同时促进国际安全合作。一方面，作为地区安全的领导者，不能指望依靠盟友的帮助，而应发挥领导作用，向其他国家提供如后勤保障、空中和海上运输等关键性军事援助。另一方面，作为国际安全的贡献者，澳一直积极参与国际安全行动，促进地区内大国的建设性对话尤其是澳与邻国的安全对话，发展与美国的战略合作和与印度、日本的安全伙伴关系，致力于良好的地区安全环境建设；在伊拉克等中东地区提供完全的国防援助；在阿富汗则与北约合作推进战后重建工作。今后，澳将努力在其国家利益至关重要的中东、阿富汗等地区为多国联合军事行动作出贡献，其中包括军事战斗、维和以及人道主义救援行动，重点应对东南亚地区的恐怖主义、政变和公共安全等问题。

2007 年新白皮书的出台反映了国家防务政策思想的变化。不管国内政治形势如何变化、哪个政党掌权，澳大利亚国家防务的核心目标不会变化，那就是通过强化国家防卫力量、加强与盟友合作、发展与邻近主要国家的关系，以维护和促进周边地区的安全和稳定。随着中国经济的崛起和中国国际地位的上升，澳对中国的态度和政策将更加趋向现实，如同白皮书中所说的继续奉行"一个中国"政策、在中美关系紧张时不会偏向任何一方等，② 澳中关系必将更上新的台阶。

---

① 这是澳大利亚与美国签订《澳新美同盟条约》之后的又一个着眼于国家安全的防务协定，使国际社会普遍认为"美日澳构筑战略铁三角，欲打造亚洲版北约"。

② Australia's National Security: *A Defence Update* 2007［Z］, http://www.defence.gov.au/ans/2007, pp. 29 - 30.

2009 年 5 月，陆克文政府公布了题为《在亚洲太平洋世纪保卫澳大利亚：2030 武装力量》。其中指出：澳大利亚的基本战略利益是保护本国免受任何来自外国国家或非国家组织的直接的武力攻击，包括大规模杀伤性武器。第二方面是确保其周边邻国的安全稳定与整体性，通过外交、经济、文化的联系确保所有国家不对澳构成威胁，而且没有其他军事强国能利用这些领土去威胁到澳。第三个方面就是维护从北亚到东印度洋的亚洲太平洋地区的稳定。第四方面是国际方面，维护国际方面的秩序。继续维持与美国的结盟是保证澳战略利益的重要基石。

2013 年 1 月 23 日，总理朱莉娅·吉拉德在首都堪培拉发布了首个《澳大利亚国家安全战略》（Australia's National Security Strategy），对澳大利亚当前的国家安全战略框架进行了全面的描述，并展望了未来五年的发展重点和努力方向，强调要将提升地区介入、强化数字网络防范和建立有效伙伴关系作为今后五年国家安全战略的三大优先政策目标。①

三　中澳军事交流

跨入 21 世纪，随着国际形势变化和两国的政治互信及密切的经贸往来，中澳军事交流也逐步深入。这主要表现在两军的高级将领互访开始日益频繁；两军特别是海军的互访和联合演习也逐步加强。近年来较为重要的军事交往活动如下。②

2000 年 4 月和 6 月，澳国防军司令巴里上将和战区司令特里洛阿少将分别访华。9 月，澳海军军舰访问上海。11 月，熊光楷副总参谋长和总政治部副主任袁守芳上将先后访澳。2001 年 3 月，中央军委副主席张万年访澳，澳国防部长里思访华。10 月，中国海军舰艇编队访问澳大利亚悉尼港。2002 年 4 月和 10 月，钱树根副总参谋长、熊光楷副总参谋长分别访澳。2003 年 5 月，澳陆军司令莱希中将访华。9 月，澳国防部长希尔

---

① "*Strong and Secure: A Strategy for Australia's National Security*" 2013, p. 37, http://www.dpmc.gov.au/national_ security/docs/national_ security_ strategy. pdf.

② 资料来源：中华人民共和国外交部网站。

访华。11 月和 12 月，葛振峰副总参谋长、海军司令么兴远中将分别访澳。2004 年 2 月，澳战区司令马克·邦瑟访华。8 月，澳国防军司令科斯格罗夫上将访华。10 月，澳海军海上部队司令罗恩·莫斐特少将率"安扎克"号导弹护卫舰访问青岛，并与北海舰队举行联合搜救演习。11 月，中央军委委员、总参谋长梁光烈上将访澳。

2005 年 4 月，澳海军"堪培拉"号护卫舰访问湛江和上海。6 月，澳国防部长希尔访华。9 月，吴胜利副总参谋长访澳，澳海军司令沙尔德斯中将访华。10 月，澳国防军副司令吉列斯皮中将、国防部副秘书长卡莫迪访华，与中方举行第 9 次中澳国防部年度防务战略磋商。2007 年 2 月，副总参谋长许其亮访澳。6 月，澳空军司令谢泼德中将访华。7 月，澳国防部长纳尔逊访华。10 月，海军北海舰队副参谋长张学增海军少将率中国人民解放军海军舰艇编队访澳，与澳大利亚、新西兰海军举行海上联合搜救演习，北海舰队司令员苏士亮海军中将前往参与并观摩了演习。中国海军与南太平洋两个重要国家——澳大利亚和新西兰联合举行演习还是第一次。

2010 年 5 月，中央军委副主席郭伯雄一行对澳大利亚进行正式友好访问。2011 年 6 月，正在新加坡访问的国务委员兼国防部长梁光烈上将会见了澳大利亚国防部长史密斯。2012 年 6 月，时任国家副主席、中央军委副主席习近平会见了来访的澳大利亚国防部长史密斯一行。10 月，在圆满完成学术交流、桌面推演、实兵演习三个阶段的任务之后，中澳新三国在布里斯班举行"合作精神—2012"三边人道主义救援减灾联合演练。

然而，两国的军事交往仍然会受到外部环境的干扰和澳大利亚自身对亚洲的不安全感的影响。2007 年 11 月上任的总理陆克文还是暗示要扩充澳大利亚自身的军力。他宣布将快速加强海军力量，并耗资 600 亿澳元加强军备，以应对亚太邻国日益增长的军力。[①] 必须维持其在全球的"中等强国"地位。他还说："到了 2020 年，如果我们向北看，……亚太将成

---

① New Chinese Marketing Weekly，澳大利亚《新市场报》（周报），2008 年 9 月 12 ~ 18 日。

为一个竞争更为激烈的地区。"虽然陆克文没有明确指出，但是军方的"假想敌"是中国、印度、印尼和马来西亚。军方已开展为期 10 年的现代化计划，以建立一支规模更大的军队，所将增添的军备包括大型两栖攻击舰、导弹驱逐舰。澳大利亚还将继续改进其拥有的全球最先进的常规潜艇——"科林斯"级潜艇。2009 年 5 月 2 日，陆克文公布了新的国防白皮书，表示将花费数千亿资金加强军备建设，防备亚太地区可能出现的各种新的威胁。白皮书指出，澳大利亚面临的世界和地区局势已发生重大变化，未来 20 年政府将着重提高自身防卫能力，尤其是加强海军军备力量的建设。这份国防白皮书花费长达 140 页的篇幅渲染中国"威胁"，称中国的军事现代化引发了周边国家的不安。不难看出，澳大利亚在此次白皮书中散布"中国威胁论"，在其官方文件中第一次公开把中国作为对手，其实是秉承了美国国防白皮书散布"中国威胁论"的传统，是以美国为主的西方国家散布"中国威胁论"的延续。它一方面反映了中国军力发展确实引起了澳大利亚的关注，另一方面也反映了澳大利亚在积极寻求与美国关系的不断加强。

不管怎样，近年来中澳两军关系发展顺利，呈现出多层次、宽领域交往与合作齐头并进的积极态势。两军防务和军队领导人互访频繁。中央军委领导、军队总参谋长及总后勤部、空军和第二炮兵领导人先后访澳；澳大利亚国防部长、国防军司令以及陆、海、空军司令等也先后访华。两国防务和军队领导人的频繁接触对增进互信、推动两军关系发展起到了积极作用。两国海军交流日益密切，专业领域的交流与合作不断深化，特别是两国海军在团组和军舰互访、护航交流、联演联训等方面的务实合作卓有成效。中澳之间的海军交流，已成为两国之间和平友好交往的纽带，海军的外交功能得到有效发挥，这为进一步发展国际贸易创造了良好的国际海运环境，也有利于抵制和消除中国海上威胁论的消极影响，更为实现真正的中国和平崛起创造有利的外部环境。

第六章

社　会

第一节　国民生活

一　衣食住行

衣　澳大利亚人在穿着方面比较随便，不太讲究服装的样式、面料。在各种公共场所，从购物中心、电影院、图书馆到步行街、公交车辆，都可以见到身着背心、短裤，脚跋拖鞋的人。作为一个多元文化的移民国家，澳大利亚人一般比较宽容，对别人的穿戴不太在意。即便你穿着"奇装异服"，比如缀满金属片的皮上装，故意划出许多破洞的牛仔裤，招摇过市，也不会令人围观。到了炎热的夏天，在澳大利亚大街上，男士只穿短裤、光着膀子；女士穿条裤衩、戴个乳罩上街溜达，屡见不鲜。在澳大利亚，"人靠衣冠马靠鞍"的中国谚语是不管用的。一个衣饰平平、其貌不扬的人可能是一个百万富翁；一个穿着休闲运动装、在公园跑步的人或许是政府要员；而一个衣冠楚楚、身穿西装的谦谦君子也许是因失业而四处求职的人。在澳大利亚，穿什么、怎么穿都属个人的自由。

澳大利亚人的日常穿戴显得潇洒随意，平时上班，只穿衬衣打领带，有的公务员甚至连领带都懒得系。澳大利亚的春秋两季气候比较温和，男士通常穿长袖衫和西装，女士则穿衬衣和裙子，如果略嫌有些寒意的话，再套上一件薄毛衣。澳洲的冬季也不冷，屋里有暖气，出门就坐小汽车，因此也用不着加多少衣服。夏季因天气炎热，男性工薪一族穿西装短裤、齐膝长筒纱袜、短袖衬衫加领带的较普遍；年轻的女士多穿窄小的短裙和高跟鞋，年长一些的则常穿宽大的长裙和平底鞋。

当然澳大利亚人穿着随意，并不意味着他们不分场合乱穿衣。比如去教堂做礼拜，比如去参加别人的婚礼，或求职面试，或出席招待重要客人的工作午餐和宴会，或进行商务谈判，或参加学术会议，或欣赏音乐会、歌舞剧，穿戴必须整齐。男士个个西装革履；女士精心化妆，显得珠光宝气。在这些场合，如果有人为显示其卓尔不群，穿上花衬衣，配上牛仔裤，脚蹬运动鞋，必然会引来众目睽睽和窃窃私语。在有些场合，比如茶会、郊外烧烤、度假野营等气氛较轻松的场合，衣着要是很庄重，倒显得与氛围不协调。在接受各种邀请时，请柬上一般会注明对服饰的要求，或庄重正规，或潇洒随意。如果请柬上没有写明服装要求的，对初来乍到或不熟悉情况的人来说，最好事前打个电话问问为妥，这样就不至于闹笑话、出洋相。

在澳大利亚，很少会出现大面积的时装流行潮流，这与澳大利亚是个多民族的移民国家有关。由于各民族居民的体型、肤色不同，审美标准互异，而且多数人也不愿意自己的衣饰与别人雷同，因此很少出现领导潮流的服装款式。此外，这与澳大利亚气候比较温和、四季不太分明有关。澳大利亚人用不着随季节变化而更换不同的服装。

在澳大利亚，中小学生上学都要穿校服，各学校的校服互不相同。一般分冬夏两套，又有年级之分、男女之别。这样，就省却了家长为孩子挑选服装的烦恼。学生也不会将许多时间用在装扮、赶时髦、斗富比阔上。学校也不必在禁止学生穿奇装异服方面费尽周折。当然，校服对有的学生家庭是一笔不小的开支，但每所学校都有旧校服市场。高年级学生毕业前将旧校服折价卖给学校，学校经过漂洗处理后廉价卖给需要的低年级学生。这既可以做到物尽其用，也有助于经济拮据的家庭节省开支，因而备受欢迎。中小学校一般要求教师的着装要庄重大方，私立学校和教会学校对教师的衣着要求就更严格一些。

食 同誉满天下的中华美食相比，澳大利亚人的饮食要简单得多。由于澳大利亚的畜牧业比较发达，澳大利亚人对乳制品、牛羊肉的消费量较

大。据统计，澳大利亚国内肉的消费量居世界第三位，人均年消费量为
110公斤。从一日三餐来说，早餐和午餐比较简单；晚餐则比较丰盛，这
与快节奏的都市生活有关。澳大利亚人的早餐一般包括麦片粥、牛奶、鸡
蛋、火腿、面包等。由于中午不休息，多数人的午餐都吃快餐，传统的快
餐包括炸鱼片和炸薯条。现在，美国的麦当劳、肯德基，意大利的比萨饼
和中国的炒饭，占据了大部分快餐市场。澳大利亚人对晚餐比较讲究，一
般有三道菜：第一道菜是开胃小食，常为浓汤或凉菜；第二道菜是主菜，
多是清炖或油炸的鱼块或牛羊肉，此外还有多种菜蔬；第三道菜是甜食，
有各种糕点、冰淇淋和水果沙拉。饮料常为香槟、啤酒和葡萄酒等。

　　澳大利亚作为移民国家，汇集世界各地风味的多种餐馆。为招揽顾
客，餐馆往往打出"正宗""原汁原味"的招牌。但许多特色菜肴的制作
方法，为适合澳大利亚消费者的口味，和地道的正宗菜相比已有所变化。
澳大利亚人很喜欢吃中国菜。中国餐馆随处可见，往往门庭若市，生意
红火。现在，越来越多的人喜欢在外就餐，平均每个澳大利亚人每年花
费在餐馆的费用为825澳元。因此，澳大利亚的餐饮业发展迅速，餐馆
数量激增。餐馆和其他服务性行业一样，一般不要求顾客给服务员支付
小费。[①]

　　澳大利亚比较有当地特色的饮食是澳大利亚烧烤、邓皮饼和皮利茶。

　　烧烤在澳大利亚是一种非常流行的餐饮形式，在家宴或各种联谊性
质的宴会上经常被采用。烧烤炉在澳大利亚是家庭必备的烹饪器具。一
到周末和节假日，许多人或在自家的花园里，或到公园的山坡上、小河
边吃烧烤。烧烤炉上的铁板使用电或烧木材、木炭加热，将食品放在铁
板上烤熟即可食用。烧烤的食品主要包括牛排、羊排、灌肠、鸡腿、鸡
翅和鱼肉等。烧烤的味道好坏，关键在于调料。讲究的食客往往在烧烤
前将各种待烤食品放在调味酱中浸泡几小时，然后随意地自烤自吃。也
有人将土豆和玉米等用铝箔包好，扔进烧烤炉，不一会儿，就将烤好的
玉米、土豆扒出来，涂上黄油品尝。吃烧烤时常用的饮料是啤酒、葡萄

---

　　① 黎慕农：《澳洲经济纵横谈》，华南理工大学出版社，1997，第152页。

酒、可乐、果汁等。

皮利茶和邓皮饼是19世纪流传下来的。当时，大批淘金者风餐露宿，生活异常艰苦。由于没有煮水的容器，淘金者就在铁制罐头盒上装上吊柄，用它来烧水。当时，人们一般称这种罐头盒为皮利罐，用这种罐烧的水沏成的茶便成了皮利茶。

邓皮饼是一种面包。它以面粉、牛奶、糖和盐为原料，将面团揉好后放进一个铁锅，加盖捂严。将锅放在事先刨好的土坑中，在锅底及四周放上火炭及木材，在坑顶培上一些土捂严实。过一段时间后，扒开土取出铁锅中已经烘焙好的面团，邓皮饼就制作好了。如果在邓皮饼上抹一点黄油和糖浆，味道就更可口。威廉·邓皮是17世纪荷兰航海家，是澳大利亚早期的探险者。在登陆澳洲大陆后，由于找不到食物，他便用船上剩余的面粉按上述方法制饼充饥。后人便称它为"邓皮饼"。

澳大利亚人爱吃西餐。菜肴多是欧美菜式的翻版，其中鼠尾汤为澳大利亚所独有，使许多食客耳目一新，它是用袋鼠的尾巴烹制而成。由于袋鼠数多成患，澳大利亚政府每年都允许宰杀一定数量的袋鼠，制成佳肴。澳大利亚人比较喜欢喝咖啡，几乎每个家庭都有电动咖啡壶等煮咖啡的容器。爱简便的人往往买速溶咖啡，用沸水冲兑，再加上一点牛奶和糖就行了。在城镇的大街小巷，到处都有自动售咖啡机。当然，比较讲究的人，也可以到咖啡馆去。咖啡馆卖的咖啡，都是经过精心选豆、烘焙、研磨和现煮的，味道特别香醇。咖啡馆环境优雅，还供应各种点心和简便的午餐，往往是顾客盈门。除咖啡外，许多澳大利亚人也很爱喝茶。

澳大利亚人对酒情有独钟，男女老少都爱喝酒。据说，澳大利亚约有83%的男子和64%的女子饮酒，不过，他们钟爱的是啤酒和葡萄酒，喜喝烈性酒的人不多。澳大利亚啤酒和葡萄酒的人均消费量，在世界上名列前茅。在澳大利亚，并非所有的餐馆都可随意卖酒，只有标有"Full"字样的牌照才允许储存和出售各种酒，而写有"BYO"字样的则要顾客自己带酒。在街头巷尾，到处都可见到装潢讲究的酒吧。在北方名城达尔文市，主要街道上的加油站都挂着一块广告牌："请用德士古—阿斯特朗汽油，省下钱来喝啤酒。"① 酒风之盛由此可见一斑。在澳大利亚，由于啤酒消费量特别大，直接关系国计民生，因此政府规定不允许啤酒随意涨价。在澳大利亚，比较有名的啤酒为维多利亚苦啤（Victoria Bitter）和福斯特（Foster）啤酒，后者已在中国上海投资设厂。澳大利亚葡萄酒的主要产地是在南澳大利亚州的芭罗萨山谷。

澳大利亚人虽然喜欢喝酒，却绝不向客人劝酒或灌酒，因此不喝酒的人不会怕因失礼而勉为其难。不喝酒的人在宴请朋友时，可在请柬时注明"酒水自带"，此举不会引起客人的不快。多数人在喝酒时都能自制，当然偶尔也会碰到喝得醉烂如泥的"瘾君子"。

住 澳大利亚是世界上住房条件最好的国家之一。据有关统计资料显示，尽管家庭规模在减小，但每套住宅的面积却在增加。1976～2009年间，每户的人数从 3.1 人减少到 2.6 人，但每户的卧室却从 2.8 个增加到 3.1 个；带有四个及四个以上的住宅占总住宅的比例从 17% 增加到 31%。到 1999 年，新建房屋的地面建筑面积已经达到 185.5 平方米，较 1986 年增加了近 30%。② 到 2002 年达到 205.7 平方米。③

2009/2010 年度，澳大利亚 98% 的人口（约 840 万个家庭）都是独户居住。其中 79% 的家庭独门独院，住的小楼往往一至三层，前有草坪，后有花园；11% 的家庭住的是公寓房，还有 10% 的家庭住的是排屋。总体上看，全国 78% 的家庭有三个或三个以上的卧室，18% 的家庭拥有两间卧室，而只有 4% 的家庭只有一间卧室。

从战后以来，澳大利亚的家庭住宅自有率位居世界前列，一直在 68% 至 70% 间徘徊。据 2009 年的有关统计，33% 的自有住宅已还清抵押贷款，36% 的业主还需要偿还房贷。24% 的家庭租住私租房，而 4% 的住户则住公租房。不论是贷款买房，还是租房，住房方面的支出基本都在民众可支付的范畴之内，一般不会超过个人收入的 25%。同 1995 年相比，

---

① 约翰·根室：《澳新内幕》，第 297 页。

② Australian Bureau of Statistics, *2001 Year Book Australia*, p. 301.

③ Australian Bureau of Statistics, *2005 Year Book Australia*, p. 565.

2009 年公租房租户略有下降，而私租房租户则从 19% 上升至 24%。越来越多的私人房东可以享受联邦政府的租金补贴。在 1996 ~ 2010 年间，由于低息借贷政策，贷款买房的业主比例从 28% 升到 36%，而不通过借贷而直接买房的业主比例从 43% 降至 33%。

长期以来，澳大利亚政府一直鼓励居民置业，自行购房和建房。对普通民众来说，购房作为一项巨大的支出，大都需要向银行借贷，然后再分期还款。在 2009 年，通过贷款买房的家庭要将家庭收入的 18.1% 用于支付按揭，但还清银行的购房贷款常常长达 15 ~ 20 年；也就是说，直到孩子养大成人，父母才还清购房债务。孩子长大之后一般都搬出去住，等到自立门户的时候，他们也要考虑自行购房。他们的父母则会把房子租出去或是卖掉之后住面积较小的公寓。由于工作变动和养儿育女，很少有人是一辈子都不挪窝的。一般来说，住宅面积的变动往往先是由小到大，再由大变小，基本上根据一个人在青年、中年、老年等不同时期对住房条件的不同需要。

为了让土地资源能得到充分利用，澳大利亚政府规定，如果有人买了一块地皮，超过一定年限还不盖房子，政府可以按价征购。一幢房子如果多年不使用，政府也有权按价征购。

为解决中低收入家庭的住房问题，澳大利亚政府采取了一些措施，包括为首次购房者提供帮助，为低收入困难家庭提供廉租房，并出台办法盘活私人住房租赁市场，降低住房的空置率。澳大利亚政府还致力于改善土著居民的住房条件。

在澳大利亚，首次购房者也能从政府获得一定的补贴。该计划自1983 年 10 月起开始施行。2011 年，首次购房者一次性给予补贴 7000 美元。在 2008 年 10 月至 2009 年 12 月，首次购房者还可以获得 14000 美元的首次购房激励基金，受惠家庭达到 15.3 万户。另外，政府还为购房者提供低息借贷还贷、免税等方面的支持。

澳大利亚为中低收入租房户提供房租补贴。没有住房、收入低于国家规定标准的租房户，向私人房东支付的房租超过一定基数之后，超出部分按 1 澳元补 0.75 澳元的标准给予补贴。房租基数会根据消费者价格指数的变化在每年的 3 月和 9 月进行调整。在 2011 年 6 月，全国社会保障服务中心（Centerlink）为 114 万租房户发放了房租补贴。由于能获得房租补贴，租房者一般不会面临难以承受的房租压力。在 2009/2010 年度，租房户在居住方面的支出（含房租和水电气费）为其家庭总收入的 19.6%。

私租房住户主要通过房地产代理商和报纸上的租房广告来获取信息。各地都有一个房屋出租主管机构，它统一印制租借房屋的表格。表格一式两份或三份，在房客和房主签名后即具有民事法律效力。租房时，房客需预付 4 个星期租金的押金，押金由房屋出租主管机构保存。如果房客要退房或者房主要收回房屋，需提前 4 个星期通知对方。在澳大利亚，学校一般不对学生提供住宿，许多来澳学习的留学生需要在外租房；也可以在校方安排的家庭里寄宿，这些家庭一般提供早晚餐。

澳大利亚政府还为低收入者提供廉租房。在 2010 年 6 月，全国公租房共计 33.3 万套，公租房租户为 32.6 万户，公租房空置率仅为 2%。全国 73% 的公租房都位于大城市，而只有 2% 位于偏远地区。公租房的租金比较便宜，租房都属于低收入阶层，其收入来源主要就是养老金和伤残优抚金。租住公房要提前向政府申请，政府根据申请的先后顺序来处理。在 2009 年，88% 的租户都在某种程度上得到了房租减免的优惠。此外，澳大利亚还有社区公租房供租户选择。它们大都由教会、慈善机构等非营利组织管理，并得到了政府的资助。在 2010 年 6 月，这类房屋一共有 65 万套，租户往往是残疾人、老年人或不能熟练使用英语的移民家庭。

澳大利亚土著居民也能通过多种途径获得住房资助。据 2006 年政府统计，土著家庭的房屋自有率为 36%，仅为全国平均水平的一半（71%）。为缩小差距，澳大利亚联邦政府在 2008 年 11 月启动了边缘地区住房援助项目，将在此后 10 年间投资 55 亿美元用于住宅新建和旧房维修。土著居民还可以申请公租房和租金补助，在自购住宅时能享受低息贷款。联邦政府每年都要拨款实施"紧急住房计划"，使那些无家可归的人得到安置。

澳大利亚的房屋大都是坐南朝北，这是由于地处赤道以南，房子北面向阳，阳光比较充足；而房子南面是阴面，相对来说比较潮湿。在建房时，房屋不能超过一定的高度，以免影响邻居的光照，同时也有助于维护市容市貌的整体和谐。新建房屋和邻家要保持一定的距离，不允许正对邻居的卧室。如果房屋与公共地带和道路相邻，不能任意修筑篱笆。

行 在澳大利亚几乎每家都拥有 1 辆到 2 辆私家小汽车。私人汽车的登记数量，从 1955 年的 149 万辆增加到 2013 年的 1300 万辆。在此期间，每千人拥有的私人汽车数量，从 153 辆增加到 568 辆。在 2012 年，18 周岁以上的人口的出行，有 71% 是自己开车，16% 是依靠公共交通，有 4% 的人是步行，有 2% 的人骑车。[①] 驾车已成为澳大利亚人必需的生存技能之一，上班下班，探亲访友，购物旅游，都离不开小汽车。对澳大利亚人来说，汽车是仅次于住宅的第二大支出。除去买车的费用，汽油费、停车费、养路费、保险费、维修费等加在一起就相当可观。

澳大利亚行车方向采用"左行制"，即所有车辆靠左行驶。在市区和商业区的繁华路段的十字路口，有交通信号灯。在购物中心等行人特别多的街道上划有斑马线，供行人过街之用。只要斑马线上有人走，汽车必须停驶让人先行。在没有交通信号灯的较小路口，汽车必须减速或是停下来给人让路。由于澳大利亚人几乎都会开车，并在领取驾驶执照前经过严格考试，他们大多有比较丰富的交通安全知识，而且许多路口都装有红外线自动摄像机进行交通监控，再加上澳大利亚交通警察对酒后驾驶、超速行车、无证驾驶、违章停车等行为的处罚特别严厉，因此他们养成了严格遵守交通规则的习惯。

由于绝大多数人都有私家小车，因此澳大利亚的公交车、长途汽车及火车从来不会出现乘客满员、拥挤的现象。城市交通部门可以根据乘客需要，办理各类交通票，如日票、周票、月票、季票；也可以根据乘客乘坐公共交通工具的不同范围，发售不同的交通票。公交车严格按照时刻表运行，司机只是在途经站台见有人招手或乘客提前打铃的情况下才停车。公交车内环境舒适，配有冷暖气，美中不足的是班次间隔时间长，乘车不记

---

① http：//www. abs. gov. au/AUSSTATS/abs @ . nsf/Lookup/4102. 0Main + Features40July + 2013.

时刻表则会受等车之苦。长途汽车的条件也让乘客称心，沙发座椅宽阔舒适，可以放平，乘客能够仰卧其上，车内装有空调，而且设有厕所。另外，长途汽车对乘客携带的行李数量没有限制。比起汽车，火车的生意就显得冷清，即使穿行在首都堪培拉和最繁华的城市悉尼之间的火车，往往也是空荡荡的。

澳大利亚人在出行时，如果不是驾驶小汽车，即便是短途旅行，也愿意乘坐飞机。比如，堪培拉与悉尼之间，堪培拉与墨尔本之间，乘飞机的人远远要超过乘坐公共汽车和火车的人。这多半是乘客为了节省时间和减少旅途劳苦。澳大利亚的航空线四通八达，安全性能居世界第一，机票可以随时购买，机上的服务热情周到。这是许多人选择乘坐飞机的重要原因。不过，由于航空公司没有安排乘客从机场至市区来往的班车，这给无车的乘客带来不便，但可以乘出租车。

在澳大利亚乘坐出租车，以电话召车为妥。市中心繁华地带设有专门的出租汽车站，行人不允许随意招手拦车。在非繁华地段，虽然没有招手拦车的限制，但很少能遇到空车。电话召车需要付一定的预订费，出租车司机必须严格按照计价器进行收费。此外，澳大利亚的租车业也比较发达。租车有按天和按周计算两种，租的时间越长越便宜。租车费不包括汽油费，汽油费需租车人自付。出租汽车公司在各个城市都有办事处，顾客不存在哪儿租车到哪儿还的问题，在任何城市都可以还车，这对用户来说，就省去了许多麻烦。

澳洲地广人稀，汽车在内陆穿行，可能很长时间都见不到人烟，一旦抛锚，车主将孤独无助。但是，只要你加入汽车协会，每年交纳一定的抢修保险金，不论何时何地，你只要通过电话向汽车协会求援，它就会迅速为你排忧解难。汽车协会以其高效快捷、质优价廉的服务，在澳大利亚人心目中树立了信誉。每一个家庭基本上都会有一个成员是各类汽车协会的会员。

二　就　业

2004 年，澳大利亚约 75% 的人口生活在城市。全国城市人口 1510 万，其中 1280 万人居住在首都及各州首府所在的 8 个城市。从不同年龄段的人口在城乡的分布来看，年龄在 2 ~ 17 岁之间的人口，年龄在 42 岁以上的人口，乡村地区比城市地区更多；而 18 ~ 41 岁的人口，城市超过乡村地区。2004 年，城市人口的中位年龄是 35.8 岁，而乡村则是 38.3 岁。尽管人口老龄化的趋势在整个澳大利亚都很明显，但这一趋势在乡村地区无疑更为显著。①

2010/2011 年度，澳大利亚的劳动力总人数为 1200 万，其中就业人口达到 1140 万，比 2006/2007 年度增长了 9%。全职就业人数为 801.4 万，其中男性为 521 万；兼职就业人数为 337 万，其中女性为 236 万，占兼职就业人数的 70%。2010 ~ 2011 年，澳大利亚失业人数为 60.7 万，其中女性为 292 万，总体失业率从 2006 ~ 2007 年的 4.5% 上升至 5.1%。女性失业率为 5.4%，而男性失业率为 4.8%。②

近一个世纪以来，澳大利亚的就业市场发生了三大变化。其一，就业人口越来越多地从第一及第二产业转移到了第三产业；其二，妇女在就业人口中的比重不断提高；其三，就业的时间和方式越来越灵活。

伴随着 20 世纪产业结构的变迁，劳动力在三大产业之间的分布出现了明显的转移，第三产业取代第一产业和第二产业成为主要的就业部门。

第一产业（含农业和矿业）的从业人员占全部就业人口的比重，1910 ~ 1911 年为 31%。农业的从业者所占比重，在 1910 ~ 1911 年为 26%，但到 1999 年已经下降到 5% 左右。采矿业的从业人数占全部就业者的比重，1910/1911 年度约为 6%，1927 ~ 1928 年下降至 2%，而到 1999 年则不到 1%。③

第二产业（制造业）的从业人数在 20 世纪增加了近三倍，但该行业的就业人数占总就业人数的比例却几乎减少了一半，在 1910 ~ 1911 年为 21%，在 1930 年代的大萧条后快速增长，到 20 世纪 40 年代中期达到 33%，到 20 世纪 60 年代中期为 25%，此后，这一比例稳步下降，到

---

① Australian Bureau of Statistics, *2006 Year Book Australia*, p. 118.
② Australian Bureau of Statistics, *2012 Year Book Australia*, pp. 278 - 279.
③ Australian Bureau of Statistics, *2001 Year Book Australia*, p. 244.

1999 年仅为 12%。

伴随着制造业构成的深刻变化，不同行业的就业行情出现了明显消长。纺织工人占总就业人口的比例，1910～1911 年为 34%，1920～1921 年下降到 26%，1960～1961 年为 15%，1999 年仅为 7%。冶金机械和车辆制造作为制造业的重要部门，其从业人员占制造业全部从业者的比例，1910～1911 年为 22%，1943～1944 年增加到 44%，到 1999 年为 37%。建筑工人占总就业人口的比例则稳定在 8% 的水平。①

第三产业到 20 世纪末期成为主要的就业部门。从事销售、金融、教育、卫生保健等服务行业的劳动者不断增加。商业贸易的从业者占总就业人口的比例，1910～1911 年为 13%，1960～1961 年为 17%。社区服务和销售的从业者占总就业人数的比例，从 1910～1911 年的 5% 升至 1960～1961 年的 9%。在 1999 年，从事批发和零售的人数为总就业人数的 21%，房地产和商贸的从业者为 11%，卫生和社区服务为 9%，文化、娱乐、美容保健等为 6%。此外，还有大量劳动力在金融保险、餐饮住宿等行业就业。②

近半个世纪以来，重新就业的已婚女性越来越多。在 20 世纪 60 年代，就业市场上存在明显的性别分工。男人负责养家糊口，而妇女则相夫教子。在当时，妇女首次结婚的平均年龄是 21 岁，生育 3.5 个孩子。由于家务繁重，兼职工作很少，已婚妇女在就业方面面临着诸多限制，因此，妇女在婚后往往只能待在家里，而很难重新就业。但自 60 年代以来，得益于女权运动的兴起，避孕药的问世，儿童托管业务的发展和社会观念的改变，女性拥有了更多的自由。女性结婚的年龄推迟，每个人生育的子女减少为 1.9 个。在这种情况下，越来越多的已婚妇女走向社会，撑起了就业市场的半边天。女性的就业率，1961 年为 34%，1990/1991 年度为 52%，而到 2011 年已经达到了 59%。③

---

① Australian Bureau of Statistics, *2012 Year Book Australia*, p. 245.
② Australian Bureau of Statistics, *2012 Year Book Australia*, p. 245.
③ Australian Bureau of Statistics, *2012 Year Book Australia*, p. 283.

在过去的半个世纪，就业市场上最为显著的变化之一是兼职工作的大幅度增加。按照澳大利亚统计局的标准，兼职就业人口每周的工作时间不到 35 小时。2011 年，兼职就业人口的 75% 都是妇女。兼职工作使女性能兼顾工作与家庭，有利于妇女重新就业。据澳大利亚政府统计，2011 年，25～34 岁年龄段的妇女，有 24% 从事兼职工作，比 1966 年（11%）翻了一番。① 近年来，男性从事兼职工作也更为普遍，他们一生中从事兼职工作的趋势呈 U 字形，即在刚开始工作或退休之前最有可能从事兼职工作。

在过去的二十年间，澳大利亚的整体就业率有所提高，从 1990/1991 年度的 64% 增至 2010/2011 年度的 66%。其中，女性就业率从 1990/1991 年度的 52% 增加到 2010/2011 年度的 59%，男性的就业率在同期从 75% 降至 73%。②

就业情况在各州和领地有一定差异。在 2010/2011 年度，澳大利亚总体的就业率为 65.7%。塔斯马尼亚的就业率为 61%，为全国最低；首都地区的就业率达 73%，为全国最高。就失业率而言，全国在当年为 5.1%，北领地失业率为 2.9%，为全国最低，塔斯马尼亚达 5.6%，为全国最高。③

就业与家庭模式也有一定关系。子女未成年的夫妇，其劳动比例高达 81%，而没有未成年子女的夫妇，其劳动比例为 61%，而失业率则分别为 3.0% 和 2.7%。子女未成年的单亲家庭，劳动比例为 67%，而没有未成年子女的单亲家庭，其劳动比例为 46%，而失业率则分别为 10% 和 4.6%。

澳大利亚作为一个移民国家，其劳动人口中有很大一部分是在海外出生的。在 2010～2011 年，有 27.3% 的劳动力是在海外出生的，总数达到 328 万人。他们在当年的就业率为 62%，失业率为 5.2%，而在本地出生的人口的就业比例为 69%，失业率为 5.0%。④

总体上看，澳大利亚的劳动者工作比较稳定。据政府 2012 年 2 月的

---

① Australian Bureau of Statistics, *2012 Year Book Australia*, p. 285.
② Australian Bureau of Statistics, *2012 Year Book Australia*, p. 278.
③ Australian Bureau of Statistics, *2012 Year Book Australia*, p. 279.
④ Australian Bureau of Statistics, *2012 Year Book Australia*, p. 280.

统计显示，24% 的人在过去 10 年乃至更长的时间没有换过工作，22.9% 的人在现有的岗位上工作不满一年，另外 53% 的人在现有的职位上工作时间在 1 ~ 10 年之间。工作变动最为频繁的是 20 ~ 24 岁这一年龄段，25.8% 的人都有过年内换工作的经历，工作变动最小的是 55 ~ 69 岁这一年龄段的人群，他们在过去一年间有换工作经历的仅为 5.6%。

三 收入与消费

2002 ~ 2011 年，澳大利亚家庭每周可支配收入从 654 美元增加到 918 美元。低收入家庭每周可支配收入从 346 美元增加至 475 美元，而中等收入家庭的收入从 576 美元增加至 793 美元。而高收入家庭从 1252 美元增加到 1814 美元。从近年来看，中低收入家庭的收入所占比重在提高，而高收入家庭的收入所占比重在下降。[1]

对中高收入家庭而言，工资和薪金所得成为家庭收入的主要来源，其所占比重分别为 79% 和 88%，而政府养老金和津贴所占比重分别为 3.9% 和 0.2%。而对低收入家庭而言，政府养老金和津贴成为其主要收入来源，所占比重达到了 62.7%，而工资和薪金所得仅占 26.3%。[2]

65 岁及以上老年人口家庭每周可支配收入最低，平均为 656 美元，其中 60.7% 来自政府退休金和津贴，而独居的 65 岁及以上老年人，每周可支配收入为 526 美元，其中 76.1% 来自政府退休金和津贴。

家庭净资产往往随年龄的增长而提高。35 岁以下的未婚人士平均为 16 万美元，35 岁以下、还未生育子女的家庭为 26 万美元，长子长女不超过 5 岁的为 46 万美元，长子长女在 5 ~ 14 岁之间的为 80 万美元，长子长女在 15 ~ 24 岁之间的为 113 万美元，而资产最多的是年龄在 55 ~ 64 岁之间的老两口，为 127 万美元。

孩子不到 5 岁的年轻夫妇，每周可支配收入 960 元，已婚而无孩子的

---

[1] Australian Bureau of Statistics, *2011 – 2012 Household Income and Income Distribution*, p. 25.

[2] Australian Bureau of Statistics, *2011 – 2012 Household Income and Income Distribution*, p. 32.

年轻夫妇每周可支配收入最多，达到 1352 美元。[1]

在澳大利亚，家庭每周可支配收入全国平均为 918 美元，首都堪培拉地区最高，达到 1144 美元，西澳大利亚为 1017 美元，北领地为 1012 美元，这些地区比全国平均水平分别高 25%、11% 和 10%。这些地区收入较高反映出较年轻的人口结构和每家更多的就业人口。北领地地区收入较高是因为一些偏远地区的家庭没有统计在内。塔斯马尼亚最低，仅为 784 美元，南澳大利亚州为 841 美元，维多利亚为 884 美元，这三个州比全国平均水平分别低 15%、8% 和 4%。[2]

家庭净资产（Mean household net worth）也存在明显的不平等，最富有的 20% 的家庭平均每户达到 221.5 万美元。而最贫穷的 20% 家庭，平均每户仅为 31.2 万美元。全国的平均值为 72.8 万美元。[3]

高收入家庭人口少，负担轻，家庭成员平均为 2.5 人，但就业人员平均为 1.9 人，而中等收入家庭人口为 2.9 人，但上班的人只有 1.6 人。中等收入家庭往往有 0.8 个 18 岁以下的未成年人和 0.3 个 65 岁及以上的老年人，而高收入家庭 18 岁以下的未成年人为 0.4 个，65 岁及以上的老年人为 0.1 个。低收入家庭人口平均为 2.4 人，但就业人员只有 0.6 人。[4]

2011 年，家庭每周可支配收入全国平均为 918 美元，而全国中位收入为 790 美元。这种不对称的收入分布就表明数量相对较少的一部分人口拥有相对很高的家庭收入，而大量人口的家庭收入则相对较低。在 2011 年，收入最高的 10% 的人口每周可支配收入为 1555 美元，而收入最低的 10% 的人口每周可支配收入为 379 美元，二者相差 4.1 倍。澳大利亚的基尼系数在 2002~2011 年间一直在 0.3 左右的水平徘徊。基尼系数作为国际上通用的综合考察居民内部收入分配差异状况的一个重要分析指标，其比值在 0 和 1 之间。[5]基尼指数的数值越低，表明财富在社会成员之间的

① Australian Bureau of Statistics, *2011 – 2012 Household Income and Income Distribution*, p. 40.
② Australian Bureau of Statistics, *2011 – 2012 Household Income and Income Distribution*, p. 44.
③ Australian Bureau of Statistics, *2011 – 2012 Household Income and Income Distribution*, p. 33.
④ Australian Bureau of Statistics, *2011 – 2012 Household Income and Income Distribution*, p. 7.
⑤ Australian Bureau of Statistics, *2011 – 2012 Household Income and Income Distribution*, p. 25.

分配越均匀。

同收入相比，财富在各家族之间的分配就更不平等，这部分地反映出随着工作年限的增加，居民的财富也相应增加。在 2011 年，资产最少的 20% 的家庭，占全国家庭总资产的比例仅为 1%，每户资产平均为 31.2 万美元。而最富有的 20% 的家庭占全国家庭总资产的 61%，每户资产平均为 221.5 万美元。[1]

如果考虑家庭收入来源和住房情况，财富的不平等分配也显得很明显。投资收益作为主要收入来源的家庭，家庭平均资产为 190 万美元，而政府养老金和津贴构成主要收入来源的那些家庭，家庭平均资产为 36.6 万美元。租房户的家庭资产平均为 16 万美元，仅为无按揭的有房户资产（123.6 万美元）的 13%，为有按揭房主（79 万美元）资产的 20%。

澳大利亚家庭平均每周的日常花销，近年来增幅明显。这种增长部分是因为通货膨胀，部分是因为家庭收入增加。在 2003~2009 年间，消费者价格指数增加了 19%，而家庭平均收入增加了 50%。[2] 在此期间，同 2003/2004 年度相比，2009/2010 年度家庭每周的平均支出增加了 343 美元，增幅为 38%。在此期间，家庭的上网费和有线电视费增长幅度最为显著，分别达到了 152% 和 95%。

从 2009~2010 年的统计来看，家庭每周的开销主要包括以下几类：1. 住房开销平均为 223 美元，占家庭总支出的 18%；2. 食品和饮料费 204 美元，占家庭总支出的 17%。3. 交通费 193 美元，占总支出的 16%。4. 休闲娱乐费 161 美元，占总支出的 13%。[3] 从多年来的统计来看，家庭支出的 50% 是用于居住、食品和交通三方面，而随着生活水平的提高，娱乐休闲费用出现了比较明显的增加。

家庭消费的水平和模式，主要依据家庭收入、家庭结构及其规模、地理位置的差异而有明显变化。

---

[1] Australian Bureau of Statistics, *2011 – 2012 Household Income and Income Distribution*, p. 12.

[2] Australian Bureau of Statistics, *Household Expenditure Survey*, *Australia*：*Summary of Results*, *2009 – 2010*, p. 4.

[3] Australian Bureau of Statistics, *2012 Year Book Australia*, p. 327.

　　家庭收入和资产是影响消费水平和结构的重要因素。消费水平随家庭收入和资产的增加而提高。在 2009 ~ 2010 年，低收入家庭每周的收入平均为 704 美元，而每周的开销为 760 美元；而高收入家庭每周的收入为 3581 美元，而开销为 1938 美元。在 2009/2010 年度，收入最低的 20% 家庭，每周的开支平均为 559 美元，其家庭收入不足以维持其生活，有近 1/3 的开支来自各类补贴；而收入最高的 20% 的家庭，每周的开支为 2160 美元，是其家庭总收入的 55%。①

　　不同收入水平的家庭，在支出类别上也有较大差异。收入越高，在基本需求方面的支出所占比例就越低，而非基本需求方面的支出就越多。食品饮料费占家庭收入的比例，对低收入家庭而言是 19.4%，对高收入家庭而言只有 14.5%。低收入家庭在家政服务、能源、香烟方面的支出占总收入的比例分别为 6.6%、3.9% 和 1.6%，而高收入家庭在上述三方面的开支所占总支出比重分别为 4.8%、2.0%、0.5%。但在娱乐休闲方面，高收入家庭的支出比重为 14.2%，而低收入家庭为 11.6%。②

　　消费水平与家庭资产有密切关系。家庭资产越多，生活成本在家庭总支出的比例就越低。对许多家庭来说，房产是他们的主要资产。资产少的那些家庭可能要还较高的房贷，或者不得不租房，在居住方面的支出比较高。资产最少的 20% 的家庭在住宅方面的支出，占家庭总支出的 27%。在收入最低的 20% 的家庭中，拥有住宅的家庭只有 4%。而资产多的家庭大多拥有自己的住宅，或者没有房贷，或者房贷很少，他们在居住方面的成本较低。在收入最高的 20% 的家庭中，拥有房产的比例高达 96%。对家庭资产最高的 20% 的家庭而言，居住成本仅为其家庭总支出的 11%。③一般而言，在休闲娱乐、房屋装修、交通方面的支出所占家庭总支出的比例，会随着家庭资产的增加而上升，而在香烟方面的支出比例则会明显下

---

①　Australian Bureau of Statistics, *Household Expenditure Survey*, *Australia*: *Summary of Results*, *2009 - 10*, p. 4.

②　Australian Bureau of Statistics, *2012 Year Book Australia*, pp. 327 - 328.

③　Australian Bureau of Statistics, *Household Expenditure Survey*, *Australia*: *Summary of Results*, *2009 - 10*, p. 5.

降。就医疗卫生费用占家庭日常开支的比例，对最富有的 20% 的家庭而言是 6%，而对最贫穷的 20% 的家庭则为 3%。这种差异在某种程度上与家庭成员的年龄有关。最富有的 20% 的家庭，其成员的平均年龄是 56 岁，而最贫穷的 20% 的家庭，其成员的平均年龄则为 41 岁。在最富有的 20% 的家庭中，未满 18 岁的未成年人平均有 0.5 个，65 岁及超过 65 岁的老年人为 0.4 个，而最贫穷的 20% 的家庭的未成年人平均为 0.7 个，而 65 岁及超过 65 岁的老年人平均为 0.2 个。[①]

　　家庭的社会和人口特征，在很大程度上决定了一个家庭的消费水平。消费水平较低的家庭，收入来源往往是退休金和政府津贴，家庭规模偏小而且往往还不完整。2009/2010 年度，收入最低的 20% 的家庭平均每户只有 1.5 人，而其中 63% 的家庭只是单独一人生活。当年，生活水平低于全国平均标准的家庭及其每周的平均开支分别如下：1. 政府廉租房租户，564 美元；2. 以政府退休金及津贴为主要收入来源的家庭，613 美元；3. 独自一人的家庭，每周 646 美元；4. 65 岁及超过 65 岁、独自一人生活的老人，446 美元；65 岁和超过 65 岁的老年夫妇，每周的日常消费平均为 726 美元。[②] 而消费水平明显高于全国平均水平的家庭，其收入主要来源于资产增值、工资及薪金等，这些家庭大都拥有房产，而且家庭也很完整。在 2009/2010 年度，收入最高的 20% 的家庭，每户平均有 3.4 人。

　　家庭的消费水平在全国各地也不尽相同。家庭消费支出最高的是首都堪培拉地区和北领地的中心地区，分别为每周 1536 美元和 1500 美元。南澳大利亚州和塔斯马尼亚的家庭消费支出最低，依次为 1044 美元和 1064 美元。此外，在州首府所在城市，家庭的平均开支每周为 1310 美元，而对生活在其他城市的居民而言，家庭每周的平均支出为 1107 美元。[③]

---

① Australian Bureau of Statistics, *Household Expenditure Survey*, *Australia*：*Summary of Results*, *2009 – 10*, p. 5.

② Australian Bureau of Statistics, *Household Expenditure Survey*, *Australia*：*Summary of Results*, *2009 – 10*, p. 6.

③ Australian Bureau of Statistics, *Household Expenditure Survey*, *Australia*：*Summary of Results*, *2009 – 2010*, p. 7.

第二节 社会保障与福利体系

澳大利亚是世界上最早实施社会保障和社会福利制度的国家之一，被誉为"社会福利国家的先驱"。早在20世纪初，新南威尔士和维多利亚州就率先实行了养老金发放制度。随着1930年代经济大危机的爆发，失业救济开始被纳入社会保障的范畴。战后，澳大利亚的社会福利制度获得了长足发展，成为全球范围内福利制度最为完善的国家之一。

一 福利制度的建立

澳大利亚福利制度可追溯到19世纪末。澳大利亚联邦于1901年建立以前，六个殖民地政府就已经认识到就社会救济立法的必要性。受经济衰退的影响，社会各界呼吁国家在社会救济方面承担责任，积极采取措施为民众提供社会保障。在联邦成立后，新南威尔士和维多利亚两州率先实行了养老金和伤残抚恤金的发放，并得到其他州的效仿。为顺应这种形势，1908年，联邦政府推出了伤残抚恤金计划和养老金条例。依照养老金条例，联邦养老金委员会作为管理机构，负责调查核实申请人的财产和收入等家庭经济情况；男年满65岁或女满60岁、在澳居住25年以上的英国臣民（土著人除外），每年最多可获26英镑的养老金。1912年，联邦政府还引入了生育津贴制度。受1930年代世界经济危机的影响，失业人口大量增加。加强社会保障被视为应对失业、缓解社会矛盾的重要手段。1938年，《国民医疗与养老保险案》出台，1941年，联邦社会保障委员会建立，为联邦政府提供有关社会福利问题的政策咨询。在第二次世界大战期间，联邦政府出台了寡妇抚恤金、失业救济、疾病医疗救助等七项社会保障及福利举措。

战后，澳大利亚社会福利制度和社会保障体系逐渐发展完善。联邦政府在社会福利和社会保障方面的投入显著增加，其占国民生产总值的比重，从1948/1949年度的1.8%上升到1977/1978年度的12%，到八九十年代以后达到近 1/4。① 联邦社会福利部作为社会福利事业的主管部门，在全国范围内共有雇员 5500 余名，在 2012 年用于主要社会保障和社会福利项目的支出共计 897 亿美元，② 成为国家财政支出的最大项目。澳大利亚目前已建成了相当完善的社会福利网络，成为一个典型的高福利社会。公民享有种类齐全、名目繁多的各类福利，从婴儿的牛奶费到老人的养老金，从失业救济金到退伍军人的优抚金，不一而足。诸如公园、展览馆等公共游览场所，甚至一些观光交通工具、公园内设的泳池、电烧烤炉等公共设施，全都可以免费使用。

二　完善的社会福利体系

经过 100 多年的发展，澳大利亚现在已经形成了体系完整、内容丰富的社会保障及社会福利体系。澳大利亚的社会保障体系主要由家庭与儿童福利、照顾人员福利、老年福利、残疾人救济福利、劳动年龄人口福利、退伍军人福利等几部分组成。

家庭与儿童福利　澳大利亚政府重视儿童的健康成长，并设立了诸如家庭税补助、托儿津贴、婴儿奖励金、产妇免疫津贴、儿童保育退税、带薪育儿假等多种儿童和青少年福利项目和家庭援助计划。其中，政府用于家庭税补助、托儿津贴、婴儿奖励金的支出最多。

家庭税补助分 A、B 两种。A 类家庭税补助是专门资助家庭养育子女的福利项目。家庭若有不到 21 岁的子女，或有子女在 21 ~ 24 岁之间、在全日制学校或机构接收教育，均可申请家庭税补助。申请家庭需接受收入调查，补贴金额取决于家庭收入和子女人数，符合条件的子女均可得到补贴。从 2012 年 3 月 20 日起，家庭税补助每两周的最高金额，13 周岁以下为 164.64 澳元；13 ~ 15 周岁为 214.06 澳元；16 ~ 17 周岁为 52.64 澳元；18 ~ 24 岁为 70.56 澳元；生活在经批准的照管机构中的那些流浪汉、难

---

① 王宇博：《澳大利亚：在移植中再造》，四川人民出版社，2000，第 249 页；殷汝祥、衣维明：《澳大利亚市场经济体制》，兰州大学出版社，1994，第 62 页。

② Australian Bureau of Statistics, *2012 Year Book Australia*, p. 333.

民以及残疾人等青少年，24 周岁及以下的，为 1372.40 澳元。[1] B 类家庭税补助是为单亲父母或主要依靠一个人收入养育子女的家庭所提供的额外援助。该补助针对每一个家庭，而不是针对每一个孩子。申请家庭有严格的条件限制。在 2010/2011 年度，约 164 万个家庭获得过 A 类家庭税补助，约 136 万个家庭得到了 B 类家庭税补助。该年全国社会保障服务中心（Centrilink）发放的家庭税补助共计 180 亿澳元。[2]

托儿津贴是一项分担孩子托管费的福利项目，主要为家庭补贴孩子在长期日托、家庭日托、临时托管、校外短期托管、假期托管、学前班、幼儿园的托管费用。申请家庭需接受收入审查。托儿津贴的发放金额取决于家庭收入、需要托管的子女数量、每周托管的小时数以及托管服务的类型。托儿津贴的发放标准，根据消费者价格指数的变化，在每年 7 月进行调整。托儿津贴根据所选择的托管机构类型进行支付。如果选择政府核准的托儿服务机构，非学龄儿童的最高津贴标准是每周 50 小时的照顾，每小时 3.99 美元，或每周 199.50 美元，而学龄儿童按上述标准的 85% 进行支付。如果选择在民政部门注册的私立托管机构，非学龄儿童的最高津贴标准是每周 50 小时的照顾，每小时 0.666 美元，或每周 33.30 美元，而学龄儿童按上述标准的 85% 进行支付。[3] 在 2009/2010 年度，政府所发放的托儿津贴共计 18 亿美元。[4]

婴儿奖励金是澳大利亚政府为鼓励和支持家庭生养或领养婴儿而给予的一项经济援助。该奖励的发放从婴儿出生或领养开始，一直支付到婴儿两岁。在 2009 年之前，该奖励一次性发放。从 2012 年开始，婴儿奖励金每两周支付一次，分 13 次付清，其中第一次支付 879.77 澳元，此后每次支付 379.77 澳元，共计 5437 澳元。如果婴儿死亡，申请者可以申请一次性领取婴儿奖励金。申请婴儿奖励金的家庭要接受收入审查，该福利待遇无须纳税。婴儿奖励金按婴儿数量支付，如

① 杨翠迎、郭光芝编著《澳大利亚社会保障制度》，第 219 页。
② Australian Bureau of Statistics, *2012 Year Book Australia*, p. 350.
③ http://www.humanservices.gov.au/customer/services/centrelink/child - care - benefit.
④ Australian Bureau of Statistics, *2012 Year Book Australia*, p. 332.

果申请者生育了双胞胎或多胞胎，就可以领取双份或多份婴儿奖励金。2010/2011 年度，婴儿奖励金的领取者为 21.9 万人，支付总额共计 11.8 亿美元。[①]

照顾人员福利 照顾人员福利计划。为了保障儿童、残障者、老年人口等社会弱势群体得到持续和高质量的照顾，澳大利亚还专门推出了针对照管服务人员的福利计划，主要包括普惠制的照顾人员津贴和审查型的照顾人员补助金。在 2010/2011 年度，全国照顾人员津贴的领取者为 52.1 万人，共支出 16 亿美元；照顾人员补助金的领取者为 18.6 万人，共支出 27 亿美元。[②] 除了获得经济补助外，照顾人员还可以获得社区照顾支持等间接协助，在家务打理、个人护理、被照顾人员交通出行服务等方面获得支持，从而减轻自己的照顾负担。

老年福利 老年福利是澳大利亚福利制度的重要组成部分。老年人可以得到养老金、医疗保健卡、水电气补助、老年优惠卡等多项保障，其中最重要的是养老金。65 岁以上澳大利亚公民、在澳大利亚连续居住 10 年以上，在通过收入与资产审查后，均可享受养老金。[③] 养老金支付金额依据对申请者的收入和资产两者审查的结果来计算。养老金分为全额养老金和部分养老金两种，二者对申请人的收入和资产限额具有不同的规定，而且这种限额总随着社会经济的发展而不断调整。

从 2012 年 1 月 1 日起，全额养老金的领取者在收入和资产方面必须符合以下要求：单身人士每两周的收入低于 150 澳元，夫妇 2 人每两周的收入合计低于 264 澳元。关于资产的审查，按申请人有无住房两种情况来设计。对有房者而言，单身人士的资产在 186750 澳元以下，夫妇双方资产在 265000 澳元以下，才能享受全额养老金。对无房者而言，单身人士的资产在 321750 澳元以下，夫妇双方资产在 40 万澳元以下，才能享受全额养老金。全额养老金的最高数额，单身人士每两周为 689 澳元，夫妇每

① Australian Bureau of Statistics, *2012 Year Book Australia*, p. 332.
② Australian Bureau of Statistics, *2012 Year Book Australia*, p. 347.
③ Australian Bureau of Statistics, *2012 Year Book Australia*, p. 334.

人 519.40 澳元。①

从 2012 年 1 月 1 日起，部分养老金的领取者在收入和资产方面必须符合以下要求：单身人士每两周的收入低于 1647.6 澳元，夫妇 2 人每两周的收入合计低于 2522 澳元，因病分居夫妇收入合计低于 3259.2 澳元。关于资产审查，按申请人有无住房两种情况来设计。对有房者而言，单身人士的资产在 686000 澳元以下，夫妇一起生活、双方共同资产在 1018000 澳元以下，夫妇分居、双方资产合计不超过 1263500 澳元，才能享受部分养老金。对无房者而言，单身人士的资产在 821000 澳元以下，夫妇一起生活、双方共同资产在 1153000 澳元以下，夫妇分居、双方资产合计不超过 1398500 澳元，才能享受部分养老金。②

残疾人救济福利　对残疾人这一弱势群体，澳大利亚政府专门设立了多种福利项目。这些项目从功能上可分为经济援助和服务援助两种。就经济援助而言，主要包括残疾人抚恤金和行动不便者津贴。残疾人抚恤金主要针对因肢体、智力或精神损伤，或永久性失明而导致工作受限的人士。该项申请要经过健康认定，并需接受收入和财产检查。对 21 岁及以上的残疾人而言，抚恤金的发放标准与养老金相同。而对不到 21 岁的单身人士而言，他们除了可申请残疾人抚恤金外，还可另外申请残疾青年补助。此外，残疾人还可申请残疾人优惠卡、行动不便者津贴、房租补助等。在 2010/2011 年度，残疾人抚恤金的领取者在全国大约为 82 万人，共支出约 136 亿美元；行动不便者津贴的领取者为 5.9 万人，共支出约 1.3 亿美元。③除经济援助外，澳大利亚还出台了家庭和社区关怀计划、自闭症儿童关怀计划、残疾人就业计划、残疾人申诉计划等多种福利项目，为残疾人提供服务援助。

劳动年龄人口福利　对劳动年龄人口而言，正在求职或参与就业技能

---

①　杨翠迎、郭光芝编著《澳大利亚社会保障制度》，上海人民出版社，2012，第 98 ~ 102 页。

②　杨翠迎、郭光芝编著《澳大利亚社会保障制度》，上海人民出版社，2012，第 98 ~ 102 页。

③　Australian Bureau of Statistics, *2012 Year Book Australia*, p. 344.

培训的失业人口、或因照顾孩子而无法就业的人口，可以通过失业救济体系获得援助。该体系主要由新起点津贴、子女抚养津贴和青年津贴三部分组成。

新起点津贴的发放对象是年龄在 21～65 周岁之间、有劳动能力、正在采取积极的步骤寻找工作但没能就业的劳动者。该津贴的申请人必须以澳大利亚公民的身份在澳大利亚居住过两年，还需接受收入和财产情况审查以及寻工活动评估。单身者每两周的税前收入不超过 62 澳元，将全额发放新起点津贴；每两周的收入在 62～250 澳元之间，将对超过 62 澳元的部分按 50% 减少；每两周的收入超过 250 元，将按超过 250 澳元的部分按 60% 减少。单身人士可供消费的资金不少于 3000 澳元，夫妇或单身有子女需要抚养的、如果可供消费的资金等于或多于 6000 澳元，就可能很难立即领取到新起点津贴。自 2011 年 7 月 1 日起，新起点津贴的双周最高额度，单身无子女者为 474.9 澳元，单身有子女需要抚养者为 513.8 澳元；60 岁及以上、已连续领取 9 个月津贴的单身者为 513.8 澳元；已婚者每人 428.7 澳元。[1] 该津贴的领取者，需按要求参加就业培训，从事兼职工作并接受评估。

对孩子的唯一或主要监护人而言，他们可以通过申请亲子津贴获得一些补助。2006 年 7 月 1 日后领取该津贴的单亲家长，在最年幼的孩子 8 岁之前，有资格申请亲子津贴。共同监护孩子的夫妇一方，在最年幼的孩子 6 岁之前，也有资格申请亲子津贴。在孩子 6 岁时，这些家长按规定需要从事每周至少 15 小时的兼职工作或其他被认可的技能培训等活动。在 2006 年 7 月 1 日之前领取亲子津贴的父母一方，如果各方面都符合有关规定，可以在最年幼的孩子长到 16 岁之前，一直领取该项津贴。[2]

青年津贴是为 16 岁至 24 岁之间、正在全日制学校上学或接受全职培训的求职者所提供的财政援助。申请者若已独立，就需接受收入和资产审

---

[1] 杨翠迎、郭光芝编著《澳大利亚社会保障制度》，上海人民出版社，2012，第 389 页。

[2] Australian Bureau of Statistics, *2012 Year Book Australia*, p. 341.

查；申请者若未独立，本人及其父母均需接受收入和资产审查。按照澳大利亚的现行政策，青年津贴的发放依据各种具体情况而有不同标准，其双周最高额度，18 岁以下和父母住在一起、无子女的单身者为 223.00 美元；18 岁以上和父母住在一起、无子女的单身者为 268.20 美元；无论是否超过 18 岁，没有住在家中而在外接受培训或求职、无子女的单身者为 407.50 美元；有子女的单身者为 533.80 美元；已婚无子女者为 407.50 美元，已婚有子女者为 447.40 美元。[①]

退伍及现役军人及其家属福利计划 澳大利亚政府为军人及其家属也出台了诸多福利计划。澳大利亚军人服役期间视同公务员享受工薪福利待遇。军人退役后不安排工作，而主要享受退役金和退休金，伤残人员享受补贴。政府还为死亡军人的家属提供丧葬费、抚恤金等福利。在 2010/2011 年度，共有 21.3 万军人及其家庭因伤残、死亡而获得抚恤金，支出共计 33.7 亿美元。[②]

三 福利制度的利弊

澳大利亚的社会保障和福利制度，满足了广大民众过安稳富裕生活的愿望，有助于维护社会的稳定，推动了国民经济的发展。其积极作用具体表现为以下方面：

第一，维护社会稳定。澳大利亚作为一个资本主义国家，生产社会化和生产资料私人占有之间的基本矛盾总是存在，因此会周期性地爆发经济危机。危机导致工人大量失业，社会不安定因素增多，社会秩序受到严重的挑战。但由于社会保障和福利制度的实施，民众在遭遇困难时能获得基本的生活保障。这样一种依托感和安全感，弱化了他们对政权和社会的敌对情绪。健全的社会保障体系，弱化了劳资之间的利益冲突，有利于维持社会的稳定。

第二，促进社会公平。社会保障基金的征收和支付是对国民收入的再

---

① http：//www. humanservices. gov. au/customer/services/centrelink/youth – allowance.
② Australian Bureau of Statistics，*2012 Year Book Australia*，p. 339.

分配，可以缩小贫富差距，缓和社会矛盾。澳大利亚实行累进税制，低收入者可免个人所得税或少缴税，而高收入者要多缴税：年收入低于5400澳元，可以免税；年收入在 5400～10000 澳元之间，税率为 27%；年收入在 10000～20000 澳元之间，税率为 33%；年收入在 20000～35000 澳元，税率为 37.5%；年收入在 35000 澳元以上者，税率为 48.5%。[①] 累进税和社会保障制度，对国民收入初次分配中的巨大差距进行调节，使之保持在一个适度的水平上，从而实现了人们对社会公平的普通要求。

第三，保障经济的平稳发展。作为社会化大生产的产物，现代社会保障制度为经济的平稳发展创造了条件。它保障了劳动力的再生产，并有利于促进劳动者素质的不断提高。同时，它能刺激消费需求，使社会购买力维持在一定的水平上，对经济衰退可以起到抑制和缓解作用。政府在社会福利方面的支出随经济的冷热而调整，可以增加或抑制社会总需求，调控宏观经济，抑制经济波动。

但澳大利亚的高福利社会保障体系也存在一些明显的弊端，主要表现为以下两方面。

第一，政府财政负担过重。长期以来，政府成为社会福利的主要供给者，随着保障项目的增多和保障水平的提高，随着人口老龄化的加剧，政府用于社会保障和社会福利的支出快速增长，令政府不堪重负。长年累月不断增长的社会福利支出造成财政赤字和国债的急剧膨胀，财政入不敷出的格局越来越严重。而这反过来又会抑制投资和发展，严重地影响了经济增长的速度。

第二，养懒损勤、抑制就业等负面效应日渐明显。澳大利亚实行累进税制，劳动者工资挣得越多，上的税也就越多，干活越少，缴税也越低。而另一方面，社会保障的发放，不是依据纳税人的贡献大小来计算，而是按照当年的税收平均分配给保障享受人。这些做法就导致干多干少、甚至干与不干差别不大。辛勤劳动者辛苦挣来的钱被转移到别人那里，甚至用来养活一些不劳而获的懒汉。同时，一些人依靠福利而不就业，也可以维

---

① 田森：《大洋洲探秘：澳新社会透视》，浙江人民出版社，1998，第 55～56 页。

持基本生活，导致他们对争取就业缺乏积极性，在客观上造成了抑制就业的现象，从而损害了国家经济的发展。

第三节 完备的医疗体系

澳大利亚的医疗保健制度是一个覆盖全民、人人受益的体系，它是西方国家中最完备的医疗体系之一。每个公民都须缴纳一定的费用，参加国家的医疗保险，但医疗事业的大部分费用由各级政府承担。联邦政府的拨款为整个医疗保险事业所需费用的46%左右，州、地区和地方政府提供23%的经费，此外31%来自私人方面。政府对医院的经费采用预付制，即每年根据各医院一年的门诊人数、住院人数及病种确定拨款金额，每季度对经费使用情况复审一次，不合理的地方再进行调整。联邦政府负责制定医疗保险与医疗管理方面的政策、法规和条例，资助各州发展医疗事业。州和地方政府则负责在管理区域内建设医院，支付医院的费用，实施包括产妇和婴儿的保健计划、职业保健与安全服务、疾病控制和健康检查等在内的多种卫生项目。地方政府的有关部门为了促进公共卫生事业，还提供包括处理垃圾、供应洁水、检查公共卫生以及促进家庭卫生保健和免疫服务等措施。

一 现代医疗体制的建立

一百多年来，澳大利亚公民的体质有了明显的改善。男性平均寿命增加了24岁，从1901年的55.2岁增加到2010年的79.5岁；在此期间，女性的平均寿命增加了25岁，从58.8岁增加到84岁。与此同时，人口死亡率不断下降，从1990年的8.6‰降低到2010年的5.7‰。北部领地人口死亡率下降最多，从1990年的13.1‰下降到2010年的7.7‰，而西澳大利亚州下降幅度最小，从7.9‰下降到5.5‰。[1]

澳大利亚最早的医疗服务主要是由慈善机构提供的，1817年成立了

---

① Australian Bureau of Statistics, *2012 Year Book Australia*, pp. 253 – 254.

新南威尔士慈善协会，1820年和1838年又建立了两个服务于年老体弱者的收容所。另外，当时的殖民地政府也成立了几所方便劳改犯看病的医院。这些由慈善团体组织的民间机构和政府开办的医院提供的是免费的医疗服务，它们可被视作澳大利亚医疗体系的源头。最初，这些医疗机构的条件都很糟糕，医疗设备简陋，医院床位有限；最令人不安的是，医护人员的素质不高。为改变这种情况，殖民地政府成立了医疗协会，于1832年颁布了第一部检疫法，于1838年出台了一部有关私人行医资格的法律，此外，还对医护人员进行最基本的专业培训。早期的这些医疗机构，在预防流行瘟疫、提高人们的免疫能力方面曾发挥过一定的作用，尽管这些工作在一定程度上是因政府为减缓人们的恐慌而颁布卫生法的结果。维多利亚金矿区流行的伤寒与天花，使维多利亚殖民区颁布了第一部卫生法案。随后各州群起效仿，也出台了相关法律。另外，新南威尔士和昆士兰殖民区还制定了有关食品和饮用水卫生标准的法律。

澳大利亚的现代医疗体制是在19世纪70年代以后逐渐形成的。移民的不断涌入和加速发展的工业化和城市化，使人口密集地区的老幼妇孺等免疫能力较差的群体随时都可能遇到流行瘟疫的威胁。在此情况下，联邦政府开始逐渐介入公共医疗领域。尽管由于宪法的限制，它在这方面的作用还非常有限，但它毕竟为日后联邦政府拓展其在卫生领域的职能开创了先例。另外，自19世纪70年代以来，医院的体制更趋科学化，医院建立了对医护人员的培训制度，医生也都接受过专业教育或专业培训，分散在农村的人口也能得到一定的医疗服务。这些都标志着澳大利亚现代医疗体制的开端。

进入20世纪之后，政府在医疗卫生领域内的职能不断扩大，开展了广泛的接种疫苗，以预防小儿麻痹症、哮喘、破伤风、白喉等疾病；预防和治疗结核病、性病和吸毒等活动也开展得有声有色；此外，还设立许多专门医院。联邦政府设立了主管医疗卫生的职能机构：1908年在联邦贸易和海关部下设联邦检疫司，主要负责边境的卫生检疫；1918年设立退伍军人保健部，以防止外来疾病的蔓延；1921年，澳大利亚成立了卫生部，负责检疫、调查和预防疾病，并向公众宣传和普及基本医疗卫生知识。20 世纪 30 年代的经济危机和二战的爆发使联邦政府的职能受到一定的限制，但联邦政府在医疗卫生领域发挥主导作用已是大势所趋。根据宪法第 51 条第 9 款之规定，联邦政府有防疫的职责，并可向各州提供特殊目的的经费补助。1946 年通过的宪法修正案（第 51 条第 23 款）规定：政府有权提供产妇津贴……药物、防治和住院救济金，牙科免费医疗，但不得因此对医生实行任何形式的征调。修正案赋予联邦政府在药物供应、疾病防治和医院津贴等方面的立法权，联邦政府还可以向各州提供特殊的经费补助，比如战后的全国预防结核病计划受到了政府的大力资助。联邦政府还捐资兴建了设在汤斯维尔的澳大利亚热带医学研究所、联邦声学（听觉）研究所、联邦辐射研究所等。[①]

在 20 世纪 40 年代，联邦政府曾颁布药物补助计划，试图建立强制性的全民医疗保险方案，但遭到医学界的反对，最高法院也裁定该法违反宪法。1946 年的宪法修正案为联邦政府的干预提供了法律依据。但 1948 年的《全国卫生保健法》再次为最高法院否决。1951 年，孟席斯政府推行由卫生部部长厄尔·佩奇指导的自愿医疗保险方案，该方案将药物补助计划融合进来，为参加医疗保险者免费提供医疗服务，同时也对那些没有参加医疗保险的人在许多方面免费提供一般的医疗服务。自愿医疗保险方案实行了约 20 年，成为政府向人民提供医疗服务的基础。1969 年，戈顿政府实行新的方案，按投保金额的比例对投保者提供不同的医疗服务。

二 完善的医疗体制

据统计资料显示，在 1993～1994 年，澳大利亚全国拥有 1142 所医院，其中公立医院 700 余所，平均每 1000 居民拥有病床 3.2 张。1994～1995 年，全国共有开业医生 4.58 万人，注册的专业护士 16 万余人，还有牙科医生 9100 人，配镜师 2200 人，药剂师 1.29 万人。这些医生和护士能够为澳大利亚居民提供良好的医疗服务。[②] 在医疗管理体制上，联邦

---

① 《澳大利亚百科全书》第 3 卷，第 271 页。
② 澳大利亚统计局：《澳大利亚年鉴 1997 年》，第 214～216 页。

政府中的人类服务和卫生部是澳大利亚内阁级的卫生主管机构，它在各州设立了许多办事处。州政府设立州卫生厅、地方卫生服务管理中心。在医疗保健体制方面，以医疗照顾制度为主体，以医疗照顾津贴计划和药物津贴计划为补充。

1984年出台的"医疗照顾制度"被认为是澳大利亚医疗政策的里程碑，是现今澳大利亚医疗保障制度的操作基础。根据这一制度，除低收入者外，所有公民均需交纳相当于个人收入1.5%的医疗保险金，作为医疗保险的个人投入部分；凡单身年收入在12662澳元以下，或夫妻两人及单亲家庭年收入低于22924澳元者，可免征医疗保险金。凡交纳过医疗保险金的公民都可获得医疗照顾卡，该卡标注持卡人的编号、姓名及证件有效期限。持卡人有资格在公立医院接受免费治疗。治疗费、检查费、出诊费、住院费及住院期间的伙食费都由医院在政府下拨的包干经费内支出。但是医院对病人享受免费医疗服务具有严格规定，如诊疗过程由医院安排，主治医生由医院指定。除急诊手术外，一般的手术需要预先登记，由医院安排手术时间，有的手术要等几个月，甚至要等上一年。但患者亦可选择医师，还可选择手术的时间，但是医院要适当收费。另外，持卡人所需的一些特别服务，如口腔医疗服务、美容手术、辅助医疗用品及政府确定的某些服务项目，需就医者自费。

医疗照顾津贴计划和药物津贴计划是医疗照顾制度的重要补充。所谓医疗照顾津贴计划是指患者在享受政府规定的医疗服务时，医疗费用的相当一部分由政府补贴，而且持医疗照顾卡的患者去公立医院看病时，每次付费不得超过一定的数额。所谓药物津贴计划是指对处方药物的自费价格实行限制，如患者在一年内的药物处方超过一定的数额时，该年剩余时间内可免费享受处方药。这项计划的目的是为了保证每个人以合理的费用获得必要的治疗药物。

在澳大利亚看病非常方便，各个社区都有公共医疗服务站。患者只需出示医疗照顾卡，就能享受医疗服务，无须付费，或者只要交纳数额很少的药费。普通疾病在社区的公共医疗服务站就可治愈。如果医生认为是比较严重的疾病，有必要去看专科医生，他就会介绍病人去专科医院。在澳大利亚，即便住院做手术，也不能在医院住很长时间，一般期限为 3~12 天，病床的周转率很高。医生不对病人隐瞒病情。为使有限的医疗资源发挥最大的效益，医院在抢救一个危重的年轻的生命时会不计成本，而对那些年事已高、身患绝症的人则不会无休止地靠价格非常昂贵的医药来延续生命。澳大利亚人认为，在毫无救治希望的人身上投入大量的人力、物力和财力，实际上是一种浪费。许多人在病入膏肓时会主动选择放弃治疗，因为他们和家人觉得，这不是不人道的行为，而是经过冷静思考后的理智抉择。这也就不难理解，澳大利亚会成为世界上最先使"安乐死"合法化的国家之一。澳大利亚北部地区于 1996 年 7 月在全国率先实行"安乐死"。身患绝症的患者可向医院提出申请，而且必须证明自己患的是现有条件下的不治之症；此外，还要由医生证明患者的轻生念头并非一时的临床抑郁症。在选择安乐死前，病人还必须再等待 48 小时，以便有充足的时间三思而后行。

三 远程医疗服务

由于澳大利亚是一个面积广袤、人口稀少的国家，对住在边远地区的孤立的居民点和家庭，澳大利亚借助高科技的通讯手段，提供空中医疗服务。澳大利亚空中医疗服务机构很多，其中最重要的包括"皇家飞行医生服务队"和"北部地区空中医疗服务队"。

"皇家飞行医生服务队"在除维多利亚以外的其他各州都设有分部，其中心协调机构设在新南威尔士州的悉尼。这个机构是由长老会的内陆传教团的牧师约翰·弗林创立的，最初称"飞行医生服务队"，于 1954 年改用现名。[①] 目前它拥有约 40 架飞机，服务区域达 715 万平方公里，在全国设有 17 个医疗基地。它提供全天候服务，值班人员处于随时待命状态。如果有人生病或遭意外，便可向该服务队发出求医信号。值班医生根据情况，或通过无线电发出诊断处方，或派医生乘飞机出诊，必要时将病人接回医院治疗。它每年飞行的里程约为 1200 万公里，救治的病人约为

---

① 《澳大利亚百科全书》第 3 卷，第 64 页。

20 万人次，它所需的 4300 万澳元经费来自政府拨款和私人捐赠。目前，皇家飞行医生服务队被视为世界上历史最悠久、规模最大、经验最丰富的空中急救中心，它的高效已为许多国家所仿效。

"北部地区空中医疗服务队"由联邦卫生部直接管理，它在达尔文、戈夫和爱丽丝泉设有服务点。它是由克莱德·芬顿于 20 世纪 30 年代创立的，第二次世界大战期间由澳大利亚皇家飞行队接管，后划归联邦卫生部管辖。[1]

第四节 社会管理

一 社区建设

澳大利亚是世界上社区建设做得最好的国家之一。社区服务组织众多，为居民的日常生活提供各种便利和服务。社区在城市管理中发挥着重要作用。

社区为居民提供的各种服务在不断增加。随着已婚妇女大量重返就业市场，随着老龄化社会的到来，居民越来越依赖社区的家政服务。为满足居民对社会服务日益增长的需要，社区工作人员明显增加，在 2001 年为 34 万人，而到 2011 年已达到 51.3 万，增幅达 51%，远远超过在此期间全国各行业就业人口的增幅（26%）。2011 年，社区服务人员占全部就业人口的 4.5%，这一比例在未来还会继续增加。同其他行业相比，从事社区工作的大多为年长的女性。女性工作人员在这一行业占 84%，远超过女性在全国各行业 45% 的比例。超过 45 岁的女性在各行业就业人口中的平均比例为 38%，而在社区服务行业达到了近 60%。在 2001～2011 年间，年龄超过 55 岁的社区工作人员从 11% 增加到了 27%，而年龄在 25～44 岁之间的社区工作人员的比例则有所下降。社区服务人员大都只有高中文化程度，拥有本科及本科以上学历的只有 20%。尽管学历普遍不高，

---

[1] 《澳大利亚百科全书》第 3 卷，第 62 页。

但都接受过岗前技能培训。相对其他行业而言，社区服务行业的工作人员有一半以上属于兼职。社区服务人员每周工作时间平均为 28 小时，比各行业周平均工作时间少 6 小时。相对其他行业而言，社区服务全职工作人员的收入约为社会全职员工平均工资的 3/4，每周为 904 澳元。而兼职从事社区服务工作的员工，每周的收入为 460 美元。

在 2009 年 6 月，全国共有 10967 个社区服务机构，其中商业性营利机构为 4638 个，非营利性机构为 5809 个，另有政府机构 520 个。这些机构的就业人员共计 57 万人，其中 59% 在非营利机构工作。直接提供服务的人员占 82%，兼职人员多于专职人员。在 2008 年，社区服务机构吸引了 32.5 万名志愿者，他们的工作时间平均为 78 小时。

在 2008~2009 年，社区服务方面的直接开支为 252 亿美元，而间接和相关的开支为 40 亿美元。直接开支中，非营利机构为 138 亿美元，赢利机构为 67 亿美元，各级政府为 4.7 亿美元。此外，联邦和州政府机构还为一些私人机构提供资助共计 95 亿美元。

二　社会组织

澳大利亚的社会组织（非营利组织）种类齐全，数量众多，涉及社会服务、文化娱乐、教育研究、卫生健康、环境、收容、慈善、宗教等诸多领域，成为澳大利亚社会服务体系的重要组成部分。

澳大利亚的非营利组织在提供社会服务方面一直发挥着重要作用。19 世纪建立的许多非营利组织都属于宗教慈善团体，它们提供包括救济、收容在内的各种社会服务。它们开展这些活动是出于信仰和仁爱，而不是为了追求商业利润，因此涉足了许多对社会有益但为商业组织所忽视的领域。随着社会形势的变化，宗教慈善团体提供了越来越多的社会服务，并联手其他非宗教慈善组织，共同为居民提供各种服务。从第一次世界大战以来，澳大利亚主要依靠非营利性组织提供社会福利服务。到 20 世纪 70 年代，澳大利亚国内就如何建设公正公平的社会展开激烈的辩论，越来越多的民众认为，社会组织可以弥补政府和市场的不足，可以高效便捷地提供多样性的公共服务，对维护社会的运转和稳定发挥了不可替代的重要作用。在这种情况下，政府开始对非营利组织进行资助。在 20 世纪 80 年代以前，政府对非营利组织的资助往往没有严格的附加条件，而此后则通过招投标的方式出资购买公共服务。

　　除提供社会服务之外，非营利组织为促进经济社会发展和增进公民福利还作出了多方面的贡献。非营利组织长期关注弱势群体和被边缘化人群的生活状况，为这些弱势人群代言，为政府官员提供咨询和建议，倡导并推动政府出台全面公正的社会福利政策。非营利组织是连接个人、社区和社会的重要纽带，为增进个人社会交往、参与社会生活提供了便利。非营利组织通过开展各种活动，锻炼和提高了民众和社区的能力。

　　进入 20 世纪 90 年代以来，澳大利亚政府加强了与社会组织的合作。为推动非营利组织更好地提供社会服务和加强自身能力建设，政府开始越来越多地探索和参与非营利部门的工作。2008 年工党上台执政后，推行与社会组织全面合作的政策。2010 年 3 月 17 日，陆克文总理代表政府与社区非营利组织签署了《全国性协议——携手合作》。陆克文在签字仪式上的讲话中指出，该协定旨在使澳大利亚政府与非营利部门"形成一种全新的、更进一步的合作关系，从而向澳大利亚人民提供更好的服务"。澳大利亚成为世界上继英国、加拿大之后与社会组织签署合作协议的第三个国家。[①]

　　目前，澳大利亚大约有 70 万个非营利组织，其中约 38 万家非营利组织以公司的形式存在。大多数非营利组织的规模都不大，高度依赖志愿者的服务。大约 3.8 万个非营利组织雇有员工，其中约 3000 个具有相当强的经济实力。在 2006/2007 年度，非营利组织雇佣了 99.5 万人，占全国就业总人数的 8.6%。非营利组织在 2006/2007 年度所创造的产值占国内生产总值的 3.4%。[②]

　　非营利组织依靠捐赠、资助、会费或服务费等非营利性收入作为资金来源。其中，最重要的是政府拨款和企业捐款。在 2006~2007 年，非营

---

① 石国亮：《国外政府与非营利组织合作的新形式——基于英国、加拿大、澳大利亚三国实践创新的分析与展望》，《四川师范大学学报》（社会科学版）2012 年第 3 期。
② 戴维·汤姆森：《澳大利亚社区非营利组织的发展管理》，廖鸿主编《社会组织建设的新视野：中国和澳大利亚经验分析》，时事出版社，2010，第 199~200 页。

利组织的收入为 745 亿美元，其中 254 亿美元来自政府拨款，占总收入的 34%，38% 的收入来自销售和各种服务，14% 的收入来自募捐和会员费。在 2004 年，有 1340 万民众向非营利组织捐款，数额达到 52 亿澳元。此外，民众还通过购买福利彩票、捐献慈善拍卖所得等方式筹集资金共计 20 亿澳元。还有大量民众作为志愿者在社会组织工作。在 2004 年，全国 41% 的成年人，约 630 万人向社会组织提供了共计 7500 万个小时的志愿服务。这些服务如果要进行支付的话，价值约合 133 亿澳元。[1] 年龄在 35～44 岁之间的公众最有可能成为志愿者。志愿者中妇女的比例高于男性。全职和兼职员工比失业者更有可能成为志愿者。

　　非营利性组织能有效地参与澳大利亚的社会管理和服务，离不开政府的信任和尊重，离不开公众的广泛支持。非营利组织虽然从政府获得资助，但它并不隶属于政府而保持了相当大的独立性。非营利组织同政府及公众都建立了以相互信任为基础的合作关系。政府通过购买服务与非营利组织合作，而广大民众对非营利组织的捐赠及志愿服务，也反映了社会对这一部门的高度信任和尊重。对公司的高层管理者而言，在公司年度报告中列出公司的慈善义举和对非营利性组织活动的参与和支持，已经成为一种时尚。

　　在众多的非营利组织中，澳大利亚红十字会享有盛誉。澳大利亚红十字会成立于 1914 年。在成立之初，该会为士兵及其家属提供过康复护理、贫困救济等方面的服务。目前，澳大利亚红十字会在澳大利亚境内有会员 23000 名，[2] 其工作重点包括灾害救助、血液服务、国际发展和社区弱势人群的健康护理服务。

第五节　环境保护

　　近三个世纪以来，澳大利亚经历了急剧的生态环境变迁。澳大利亚长

---

[1] 娜塔莎·席尔瓦：《澳大利亚政府和非营利组织概述》，廖鸿主编《社会组织建设的新视野：中国和澳大利亚经验分析》，第 62 页。

[2] 诺埃尔·克莱门特：《澳大利亚红十字会的目标与管理体制》，廖鸿主编《社会组织建设的新视野：中国和澳大利亚经验分析》，第 282 页。

期作为英国的殖民地，其自然资源被大肆掠夺，环境受到严重破坏。在这种情况下，资源保护运动和环保运动渐次兴起。政府大力推行环境保护政策。如今，澳大利亚已经成为世界上人居环境最为优美的国家之一。

一　资源保护运动的缘起

澳大利亚环保运动的发展与英美等国存在千丝万缕的联系。环保运动往往会追溯至殖民地时期，但其真正兴起，是在 1960 年代以后。

澳洲大陆的独特物种为外界所知，是在 1770 年英国航海家詹姆斯·库克首次登陆澳大利亚以后。与库克船长随行的探险家约瑟夫·班克斯（Joseph Banks），依靠他所聘请的画家和植物学家，翔实记录了土著的生活和澳洲的珍奇物种，对采集的大量植物标本进行了绘制和初步分类。班克斯因其探险声名鹊起，在 1778 年当选英国皇家学会会长，在 1820 年去世前一直担任这一重要职位。在其任内，他大力推动对澳洲大陆的勘测。1831~1836 年，查尔斯·达尔文搭乘小猎犬号环游世界，依靠探险过程中获得的大量发现，出版《物种起源》一书，提出了以自然选择为中心的物种演化理论。该理论撼动了整个世界，为人类正确认识自然界及其演化奠定了科学基础。"未知的南方大陆"的神秘面纱被逐渐揭开。乔治亚娜·莫洛伊（Georgiana Molloy）等女性也促进了欧洲人对澳洲物种的认识。从 1836 年以来，莫洛伊将在西澳大利亚殖民地采集的种子和植物标本源源不断地寄回英国，澳洲的许多植物开始在欧洲很多国家引种。同一时期，约翰·格洛弗（John Glover）、尤金·冯·格拉德（Eugene von Guérard）等人通过绘画、文学等艺术形式，描绘南方大陆的壮丽景色。虽然这一时期的勘测报告和艺术作品大都略显粗糙，但它们后来成为资源保护运动的重要思想基础。

自 19 世纪 80 年代以来，资源保护运动在澳洲大陆兴起。在建立联邦的过程中，澳洲的独特景观成为澳大利亚构建民族认同的重要源泉。许多作家以《公报》《守护者》等报刊为平台，宣传自然保护，尤其是森林保护。而海德堡画派所创作的海滨风景画自成一格，广泛激发了民众的爱国热情。与此同时，经济繁荣也造就了白人中产阶级，随着这一阶层的壮大，他们对户外休闲的需求也在不断增长。维多利亚动物学会、澳大利亚科学促进会、博物学家户外俱乐部、西澳大利亚博物学会等组织相继成立。资源保护运动在当时主要体现为以下三方面：

其一是建立国家公园。1879 年，新南威尔士殖民地政府在悉尼以南的荒野区建立了皇家国家公园。该公园面积约为 7.3 万公顷，是澳大利亚建立的第一个国家公园，也是全世界继美国黄石国家公园之后的第二个国家公园。此后，维多利亚、塔斯马尼亚、西澳大利亚等殖民地也建立了国家公园。在推动澳大利亚国家公园体系建设方面，罗斯·加内特（Ros Garnet）、麦勒·邓菲（Myle Dunphy）两位资源保护主义者发挥了不可替代的重要作用。他们致力于环保宣传，动员公众支持建立国家公园。1932 年，邓菲领导成立了国家公园和荒野保护委员会，该委员会大力宣传荒野的价值，并推动了 14 个重要国家公园的建立。

其二是保护本土动植物。20 世纪初，羽翼毛皮服饰受到女士们的青睐。对毛皮的巨额需求造成了对鸟禽和有袋类动物的滥杀，大批珍稀物种因此濒临灭绝。许多资源保护组织应运而生。1909 年，澳大利亚野生动物保护协会成立，并逐渐发展成为一个有广泛政治影响力的组织。毛皮贸易的猖獗也促使一些学者走出象牙塔，参与了保护动物及其栖息地的斗争。1908 年，新南威尔士林奈学会主席卢卡斯（A. H. S. Lucas）公开支持并参与鸟类保护活动，而澳大利亚鸟类学会则致力于推动澳大利亚政府颁布鸟类保护立法。在这些组织的推动下，20 世纪上半叶，新南威尔士、维多利亚和西澳大利亚等州都通过了保护本土鸟类和动物的立法。

其三是丛林徒步旅行的流行。一些探险家在勘测未开发土地的行程中，被西部的壮丽景色所打动，希望将那些美不胜收的地区永久保存下来。这些探险家转变成为资源保护主义者。这种身份转变在 1931 年体现得尤为明显。当年，阿兰·里格比（Alan Rigby）带领一群人在蓝山山脉格罗斯河谷地区探险，对这片景色宜人的土地遭受破坏深感痛心。他们争取到登山俱乐部和丛林爱好者俱乐部的支持，最终购买了这片土地，并在此建立了自然保护区。

在资源保护运动兴起的过程中，人们对土著文化的认识也在慢慢发生变化。在 20 世纪三四十年代，澳大利亚文坛出现了"金迪沃罗巴克"流派（Jindyworobak school）。金迪沃罗巴克是土著语，意为"合并""联合"。① 该流派主张文学本土化，强调从土著文化中汲取养分。土著与自然和谐相处的生态智慧受到广泛宣扬。与此同时，土著的民族意识日益觉醒，他们以信念冲突为由，拒绝从事破坏自然的开发活动，甚至要求归还原本属于他们的土地。这些罢工尽管失败了，但对战后的环保运动产生了深远影响。

二　战后环保运动

1960 年代以来，环境保护受到了社会的广泛关注和支持。环保斗争深入发展，环境宣传如火如荼，环保组织如雨后春笋纷纷成立，政府初步建立起环保立法体系，成立了一些环保机构。

在澳大利亚环保运动史上，1963 年围绕小荒漠（little desert）保护的斗争是一个标志性事件。小荒漠位于维多利亚州西部，距离该州首府墨尔本约 400 公里。该区实际上是一片沙地，气候干燥，不适合农业开发。60 年代初，维多利亚政府拟将 40000 英亩沙地开发为农田和住宅区。政府的计划遭到了当地居民和环保人士的强烈反对。环保组织团结一心，不懈斗争，最终迫使政府减少了拟建农场的数量，同时增加了荒野保护区的面积。这场斗争显示了环保组织的力量，给环保人士以巨大鼓舞。

1966 年是澳大利亚环保运动史上的重要年份。该年马歇尔（A. J. Marshall）出版了《大灭绝》（*The Great Extermination*）一书。该书通过大量科学数据表明，人为屠杀和破坏导致了澳大利亚前所未有的物种灭绝，而这一趋势还在加剧。该书揭示出来的问题让很多人深感不安，在提高民众的环保意识方面发挥了重要作用。同年，澳大利亚政府成立了澳大利亚资源保护委员会这一官方组织。

20 世纪 60 年代，土著争取土地权的运动蓬勃兴起。土著工人开展了声势浩大的罢工，要求改善工作环境，反对滥用自然资源。土著的罢工和

① 黄源深：《澳大利亚文学史》，上海外语教育出版社，1997，第 266 页。

抗议引起了国际社会的关注,土著的土地权成为澳大利亚政治舞台上的一个重要问题。1968 年,土著被授予公民权和选举权。60 年代后期,塔斯马尼亚政府不顾环保人士的强烈反对,在戈登河上修筑水坝。尽管环保人士在这场战斗中败北,但他们在保卫大堡礁的斗争中却赢得了胜利。大堡礁是澳大利亚的旷世奇珍,长期遭受污水排放的困扰,而 1967 年拟在其所在海域勘探石油的开发计划对大堡礁构成致命威胁。在朱迪思·赖特(Judith Wright)的领导下,越来越多的民众加入到保护大堡礁的战斗中来,并最终使能源公司的开发计划流产。1975 年,澳大利亚建立了大堡礁国家公园。这场胜利是 20 世纪澳大利亚环保运动取得的标志性成就。

20 世纪 70 年代,环境保护得到了社会和政府的广泛响应。宣传环境保护的图书大量出版,此外还出现了像《草根》(Grass Roots)、《荒野》(Wild)等倡导环保的专门杂志。帕特里克·怀特(Patrick White)、泽维尔·赫伯特(Xavier Herbert)等知名作家在其作品和公开演说中,表达了对环境危机和人类前途命运的忧虑。与此同时,环境问题被纳入多个学科的研究范畴。挪威哲学家奈斯的深层生态学思想得到广泛传播。而在 70 年代前期执政的惠特拉姆政府也积极支持环保,1973 年向全国的多家环境研究中心拨款,1974 年通过了《澳大利亚环境保护法》,1975 年通过了《国家公园和野生动物保护法》。依照后一法律,澳大利亚成立了国家公园和野生动物管理局,该机构在 1990 年代初更名为澳大利亚自然资源保护委员会。1975 年,澳大利亚还签署了《世界遗产公约》,并通过了《澳大利亚遗产委员会法》。

20 世纪 70 年代以来,环保组织加强了同工会、土著团体的合作。这些组织于 1974 年联合反对在北部领地卡卡杜地区扩大铀矿开采。在保护城市古迹、保留城郊空地的斗争中,建筑工人联合会与环保组织密切合作,提出了"绿色罢工"(green ban)的响亮口号,并将其付诸实施,坚决抵制侵占城市绿地和公园、破坏历史古迹的房地产开发活动。"绿色罢工"对促进城市的合理规划发挥了积极作用。

近 30 年来,环保运动持续发展。到 1980 年代后期,澳大利亚环保人士已达 30 万，其占总人口的比例超出西方其他国家。[①] 荒野协会、地球之友、绿色和平、世界自然基金会等重要国际环保组织在澳大利亚建立了稳固的组织。这些组织广泛雇佣专业人员，运用宣传、游说、诉讼等手段，对澳大利亚的环境政策产生了广泛影响。澳大利亚资源保护基金会（Australian Conservation Foundation，ACF）成立于 1965 年，作为该国最知名的环保组织，它同政府积极开展合作，参与了众多的土地托管项目，在保护沙地、河流、海滨及荒野方面发挥了积极作用。而活跃在地方的众多环保组织则团结广大民众，积极推动当地环境质量的改善。

三 环境治理

澳大利亚优美的人居环境，与政府大力推行环境保护政策有密切关系。澳大利亚在水土保持、矿区环境治理及生物多样性保护等方面取得了令世人瞩目的成就。民众的环保意识普遍较高，身体力行，积极参与环境保护。

自 20 世纪上半叶以来，水土保持一直是澳大利亚环境保护的一个重要方面。澳大利亚的广大内陆地区极其干旱，在历史上曾因不当开发导致土地大片沙化。20 世纪三四十年代，澳大利亚东南部大片区域因为农田开垦、超载过牧、采矿出现了严重的土壤侵蚀。频繁出现的沙尘暴天气，引起了政府和民众对土地沙化问题的高度重视。1938 年，新南威尔士率先通过了《水土保持法》，并建立了全国第一个水土保持局。此后，维多利亚等州也相继制定了类似的法令，并建立了水土保持机构。1946 年，联邦政府成立了水土保持常务委员会，在全国范围内大规模开展小流域综合治理，严禁开发坡度在 18 度以上的生态脆弱地区，而坡度在 18 度以下、易发生水土流失的区域，开发活动要接受政府的严格监管。与此同时，澳大利亚在全国范围内开展了广泛的宣传教育活动，增强了全社会对水土保持重要性的认识。水土保持工作在战后持续进行，并取得了明显成效。

---

① Kevin Hillstrom & Laurie Hillstrom, *Australia, Oceania, and Antarctica: A Continental Overview of Environmental Issues*, Santa Barbara, CA: ABC-CLIO, Inc., 2003, p. 225.

澳大利亚在矿山环境恢复方面处于国际领先水平。作为一个采矿大国，澳大利亚政府高度重视矿山环境的恢复，并严格执行有关的环保法律条令。《澳大利亚矿山环境管理规范》（1996）要求：各矿山企业要对其开发活动承担环境责任，最大限度地减少各种活动的环境影响，与矿区所涉及的社区就环境保护密切交流，并按期提交环境影响评估报告。政府部门通过严格的评估和审批程序，对采矿企业进行事前监管。矿业公司制定的《开采计划与环境影响评估报告》首先要通过专家组的严格审核，然后才能提交政府批准。矿业公司还必须向有关部门交纳矿区复垦抵押金，抵押金的数量必须足以保证采矿区的生态环境恢复。此外，政府还派监察员到采矿现场巡回进行检查。在政府的严格监管下，矿业公司往往遵循边开矿边恢复的原则，将现代科技手段运用于植被恢复、土地复垦、酸性废水处理等环节，使当地生态系统得到最大程度的恢复。[①]

澳大利亚政府高度重视生物多样性保护。澳大利亚地理环境独特，物种非常丰富，达到 50 多万种，其中 80% 的哺乳动物、爬行动物、蛙类，近一半的鱼类为澳大利亚所独有。有袋类动物作为澳大利亚哺乳动物的代表，达到 141 种，其中 93% 为澳大利亚所独有。为保护该国的生物多样性和独特景观，澳大利亚建立了大量的国家公园和自然保护区。到 2008年，澳大利亚各类陆地保护区面积已经达到 9850 万公顷，约占澳大利亚国土面积的 12.8%。[②] 到 2012 年，澳大利亚的海洋保护区已经达到 60个，面积达到 310 万平方公里，成为全球海洋保护区面积最多的国家。到 2012 年，澳大利亚已有 19 处自然文化景观被联合国教科文组织列入世界遗产名单。

澳大利亚居民具有很强的环保意识，往往能将环保理念付诸于日常行动。许多家庭都积极参与节水节能活动。在 2010 年，有近 1/3 的家庭都在房前屋后安装了雨水收集储存罐，将传统的喷洒式浇灌改为滴管浇灌。

---

① 王永生、黄洁、李虹：《澳大利亚矿山环境治理管理、规范与启示》，《中国国土资源经济》2006 年第 11 期。

② Australian Bureau of Statistics, *2012 Year Book Australia*, Canberra, 2012, p. 109.

安装双阀式节水马桶的家庭占全部家庭的比例，从 1998 年的 55% 增加到 2010 年的 86%。在此期间，安装节水淋浴喷头的家庭从 32% 增加到 66%。① 为节约能源，越来越多的家庭在墙体内外安装保温层，其占澳大利亚全部家庭的比例，从 2005 年的 61% 增加到 2011 年的 69%。为减少污染，绝大多数家庭都会对垃圾进行分类和回收利用，参与垃圾回收的家庭近年来还在不断增多，其占全部家庭的比例从 1996 年的 91% 上升到 2003 年的 98%。②

澳大利亚强调依法开展环境保护和生态建设。该国是世界上最早出台环境法的国家之一。早在 1862 年，塔斯马尼亚就通过了保护本地鸟类的法律。20 世纪 70 年代以来，澳大利亚就环境保护、核安全、海洋保护、水土保持、水资源管理、渔业管理、森林保护、矿产开发、废弃物管理出台了众多法律，逐步建立了环境保护的完备法律体系。《环境保护和生物多样性保护法》是澳大利亚最重要的环境法之一，为联邦政府参与对全国环境具有重要意义的环境保护和管理活动提供了法律依据。作为一个联邦制国家，联邦、州和地方政府通过分级管理、共同合作的形式，制定和执行相应的环境法和环境政策。联邦政府注重与州和地方政府协商，积极同企业和非政府组织开展合作，充分听取各方意见。这种合作方式有助于环保政策法规能够得到有效执行。联邦政府只管辖具有全国影响的环境事物，执行该国必须履行的国际环境条约。澳大利亚环保部是联邦一级的环境管理机构，负责联邦政府环境保护和管理政策的制定和实施。州和地方政府则在其管辖范围内对环境保护负有主要责任。澳大利亚环境法的一个重要特点是以预防为主。各类开发项目只有通过严格的环境规划论证和影响评估，才能得到政府相关部门的审批许可。政府通过加强事前控制，实际上有效减少了环境破坏事件的发生。另外，澳大利亚环境法条款周密，目标明确，手段齐备，因而具有很强的可操作性，有效避免了执法的随意性，减少了执法过程中的摩擦。

① Australian Bureau of Statistics, *2012 Year Book Australia*, Canberra, 2012, pp. 100 – 101.
② Australian Bureau of Statistics, *2006 Year Book Australia*, Canberra, 2006, p. 585.

第七章

文　化

第一节　教育掠影

一　从精英教育走向大众教育

教育是国家振兴、经济腾飞的强大动力。澳大利亚所以能迅速崛起，与教育的推广、普及不无关系。

澳大利亚的教育最初是由教会在极其艰苦的条件下创立的，旨在使移民皈依宗教，并进行道德教化。当时，政府对教会学校提供一定的资助，从而出现澳大利亚教育由政府与教会共办的局面。教会学校开设一般文化课，但以宗教课为主。为实现教育世俗化，从 19 世纪 20、30 年代开始，殖民地政府逐渐减少对教会的拨款，并开始兴办公立学校，实施世俗教育，为以后普及义务教育铺平了道路。到 19 世纪中期，公立学校与私立学校并存的二元局面初步形成。

自 19 世纪 50 年代的淘金潮以来，各殖民区的经济快速发展，移民人口迅速增加。经济发展对劳动力素质提出了一定的要求。另外，澳大利亚最初作为罪犯流放地，移民由于宗教、民族、血统上的差异，矛盾很多。在这种情况下，进行统一的文化教育，倡导统一的国民意识，对弥合各民族的差异、维持稳定的社会秩序十分必要。欧洲和美国教育民主化思想的传播，也对殖民地兴办教育产生了一定的影响。公立中小学相继建立，数量越来越多，中学技术教育和大学教育逐渐启动，并初具规模。1850 年悉尼大学创立，1853 年又建立了墨尔本大学。尽管如此，当时能接受教育的多为富家子弟，主要还是一种精英教育。学校尚未向普通人敞开大门。从 19 世纪 70 年代起，教育发展的重点逐渐转向普及教育。到联邦建立前夕，各殖民区基本实现了普及初等义务教育。

联邦政府成立后，各州保留了兴办教育的权力，对 6～7 岁的儿童实行 9 年义务教育。同以往相比，各州减少了对私立学校的资助。许多私立学校因缺少经费被迫关闭。但教会学校克服重重困难，顽强地保留了下来。到 1911 年，澳大利亚各州都拥有一所大学。从此时直至二战结束前的 30 多年间，高校的数量没有增加，各州依然只拥有一所大学，只有一小部分人享有接受高等教育的机会。

第二次世界大战以后，澳大利亚迎来了教育高速发展的时期。教育的发展首先是由于人口的迅猛增长。战后澳大利亚政府鼓励从欧洲移民，同时这一时期的人口自然增长率也较高，澳大利亚人口从 1947 年的 750 万增加至 1972 年的 1300 万。经济结构的调整，劳动力向第三产业部门的大规模转移，要求劳动者进一步提高他们的技术素质。政府也因势利导，将教育作为一种调控手段，使教育服从于经济增长和社会进步的整体需要。战后的和平环境、经济的繁荣和持续增长，为发展教育提供了物质保障。战后通讯技术的发展使边远地区的土著儿童也可通过广播接受教育。

教育的发展，单靠本州财政拨款已远不能满足越来越多的人希望接受更多更好教育的需要。在此情况下，联邦政府介入了传统上属于州权力范围的教育领域。1946 年的宪法修正案为联邦政府资助学生的行动提供了法律依据。1951 年，联邦议会通过了增加对高校拨款的法律。此举仍然不能缓解大学办学经费不足问题。大学教员抱怨：校舍不足，教员匮乏，教师待遇偏低。为调查这一情况，1956 年成立了以默里为主席的澳大利亚大学委员会，翌年发表《默里报告》。报告指出，适龄青年的大学入学率很低，大学的规模将会继续扩大，联邦政府需进一步加大教育投资。根据该报告成立了大学拨款委员会，这个机构旨在确定对各高校的资助金额，对各个学科领域的需要和发展的轻重缓急进行评估，并向联邦政府提出建议。60 年代，联邦政府为了解高校的发展趋势，组织以马丁为首的专门委员会进行调查，并发表了《马丁报告》。报告认为，在目前大学规模不可能大幅度扩大的情况下，应开辟新的高教模式——高等教育学院和技术与进修学院——来缓解大学的压力。《马丁报告》与《默里报告》遥相呼应，确立了技术教育的地位，使技术教育更贴近社会需要，使高等教育更加完整。该建议得到了政府的赞同。在政府的大力资助下，高等教育学院和技术与进修学院如雨后春笋般涌现。到 70 年代，高等教育学院达到 60 多所，技术与进修学院几近千所之多。目前，联邦政府和州政府在对各类学校的资助方面各有分工，联邦政府主要承担土著居民、移民、国际教育交流、高等教育的有关经费，并对非公立学校进行资助。而各州政府主要承担学前教育、公立中小学校以及技术与进修学院所需的经费，同时还对私立学校进行适当补助。①

　　二战后以来，澳大利亚的中小学教育更加完善，高等教育也逐渐由精英教育过渡到大众教育，教育事业呈现出空前发展的势头。这首先表现在学生注册人数和学校数量的增加。从学生注册人数上看，1951 年中小学在校生约 135 万，1964 年增加到 213 万，1974 年又增至 287 万，1984 年为 302 万，1994 年为 310 万，1999 年为 323 万。② 仅中学生就有 300 余万。大学生注册人数，1951 年时不到 5 万，1987 年为 40 万，1997 年约为 70 万。从学校数量看，1960 年全国约有 9650 所中小学，1970 年增至 10095 所；以后学校因归并在数量上有所减少，但至 1999 年仍有约 9600 所。③ 大学在二战前为 6 所，1980 年为 19 所，1996 年达到 45 所。其次，适龄人口的中学和大学入学率都有明显增长。从适龄中学生入学率来看，20 世纪 50 年代不足 50%，60、70 年代已提高到 70% 以上；从大学的入学率看，目前已达到 35%。再次，从教师数量上看，1950 年中小学教师只有 5 万名，1960 年发展到 7.4 万名，1972 年又增至 12 万名，④ 到 2000

①　Australian Bureau of Statistics, *2012 Year Book Australia*, p. 430.

②　Australian Bureau of Statistics, *2001 Year Book Australia*, p. 439.

③　Australian Bureau of Statistics, *2001 Year Book Australia*, p. 405.

④　滕大春：《外国教育通史》，山东教育出版社，1995，第 592 页。

年 5 月，教师人数达到 61.5 万名。① 最后，政府对教育的投入在不断增加，1954～1955 年至 1977～1978 年间，教育经费在国内生产总值中所占的比重由 2.4% 逐步上升到 6.3%，1984 年达到 6.5%，② 2009/2010 年度为 6.8%，而在 2010 年/2011 年度，这一比例达到了 7.1%，教育方面的投入共计 940 亿美元。③

战后，除公立学校外，教会学校也有进一步发展，它们也接受政府的财政拨款。政府对教会学校的资助为什么在 60 年代又重新恢复了呢？首先，世界各地移民的大批涌入使多元文化主义日益被人接受，东西方关系的缓和也使得澳大利亚国内的思想气氛较为宽松自由，而宗教在医治战争对人们心灵的创伤、规范社会秩序方面发挥着不可替代的作用，这些都使反天主教的情绪日趋低落。其次，战后经济的持续增长和繁荣使各阶层和各教派之间的关系大为缓和，国库的盈余使政府资助成为可能。再次，政府恢复对教会学校的资助是在 20 世纪中叶，而这时公立学校在教育方面早已占据主导地位。教会势力一落千丈，与当年早已不可同日而语。教会学校充其量只是公立学校的补充，不可能动摇公立学校的基础地位。另外，教会学校引进了世俗教育的很多做法，在许多方面更加开明，得到了更多人的认可与支持。

自 60 年代以来，教育体制日益灵活，师资状况有很大改善，社会参与教育决策的机会增多。但许多重要问题仍然存在。第一，教育要面向未来。很多人担心教育大纲不适合青少年面向未来的需要。随着失业率上升，这种担心与日俱增。第二，师资不足，教师的素质还有待提高，能够完全胜任的教师供不应求。第三，澳大利亚的人口有很多来自非英语背景的国家。既然政府高举多元文化的旗帜，那么在对这些移民及其后裔的教育问题上，应该体现出对这些民族的历史、文化尤其是语言的尊重。课程如何设置，教学如何进行？都是需要认真加以研究的问题。

---

① Australian Bureau of Statistics, *2001 Year Book Australia*, p. 403.
② 滕大春：《外国教育通史》，第 596 页。
③ Australian Bureau of Statistics, *2012 Year Book Australia*, p. 452.

二 四级教育体制

澳大利亚实行四级教育体制，即学前、初等、中等和高等教育，大致相当于我国的幼儿园、小学、中学和大学教育。

学前教育 学前教育在澳大利亚备受重视。澳大利亚联邦教育委员会在 2008 年正式确认了学前教育的重要性，提出早期的学习可能会对孩子未来的发展产生一些关键性的影响。学前教育一般由公立或私立幼儿园，以及其他儿童托管中心开展，在孩子家长自愿的基础上进行。这些机构通过开展适合儿童的游戏等活动，培养幼儿之间的交流能力，增进他们对周围环境与大自然的认识，并为他们进入小学做些准备。据澳大利亚统计局 2008 年 6 月的一份统计显示，全国 4~8 岁的儿童，有 82% 正在接受或接受过学前教育。调查显示，94% 的受过学前教育的儿童，能既快又好地适应小学的生活，而未受这方面教育的孩子，能顺利适应的比例则为 88%。[①]

小学与中学教育都属于基础教育。在这方面，澳大利亚实行以公立学校为主、以私立学校为辅的二元化办学模式。公立中小学实行免费义务教育，私立学校要收一定的学费，政府根据在校学生人数对其进行一定的资助。私立学校是宗教界、私人、社会团体开办的，以教会学校为主，而教会学校要求学生学习一定的宗教课程。私立学校必须在政府教育部门登记注册并接受监督，在教学方面必须遵循州的中小学教育方针和教学大纲，并参加州教育管理部门组织的统考。私立学校的校风校纪一般比较严格，教育质量比公立学校要高，学生大多来自中等以上收入的家庭。

在 2010 年 8 月，澳大利亚的中小学一共有 9468 所，其中公立学校为 6743 所，而非公立学校为 2725 所，非公立学校中的近 2/3 为天主教学校。在校学生总数为 351 万，其中 230 万学生在公立学校就读，121 万学生在私立学校学习。男女生比例基本平衡，每所学校学生人数在 200~

---

① Australian Bureau of Statistics, *2012 Year Book Australia*, p. 432.

500人不等。中小学教师人数约为25.1万，教师与学生比例约为1比14。① 学生基本上是男女同班，每个班大约有30~40名学生。每天上学的时间是上午9点到下午3点，大约上5个学时，中间安排约1个小时的课间休息和午餐时间。每个学年从1月下旬开学，到12月中旬结束，中间有2次休假，全年被分为3个学期，每个学期大约是14个星期。

中小学教育的教学大纲由各州教育部下设的中小学教育课程委员会制定。该委员会最初由校长和教师代表和州的督导员组成，以后又吸纳高校讲师代表、教师联合会和学科协会代表及工商界人士参加。该委员会对教学大纲提出建议，而非下达指示。各学校在遵循教学大纲的前提下，可根据社区的要求、学生的兴趣及现有师资力量，决定课程设置、选择教材和教学方法。

初等教育　儿童从6岁起，就必须到小学接受初等义务教育。初等教育学制一般为6年，前3年属非正规教育，旨在引导学生培养学习兴趣，学习识字、写字和简单的算术，掌握最基本的学习技能。从第四年级起，接受正规教育，开设的课程包括英语、算术、音乐、美术、自然、卫生和体育。在大多数学校，由一个教师担任一个班级各门功课的讲授。除课堂教育外，学校还组织许多课外活动，让他们接触和了解社会，塑造健康乐观的社会品德，培养学生的自理能力。

中等教育　学生在学完小学课程后便自动升入中学，一般是就近入学，但学生家长亦可陈述特别理由而舍近求远。中学学制一般为6年，分为两个阶段，前4年是面向全体学生的；4年级结束时，学生可自行选择就业，或继续学习。

承担普及义务教育的中学基本上都属于综合中学。在学生的培养目标上，强调发展学生领会和运用知识、选择和辨别信息的能力。在课程的编排上，强调基础课程的学习。基础课程是每一个学生都必须学习的，包括英语、数学、外语、科学和技术、人类社会与环境、艺术、健康教育与体育等。同时还开设大量的选修课，以满足学生的不同需要。这些选修课包

---

① Australian Bureau of Statistics, *2012 Year Book Australia*, p. 436.

括一些实用性强的商业科目、新技术科目、环境教育科目和社会问题科目等。各门功课均由专业教师讲授。除综合中学外，各州还根据各地的情况，开办职业性较强的中学，比如各种技校和艺术学校。职业中学开设的课程和综合中学大同小异，虽然也学习基础课程，但更侧重于培养学生的职业技能。和综合中学相比，职业中学开设的选修课程要少得多；在教学方式上，较多地运用声讯教学设备，老师上课时常取材于最新的资料，或是从报纸上剪辑的，或是从因特网上下载的。

澳大利亚实行 10 年强制性义务教育，学生学完初中课程后，参加全州统一考试。州教委通过制订大纲、参与命题和授予毕业证书对初中毕业考试施加影响，对成绩合格者颁发初中毕业证书。这是他们获得的第一张正式资格证书，在就业时能得到雇主和社会的认可。大多数学校都会开设前途教育课。该课程旨在指导学生根据自己的实际情况，决定毕业后的去向：如继续学习，应选择什么科目，报考什么学校；如想去就业，应选择什么样的职业及怎样联系工作。这类课程深受学生的欢迎。由于进入大学和高等教育学院需要第十二年级的成绩，那些打算今后能进高校深造的学生还需要学习中学五、六年级的课程。六年级结束时，学生参加全州的统一考试。这次考试旨在为高校择优录取，成绩优秀者就能圆大学梦。

高等教育 澳大利亚把中学教育之后的学校正规教育泛称为高等教育。高等教育除大学和高等教育学院的学位教育外，还包括技术与进修学院的技术与职业培训教育。

2010 年，澳大利亚在校大学生人数为 119.3 万，其中留学生为 33.5 万，本国学生为 85.7 万。在本国大学生中，女大学生的比例为 58%。在校大学生中，有 70.3% 是全日制学生，有 66.4% 属于在读本科生。2011 年，大学教师共计约 109 万人，其中在教学一线的有 48.3 万人，而教学管理与服务人员为 61.2 万人。[①] 除澳大利亚国立大学和澳大利亚海事学院外，其他大学均为州立大学。综合性大学和高等教育学院的区别在于：前者学术水平最高，更强调拓展知识领域和开展学术研究，而后者学术水

---

① Australian Bureau of Statistics, *2012 Year Book Australia*, pp. 443 – 445.

平居中，更侧重于对教师职业的培训。综合大学的学生可授予学士、硕士、博士学位，而高等教育学院的学生不一定会授予学位。技术与进修学院以职业技术教育为主，学生以攻读各种证书者居多，拿学位的较少。

大学招生往往需要中学第十二年级的成绩，职业中学的学生及其他各行各业的成人经有地位的人推荐，亦可入学试读，学生入学的年龄不受限制。大学授课一般采用小组讨论形式，注重学生的参与。

澳大利亚大学的经费主要来自联邦政府拨款，由联邦高等教育委员会确定对各个学校的资助金额。在 1974～1989 年间，大学基本不收学费；自 1989 年之后，大学实行有偿教育。大学生要付一定的教育费，而且各个专业的收费标准也不一样，专业越热门，收费标准越高。研究生教育也要实行收费。目前，澳大利亚政府推行"高等教育付款计划"，大学生在读期间，只需支付一部分学费，其余的推迟到他们获得有收入的职业时再付清。根据上述计划，他们所欠学费届时按交付个人所得税方式予以扣除。澳大利亚各大学都设有奖学金，多为学习成绩优秀者所享受。另外，大学生多勤工俭学，边念书、边打工挣学费和生活费。澳大利亚的大学不提供宿舍，大部分学生在校外租房，学生的后勤服务由社会承担。

大学实行学分制，学生修完所规定的必修课与选修课就可毕业。学习成绩分为 5 个等级：不及格、及格、中等、良好和优秀。50 分以下为不及格，50 分为及格，60～69 分为中等，70～79 分为良好，80 分以上为优秀。论文通过答辩后即可获得学位。学位分为学士、双学士、硕士和博士。学士学位的学制一般为 4 年，硕士学位的学制为 2 年，而博士学位的学制为 3～5 年。拥有学士学位的学生，只要本人愿意并联系到合适的老师，便可成为攻读研究生行列中的一员。

大学校长多属名誉头衔，通常由州长或社会名流担任，一般任期 5 年。副校长是实际的行政领导，负责主持校务委员会的日常工作。校务委员会是大学的最高权力机构，由大学各部门负责人及州教育部的代表组成，一切重要事务均须经校务委员会批准。大学的基本单位是学院和系。大学教师一般都拥有硕士、博士学位，他们的职称分为 4 级：教授、副教授、高级讲师、讲师。每个系只有一名公开招聘的教授，他们大多具有较高的学术声望。

技术与进修学院在 2010 年为 2794 所，教师共计 36.2 万人，各类进修人员约为 242 万，其中约 74% 在公立学校学习，有 54% 的学员年龄在 30 岁以下。这些学院提供的课程大致有 11 个领域，最受欢迎的包括经贸管理、工程技术、社会文化、餐饮，在这些领域进修的学员所占比例分别为 20%、17%、11% 和 10%。[①] 其他领域则包括建筑、电信、自然科学、农业与环境、卫生、教育等。技术与进修学院强调面向社会，学院与社会上各种行业保持经常性的业务联系。学院聘请各行业的专家参与课程设计，为学生上课；同时以学徒制方式让学生在各种专业岗位进行实习和培训，许多课程的考核也是在行业岗位上进行。在授课方式上，讲理论少，实际操作与技能讲得多；课堂教学少，实验室、现场教学多。学校可根据人才市场的变化和需求，随时设置和改变专业，调整各专业的招生人数。技术与进修学院毕业的学生因具备胜任相应工作岗位的能力，很受社会的青睐；学生的就业率很高，70%～80% 的人能找到理想的工作。技术与进修学院虽由各州政府管理，但文凭由联邦政府有关机构颁发。

知名高校 澳大利亚高等教育发达，位居世界前列。全国高校共 41 所，其中多所都属于世界名校。据《泰晤士报》2013 年发布的全球高校排名榜，澳大利亚有 2 所大学进入世界前 50 名，6 所大学进入世界前 100 名，8 所大学进入世界前 200 名。跻身世界 200 强之列的 8 所澳大利亚高校依次是：墨尔本大学、澳大利亚国立大学、悉尼大学、昆士兰大学、新南威尔士大学、蒙纳士大学、阿德莱德大学、西澳大学。这八所高校属于澳洲的领先研究型大学，又被称为"八校集团"。紧随"八校集团"的创新研究型大学则包括弗林德斯大学、格里菲斯大学、拉筹伯大学、麦考理大学、默多克大学和纽卡斯尔大学等高校。综合实力较强的高校还包括塔斯马尼亚大学、新英格兰大学、詹姆斯·库克大学、迪肯大学、卧龙岗大学。排名靠前的那些学校，一般都是综合性大学，它们往往建校时间早，学科门类齐全，科研经费充足，师资力量雄厚。

---

① Australian Bureau of Statistics, *2012 Year Book Australia*, pp. 439 – 440.

就学科领域而言，众多高校在不同领域各领风骚。2006 年，澳大利亚的一些学者从文（Arts & Humanities）、理（Science）、工（Engineering）、商（Business & Economics）、法（Law）、医（Medicine）、教育（Education）七大学科领域出发，依据出版物引用率、院士人数、研究经费数额、师生比例、入学成绩等指标，对澳大利亚主要大学进行了排名。结果显示，澳大利亚国立大学在文理两大学科领域高居榜首，墨尔本大学则在商科、法律、医学三大领域独占鳌头，新南威尔士大学工科实力最强，昆士兰大学则在教育领域处于领先地位。具体而言，在 2013 年进入世界前 100 强的澳大利亚高校的学科优势各自如下：墨尔本大学的文科、工科、商科、法律、医学都非常出色；澳大利亚国立大学在文科、理科和法律方面优势最为突出。悉尼大学被誉为"南半球的牛津"，在工科和法律方面有明显优势，昆士兰大学的一流学科包括工科、医学、教育学。新南威尔士大学的工科闻名全国。莫纳什大学在工科、医学方面最为有名。①

澳大利亚高校以其优质教育资源吸引了全球各地的学生。在 2011 年，澳大利亚的留学生数量仅次于美国和英国，已经达到 25 万人。留学生主要来自亚洲与环太平洋的国家和地区，占在校大学生人数的 15% ~ 25% 左右。目前，中国已成为澳大利亚最大的国际生源国。教育产业的国际化路线扩大了澳大利亚的知名度，为该国带来了丰厚的经济回报，但在一定程度上也导致了该国高等教育质量的下滑。

三　先进的远程教育

澳大利亚的人口主要集中在沿海各城市，仅约 15% 的人居住在广袤的内陆地区。这些地区人烟稀少，相邻居民点之间的距离往往在几十甚至几百公里以上。对那里的孩子来说，他们不可能到离家很远的地方去求学。为解决这个问题，澳大利亚政府大力发展远程教育。最初，远程教育采用邮寄学习资料的方式。随着通讯技术的进步，澳大利亚政府有关

---

① 张世专：《澳大利亚大学各领风骚》，《世界教育信息》2007 年第 2 期。

部门通过空中电波或电脑网络为住在边远地区的儿童授课。远程教育在澳大利亚起步早，发展快，成效明显。它的形式日臻完善，并为许多国家所借鉴。

实施远程教育，需要有现代化的教学通讯设备，包括无线电对讲机、电话、传真机、电脑、电视等。无线电对讲系统是老师传授知识的主要工具，由于它覆盖全州，老师可通过它向某个学生提问，而他们在交谈时，其他学生都能听到。它使老师与学生之间、学生与学生之间有一种"天涯若比邻"的感觉。通过电话，老师可以为学生答疑解惑，向家长了解学生的学习情况。通过传真机，老师可以布置作业，学生也可将作业交给老师批改。随着因特网的应用与普及，可以预料，远程教育将会更加便捷和富有成效。在以上设备中，除电话和传真机需自备外，其他教学设施都由政府提供，电话费也由政府承担。远程教育和普通教育一样，分为初等、中等和高等教育三个层次，教学时遵循公立学校的教学大纲，开设一般的基础课，但教材更注重图文并茂、生动有趣，以便于学生自学。老师对学生的表现和成绩要记录在案，作为将来评分的依据，成绩合格者将发给各类证书。为了让这些学生体会全日制学校的生活，一般在每学期都会安排他们在全日制公立学校接受短期的面授教育。目前，澳大利亚各州均设立了一所覆盖全州的空中小学、空中中学及技术与进修学院，因此也不会产生资源浪费。自 20 世纪 60 年代以来，澳大利亚的许多高校开始尝试远程教育，并积累了许多成功经验。在 80 年代后期，澳大利亚兴起了一股高校合并风，有的规模较小的学校为了生存，大张旗鼓地推行远程教育，力争保持较多的注册学生人数以获取政府的资助。远程教育目前在澳大利亚正方兴未艾。

第二节　发达的科学技术

一　现行的科技体制

澳大利亚科技体制有两个特点。其一是研发以企业和高校机构为主。

就研发资金投入和研发人数而言，企业和高校都发挥主导作用，而政府则通过经费资助和税收减免，促进科技发展，引导科技为国民经济发展服务。2008/2009 年度，澳大利亚用于研发的总投入约为 281.5 亿美元，较2006/2007 年度增加了 29%。全国研发人员共计 13.6 万。企业和高校的投入占绝大多数，企业为 172.6 亿美元，高校为 67.2 亿美元，而政府的投入仅为 34.2 亿美元。[①]其二是科研机构的多元化和多样性。科研机构数目繁多，它们彼此独立，互不隶属，大体上可分为如下四类：政府所属科研机构、高校科研机构、企业科研机构和私人的非营利科研机构。

政府所属科研机构　澳大利亚联邦政府各部都设有相应的研究机构。工商技术部下设联邦科学与工业研究组织、核科技组织、海洋科学研究所、空间局、专利商标设计局、工业研究与发展局等；国防部下设国防科学技术组织；社会服务和卫生部下设联邦健康和福利研究所和联邦血清实验室；初级产品能源部下设矿产资源局、羊毛研究与发展理事会，以及澳大利亚肉类、牲畜研究与发展公司等；行政服务部设有联邦气象局；艺术、体育、环境与旅游部设有南极研究中心。

特别值得一提的是联邦科学与工业研究组织（CSIRO）。它是澳大利亚最大的国立科研机构，根据 1949 年的《科学与工业研究法案》建立，其前身是 1926 年成立的科学与工业研究委员会。它的研究范围现已拓展到除国防、临床医学、核工业以外的全部领域，成为世界上研究门类最齐全的科研机构之一。该组织拥有数千名专业科技人员。该研究组织总部设在首都堪培拉，其研究项目紧密结合国家发展战略和经济建设的需要，以"战略性研究"为指导原则，研究重点集中在以下几个领域：生物工程技术、电子计算机和电讯技术、新材料技术、空间技术、海洋工程。该机构有点类似于我国的工程科学院。

在 2008 年度，政府投入的研发资金为 34.2 亿美元，研发人员为17042 人。政府研发投入占当年 GDP 的 0.27%。维多利亚州和新南威尔士州所占的比重为政府总研发投入的 47%。政府研发资金的 56% 用于应

---

① Australian Bureau of Statistics, *2012 Year Book Australia*, p. 700.

用研究，26% 用于战略基础研究。就投入的专业领域而言，工程科学占 18%，农学和兽医学占 16%，医疗健康占 13%。

企业科研机构　澳大利亚有众多知名的企业。部分规模巨大、资金雄厚的大公司，如澳大利亚纽克利尔集团（The Nucleus Group），就设有自己的研究所。它是一家专业研究、开发、制造和销售优质医疗保健设备的公司。该公司推出的产品，比如埋入式心脏起搏器、超声诊断设备、仿生耳等畅销全球。另外还有众多规模不等的公司则以行业为单位，共同捐资兴建研究联合会，从事本行业有关课题的研究与开发，比如澳大利亚煤炭研究实验室、澳大利亚全国动物卫生实验室、科林斯维尔牧场高技术配种研究中心等。

在 2009/2010 年，企业研发人员为 57457 人，较上一年度增加了 6%，投入为 166.9 亿美元，较上一年度减少了 3%。[1] 制造业、采矿业、金融保险业、科技服务部门的投入占研发投入的 78%，其所占份额依次为 25%、22%、16% 和 15%。[2] 雇员在 200 人以上的大企业在研发方面的投入最多，占企业总投入的 69%，另外 19% 则来自雇员在 20～199 人之间的中型企业。就全国而言，新南威尔士州和维多利亚州在企业研发方面的投入最多，其占总额的比例分别为 37% 和 22%。[3] 就企业研发投入的类别来看，60% 为试验性开发，35% 为应用研究，而基础研究的比例最低。[4] 就投入的专业领域而言，工程、信息和计算机科学占企业研发总投入的 80% 以上。企业研发方面的投入占 GDP 的比例偏低，在 2009/2010 年度仅为 1.30%。[5]

高校科研机构　高校科研机构是澳大利亚科研机构的重要组成部分。高校依赖雄厚的师资和先进的设备，除为国家培养输送人才外，还承担着大量的科研任务。各学校的科研经费基本上来自联邦政府拨款。在 2008

---

[1]　Australian Bureau of Statistics, *2012 Year Book Australia*, p. 701.

[2]　Australian Bureau of Statistics, *2012 Year Book Australia*, p. 701.

[3]　Australian Bureau of Statistics, *2012 Year Book Australia*, p. 704.

[4]　Australian Bureau of Statistics, *2012 Year Book Australia*, p. 705.

[5]　Australian Bureau of Statistics, *2012 Year Book Australia*, p. 705.

年度，高校的研发投入为 67.2 亿美元，研发人员为 61310 人，其中博士生和科研人员所占比例分别为 56% 和 31%。2008 年，高校研发投入占 GDP 的 0.53%。新南威尔士、维多利亚、昆士兰三州的高校，在研发方面的投入分别为 20.2 亿美元、17.6 亿美元和 10.6 亿美元，占全国高校研发总投入的 72%。高校研发资金的 41% 用于应用研究，29% 用于纯基础研究，21% 用于战略基础研究，另外 9% 用于试验性开发。就投入的专业领域而言，医疗健康方面的研发投入占 31%，生物科学占 10.3%，工程科学占不到 10%。

私人非营利科研机构 非营利部门在研发方面也有一定的投入，起辅助性作用。在 2008 年度，非营利部门投入的研发资金为 7.44 亿美元，研发人员为 4788 人。维多利亚州和新南威尔士州在非营利部门总研发投入中所占的比重分别为 54% 和 35%。当年，非营利部门研发资金的 35% 用于应用研究，33% 用于战略基础研究，22% 用于试验性开发。就投入的专业领域而言，医疗健康占 75%，而生物科学占 16%。[1] 比较知名的如位于墨尔本市的沃尔特·伊莱扎·霍尔医学研究所（The Walter and Eliza Hall Institute of Medical Research）、悉尼市的路德维格癌症研究所。[2]

二 "科技兴国"战略

澳大利亚联邦从英国殖民地跻身于世界强国，它的繁荣与进步在很大程度上是由于科技的推动。在当代，随着信息革命的飞速发展，澳政府已日益意识到科技创新的价值。为保持本国的科技优势，澳大利亚政府确立了科技立国战略，出台了一系列加速科技发展的政策与措施。

第一，增加科研经费的投入。澳大利亚政府认识到，科研经费不足是制约科技发展的一个瓶颈，而加大科研投资，在相当程度上可以改善科研人员的工作和生活环境，提高国家的技术创新和国际竞争力，增强本国的综合国力。澳大利亚政府资助的重点是那些不能直接进行商业应用，而私

---

[1] Australian Bureau of Statistics, *2012 Year Book Australia*, pp. 707 - 708.

[2] 骆以清：《访澳纪实》，第 176 页。

人企业又不愿冒风险的长期的研究项目。澳大利亚政府对科技的投入稳定增长，从 2000/2001 年度的 23.6 亿美元增加到 2008/2009 年度的 34.2 亿美元。[①] 2008 年，澳大利亚政府用于研究与开发的费用约为国民生产总值的 0.27%，这个比例比经济合作与发展组织的许多国家要低，比如美国为 0.29%，法国为 0.33%。[②]

第二，鼓励工业部门向研究和开发方面投资。在研究与开发方面，澳政府的投资一直占主导地位，特别是 1968/1969 年度到 1981/1982 年度，在政府投资大幅度上升时，企业的投资却呈下降趋势。与经济合作与发展组织的许多国家相比，澳大利亚企业对科研的投资比例要低很多。企业界这种坐享其成、不图进取的状况让澳政府忧心忡忡。为鼓励企业投资，澳政府规定，从 1985 年 7 月起，投资于技术创新的企业可享有 150% 的减税优惠，也就是说，企业每用于技术创新的投资达 100 万元，政府将减少其 150 万元的税收。企业不断投资，就可不断减税，同时还能逐步提高产品的科技含量，增加企业的竞争力。该政策极大地调动了企业的积极性，自实行以来，享受减免税的企业数量越来越多，企业提供的科研经费从 2005/2006 年度的 104 亿美元增加到 2009/2010 年度的 169 亿美元。[③] 2009 年，企业研发投入占 GDP 的比例为 1.3%。该比例在日本为 2.55%，在德国为 1.88%。[④]

第三，鼓励科研机构与企业横向联合，加速科技成果的应用与转化。为适应经济全球化趋势，澳大利亚政府逐步取消关税，置企业于激烈的国际竞争的环境下，引导企业积极从事技术改造和提高管理水平。同时政府要求许多国立科研机构自筹 30% 的科研经费，将科研机构推向市场，强调科研机构的研究项目与企业的技术更新挂钩，在为企业带来经济效益的同时，也获得企业追加的科研经费。由于澳科技体制具有多元独立的特点，澳政府成立了专门机构——科学与技术协调委员会，为科企联姻牵线

① Australian Bureau of Statistics, *2012 Year Book Australia*, p. 700.
② Australian Bureau of Statistics, *2012 Year Book Australia*, p. 712.
③ Australian Bureau of Statistics, *2012 Year Book Australia*, p. 701.
④ Australian Bureau of Statistics, *2012 Year Book Australia*, p. 711.

搭桥。目前，澳大利亚成立了许多联合研究中心，由科研院所、大学和企业组成科研开发机构。每个中心选定一项有基础成果、有广泛工业应用前景的技术项目作为攻关课题，指定一两个重点实验室作牵头单位，联系国内专家，争取企业赞助，在短时间内就能取得突破性成果，然后由企业将其投入商业运营。这就使技术的开发、应用与传播能够紧密结合，形成一个有机整体。科企之间建立的这种利益与风险共担、互惠互利的合作关系，为澳大利亚科技、经济一体化发展闯出一条新路，在许多方面已陆续收到明显的实效。

第四，加强科技管理，提供科技咨询。由于澳大利亚科研体制具有多元化和多样性的特点，因此加强科技管理的重要性是不言而喻的。它既能协调各种科研力量，避免科研机构和科研课题的大量重复，力争使有限的资源发挥最大的效能，又能加强科企联系，为科技成果的推广应用创造条件。澳大利亚在科技管理方面积累了许多可资借鉴的经验。在确定科研优先领域时，依据课题的潜在效益与可行性程度绘制申请课题的坐标图。该方法可避免因经费投入不当而导致的损失，而且实施过程简单，表现形式直观，适用范围广泛，可供我国的科技管理部门参考。由于科技已渗透到社会生活的各个领域，领导者的个人经验、智慧已不敷应对各种综合性决策，科技咨询早已成为领导者决策科学化不可或缺的重要环节。科技咨询使领导者做到兼听则明，避免出现大的失误；它又能使领导者集思广益，科学合理地进行决策。科技咨询由各种专业委员会承担，每个委员要有足够的科学素养、专业威望和广阔的视野。委员会完全独立地从事咨询工作，只对自己的报告负责，不需唯领导者马首是瞻，唯其如此，才能得出客观的结论，才能对领导者起到兼听或补足的作用。咨询的程序一般为：领导者向咨询委员会提出咨询事项，咨询委员会成立咨询小组，广泛收集各种资料，进行分析论证，提出研究报告草案，交由咨询委员会审议后，提交正式咨询报告。澳大利亚科学技术委员会是全国最高的科技咨询机构。

第五，从国外引进人才，开展国际科技交流。在20世纪90年代，澳大利亚从国外引进的科研人员约为3万多名。澳大利亚的许多先进技术都是从国外，特别是美国、日本和欧洲引进的。同时，澳大利亚通过放宽对外资投资的限制，采取优惠政策，鼓励外国高新技术到澳大利亚安家落户。澳大利亚目前已和美国、德国、日本、俄罗斯、中国、印度、墨西哥、马来西亚等许多国家签订双边科技协定，积极开展国际科技交流与合作。其主要方式包括人员培训、科学家互访、交换留学生、举办国际会议、合作研究等。自1980年5月中澳两国签订科技协定后，两国许多不同的科研团体相继建立了科技联系，中澳间的科技文化交流正向前发展。

三 杰出的科技成就

澳大利亚的科学技术在国际上享有一定的声誉，它在农牧业和采矿业方面的科技成就处于领先地位，并在地球和环境科学、生物和医药研究等方面有很强的国际竞争优势。

澳大利亚在地球和环境科学方面的优势，是与澳大利亚最初以农牧业和采矿业立国有直接联系。澳大利亚科学家在运用生物技术，培育动植物新品种方面具有很高的水平。在20世纪上半叶，威廉·法勒（William Farrer）培育了多个抗病虫害的小麦品种。澳大利亚还研制出一种名为"limit"的喷雾型牧草调节剂。它可根据需要抑制和延迟牧草的生长发育，便于科学合理地轮作、轮牧。澳大利亚在畜牧业的应用研究，尤其是绵羊毛质量改进、动物疾病防治、家畜繁殖方面取得了很多成果。迪克·托马斯（Dick Thomas）发现了牛羊钴缺乏症及其治疗办法，牛结核疫苗也是澳大利亚科学家发明的。从20世纪40年代起，通过几代科学家的努力，他们发现可利用豆科植物的固氮机制来增加土壤中氮的含量。为了提高牧场的载畜量，澳大利亚非常重视对牧草资源的研究，为控制兔子数量，避免破坏牧场草地，澳大利亚科学家研制出一种"Alicia"病毒，兔子相互感染后成批死亡，从而使羊毛和牛羊肉的产量增加了10%以上。[①] 为提高羊毛产量，澳大利亚建立了几个高技术配种中心，其中之一是南澳州中部科林斯维尔牧场高技术配种中心。该中心采用冷冻精液技术进行人工授

---

① 洪丕柱：《南十字星空下》，复旦大学出版社，1997，第41页。

精，通过胚胎移植培育优良品种。培育出的新一代美利奴羊身高体壮，肉瘦毛长，每只羊年产羊毛 23 公斤，较过去提高了两倍多。

澳大利亚在冶金科技的研发方面位居世界前列。澳大利亚科学家在 20 世纪 20 年代发明的矿石浮选法是一大贡献，被一直沿用至今。它利用地球物理重力法和航磁法进行地质测绘和调查，显著地提高了样品的地球化学分析精度。1952 年，艾伦·沃尔什爵士（Sir Alan Walsh）发明了原子吸收分光光度计，这种仪器能快速分析矿石中所含元素化学成分。澳大利亚科学家运用电磁技术和遥感技术，还研制出携式分析器、连续分析仪等多种精密仪器。[①] 另外，赛罗熔炼技术和艾萨熔炼技术也都是澳大利亚引以为豪的发明，开辟了有色金属生产的新途径，明显地降低金属冶炼的成本，提高了资源的利用率。

澳大利亚的天文学在世界上居于前列。20 世纪 30 年代，澳大利亚科学家乔·波斯创立了射电天文学，它预示着天文学发展新时代的到来。1961 年，澳科学家研制出一台 64 厘米孔径的"帕克斯"大型射电望远镜。研究人员利用该望远镜观测到了类星体、脉冲星、星系、矮星和巨星。这架望远镜对星际分子化合物的探测以及对美国阿波罗航天计划的成功实施作出了重大贡献。[②] 在新南威尔士州纳拉布里（Narrabri）附近安装了由 96 个碟形天线组成的射电—光谱—太阳摄像仪，可随太阳运行自动调整方向，用于拍摄太阳的日冕光环，将所摄图像进行分析，可提醒宇航员注意来自太阳的高能质子流。1988 年，澳大利亚在庆祝英国首批移民抵澳 200 周年之际，建成了名为"恒星实验室"的卫星望远镜。它是由 7 个直径 22 米的射电天线和一个直径 64 米的射电天线组成的大型移动式射电天文望远镜天线阵，可对宇宙进行前所未有的精细观测和绘制。

澳大利亚在医学和生物医药研究方面享誉全球，对乳腺癌、黑瘤防治、不孕症、糖尿病，抗流感药物、生物耳的研究取得多项国际重大成

---

① Australian Bureau of Statistics, *2001 Year Book Australia*, p. 877.

② 梁占平编《各国科技要览——40 个国家的科学技术》，第 970 页。

果。1945 年，弗洛里·霍华德·瓦尔特因与他人合作研制出青霉素而被授予诺贝尔医学奖。伯内特·富兰克·麦克法兰发明了在鸡蛋中培养病毒的方法，他由于在免疫学方面的杰出成就，在 1960 年获诺贝尔医学奖。1963 年埃克尔斯·卡鲁爵士因在神经生理学方面的成就也获此殊荣。1975 年，约翰·康福思因在生物结构研究方面的突出成绩，而与他人分享了诺贝尔奖。彼得·多尔蒂博士因在生理学和医学方面的成就于 1996年获得诺贝尔奖。在免疫学方面，墨尔本的霍尔医学院和堪培拉的约翰·柯廷医学院研究所名闻遐迩。霍尔医学院研制出白细胞生长激素，它能阻止血液中白细胞的减少，加速白细胞增生，增强人体的免疫力。该院还攻克了世界医学史上的难题，在培育疟疾疫苗方面取得了重大进展，为疟疾患者带来了福音。约翰·柯廷医学院的科学家从真菌中分离出胶离素。胶离素在器官移植中能有效降低和消除排异反应，为解决免疫系统的一些疑难病症开辟了新的门径。该所还成功地从老鼠细胞中分离出白细胞生长因子——"白细胞间溶菌素 - 3"——的基因，它是遗传工程研究方面的一个重大突破，将使人类对白血病的病理认识和治疗获得重大进展。澳大利亚在生物医学方面硕果累累，其重要成果还包括：人类两性避孕药荷尔蒙抑制素、减轻妇女分娩痛苦的荷尔蒙松弛素、口服霍乱疫苗、乙型肝炎疫苗等。格雷厄姆·克拉克教授研制了仿生耳，通过电流重新唤醒深度休眠的听觉神经。已故弗雷德·霍洛斯博士研制成功价格低廉的角膜替代品可用来治愈常见的各种失明症。

第三节　文坛巡礼

澳大利亚是一个年轻的国家，其文学发展可以划分为 4 个阶段：殖民主义时期文学（1788 ~ 1888 年）、民族主义运动时期文学（1889 ~ 1913年）、两次世界大战时期文学（1914 ~ 1945 年）、当代文学（1946 年至今）。[①]

---

① 黄源深：《澳大利亚文学史》，上海外语教育出版社，1997，第 9 页。

一 小说

殖民时期 这一时期的文学属于移民文学，由包括流放犯及自由移民在内的移民创作，反映他们当时在澳大利亚的生活。在这一时期的最初50年内，澳大利亚没有出现传世之作。很多作品是为了满足英国读者对新大陆的好奇心，实际上是"变相的游记"，记录了澳大利亚的山川地理，反映了早期殖民地人民的生活。在殖民主义时期的后半个世纪里，澳大利亚兴起了移民文学，其作者大多为英国移民，主要反映移民在澳大利亚筚路蓝缕、胼手胝足的生活经历；在很大程度上，它因袭了英国作家的创作模式，而没有表现出澳洲文学的特色。这一时期小说家的主要代表有亨利·金斯利（Henry Kingsly，1830－1876）、马库斯·克拉克（Marcus Clarke，1846－1881）、罗尔夫·博尔特沃德（Rolf Boldrewood，1826－1915）。

金斯利的代表作是《杰弗利·哈姆特的回忆》（*The Recollections of Geoffery Hamlyn*，1859）。这部小说描写了英国上流社会人士移居澳大利亚后的田园生活，及其发迹并荣归故里的过程。克拉克则创作了一部以犯人生活为题材的长篇小说《无期徒刑》（*For the Term of His Natural Life*，1870－1872）。这部小说着力渲染了由"流放制度"所引起的人类恐慌。博尔特沃德以《武装行劫》（Robbery Under Arms）这一小说著称于世。该书描写了一帮丛林强盗在淘金时代的冒险故事，准确地描绘了19世纪下半叶澳大利亚社会形态的变化。

民族主义运动时期 19世纪90年代，澳大利亚民族主义运动风起云涌，这一时期的澳大利亚文学也打上了时代的烙印，从英国文学的影响中独立出来。这一时期文学的发展得益于《公报》（*Bulletin*）杂志的引导，它鼓励每个公民为创立真正的澳大利亚文学而努力。这一时期的文学无论内容、形式及技巧都较殖民地时期的小说有所突破。它以丛林小说居多，亦有描绘早期城市生活的作品，并且笔调幽默，叙事亲切；同时吸取了澳大利亚民间文艺的特色，写作风格简练直率，恰当运用方言，不过分铺陈，不卖弄悬念，以质朴感情取胜。

亨利·劳森（Henry Lawson，1867－1922）是民族文学的主要奠基人。他创作了 300 多个短篇小说。《赶牲畜人的妻子》《告诉贝克夫人》和《带炸药的狗》等名篇，堪称澳大利亚文学中夺目的明珠。劳森笔下的人物多是生活中的普通人，他的作品中有大量反映丛林生活和赞颂伙伴情谊的篇目。他还写了一些鞭笞资产阶级伪善、揭露城市生活罪恶的短篇。这些作品从各个方面入手，为读者描绘了 19 世纪末 20 世纪初澳大利亚民族运动的恢弘背景，可以说了解了亨利·劳森的作品，就了解了澳大利亚民族文学。

除亨利·劳森外，这一时期的重要作家还有约瑟夫·弗菲（Joseph Furphy，1843－1912）、斯蒂尔·拉德（Steele Rudd，1868－1935）、路易斯·斯通（Louis Stone，1817－1935）。约瑟夫·弗菲的代表作《人生就是如此》（*Such Is Life*，1903）讲述了一系列丛林地区的故事，在看似平淡的叙述背后，蕴藏着深奥的哲理；在反映生活的同时，也在探讨生活的意义。斯蒂尔·拉德的代表作《在选地上》（*On Our Selection*，1899）成功地刻画了澳大利亚早期定居者的形象，展现了当时的社会风貌。路易斯·斯通的代表作是《乔纳》（*Jonah*，1911），这部小说成功地描绘了一个狡诈、冷酷、投机的新兴资本家的形象，真实地反映了澳大利亚资本主义的萌芽和成长。小说的象征意义使其底蕴陡然加深，给人以滴水见世界的睿智与深度。

两次世界大战时期　这一时期是长篇小说的鼎盛时期。之所以出现这一现象有以下原因：首先是《公报》杂志强有力的文学倡导，它一方面加强了长篇小说创作的群众基础，同时也扩大了小说读者的范围。其次，经济的发展促使读者文化水平的提高，国民素质的提高在客观上为长篇小说的繁荣创造了条件。另外，海外读者尤其是英美两国的读者对澳大利亚兴趣的提高，从客观上刺激了长篇小说的发展。这一时期文学创作描写的重点仍然是农村和丛林，但内容更广阔，遍涉生活的各个层面和每一类社会成员。小说的表达方式也更多样，包括历史小说、传奇小说、家世小说、流浪汉小说、纪实小说等。对丛林人生活的描写也开始超越白手起家创业的艰难，转而着重描写丛林人在资本主义生产方式入侵之下，如何恋恋不舍、于心不甘地失去独立性，并以重彩描摹他们不懈而无奈的抗争。这一时期小说大有百花齐放、百家争鸣的繁荣景象，但在创作技巧上，是以动作和对话描写见长，细节刻画逼真。

现实主义文学成为这一时期的文学主流，代表作家有克里斯蒂娜·斯特德（Christina Stead，1902－1983）、泽维尔·赫伯特（Xavier Herbert，1901－1984）、凯瑟琳·苏姗娜·普里查德（Katharine Susannah Prichard，1883－1969）等。斯特德的代表作《热爱孩子的男人》，描写了一个充满混乱、矛盾重重的家庭，反映了现代西方社会婚姻家庭所面临的危机。赫伯特的《卡普里康尼亚》是一部划时代的作品，这部小说讲述了主人公诺曼（Norman）的人生悲剧；对白人的生活放荡、教会的虚伪和种族歧视的危害等进行了无情的揭露。普里查德在她的多部作品中描写了劳苦大众的生活和斗争，揭示了现代资本主义的扩张对和谐乡村社会的破坏。

这一时期最有影响的非主流文学作家首推亨利·汉德尔·理查森（Henry Handel Richardson，1870－1946）。她的代表作《理查德·麦昂尼的命运》（*Fortunes of Richard Mahony*，1930）是一部三部曲合集。三部曲分别是《幸福的澳大利亚》（*Australia Felix*，1917）、《归途》（*The Way Home*，1925）及《最后的归宿》（*Ultima Thule*，1929）。这部小说有着强烈的现实主义风格，它以19世纪后期维多利亚时代的社会文化为背景，深刻而精辟地刻画出一个失败移民的形象。

当代 二战以后，澳大利亚流传的现实主义小说受到了怀特（Patrick White，1912－1990）派小说与新派小说的挑战。三派小说各自雄踞一方，在澳大利亚文坛上成鼎足之势。战后澳大利亚文坛的空前繁荣，给人以眼花缭乱之感。优秀著作目不暇接，有以下几个共同点：首先，它们在内容和形式上都与国际接轨，这使得非传统流派小说仅能从作品中的澳大利亚地名来标明作者的澳大利亚出身，他们的写作技巧已完全融入世界潮流之中。其次，小说的题材与表现方式越来越多样化。小说反映的题材不再围于创业、谋生，而是把创作的笔触伸向社会的各个行业、层面。表现方式也愈加多种多样，有象征手法，也有融汇绘画艺术来表现小说意境的，有夸张手法，也有用幻觉梦境映衬现实生活的，不一而足。另外，当代小说淡化了情节，增强了诗意，却降低了可读性。这一特点尤以非传统派小说为甚。

帕特里克·怀特是澳大利亚的文学巨匠，1973 年获诺贝尔文学奖。在近半个世纪的创作生涯中，他出版了 20 部作品，其中包括 11 部小说。怀特于 1955 年出版的《人类之树》（*The Tree of Man*，1955），为他赢得了国际声誉。他的代表作是 1957 年出版的《沃斯》（*Voss*）。这部小说讲述了德国探险家在 19 世纪中叶率领探险队试图横跨澳洲大陆的壮举，这是一部用诗化的笔触描写的哲理化小说，对英雄主义进行了新的探讨；其字里行间闪现的对现代社会中信仰匮乏的忧虑。怀特的小说气势恢弘，充满想象力，他笔下的主要人物往往与社会多少有些格格不入。另外，他的作品采用诗一般优美的叙事方法，充满哲理，故事性不强。

在这一时期，新派小说以其不羁的风格而为人瞩目。新派小说以亦梦亦幻的超现实主义手法表露对世界的印象，或以一种现代寓言的方式表达他们对社会的反思，开始赤裸裸地对性和吸毒加以表现。其主要代表作家是彼得·凯里（Peter Carey，1943 - ），他因《奥斯卡和露辛达》（*Oscar and Lucinda*，1988）而饮誉文坛。这部长篇小说讲述了一个离奇凄美的爱情故事，将对 19 世纪的文化批判和对 20 世纪人性危机的刻画有机地糅合在一起。特别值得一提的是科林·麦卡洛（Colleen McCullough，1937 - ）的《荆棘鸟》（*Thorn Birds*，1977）。这部小说被翻译成包括中文在内的 20 多种文字在世界各地出版，成为风靡全球的"国际畅销小说"。这部作品以女主人公梅吉与神父拉尔夫的爱情纠葛为主线，描写了克利里一家三代人的故事，揭示了文化束缚与人性自由之间难以调和的矛盾。在 20 世纪 80、90 年代，澳大利亚文坛上涌现出一批引人注目的作家，最有代表性的包括伊丽莎白·乔利（Elizabeth Jolley，1923 - ）、戴维·马洛夫（David Malouf，1934 - ）、亚历克斯·米勒（Alex Miller，1936 - ）。乔利以《斯科比先生之谜》（*Mr. Scooby's Riddle*，1983）著称于世。马洛夫的代表作《约翰诺》（*Johns*，1975）塑造了一个个英雄主义的不羁形象，重在突出人类的内在的与外在的冲突。米勒的《祖先游戏》（*The Ancestor Game*，1992）以华人移民先后四代人定居澳大利亚的故事为主线，展现了人类的"祖先情绪"那种难以割舍的亲情和难以摆脱的束缚。总的来看，多元文化主义在澳大利亚当前的文学创作中影响明显。

二　诗歌

澳大利亚的第一部诗作是罗伦·费尔德（Rarron Field，1786－1846）的《澳大利亚诗歌最初的果实》（*First Fruits of Australian Poetry*，1819）。费尔德是新南威尔士州高等法庭法官，他的这部诗集所代表的是移民诗歌。而澳大利亚真正的严肃诗歌应该从查尔斯·哈珀（Charles Harpur，1813－1868）算起。他的诗歌从内容到形式涉及范围很广，包括爱情诗、风景诗、叙事诗、讽刺诗等。他的风景诗以刻画细致、描写准确见长，为读者描摹出澳洲令人神往的美丽风光。

在殖民时期，亨利·肯德尔（Henry Kendall，1839－1882）是一位多产而穷困的抒情诗人，他笔触细腻柔和，流畅而甜蜜，有一股动人的魅力。他的诗作《钟鸟》（*Bell-Birds*）在澳大利亚广为流传。

亚当·林赛·戈登（Adam Lindsay Gordon，1833－1870）是殖民时期另一位著名诗人。他的诗以描写丛林人生活为主，在英国和澳大利亚本土都相当知名，尤以《生病的牧马人》（*The Sick Stockridder*）一诗最为脍炙人口。他的作品对后来丛林歌谣的兴盛有较大的影响

民族主义运动时期的诗歌在丛林民谣的基础有了长足的发展。这一时期诗歌的代表人物有亨利·劳森和安德鲁·巴顿·佩特森（Andrew Barton Paterson，1864－1941）。劳森在短篇小说获得巨大成就的同时能在诗坛留下《在海阔天空的日子里》（*In the Days When the World was Wide and Other Verses*，1896）和《通俗及幽默诗集》（*Verses*，*Popular and Humorous*，1900）等广为传颂的诗集，令人刮目相看。而佩特森的诗集有《雪河来客》（*The Man from Snowy River*，*and Other Verses*，1995）和《带着行囊去流浪》（*Waltzing Matilda*）。《带着行囊去流浪》一诗被谱曲后广为传颂，而

《雪河来客》也被称为"澳大利亚的国诗"。

两次世界大战时期的诗歌发展处于探索阶段，未曾出现有代表性的诗人及流派，只出现了较为知名的转型期诗人肯尼思·斯莱塞（Kenneth Slessor，1901 – 1971），以《论记忆》（*Essay on Memory*）一诗成名的罗伯特·菲茨杰拉德（Robert D. Fitzgerald，1902 – 1987）。斯莱塞通过描写死亡和生命的徒劳，反映有限人生对于无限时空的无奈，流露出"虚无主义"的倾向。他的诗作技巧十分巧妙，节奏和韵律掌握得很好。菲茨杰拉德的诗经常表达一些深奥晦涩的哲学观点，因而显得异常深刻。

执当代诗坛牛耳的诗人 A. D. 霍普（A. D. Hop，1907 –   ），以其深邃、理智、含蓄而著称，并以其博学而被称作学者诗人。他的诗博采众家之所长，以传统诗为主，并兼有讽刺诗、民谣体、通俗体的痕迹，主要作品有《漂流的岛屿》（*The Wandering Island*，1955）及几部诗集和诗选，著名诗作有《喀耳刻》（*Circe*）、《行路者》（*The Walker*）、《澳大利亚》（*Australia*）、《飞鸟之死》（*The Death of the Bird*）等。

田园诗人戴维·坎贝尔（David Campbell，1915 – 1979）在战后诗坛上异峰突起。他以《与太阳对话》（*Speak With the Sun*，1949）、《墨凉山奇观》（*The Miracle of Mullion Hill*，1956）等诗作传世。他的诗作《哈里·皮尔斯》（*Harry Pearce*）中塑造的老哈里的形象也成为澳大利亚经典形象之一。

在 20 世纪六七十年代，澳大利亚诗坛兴起了"新诗歌运动"。参加者多亲历过战后学生运动和社会运动，主张诗歌的国际化而非本土化，倡导运用幻想和超现实主义手法，反映现代人的观念和生活方式。新诗歌运动虽然历时不长，但意义非凡。它使诗歌贴近民众和现实生活，为诗界创造了活跃的气氛，促进了澳大利亚诗歌的多元发展。

在当今诗坛，莱斯·默里（Les Murray，1938 –   ）和布鲁斯·道（Bruce Dawe，1970 –   ）是公认的两颗巨星。默里把田园生活作为讴歌的对象，表达了公众逃离城市、返璞归真的愿望。布鲁斯·道的诗歌表达了对现实社会和平民百姓的关注，他善于刻画细节，生动地呈现现实生活的感人场面。

三 戏剧

澳大利亚早期的戏剧发展十分缓慢，在从 1788 年流放犯登陆的那一年起的 200 多年时间里，只有为数不多的剧目上演。戴维·伯恩（David Burn，1799－1875）被称为澳大利亚第一位剧作家，他于 1829 年创作了传奇剧作《丛林强盗》（*The Bush Rangers*），但当时这部戏剧只在英国的爱丁堡上演。这部戏之所以被称作第一部澳大利亚剧作，是因为它是根据作者在澳大利亚塔斯马尼亚殖民区的生活经历创作，而不同于那些英国剧作家东抄西抄地写关于澳大利亚的剧本。这部戏由于过多地渲染塔斯马尼亚殖民区官僚集团和自由移民之间的斗争，并倾向于自由移民的利益，而未曾获准公演，直到 1971 年才在澳大利亚上演。

接下来较有影响的剧作家是爱德华·盖根（Edward Geoghegan，1813－?），他的代表作轻喜剧《本地女子》于 1844 年在悉尼的维多利亚皇家剧院上演。该剧刚一上演便大受观众青睐，但批评界指责其为剽窃之作，这一冤案直到 20 世纪 60 年代才为学界平反。他的另一部力作《爱尔兰之父》，描写了身为戈尔韦郡典狱长的一个爱尔兰人，不得不判处犯有谋杀罪的儿子以死刑，并亲自执行处决。作品着重刻画了典狱长的矛盾心理，将悲剧高潮集中在主人公徇私与秉公的内心斗争上。

19 世纪 70 年代是澳大利亚戏剧飞速发展的年代。R. C. 霍普金斯在英、美等国当时流行剧作的影响下创作了《一切为了金子》（*All for Gold*）和《钞票五千万》（*Fifty Millions of Money*），受到了观众的喜爱。值得一提的还有乔治·达雷尔（George Darrell），他较之霍普金斯在澳大利亚风格剧作上有更大的突破，创作了带来滚滚财源的"淘金剧"——《阳光灿烂的南方》（*The Sunny South*，1883）。

到了 20 世纪，成就最大的剧作家是路易斯·埃森，他在 1922 年发起了名为"演员先驱"的业余戏剧演出团体，致力于发展具有澳大利亚特色的戏剧事业。他的代表作《时机尚未成熟》（*The Time Is Not Yet Ripe*，1912）是一部政治讽刺喜剧，它运用现实主义笔触鞭笞了澳大利亚的虚伪政治。剧中的女主人公多丽丝是保守党总理的女儿，她被推为反社会主义联盟的候选人，她的未婚夫、诗人兼社会主义者巴雷特却反对她。多丽丝在竞选中遭到大多数人的反对。她感到自己的社会主义民主的理想同现实不相调和，人民也还没有觉悟起来行动。但多丽丝当选了，可她只是把政治当作无聊的消遣。她劝说巴雷特理想只是风行一时的东西，经常要变，要巴雷特不要为人民的自由伤脑筋，说革命的"时机尚未成熟"。

从 20 世纪 30 年代到 50 年代的电影的发展，使剧作家们陷入窘境。但他们以不辍努力，依然创作了以《第十七个玩偶的夏天》（*Summer of the Seventeenth Doll*，1955）为代表的一些优秀剧作。

《第十七个玩偶的夏天》（以下简称《玩偶》）被剧评家称作划时代的作品。该剧以其浓郁的澳大利亚特色被誉为澳大利亚民族戏剧的开端。这部作品是雷·劳勒（Ray Lawler，1921 –　　）的成名作与代表作。《玩偶》描写了几位砍蔗工第 17 次前往墨尔本郊区的女友家度夏，乘兴而来败兴而归的故事。这部剧作技巧圆熟、深刻，同时以精巧的背景、精心设计的服饰和道具见长，而最吸引人的莫过于主人公的壮志暮年、英雄老去的那种难言的悲凉。该剧于 1955 年首演，曾获剧作家顾问委员会奖；此后还在伦敦、纽约公演，还被拍成电影，并被翻译成多国语言。《玩偶》一剧的成功，标志着澳大利亚戏剧的成熟和辉煌，是澳大利亚戏剧在国际剧坛占据一席之地的开始，成为以"新浪潮"运动为标志的澳大利亚戏剧的真正繁荣之前的一个高潮。

始于 1976 年的"新浪潮"运动给澳大利亚戏剧划出了一条分水岭，使澳大利亚戏剧变得空前繁荣和宽容。大量的剧作中成长出更多的优秀剧目，宽容的社会容许了戏剧中更荒诞、更前卫、更先锋的表现形式和内容。"新浪潮"运动的掀起得益于在 60 年代初上演的怀特的几个剧本。这些剧本所表现的象征主义、超现实主义、表现主义成为"新浪潮"运动的原动力，使澳大利亚戏剧的表现力更丰富。

"新浪潮"运动也改变了澳大利亚传统剧模式，出现了《丁布拉》（*Dim Boola*，1974）这种观众亦可置身其中的戏剧演出。这部作品是由杰克·希伯德（Jack Hibberd，1940 -　）创作的。该剧表现了一场乡村婚礼，观众可事先付钱而成为新郎、新娘的来宾坐在酒席上，可以与剧中人共饮、共唱、共舞、吵架。婚宴中笑话百出，令人捧腹绝倒。为使剧中情节正常发展，作者煞费苦心，安排了两位新郎的好友干预观众的"过分"行为，又安排了一位正人君子模样的记者，对婚礼的嚷扰横加指责，以使观众中类似的意见得到排解而不至于中途退场。此剧先后在 17 个国家上演，正说明了该剧的魅力之所在。这种演员与观众之间的新关系使戏剧显示出更强的生命力而更加迅速地壮大起来。

杰克·希伯德除《丁布拉》之外，还有一部名为《想入非非》（A Stretch of Imagination，1973）的独角戏相当知名。澳大利亚文学史专家黄源深把剧中主人公蒙克·奥尼尔（Monk O. Neil）比作"如鲁迅塑造的阿Q 有着不同阶级的中国人某些共同特点一样，在蒙克身上也可以看到各类澳大利亚人的影子"。

这一时期的知名剧作家还有多萝西·休伊特（Dorothy Hewett，1923 -　），她以《危险的教堂》（The Chapel Perilous，1972 -　）在戏剧界引起了少有的争论，她在剧中表现的女权主义倾向给人以深刻的印象。而她在艺术创作上追求自由和自我意识，并在戏剧的表现手法上有所突破，剧中使用的含蓄的语言、象征的手法等特点，使她的风格与怀特有所接近。

澳大利亚的戏剧由因循欧美风格到"新浪潮"运动，在风格上有长足的进展，但其在世界上的地位依然不及小说和诗歌。

第四节　音乐之声

澳大利亚人对音乐有比较浓厚的兴趣。虽然澳大利亚人口稀少，但澳洲音乐家在世界乐坛上却占了一个令人难以置信的比例。由于澳大利亚是一个移民国家，澳洲音乐起初在很大程度上就是西方音乐的移植和派生，后来它慢慢地摆脱了欧洲音乐的影响，逐渐形成了澳洲风格。当前，澳洲音乐出现了国际化趋势，与欧美音乐同步发展。

一 寻找"澳洲之声"

早期移民在基本安定下来之后，也开始追求丰富多彩的闲暇生活。殖民地上层——主要是行政长官、部队军官及其家属经常举办沙龙和家庭舞会，主要是用钢琴演奏古典音乐。当时还成立了陆海军管弦乐队，在政府、教会、剧院举办活动时，他们演奏许多精彩的曲目。更重要的是，占主体的下层劳动人民在艰苦的环境下，通过民歌来抒发他们的感情。这些民歌以叙事诗的形式表现了早期殖民地人民的生活，恶劣的生存环境、牧场经历、开采金矿和丛林生活是民歌中反复咏叹的题材，表达他们的离愁别绪和蔑视权威的情怀。另外，殖民地早期男女比例严重失衡，因此也出现了较多的赞美女性和渴望爱情的歌曲。许多民歌在风格上与英国民歌有较多的联系。"从音乐角度来讲，这些歌谣的旋律简单，易于歌唱；节奏感强，适于舞蹈；同一旋律下配有好几段歌词，反复咏唱，其间还穿插了一些合唱，作为对主旋律的补充。"[1] 这些民歌中比较著名的包括反映罪犯苦闷内心的《吉姆·琼斯》《范迪门的土地》《莫顿湾》；讴歌绿林好汉的《杰克·多纳休》《本·霍尔之死》；表现牧场生活的《横穿大陆的人》《又下了一场雨》；表现澳洲人幽默性格的《小木屋》和船歌《前往南澳大利亚》。19 世纪比较流行的歌曲还有《垂危的牧场主》和《跳华尔兹的玛蒂尔达》。[2]《跳华尔兹的玛蒂尔达》曾一度被许多人认为是澳大利亚的国歌，它讲述了一个澳大利亚失业者因饥饿偷了一只羊，宁愿跳河自杀也不愿为他的罪行受罚的故事。《莫顿湾》描述了一个身陷囹圄的囚犯的苦闷和对自由生活的向往。《本·霍尔之死》讲述了一个遵纪守法的农民被迫沦为绿林好汉的故事。

为淡化欧美音乐对澳洲音乐的影响，澳大利亚音乐家最初试图从土著部落的音乐中汲取养分。从 19 世纪早期起，就有人开始收集和整理土著音乐。1823 年，巴伦·菲尔德出版了他所收集整理的关于澳洲土著音乐

---

[1] 戈登·福斯：《当代澳大利亚社会》，第 106 页。
[2] 《澳大利亚百科全书》第 4 卷，第 268 页。

的书。1834 年，约翰·洛特斯基出版了《Menero 部落妇女之歌》。在挽救土著音乐方面，艾萨克·内森（Isaac Nathan）也做了一些努力。克莱夫·道格拉斯（Clive Douglas，1903 –　）在他的管弦乐中吸收了土著音乐的养分。作曲家彼得·斯卡尔索普（Peter Sculthorpe）在他的一系列作品中，表达了土著的神话和土著社会的传统。1946 年，芭蕾舞剧《狂欢》的作曲者约翰·安提尔（John Antill）成功地运用了土著音乐。此外，由于澳大利亚在地理上与亚洲接近，许多作曲家将亚洲文化视作灵感和想象的源泉。彼得·斯卡尔普索在《太阳的音乐》的演奏中使用了锣、钹等亚洲乐器，曲风明显受到了印度尼西亚的巴厘岛音乐的影响。理查德·米尔的作曲中有时就采用了日本音乐的主题。

除彼得·斯卡尔普索和理查德·米尔外，为创作独特的澳洲音乐作出较大贡献的作曲家还包括纳吉尔·巴特雷（1935～）、卡尔·瓦因（1955～）、文森特·普拉希（1950～）和布伦顿·布罗德斯托克（1952～）、马丁·威斯雷 – 斯密（1945～）等。[1]

二　爵士乐

20 世纪初，爵士乐在美国兴起后便迅速传播到世界各地。澳大利亚曾出现过许多著名的爵士歌手和爵士乐队。20 世纪早期，弗兰克·库格伦（Frank Coughlan）创办了一支爵士乐队，这支乐队曾在英、美等国进行演出。第一个有国际影响的爵士乐队是格雷姆·贝尔（Graeme Bell）组织的迪克西兰（Dixieland）乐队，该乐队在 20 世纪 40 年代后期的欧洲之旅和东南亚之行都很成功。60 年代，爵士乐队的节目被搬上电视荧幕，声名大振。60 年代比较活跃的爵士乐队包括"红洋葱"乐队、"耶拉耶拉"乐队、斯托里维尔乐队。70 年代较知名的为达利·威尔森乐队。80 年代影响较大的是悉尼的"地下室"爵士乐俱乐部和墨尔本的"金字塔"组合等。唐·巴罗（Don Burrows）是澳大利亚著名的爵士乐手，擅长演奏竖琴、风笛及萨克斯。他领导的乐团曾在 1972 年荣获澳大利亚爵士乐

---

① 戈登·福斯：《当代澳大利亚社会》，第 112 页。

团的第一张金奖。① 澳大利亚比较知名的爵士乐手很多。戴维·道尔维兹（Dave Dallwitz）、汤姆·皮克林（Tom Pickcring）、阿德·蒙斯波夫（Ade Monsbourgh）是古典爵士乐坛的知名乐手，在现代爵士乐坛，艾伦·李（Allan Lee）和布莱恩·布朗（Brian Brown）② 曾红极一时。1988 年，在澳大利亚国庆 200 周年之际，澳大利亚爵士乐队在国内外的演出大获成功，反响强烈。

三　乡村音乐

乡村音乐在澳大利亚有大批爱好者，它主要是节奏比较舒缓的抒情歌曲，歌词可涉及乡村生活的各个方面。音乐的和弦结构和节奏背景极其简单，而着重强调要有易于歌唱的旋律。在澳洲广阔的牧场和乡村，人们经常可以看到小乐队为当地居民和过往行人免费演奏旋律优美的乡村音乐。新南威尔士州的台姆沃斯每年都要举办乡村音乐节。澳大利亚较知名的乡村音乐歌手包括：斯利姆·达斯提、约翰·威廉斯、詹姆斯·布朗代尔等。20 世纪 60 年代斯利姆·达斯提演唱的《没有啤酒的小酒馆》曾风靡全澳。这首歌表现了人们的生活习惯因啤酒供应中断而改变的故事。80 年代，约翰·威廉斯声誉鹊起，他推出了一系列好歌，其中包括《纯蓝》《每一个澳洲男孩都需要一间小屋》和《锯啊，锯啊，锯成碎片》。后一首歌对人类砍伐森林、破坏生态的行为提出了抗议。90 年代以来，詹姆斯·布朗代尔的歌曲被广为传唱，他曾是台姆沃斯乡村音乐节的最佳歌手。

四　交响乐

澳大利亚的交响乐在世界上享有较高的声誉。现在全国一共有 8 个规模较大的专业交响乐团，其中 6 个属于澳大利亚广播公司在 6 个州的首府组织的交响乐团，其余 2 个属于伊丽莎白影剧基金会，主要为澳大利亚国

---

① 《澳大利亚百科全书》第 4 卷，第 272 页。
② 戈登·福斯：《当代澳大利亚社会》，第 113 页。

家歌剧院和芭蕾舞团伴奏演出。

在 1932 年以前，澳大利亚有许多半业余、半专业的交响乐团，其中比较有名的包括 G. W. L. 马歇尔－霍尔（G. W. L. Marshall-Hall）于上一个世纪之交在墨尔本指挥的交响乐团、比利时人亨利·唯布鲁根（Henri Verbrugghen）在新南威尔士指挥的交响乐团和墨尔本大学交响乐团。这些由私人赞助的乐团，在一定程度上能与澳大利亚广播公司控制的乐团分庭抗礼。但在 20 世纪 30 年代经济危机爆发后，这些乐团由于赞助减少、演出费用增高而相继衰落了。而政府扶植的澳大利亚广播委员会下属的交响乐团却渐渐壮大起来。目前，澳大利亚广播公司已成为世界上最大的音乐会举办单位，它组织乐队到全国各地巡回演出每年都不下 800 场。澳大利亚广播公司所属的交响乐团中，尤以悉尼交响乐团和墨尔本交响乐团最为驰名，这两个乐团分别在纪念中澳建交 30 周年（2002）和 40 周年（2012）来华演出。

澳大利亚还有一些室内管弦乐团，其中最著名的要数澳大利亚音乐万岁社团（The Musica Viva Society），这个社团是由受纳粹迫害而流亡澳大利亚的奥地利音乐家理查德·戈德纳（Richard Goldner）组织的，自 1955 年以来，它曾经邀请欧美一流的室内音乐社团来澳演出，同时也进行了成功的回访。目前它已发展成为世界上最大的商业性室内音乐社团。新南威尔士的混合六重奏乐团和昆士兰的弦乐四重奏乐团也比较有名。

五 歌剧

澳大利亚人对歌剧有特别的兴趣，普通大众都有机会欣赏高雅艺术。澳大利亚最早的歌剧表演至少可追溯到 1796 年，当年上演了《穷困潦倒的士兵》（The Poor Soldier）。进入 19 世纪之后，欧洲的歌剧巡回演出已经登陆澳大利亚，上演过《锁》（The Padlock）和《费加罗的婚礼》（The Marriage of Figaro）。从 19 世纪 40 年代开始，意大利歌剧大举进军澳大利亚，演出的剧目包括《吉卜赛女郎》（The Bohemian Girl）、《诺尔玛》（Norma）、《塞维利亚理发师》（The Barber of Seville）等。更重要的是，威廉·李斯特从 1861 年起率团在澳大利亚各地巡回演出了近 20 年，将罗西尼、多尼采蒂、贝里尼、耶贝尔、威尔第和瓦格拉等艺术大师的作品搬上舞台，让澳大利亚人大饱耳福。1912～1913 年，爱尔兰人托马斯·奎南曾率 200 多人的演出团来澳演出。

由于歌剧演出成本的提高和 20 世纪 30 年代的经济危机及对海外演出团体征税等原因，使来澳演出的海外歌剧团急剧减少。在此情况下，澳大利亚开始着手筹建本国的歌剧团。其实在 20 世纪 30 年代之前，就有不少人，其中包括詹姆斯·巴雷特（James Barrett）、乔治·马斯格雷夫（George Musgrove）、G. W. L. 马歇尔－霍乐等人为此奔走呼号，都无果而终。但它使越来越多的澳大利亚人意识到筹建国家歌剧院的必要性。1951 年，澳大利亚在悉尼成立了一个歌剧团，它后来发展为国家歌剧院。此外，在墨尔本、阿德莱德、佩斯等城市还有 4 家非专业性州立歌剧院。澳大利亚歌剧院有强大的演员阵容和优秀的创作班底，在进入 21 世纪以来曾成功排演过《欲望号街车》《人鼠之间》《卡门》《采珠人》《夜莺的爱》《灰姑娘》《极乐》等多部作品。澳大利亚歌剧院的运作经费，有七成来源于票房收入，因此歌剧院特别关注观众的需求，并重视现代科技在演出中的运用。澳大利亚的歌剧发展受到澳大利亚伊丽莎白艺术基金会的大力资助，[①] 尽管如此，由于上演一出歌剧需要很大的一笔经费，包括国家歌剧院在内的歌剧演出团体还是经常面临财政上的危机。

在歌剧艺术方面，澳大利亚可谓名家辈出，有一大批享誉世界的艺术家。澳大利亚著名歌唱家不胜枚举，内利·梅尔巴（Nellie Melba）被誉为"歌剧皇后"，琼·萨瑟兰（Joan Sutherland）被公认为世界最著名的花腔女高音之一。著名的歌剧作曲家也是群星璀璨，其杰出代表包括艾伯托·泽尔曼（Alberto Zelman）、古斯塔夫·斯莱波夫斯基（Gustav Slapoffski）、乔治·廷特勒（Georg Tintner）、约瑟夫·波斯特（Joseph Post）和查尔斯·麦克勒斯（Charles Mackerras）等。[②]

---

① 《澳大利亚百科全书》第 5 卷，第 398～400 页。
② 《澳大利亚百科全书》第 4 卷，第 397～398 页。

第五节　精湛的芭蕾艺术

在澳大利亚最早的戏剧演出中，在演出中场和谢幕之后，往往穿插舞蹈演出。早在 1833 年，悉尼就开办了舞蹈学校，教习法国的加伏特舞、西班牙的包列罗舞、小步舞等。1840 年，维尔贝因在维多利亚皇家剧院传授芭蕾舞。在众多的舞蹈中，芭蕾舞大放异彩。澳大利亚芭蕾舞团被誉为世界十大芭蕾舞团之一。澳大利亚芭蕾艺术的发展，大致可以分为三个时期。

澳大利亚第一支芭蕾舞团由 J. C. 威廉森于 1889 年组建。1897 年，威廉森在墨尔本的公主剧院开办了一家免费的舞蹈学校，为澳大利亚选拔和培养优秀的舞蹈演员。20 世纪之后，许多高水平的国外芭蕾舞团，如俄罗斯的芭蕾舞团于 1913 年由阿德林·吉尼率队来澳访问演出，该团的精彩表演让澳大利亚观众为之倾倒。1926 年，俄罗斯芭蕾明星安娜·巴夫洛娃率团访澳，演出的剧目包括《垂死的天鹅》《吉赛尔》《雪绒花》等。1929 年，安娜·巴夫洛娃再次率团出访澳大利亚，在各地巡回演出，在澳大利亚刮起了一场芭蕾舞旋风，从而使古典芭蕾在澳大利亚扎根发芽，对澳大利亚日后芭蕾舞的发展产生了深远影响。此外，还有一批俄罗斯艺术家如亚历克西斯·多里洛夫和维克多·丹迪来澳指导。至此，澳大利亚建立起几个专业的芭蕾舞团。此后，到澳大利亚访问演出的国外著名芭蕾舞团不断增多，他们为澳大利亚带来了现代芭蕾，使澳大利亚芭蕾舞艺术跃上一个新的台阶。

自 20 世纪 40 年代至 1962 年，俄罗斯艺术家埃道得·保罗万斯基为澳大利亚芭蕾艺术的形成作出了杰出贡献。他在墨尔本开办了芭蕾舞蹈学校，为澳大利亚培养了一批芭蕾舞明星，并成立了保罗芭蕾舞团。该团排演了一些以澳大利亚的生活作为表现主题的芭蕾舞剧，其中包括《逃犯》《黑天鹅》等。50 年代澳大利亚排演了两个很有影响的芭蕾舞剧，其一是约翰·安提尔的《狂欢》，其二是丘比利在 1951 年推出的 4 幕舞剧《天鹅湖》。为进一步提高保罗芭蕾舞团的艺术水平，保罗万斯基广纳贤才，许多著名艺术家加盟，大大提高了该团的演技水平。正当保罗的事业如日中天之际，他于 1959 年溘然长逝。这使保罗芭蕾舞团失去主心骨，面临解散的危险。

为推动芭蕾艺术的发展，1962 年澳大利亚在保罗芭蕾舞团的基础上组建了国家芭蕾舞团，这是澳大利亚芭蕾发展史上的一个新的里程碑。自成立以来，该团以重金招聘世界一流的艺术总监作指导。1964 年，附设于该团的芭蕾舞蹈学校诞生了，每两年培养 20 名新演员。如今，在负有盛名的英国皇家芭蕾舞团中，约有 1/4 的演员来自澳大利亚。

国家芭蕾舞团在成立之初出演频频，其精湛演技令国外观众啧啧称赞。1973 年，在莫斯科举行的国际芭蕾舞大赛中，罗·麦瑞林和凯尔文·科获得最佳合作表演奖，还有 4 位演员获得银质奖杯。该团在60、70 年代排演的主要剧目包括：《墨尔本杯》《淑女和傻瓜》《吉赛尔》《太阳音乐》《堂吉诃德》《睡美人》《超人》《快乐的寡妇》等。国家芭蕾舞团凭借在古典和现代剧方面的深厚功底和艺术实力，在汲取国外芭蕾艺术营养的同时不断创新，推出一批表现澳大利亚本国题材的作品。它已跻身于世界最优秀芭蕾舞团的行列，成为国际舞坛后起的骄子。

对中国观众来说，澳大利亚国家芭蕾舞团并不陌生。该团曾于 1980年、1987 年、1993 年和 1996 年四度来华访问演出，为中国观众带来了《堂吉诃德》《吉赛尔》《仙女》《睡美人》等古典剧目和《回归陌土》《交相辉映》《多少悬在半空中》等现代剧目。女演员舞姿轻盈，又富有感情。男演员的腾跳、单手托举干净利落、潇洒大方。服装、道具、布景的华美，加上演员高超的技巧和对剧情的独到理解及表演，赢得了中国观众的喝彩。1993 年澳大利亚芭蕾舞团来华演出时，中澳两国总理欣然对这一文化交流盛事分别题词祝贺。

除澳大利亚国家芭蕾舞团外，各州的芭蕾舞团的艺术水准也相当高。悉尼芭蕾舞团享有很高的声誉。该团艺术指导格雷姆·墨菲是一位天才的芭蕾舞艺术家，他在 1976 年年仅 26 岁时就出任该团艺术指导。墨菲的成名作是《死于威尼斯》和《在威尼斯之后》，除此之外，他创作的优秀剧

目还包括《印度之歌》《几乎……》《一个夜晚》《芙蓉红》等。他曾于
1985 年率团来华演出，剧目包括《荒野》《黑与蓝》等。

第六节　画廊漫步

澳大利亚的美术在国际上有一定的影响，产生了一些久负盛名的艺术
大师。从艺术史的角度看，澳大利亚美术最初着重以写实手法描绘澳大利
亚独特的风土人情。从 19 世纪下半叶开始，澳大利亚艺术家借鉴西方画
坛的笔法，并形成独树一帜的绘画风格。受西方印象主义、抽象艺术的影
响，20 世纪 40 年代后，澳大利亚画坛也形成了相应的流派。

一　早期澳大利亚美术

1788～1850 年为澳大利亚美术的发轫时期。一批从事澳洲自然勘
测的自然科学家及制图员，以精确细腻的写实笔法描绘了澳洲独特的
动植物、土著人及秀美的山川景色。这批珍贵的资料现在多藏于伦敦
大英博物馆。这批业余画家中比较知名的包括：费迪南德·鲍尔
（Ferdinard Bauer）及约翰·威廉·卢因（John William Lewin）。英国流
放犯艺术家托马斯·沃特林（Thomas Watling）被认为是澳大利亚第一
位专业画家，他创作了澳大利亚第一幅油画——《1794 年的悉尼》。
这一时期从欧洲移居澳大利亚的许多画家对这片荒芜、寂静而神秘的
原野觉得生疏而隔膜，因此他们的作品往往具有虚构的特点，看起来
恰似欧洲画的翻版。但也有少数画家以敏锐的洞察力来表现澳大利亚
这片未受现代文明污染的世外桃源，描述澳洲不同于欧洲的一些特征。
这些保存下来的重要作品包括：约瑟夫·莱西特（Joseph Lycett）的
《澳大利亚风景》、约翰·格罗弗（John Glover）的《桉树》系列、康
拉德·马斯顿（Conrad Martens）的《达林赫斯特景色》等。除风景画
外，肖像画也比较盛行，主要代表人物包括：历史人物画家理查德·
里德（Richard Read）；以擅长描绘塔斯马尼亚土著人而闻名的托马
斯·博克（Thomas Bock）和奥古斯塔斯·厄尔（Augustus Earle），后者

的代表作为《派珀夫人和她的孩子》。

1851～1884 年是澳大利亚经济高涨、民族觉醒、民族国家初步形成的时期。在这一阶段，澳大利亚艺术家们抓住时代发展的主题，用画笔描绘了移民开疆拓土、黄金热等气贯长虹的壮丽场面，表达他们对所熟悉的这片土地的热爱。威廉·斯特拉特（William Strutt，1825－1915）的画展现了 1851 年维多利亚第一届议会开幕、澳洲丛林大火等情景。S. T. 吉尔（S. T. Gill）的作品表现了淘金者的生活和早期的城市，画风诙谐、悲壮，充满难以言表的悲观的宿命论格调。罗伯特·道林（Robert Dowling，1827－1886）的《塔斯马尼亚的土著》，记载了这个土著民族惨遭屠杀的罪恶历史。冯·格拉德（Von Guerard，1811－1901）以拿撒勒画派的技法，完成了一系列表现澳大利亚大陆空旷荒凉的风景画，他的代表作是《斯特拉斯湾瀑布》。威廉·查尔斯·皮奎尼特（William Charles Piguenit）的作品向世人展示了塔斯马尼亚岛的秀丽景色，他的代表作为《塔斯马尼亚奥林匹斯山脉圣克莱湖》。

这一时期影响最大的画家当属路易丝·布维洛特（Louis Buvelot，1814－1888）。布维洛特以法国巴比桑画派的写生手法来表现澳大利亚的田园风光，他创作的风景画充满了人道主义的感情。布维洛特被誉为澳大利亚风光画派的先驱和"风景画家之父"，他的重要作品包括《科尔兰的水塘》《亚拉平原》《圣吉尔达公园》和《夏日黄昏》。他的"外光画法"重视光与空气的表达，靠细致的描绘来完成作品，体现一种自然抒情、平静安宁的风格，影响了许多画家。悉尼和墨尔本的画家周末时往往结伴外出写生，他们受"外光画法"的影响，在这一时期产生了不少表现晨曦暮霭、日出日落的作品。

这一时期，澳大利亚成立了两所美术学院，包括 1870 年开办的维多利亚美术学院和 1871 年开设的新南威尔士美术学院。这两所学院每年都要举办画展，鼓励学生到大自然中去创作。

二　海德堡画派

1885～1938 年是澳大利亚美术史上海德堡画派占主导的时期。海德堡画派的主要代表人物包括汤姆·罗伯斯（Tom Roberts）、弗里德里克·麦卡宾（Frederic McCubbin）、阿瑟·斯特里顿（Arthur Streeton）、查尔斯·康德（Charles Conder）、约翰·朗斯塔夫（John Longstaff）等。海德堡画派受印象派的影响很深，其绘画哲学的核心是情感和瞬间，强调人和自然的和谐统一。在画风上，强调对物体外表光线反射的精确表达。他们因经常到墨尔本附近的海德堡郊区作画而得名。

汤姆·罗伯斯被誉为"澳大利亚绘画之父"，他从英国留学归来后致力于介绍和传播印象派，吸引了一大批追随者，形成了海德堡画派。澳大利亚绘画艺术因此出现了转机，产生了澳大利亚绘画史上第一批艺术大师。海德堡画派最初以创作风景画为主。

阿瑟·斯特里顿因其流畅的用笔技巧和优美柔和的画面色调而闻名，他于1893年创作了名画《雷德芬火车站》。该画十分传神地描绘了雨中的街道、火车站及过往行人。

查尔斯·康德于1888年创作了《远航》，它是该派被公立美术馆收购的第一幅名画。

麦卡宾于1903年创作了《冬天的阳光》，汤姆·罗伯斯于1886年创作了《墨尔本的布克大街》《秋天的早晨》。查尔斯·康德创作了展示澳大利亚田园风光的《哥里菲斯农场》《喂鸡》。

受创业时代英雄主义氛围的感染，海德堡画派后期转向人物风俗画的创作。阿瑟·斯特里顿创作了《初来的定居者》，描绘了一位不畏艰辛的创业者在茂密的森林里点起篝火、搭起简易帐篷的生活场景。弗里德里克·麦卡宾于1884年创作的《归来》，描绘了一位妇女见到其音讯杳无的丈夫回家时惊喜交加的戏剧性场景。麦卡宾于1889年创作的《落魄人》，该画塑造了一位穷困潦倒的淘金者两手空空、坐在林间发呆的苦难情景。汤姆·罗伯斯创作了富有澳大利亚特色的作品《剪羊毛》（1890）、《金色的羊毛》（1894）。约翰·朗斯塔夫因其名画《噩耗》而大放异彩，它描绘了一位老工人和矿友通知忐忑不安地等待丈夫归来的妻子不幸消息时的场景，它以细腻的笔法表现了人们的神情及心理变化。此外，海德堡派的画家也创作了不少经典的人物肖像画，包括汤姆·罗伯兹的《艾琳像》（1892）、乔治·华盛顿·兰伯特的《普罗克特小姐》、伊曼纽尔·菲利普斯·弗克斯的《美术学院的学生》（1895）等。

除海德堡画派外，20 世纪早期还有一批比较活跃的画家，其中最重要的当属马克斯·梅尔德伦（Max Melbrum，1875 – 1955）和诺曼·林赛（Norman Lindsay，1879 – 1969）。马克斯·梅尔德伦倡导一种反印象主义画风，强调绘画是"一门光影分析的科学"，他于 1931 年创办了墨尔本美术学校。他的代表作是《艺术家母亲的肖像》（1913）。诺曼·林赛因其叛逆性而独树一帜，他最初反对清教影响的维多利亚时期的拘谨画风；他对西方现代主义艺术的态度在第一次世界大战前后判若两人，最初是顶礼膜拜，一战后又大放厥词。

第一次世界大战之后，澳大利亚画坛略显凋零，比较活跃的仍是那些画坛宿将，年轻新秀不多，著名画家包括以画桉树闻名的汉斯·海森（Hans Heysen）和在表现战争题材方面取得一定成就的乔治·兰伯特（George Lambert）。

三 现代美术

1939 年可被视为澳大利亚现代美术史的开端。这一年举办了澳大利亚现代艺术展览，澳大利亚最早的一批现代主义艺术家包括拉塞尔·杜莱斯达尔（Russell Drysdale）、西德尼·诺兰（Sidney Nolan）、阿尔伯特·塔克（Albert Tuck）等人的作品首次与澳大利亚观众见面。同年，墨尔本的《先驱报》主办英法国家现代艺术展览，参展的包括现代艺术大师塞尚、梵高、毕加索、布拉克、马蒂斯等人的作品。从此，现代艺术在澳大利亚大行其道。这两件事标志着澳大利亚的现代美术拉开了序幕。各种现代艺术群起争妍，但没有出现明显的主流艺术。

威廉·多贝尔和拉塞尔·杜莱斯达尔是现代艺术中的保守派。他们以现代艺术技法表现传统题材，以风俗画著称于世。多贝尔发展了一种四肢修长、动作粗豪的独特风格，1944 年他因《一个艺术家的肖像》而扬名。多贝尔的主要作品包括《爱尔兰青年》《塞浦路斯人》等。德赖斯代尔描绘了澳大利亚的荒远内陆和土著的生活，使它们以一种新的形象呈现在世人面前。

先锋派是对澳大利亚 20 世纪 40～50 年代的美术影响较大的一个流派，它以一种荒诞的形式描绘现实世界，表现对使人异化的社会的反抗。先锋派的代表人物包括西德尼·诺兰、阿尔伯特·塔克、亚瑟·博伊德、约翰·珀西瓦尔等。这些画家主要集中在墨尔本。衰败的城市是早期先锋派画家热衷的题材。先锋派画家认为自己是社会的边缘人，因此对社会冷眼旁观。塔克于 1944 年创作了《现代魔鬼形象》，描绘城市的丑陋与罪恶。珀西瓦尔创作了一种冷峻而颇具震撼力的城市风景画。西德尼·诺兰是世人公认的艺术大师，擅长风景画，他的画作具有浓郁的澳洲地缘特性和独特的视觉感受。诺兰后来转向描绘传奇人物的生平。他最受欢迎的作品是《绿林好汉内德·凯利》组画。他的其他重要作品还包括《勒达与天鹅》《苏格兰人弗雷泽夫人》。

20 世纪 50～60 年代，在澳大利亚影响较大的是活跃在悉尼的抽象派。该派的主要代表人物包括约翰·奥尔森（John Olson）、罗伯特·朱尼帕（Robert Klippel）、威廉·罗斯（William Rose）、约翰·帕斯莫尔（John Passmore）、埃瑞克·史密斯（Eric Smith）等。抽象派通过一些几何线条和图案来表达一种意想不到的审美效果。1956 年，抽象派艺术家在悉尼举办了题为"第一个方向"的画展。

二战后，澳大利亚美术界还出现过本土派，它力图抵制西方现代主义对民族艺术的影响，在绘画作品中处处显示出澳洲艺术所特有的风格，反映澳洲独特的环境和文化。但由于国际潮流是大势所趋，本土派只不过是昙花一现的插曲。

第七节　欣欣向荣的电影业

澳大利亚电影有着悠久的传统，最早可以追溯到 1896 年。澳大利亚电影在起步阶段曾经历过短暂的辉煌，但在 20 世纪 40 年代，电影生产几乎陷入停顿状态。这种状况直到 60 年代才开始改观，此后又蓬勃发展起来。

一 辉煌的起步

澳大利亚是世界上最早开始拍摄电影的国家之一。1896 年，马里斯·塞斯蒂尔拍摄墨尔本杯赛马的实况，这是澳大利亚的第一部纪录片。1906 年，澳大利亚的第一部故事片《丛林好汉凯利帮》在墨尔本问世，这部电影片场 66 分钟，耗资 400 英镑，被许多电影史学家认为是全球的第一部故事片。1910～1920 年，澳大利亚每年都可推出约 15 部影片，它们主要取材于澳大利亚的风土人情和重大事件。朗富特于 1919 年执导的《多情的布洛克》是澳洲电影史上的经典之作。该片讲述了一个名叫布洛克的青年因打架斗殴而锒铛入狱，在刑满释放后决定洗心革面重新做人，在与邂逅相逢的善良女孩多琳结婚后又被迫离开妻子的感人故事。朗福德是无声电影时代澳大利亚的天才导演，特别擅长执导现实题材的感人故事，共执导了十几部影片，他执导的《我们的选择》（1920）是澳大利亚第一部有声电影。1926 年由美国人诺曼·道恩执导的气势恢弘的《他的一生》是这一时期耗资最大的电影。麦克多诺姐妹推出的《爱人》和《远方的天堂》具有较老到的好莱坞风格，也是当时轰动一时的佳作。无声电影时代拍摄了许多纪实片，最知名的要数富兰克·赫尔利拍摄的反映南极风光的《暴风雪》（1913）、《极地冰川》（1919）及《珍珠和野兽》（1922）。

20 世纪 20 年代后期，技术更新使电影业迈入有声电影时代。30 年代，悉尼和墨尔本的有声电影制片厂推出了一些较卖座的戏剧故事片和喜剧片，如肯·霍尔执导的《农场主的女儿》（1933）、《大树》（1937）和《由乔治去做》（1938）。

查尔斯·察沃尔是 20 世纪 30～40 年代著名的独立制片商。他认为澳大利亚电影要想走向世界，就必须形成自己的风格。他以澳大利亚的粗犷景色为背景，善于剖析人性和表现人的活力。他一共执导过 9 部电影，包括《四万骑兵》（1941）、《遗产》（1935）、《马太之子》（1949）、《杰达》（1955）等，这些影片为察沃尔赢得了国际声誉。《四万骑兵》描述了澳大利亚骑兵于一战期间在巴勒斯坦的贝尔谢巴战役中驰骋沙场的壮丽场面。《杰达》作为澳大利亚第一部彩色影片将永载澳洲电影史册。

二 电影业的复兴

20世纪40年代以后的20年间,澳大利亚的电影发行网几乎全被美国电影经纪人所控制,加之电影制作成本的提高(每部平均约为2万英镑),以及大批著名演员到国外寻求发展,澳大利亚电影业几乎陷入停滞状态。整个二战期间,唯一的一部电影是察沃尔执导的《托布鲁克的老鼠》。这一时期拍摄了一些纪录片,诞生了两位享誉世界的一流摄影师,即富兰克·赫尔利、达米安·佩尔。后者的代表作包括《萨蜡玛拉大屠杀》《柯科达前线》。二战后很长一段时间,澳洲影业举步维艰,在整个50和60年代,除了几部合拍片和外国在澳大利亚拍摄的电影外,澳大利亚只拍摄过短片和纪录片。

为扭转澳洲电影业徘徊不前的局面,在媒体的大力呼吁下,澳大利亚政府采取了一些措施,从20世纪60年代末到70年代中期,成立了澳大利亚电影发展公司(后改名为澳大利亚电影委员会),设立了实验电影基金,对拍摄电影提供资助,并开办了一所培养电影人才的国家影视学院。由于政府的重视和资助,以及以彼得·威尔为代表的一批年轻导演开始崭露头角,澳大利亚电影逐渐走出低谷,迎来了复兴时期,每年摄制的影片又达到战前的15部左右。在20世纪70年代,澳大利亚推出一系列比较成功的商业片。那一时期还涌现了一批表现社会问题的比较严肃深沉的优秀影片。其中肯·汉纳姆的《遥远的星期天》(1975)是一部反映澳洲剪羊毛工人的艰苦生活及其罢工的影片。唐纳德·克龙比的《卡迪》(1976)催人泪下,讲述了一位单身母亲在30年代大萧条时期含辛茹苦将孩子抚养成人的感人故事。彼得·维尔的《悬崖上的野餐》(1975)扣人心弦,讲述了一所女子寄宿学校的学生到深山旅行,其中3个女孩和1位女教师神秘失踪的故事。这是一部摄影技术巧妙、意义双关的影片,曾在戛纳国际电影节上风头占尽,是澳大利亚第一部获国际大奖的影片。

从20世纪70~80年代的电影所反映的情况来看,呈现在观众面前的澳大利亚是一个比较和谐、较少冲突的同质性社会。银幕上经常出现的较典型的澳大利亚人,都是充满活力的盎格鲁裔白人。澳大利亚电影的题材不外乎以下 5 种：讴歌祖国和故乡；歌颂患难与共、团结互助的伙伴情谊；赞扬除暴安良、蔑视权威的丛林好汉；表现士兵驰骋沙场、浴血奋战的情景；剖析人的本性。①

20 世纪 70 ~ 80 年代，澳大利亚较有影响的电影作品包括：表现伙伴情谊和对帝国忠诚的《加利波里》（1981）、《破坏军纪的莫伦特》（1980），突出妇女在现代社会中作用的《我的光辉生涯》（1979）。后者演绎的是一个名叫詹妮的妇女于 20 世纪初在艰苦环境下自尊自强、推进种族平等的故事。《雪河来客》（1982）和《驯马师莫兰特》（1983）则弘扬了澳大利亚人勇敢坚毅、乐观自豪的品格。《雪河来客》根据 A. B. 派特森的同名诗歌改编，影片讲述的是一个名叫吉姆的小伙子在追赶一匹受惊逃逸的宝驹的过程中，以勇敢坚毅的性格、高超精湛的骑术让人们改变偏见，证明自己是一个真正的男子汉的故事。《驯马师莫兰特》以布尔战争为背景，根据真人真事改编、摄制而成。该片讲述了驯马师等下级军官被作为替罪羊判处死刑，而那些发号施令的高级军官作为真正的肇事者却不予追究的故事。影片较深刻地揭露和鞭挞英国殖民主义者的侵略行径，该片在 1981 年的国际电影节上获奖。

《鳄鱼邓迪》是澳大利亚最受欢迎的电影，该片创澳大利亚电影票房收入的最高纪录。影片描写了在澳大利亚北部地区捕猎鳄鱼能手米克·邓迪的故事。《鳄鱼邓迪》通过对比手法，展示了乡村与城市、澳大利亚文化与美国文化的明显差异，把澳洲美丽富饶、空旷神秘、风和日丽的自然风光与美国现代化的社会弊端相对照，使厌倦了充满紧张、暴力和堕落的都市生活的人更加向往澳大利亚那轻松愉快、自在逍遥的生活。

进入 90 年代以来，澳大利亚的电影不再是简单地描述澳大利亚单一同质的国民性，而是从不同侧面表现澳大利亚这个移民社会的特点。90 年代反映不同种族移民社团之间关系的影片较多，这些影片包括《交际舞》（1992）、《心碎的年轻人》（1993）等。90 年代电影题材进一步扩大，有以《黑夜中的呼喊》为代表的反映土著生活的影片，有反映女性

---

① 转引自殷汝祥主编《今日澳大利亚研究》，天津大学出版社，1998，第 282 页。

主义的影片《缪里尔的婚礼》，有引起较大争议的反映性取向错位的影片《达拉斯的靓妞》（1994）、《沙漠妖姬》（1994）等。

90 年代是澳大利亚电影喜获丰收的年代，有许多影片在国际上获奖，包括《舞出爱火花》（1992）、《钢琴课》（1993）、《穆丽尔的婚礼》（1994）、《宝贝小猪罗》《小心！他也许会听到你》等。在第 68 届奥斯卡金像奖的角逐中，《勇敢的心》获得最佳影片奖、最佳导演奖、最佳摄影奖、最佳化妆奖、最佳音响效果奖。《勇敢的心》描述的是一位苏格兰民族英雄领导人民反抗英格兰统治，争取独立自由，后因遭到部下叛卖而慷慨赴难的故事。影片的战斗场面气势恢弘，情节起伏跌宕，令观众荡气回肠。同时获 7 项提名的《宝贝小猪罗》获最佳视觉效果奖。它描述的是一头小猪克服自卑和胆小，在与人类的心灵交流中让人们改变偏见的故事，近乎完美地展示了人性中最善良美好的部分。《钢琴课》获最佳影片奖，它讲述的是一个女人性苦闷、性压抑的故事。[①]

进入 21 世纪以来，澳大利亚推出了多部大获成功的电影作品。《翻筋斗》（2004）讲述了一个年轻女孩青春期的故事，这部电影因其唯美流畅的画面而征服了观众。《狼溪》（2005）源于几个真实的故事，讲述的是荒野背包客被强盗劫持杀害的故事。这部低成本的惊悚片在国内外都有很好的票房收入。《快乐的大脚》（2006）是一部音乐动画片，讲述了一只另类企鹅如何获得成功的故事，该片曾获 2007 年最佳动画长片奖。《澳大利亚乱世情》（2008）耗资 1.3 亿美元，堪称澳大利亚史上最贵的电影，该片将爱情、种族、战争、人性等主题熔于一炉，深刻地揭示了同化政策对土著，尤其是"被夺走的一代"的伤害。《崭新的日子》（2009）讲述了一位土著男孩逃离白人寄宿学校，历经艰辛回到家乡的故事，对澳大利亚白人与土著的种族关系进行了深刻反思。《红犬历险记》（2011）讲述了一只忠诚勇敢的小狗穿越澳大利亚寻找曾经的主人的真实感人故事。《蓝宝石》（2012）讲述了四位土著女孩在 1960 年代冲破种族歧视、在澳大利亚乐坛唱响土著音乐的故事。

---

① Australia in Brief, p. 38.

澳大利亚的影片标明级别，分为 4 级："G"级——一般放映；"PG"级——青少年须有家长陪同观看；"M"级——禁止未成年人（15 岁以下）观看的成人影片；"R"级——涉及性与暴力，限制放映，只允许 18岁以上的人观看。

第八节　神奇的土著文化

澳大利亚的土著艺术是澳大利亚民族文化中的瑰宝，成为许多当代艺术家创作灵感的源泉。澳大利亚的土著在音乐、歌舞和绘画方面取得了相当高的艺术成就。

一　音乐歌舞

音乐歌舞是土著生活中很重要的部分，澳大利亚土著的歌曲经常表现的主题包括古老的神话和日常生活。歌曲一般比较短促，但歌词生动形象，曲调"大都是二度音程、三度音程，很少是四度音程"，通过反复咏叹述说令人神往的各种故事。有些歌曲的歌词清新隽永，即便今天看来，仍然具有较高的审美价值。比如：

> 金星向上飞翔，飞呀，直冲云霄，
> 悬挂在高空。
> 人们抬头望，见它高挂在人鱼的天宫，
> 云朵的天宫，金星的天宫，
> 在那遥远的地方，在那迷雾的天宫，
> 百合花的天宫，人鱼的天宫。
> 金星像朵莲花，悬挂在高空，
> 长长的花柄，紧握在精灵的手中。[1]

---

① 约翰·根室：《澳新内幕》，第 107 页。

土著音乐主要的伴奏乐器称"笛捷里都"（didjeridu），这是一种无调音孔的、在顶端吹奏的低音笛子，长约 90～150 公分，由竹子或桉树的空心树枝制成，可以奏出多种美妙的音乐。[①] 与这种乐器相配的还包括各种成套的敲击棒、枕鼓（用袋鼠皮做成，内塞羽毛）、牛吼器，以及用猴面包树的坚壳或果壳做成的拨浪鼓，还有用来发声的木锉。[②]

音乐往往用来为舞蹈伴奏。澳大利亚土著的舞蹈多是集体表演，他们的歌舞剧一般分成三种，或是纪念蒙昧时代英雄冒险业绩的宗教礼仪，或是祈求各氏族人丁兴旺、繁荣昌盛的图腾仪式，或是纯粹取乐性的杂耍。土著在跳舞前往往会用红色和黄色的赭石在身上涂抹各种花纹，有的在腰间围一块兽皮，表演时常常模仿各种图腾动物的动作。围观者则以鼓掌、拍股、跺脚等形式为舞者击打节拍。夜幕降临，土著人常在一片开阔的空地上燃起篝火，举行气氛热烈的狂欢晚会。

二 绘画

各种土著艺术中，以绘画的成就最为突出。土著的绘画分为 3 种：石壁岩画、树皮画和沙石画。

石壁岩画在澳大利亚分布较广，著名的岩画包括澳北区的阿纳姆岩画、西澳州北部的克姆伯利斯岩画和卡伯亚克岩画。此外，新南威尔士州、昆士兰州和南澳大利亚州的岩画也较多。这些岩画往往画在人们够不着的石窟的墙上和顶部。岩画分为刀刻涂抹和直接描绘两种，刻画的工具往往是袋鼠的门牙和尖利的燧石，颜料取自白垩土、黑木炭和黄色或红色的赭石。这些岩画表现土著信仰的各种神灵图腾，或是表现狩猎等日常生活及表示生殖崇拜的男女欢爱的场面。阿纳姆地区的岩画还有一个特点，对描绘的对象不仅画出其外形，而且还画出他们的骨骼，好像是在 X 光的透视之下。这种表现手法被称为"X 光画法"，为澳大利亚所仅见。岩画中比较有名的是澳北区德拉米尔的《闪电英雄像》，这幅画体现了男性

---

① 《澳大利亚百科全书》第 1 卷，第 39 页。
② 约翰·根室：《澳新内幕》，第 107 页。

生殖崇拜。

树皮画的历史不如岩画悠久，它最初是用树皮搭成的遮雨棚内的装饰品。树皮画表现的主题经常是各种传说和故事。在笔法上，它以圆点、螺旋线、同心圆等几何图形来传情达意，既具象征性又显抽象性，看起来有点像西方的现代装饰画。这些几何图形与它所代表的事物并不一定有什么联系，一般人看不明白，只有老一辈土著人才能知其究竟。澳洲盛产的桉树皮光滑细密、颜色较浅，经烘干压平后便可在上面作画。树皮画的颜料与石壁岩画类似，画笔往往是小树枝或动物毛发。树皮画为澳大利亚的许多博物馆所收藏，其中的珍品包括藏于维多利亚国立美术馆的《袋鼠与猎人》，藏于新南威尔士博物馆的《底安格瓦姐妹》等。现在有人开始使用化学树脂颜料来绘画，从而使树皮画的画面更加绚丽多彩。

沙石画往往见于澳大利亚中部的沙漠地带，主要供土著祭祀之用。它是先将一块泥地用水或动物血抹平后，用各色赭石在上面画一些抽象的几何图形，或是刻上一些沟渠，在两边镶上绒毛。这类画的主题亦多为神话故事，在祭祀仪式结束后便弃之不用，一般不再保留。

目前，土著绘画的审美价值已得到广泛认可。土著绘画成为澳大利亚许多美术馆收藏的新宠，并开始走向国外。随着市场需求的扩大，一批土著画家脱颖而出，他们通过专门机构出售其作品。

第九节　腾飞的体育

澳大利亚是世界上参加过历届夏季奥运会的 2 个国家之一（另外一个国家是希腊）。[1] 民众酷爱户外体育运动，澳大利亚著名记者唐纳德·霍恩说过："对许多澳大利亚人来说，体育就是生活。在许多人眼里，对体育不感兴趣是一种衰颓的标志。"[2]

---

[1]　*Australia in Brief*, p. 45.

[2]　唐纳德·霍恩:《幸运之邦》，上海译文出版社，1999，第 23 页。

一 最流行的体育项目

澳大利亚是一个四面环海的岛屿国家，人口多集中在沿海地带，因此他们对水上运动情有独钟，很多人也喜欢中国的龙舟竞渡。另外，橄榄球、板球、赛马等运动也特别普及和流行。

游泳是澳大利亚最普及的一项运动，全国 80% 的人都会游泳。澳大利亚海滨有许多世界上最好的天然游泳场；全国各地还设有数千个公共游泳池，拥有私人游泳池的家庭也不在少数。对海滨城市的居民来说，如果不会游泳，那就会成为人们嘲笑的对象。游泳是澳大利亚竞技体育中的强项，澳大利亚游泳运动员成绩骄人，曾获得许多金牌，并多次刷新世界纪录。进入 21 世纪以来，澳大利亚泳坛出现了索普、哈克特、克利姆等令世人瞩目的年轻新秀。1999 年，16 岁的索普在泛太平洋游泳锦标赛上谱写泳坛神话，4 天连破 4 项世界纪录，成为世界纪录的暴发户。哈克特于 1998 年打破 1500 米自由泳世界纪录，1999 年又打破 200 米自由泳世界纪录，像他这样同时擅长长距离、短距离游泳的运动员非常罕见。克利姆于 1998 年 1 月在珀斯举行的世界游泳锦标赛上，获得 4 枚金牌、2 枚银牌和 1 枚铜牌。

除游泳外，冲浪、快艇、帆船等项目在澳大利亚也非常普及，并在各种比赛中多次获得金牌。

赛艇运动在澳大利亚有近 200 年的历史，各州都有赛艇俱乐部，经常组织对抗赛，很受人们欢迎。澳大利亚赛艇队曾多次在国际赛事中获得奖牌。格·皮尔斯曾于第 9 届和第 10 届奥运会上连获单人双桨冠军。1948 年，姆·伍德亦获此殊荣。在 1956 年的墨尔本奥运会上，在赛艇比赛的 7 个项目中，澳大利亚选手有 5 项进入前 4 名。

赛马在澳大利亚是历史悠久而又方兴未艾的一项体育产业，它集比赛、赌博和娱乐于一体，深受澳大利亚国民的喜爱。赛马在澳大利亚特别普及，赛马场遍及每一个城镇。澳大利亚有史记载的最早的赛马是 1810 年 10 月中旬在悉尼的海德公园举行的，[①] 以后，这项运动在全国迅速普

---

① 《澳大利亚百科全书》第 3 卷，第 324 页。

及。赛马已是澳大利亚国民的三大爱好之一，成为澳大利亚文化的重要组成部分。

在澳大利亚每年的众多赛马活动中，一年一度的"墨尔本杯"是最隆重的赛事。"墨尔本杯"赛始于 1861 年，最初是 2 英里的跑马赛，从 1972 年起改为赛程为 3200 米的障碍赛，它在每年 11 月的第一个星期二如期举行，[①] 每次都会吸引国内外的大量赛马。各类赛马活动都设置了数额不等的奖金。

在澳大利亚，最流行的球类运动包括澳式足球、橄榄球、板球、高尔夫球和网球。

澳式足球（Australian Rules Football）是澳大利亚头号观赏性体育赛事，也是参与人数最多的体育运动。澳式足球规则是 1858 年由 T. W. 威尔斯及 H. C. A. 哈里森制定的，后来经过不断修改而逐步完善。最初，参赛的球队以队员所戴帽子的颜色不同相区别，球员人数也时有变动。现在，每支球队有 18 名正选球员，再加上 2 名替补队员，被替换者下场后不得重新参赛。比赛分为 4 场，每场 25 分钟。球场呈橄榄型，在球场底线区的两端各竖有 4 根门柱。球员可脚踢手掷，球在中间两柱之间入门得 6 分，在中间柱与外柱之间入门得 1 分，以比赛终场积分高低决出胜负。[②] 澳式足球联赛在每年 3 月下旬到 9 月之间举行。

橄榄球在澳大利亚非常流行。早在 1908 年，就成立了新南威尔士州橄榄球联盟，该联盟后来演变为澳大利亚橄榄球联盟。橄榄球赛分为两种：一是联合会橄榄球赛，另一种是协会橄榄球赛。前者是业余队的比赛，球队由 15 人组成。后者是职业队的比赛，球队由 13 人组成。橄榄球并不完全用脚踢，可以手脚并用。橄榄球是令人着迷、异常激烈的运动项目，在澳大利亚非常普及。橄榄球全国职业联赛在每年 3 月上旬拉开序幕，在 10 月的第一个星期天举行决赛。

板球最初是英国绅士的特权游戏，在 19 世纪初传入澳大利亚后便迅

---

① 《澳大利亚百科全书》第 3 卷，第 325 页。
② 《澳大利亚百科全书》第 3 卷，第 73 页。

速普及。板球比赛在英联邦成员国之间比较流行，它可分为两种。第一种比赛的传统赛程为 5 天。每隔 1 年，澳大利亚队和英国队角逐"灰烬"杯；一旦双方打成平局，上届比赛的胜者便可继续捧回"灰烬"杯。在 1877～1972 年间，澳大利亚赢 82 次，输 72 次，平 63 次。[①] 第二种比赛则为一日制。板球比赛节奏悠缓，但却是澳大利亚民众最为关注的赛事之一。

相对橄榄球和板球而言，澳大利亚对英式足球的兴趣和热情偏低。长期以来，澳大利亚民众认为，足球比赛不如橄榄球和板球那样能够充分体现男子汉气概。澳大利亚国家足球队组建于 1922 年，曾于 1974 冲进世界杯决赛。澳大利亚国家足球队多次参加世界杯赛，并在国际比赛中不断取得进步。

网球在澳大利亚也很普及，网球场随处可见，在竞技体育比赛中也是成绩斐然。自 1923 年澳大利亚首次单独组队参加戴维斯杯网球赛以来，它曾于 1939 年首次夺得戴维斯杯，并在 1950～1977 年间的 18 年中，15 次捧回戴维斯杯。[②] 澳大利亚国际一流的网球明星不胜枚举。澳大利亚网球公开赛与法国、英国（温布尔顿）和美国的网球公开赛并称世界四大网球公开赛。

高尔夫球于 1840 年传入澳大利亚，但直到 20 世纪才逐渐普及。澳大利亚风和日丽，全年都可进行室外比赛。尽管高尔夫球在欧美被称为"贵族体育"，但在澳大利亚却有非常深厚的群众基础。澳大利亚建有 1500 多个标准的高尔夫球场，甚至在矿区和深山里都可以找到打球的场地。自 20 世纪 50 年代起，澳大利亚的高尔夫球水平就位居世界前列，产生过许多位世界冠军。

二 体育机构

澳大利亚联邦和州政府都设有体育管理部门。这些管理部门的负责人

---

① 郭可、张咏华编著《澳大利亚风情录》，东方出版中心，1996，第 247 页。
② 《澳大利亚百科全书》第 6 卷，第 72 页。

共同组成澳大利亚体育委员会（Australian Sports Council）。澳大利亚体委会成立于 1974 年，专门负责协调和发展澳大利亚体育事业。它的主要目标在于最大限度地筹措运动资金（主要是靠拉私人赞助），争取澳大利亚在国际赛事中的领先地位，普及和提高群众参与体育运动的总体水平。它的下属机构主要包括国家体育学院、澳大利亚奥林匹克委员会、澳大利亚英联邦体委会、澳大利亚体育和医疗联合会等。

国家体育学院是体育明星的摇篮，位于首都堪培拉。在 1976 年的蒙特利尔奥运会上，澳大利亚运动员一金未得，惨败而归。这被许多人视为奇耻大辱，并在国内引发了一场争论。舆论认为，体育明星的背后是强大的财力后盾，为提高本国竞技体育的水平，政府应该有所作为。在这种情况下，联邦政府开始筹备建立国家体育学院，并于 1981 年正式成立。它是一个专门为大赛做准备的训练中心，在悉尼、墨尔本、珀斯、阿德莱德和黄金海岸等城市和地区建立了培训基地。为网罗人才，学院不惜重金聘请国外优秀教练，其中包括不少中国教练。国家体育学院在澳大利亚声名显赫，从这里走出了许多世界冠军。

澳大利亚奥委会和英联邦体委会分别负责选送和组织本国运动员参加相关赛事。澳大利亚奥委会曾协助墨尔本和悉尼两城市成功地申办和主办了 1956 年的墨尔本奥运会和 2000 年的悉尼奥运会。澳大利亚英联邦体委会协助举办了 5 次英联邦运动会，包括 1938 年悉尼英联邦运动会，1962 年佩思英联邦运动会，1982 年布里斯班英联邦运动会，2006 年墨尔本英联邦运动会。昆士兰的黄金海岸将主办 2018 年英联邦运动会。澳大利亚体育和医疗联合会负责运动员的保健和赛前的体检工作。

另外，澳大利亚还有 120 多个全国性的单项体育协会，包括板球协会、橄榄球协会、游泳协会、帆船协会等。这些机构负责举办全国性比赛、教练员培训和国际交流。此外，全国还有数千个州级和地方性的专门俱乐部。① 各体育协会除接受各级政府拨款和企业赞助外，其收入还包括

---

① Australia in Brief, p. 45.

会员会费、出租场地的收入、比赛的门票收入和商业广告等。协会将收入的一部分用于支持下属的俱乐部和普及群众体育活动等。

三　悉尼奥运会

1956 年，澳大利亚在墨尔本举办过一届奥运会。1993 年，经过激烈角逐，悉尼又争得了 2000 年奥运会的承办权。为了成功地办好这届恰逢新世纪、新千年而具有历史意义的奥运会，在长达 8 年的时间里，澳大利亚付出了大量的人力和物力，进行了精心有效的准备工作。可以毫不夸张地说，悉尼 2000 年奥运会是一次绿色奥运会，也是一次科技奥运会，充分展示了澳大利亚的经济实力、文化教育水平和艺术创造力，也体现了它的文化历史传统和环境保护意识。

2000 年悉尼奥运会的主要场馆选址在悉尼以西濒临霍姆布什海湾的一块滩地上，这里原来是一片受潮汐影响的沼泽地。一百多年来，这里曾有过屠宰场、砖窑、海军补给站等，而且也是处理垃圾的地方。直到 70 年代，这里仍然是一片工业荒地。自从被组委会选定为奥运会的主要场馆所在地之后，主办者投入 1.37 亿澳元作为第一阶段的污染物处理费用，把堆积在这里的所有垃圾用高技术手段浓缩处理，将 82 英尺高的克罗诺斯山掘地 3 尺，将低毒废物垃圾深埋，使原来的垃圾场变成绿草如茵、碧水淙淙、环境优美的地方，并在这里建成了一条 1.6 公里的奥林匹克大道。大道两边共建设了包括主会场——奥林匹克体育场、网球中心、曲棍球中心、水上运动中心在内的 14 个场馆。在这些场馆和有关设施的建设中，环保意识和高科技手段体现得淋漓尽致。例如，组委会原来打算在旧砖窑的地方修建网球场，但是在这里发现了金绿两色的钟蛙，组委会立即放弃了原计划，另做安排。

作为奥运会主会场的奥林匹克体育场，是开幕式和闭幕式的所在地，场内 11 万个座位没有使用聚氯乙烯塑料。在奥运村，所有供运动员使用的材料都是环保型的，人行道和广场铺的是打孔的瓷砖。奥林匹克公园内 2500 多个盥洗室的用水都是可循环水。浇草地用的水全部使用从馆顶收集的雨水。在奥林匹克大道，用于照明的是太阳能塔。在主会场和奥林匹克大道共建有 19 座太阳能极板架，就好像现代雕塑，成为新的景观，可见设计者独具匠心。在水上运动中心，有别具一格的臭氧过滤系统。回收材料的利用也相当充分，建造悉尼超级圆顶，都是利用回收材料建成的，建园顶使用的回收纸张，足够印刷 6.5 万册悉尼电话号码簿。在废弃物处理中心，几乎没有什么废物不能被回收利用。所有废物中 80% 的可循环和混合废物被收集、处理和再利用。通过废物再利用循环系统，奥运村和奥运场馆的建筑废物被减少了 92%。另外，悉尼奥运会约有 1/3 的比赛是在原有场地举办的，这就大大减少了对土地和新建场馆的需求。与此同时，有些运动员村、记者村，甚至部分场馆，许多是临时性建筑。奥运会结束后，这里就能迅速恢复其自然本色。

供奥运会使用的交通也重视节约能源。奥运会 28 个比赛项目中有 15 个在奥运村举行，参加这 15 个项目的所有运动员都可以在 30 分钟内抵达赛场。为了迎接奥运会期间如潮的人流，奥运会组委会提前制订了详细周密的交通战略计划，这计划包括公路、铁路、航运，并为残疾人做了特殊安排。

2000 年悉尼奥运会的会徽是从 700 多件竞选作品中选出，由墨尔本 FHA 公司设计。会徽图案的主体是一个高擎火炬飞跑的运动员。该运动员图案由三片飞去来器和黄色太阳组成。一弯巨大的红色飞去来器构成了运动员飞奔的双腿，另有两片稍小的飞去来器则成为运动员奔跑中前后飞舞的双臂。黄色太阳带着两点光芒，意味着运动员的头和飞跑中随风扬起的小辫。而运动员前抬的手臂上那条曲线，象征着火炬燃烧冒出的白烟，而曲线的形状恰恰与悉尼歌剧院的风帆形屋顶轮廓相吻合。整个画面简洁、洗练、寓意丰厚，又动感十足、生气盎然。会徽的这一设计契合了澳大利亚的文化脉搏。古老的工具飞去来器代表着澳大利亚的传统，著名的悉尼歌剧院则是典雅文化的象征，而永恒的太阳则是人类共同生存不变的依赖。1996 年 9 月，这一设计刚公布便受到广泛好评，并被制成 12 米高的雕塑，矗立于达令海畔，迎接四海宾朋、八方来客、五洲健儿。

较会徽稍晚公布的奥运会吉祥物，成为人们喜爱的又一焦点。此次盛会的吉祥物是 3 种澳大利亚动物，它们是鸭嘴兽 Syd（悉德）、针鼹 Mille

（米利）、翠鸟 Olly（奥利）。它们分别是在澳大利亚的海、陆、空生存的特色物种，在意见征询中被认为是最适合代表澳大利亚的 3 种动物。悉尼奥运会组委会的一位专家曾就吉祥物做过如下解释：鸭嘴兽悉德取名自 Sydney（悉尼），它是一个具有团队精神又具天生领导才能的典范。悉德象征强壮、充满活力又富幽默感的澳大利亚及其人民，并被物化成一个优秀的体育健将，宣扬"更快更强"的奥运精神，倡导着人类的友谊与和平。针鼹米利取自 Millennium（千年），它是个信息首领，目光总是坚定地望着未来，充满希望和自信。米利象征富有朝气和乐观精神的澳大利亚。翠鸟奥利取名自 Olympic（奥林匹克），它诚实、热情、爱交际，并有坦率的胸怀，体现了宽宏、人类友谊的奥林匹克精神。奥利象征澳大利亚人乐于助人、热情好客的性格。

悉尼奥运会举行了传统的圣火接力仪式。这次圣火接力仪式是奥运史上经历时间最长、途经国家最多的一次。圣火接力途经南半球许多岛国，又传经澳洲 85% 人口的居住地。它既经过数百万人口的大都市，也经过只有 3 个人的小社区。在传递过程中，人们曾把火炬送上蓝天，向浩瀚的宇宙苍穹展示地球上的人类之光；又把火炬潜入深海之中，向深邃的海洋撒播光明。在澳大利亚境内，圣火辗转了 99 天，接力行程达 2.7 万公里，经过 750 个城镇，共有 11900 多人参加了接力，可见其宣扬奥运精神的普遍性和广泛性。悉尼奥运圣火之所以能够上天入水而永不熄灭，是使用现代高科技手段的结果：火炬重 1 公斤，长 72 厘米，由 3 片不锈钢和阳极电镀铝片集束而成。火炬能每隔 0.1 秒就自动产生一次高压电火花，点火与充气实行联动，燃烧温度能达 2000℃，所以能在水下 3 米处保持燃烧而不被熄灭。这是悉尼布鲁斯基设计公司的杰作。当地时间 9 月 14 日，火炬终于传递到悉尼市中心，人们涌上街头，热情迎接。傍晚时分，火炬到达著名的悉尼歌剧院和海湾大桥时，点燃了大桥上巨大的五环标志，顿时火树银花，蔚为壮观。整个悉尼狂欢起来，变成欢乐的海洋。然后去市政厅举行了迎接仪式，狂欢达到了高潮。

2000 年 9 月 15 日晚，第 27 届夏季奥运会开幕式在能容纳 11 万人的悉尼奥林匹克体育场隆重举行。开幕式由于精心安排和总导演瑞克的非凡创意，获得了极大成功。全世界有 36 亿人观看了这场精彩绝伦的表演。晚上 7 时许，120 名澳大利亚"牛仔"在童声合唱的音乐伴奏下策马进场，在体育中心组成了奥运会的五环标志。在贵宾们入座之后，歌唱家演唱了澳大利亚国歌。之后，一个小女孩尼基走进场中，铺开浴巾，擦上防晒霜，开始了海洋梦幻表演。此时，整个会场似乎成了海洋，水和虹鱼在游弋，尼基在海中嬉戏。这既体现出澳大利亚周围是大海的环境，也体现了人与大海的关系。接着是土著舞蹈家们的表演，他们围着桉树，似乎在讲述澳洲的历史。在这里，大海与人类，历史与现在，被完美地联系在一起，奥运精神也得到充分的表达。8 时许，有 2000 人组成的行进乐队为各国运动员开道，各国运动员、教练员入场。尤其令人瞩目的是，朝鲜和韩国运动员联合组成了 180 人的方队，双方都不举各自的国旗，而是高擎同一面旗帜入场，他们身穿的服装是国际奥委会提供的。朝、韩运动员在时隔 12 年之后手拉手、一起走进会场，受到观众热烈欢迎，这是历史性的感人一幕。同时，东帝汶的代表第一次参加了奥运会。澳大利亚代表队最后入场，此时歌唱家唱起了专为本届奥运会谱写的《勇敢者的梦想》。在运动员入场后，迪恩总督宣布 2000 年奥运会正式开幕，奥运会会旗在《英雄永生》的歌声中冉冉升起。10 时许，奥运圣火接力传到主体育场，为了纪念女子参加奥运会 100 周年，特意安排了 6 位女选手完成最后的接力。最后由身兼土著和运动员双重身份的弗里曼高擎火炬，点燃了本届奥运会主会场里的主圣火台。圣火在熊熊燃烧，象征着不灭的奥运精神。

　　开幕式之后，各国运动员在众多的体育项目中展开了激烈的角逐，共有 200 个国家和地区的 1.1 万多名运动员，参加了本届奥运会 28 个大项 300 个小项的角逐。第一块金牌在女子 10 米气步枪决赛中产生，美国选手南希·约翰逊以 497.7 环的成绩夺得冠军。在长达 17 天的比赛中，选手们努力拼搏，共打破了 33 项世界纪录。这些新纪录主要产生在男女举重、游泳、射箭等项目中。澳大利亚的"宠儿"——17 岁的索普在游泳决赛中的表现尤为突出。埃塞俄比亚选手阿贝拉获得了马拉松冠军，赢得了本次奥运会的最后一枚金牌。

　　本届奥运会的竞争格局发生了新的变化。美国代表团以 39 金、25

银、33 铜的成绩，依然处于领先地位。俄罗斯仍显示出雄厚的整体实力，获 32 金、28 银、28 铜，继续处在第一集团。中国在这次奥运会上也有不俗表现，共获得 28 枚金牌、16 枚银牌、15 枚铜牌，名列奖牌榜第三。这届奥运会打破了 20 世纪奥运传统的格局，从 1972 年以来一直位居奥运会金牌榜前三名的德国的成绩明显下降，以 14 金、17 银、26 铜的成绩排名第五位。东道主澳大利亚以 16 金、25 银、17 铜排在第四位，进步显著。

悉尼 2000 年奥运会除了运动员们创造的各项优异成绩外，运动会本身也打破了多项澳大利亚、奥林匹克和世界纪录。悉尼奥运会吸引了 46000 多名志愿者参与其中，还有 1.5 万名志愿者接着参加了残疾人奥运会的工作。志愿者们总共为奥运会提供了 500 万个小时的服务时间。而在过去的 7 年里，志愿者们提供给奥运会的兼职时间达 50 万个小时。国际奥委会主席萨马兰奇在 9 月 27 日主持召开的每日联席会议仅用 8 分钟，也创下了一项纪录。悉尼奥运会还创下了奥运会票房新纪录，悉尼当地场馆和进行足球比赛的各州体育场共售出了 87% 的有效票，国际奥委会证实这个数字超过了上届亚特兰大奥运会 82% 的售票额。悉尼当地的体育场馆则售出多于 91% 的有效票。悉尼 2000 年奥运会的特许产品项目也是现代奥运历史上最成功的，从 1997 年开始，共零售出总价值达 420 万美元的特许商品。悉尼奥运会的实况通过广播电视波及了比历届奥运会都更广泛的地域，共有 220 个国家和地区直播和转播了悉尼奥运会，超过了亚特兰大奥运会的 214 个和巴塞罗那奥运会的 193 个国家和地区。同时，悉尼奥运会官方网站共被点击了 90 多亿次，这远远超过了 1998 年的长野冬奥会 6.34 亿次的纪录。

10 月 1 日，悉尼奥运会举行了隆重的闭幕式，这是一场与开幕式同样精彩和扣人心弦的演出。其中包括一场大游行，由 2004 年奥运会举办城市雅典选派的演员进行具有希腊民族特色的表演，还有包括名模、歌星、乡村歌手参加的演唱。最令人激动的是由战斗机点燃的长达 1000 英尺、绚丽多彩的火幕。与此同时，在悉尼大桥附近从船上和高大建筑物上发射的焰火形成了一片火花的海洋，把悉尼的夜空照得异常漂亮。随着燃烧 17 天的圣火徐徐熄灭，2000 年奥运会取得圆满成功。

2000 年悉尼奥运会不仅在世界体育史上写下了光辉的篇章，而且在经济上也取得了良好的收益。据有关统计，本届奥运会总支出约为 17.6 亿澳元，除去总支出，约净盈余 7.65 亿澳元（约合人民币 35 亿）。不仅如此，本届奥运会在其他方面也给澳大利亚带来了丰厚的利益，促进了旅游业的发展。有数据表明，奥运会开幕前的 4 年间，悉尼的旅游收入达 40 多亿美元，另外还带来了约 50 亿美元的商机和 1 万个就业机会。

第十节　大众媒体

澳大利亚崇尚新闻自由，是个大众传媒非常发达的国家。大众传媒不受政府或审查制度的约束，但是新闻记者必须具备职业道德，他们的报道必须客观真实，不得凭空捏造，否则记者会受到起诉，要承担一定的法律责任。澳大利亚报业理事会由出版商提供资金，处理公众对报纸杂志的投诉。大众媒体具有相当的独立性，成为监督政府的重要社会力量。

一　报纸

澳大利亚报业的垄断和集中程度居西方世界之最，这一格局的形成经历了一个残酷的竞争和兼并的过程。在 20 世纪之前，主要是由个人办报。进入 20 世纪 20 年代之后，报业集团开始兴起，其集中垄断倾向在二战后加剧。全国报纸在 20 世纪 60 年代中期，主要集中在四大报业公司手中，而到 70 年代则被三家报业公司控制。到 90 年代，全国 90% 的报纸都由美国人默多克控制的新闻集团和加拿大人布莱克控制的约翰·费尔法克斯集团这两大传媒巨头控制。目前，新闻集团控制了《澳大利亚人报》（*The Australian*）、《每日电讯报》（*The Daily Telegraph*）、《先锋太阳报》（*Herald Sun*）等近 70% 的澳大利亚报纸。而约翰·费尔法克斯集团则控制了《悉尼先驱晨报》（*Sydney Morning Herald*）、《澳大利亚财经评论》（*The Australian Financial Review*）、《时代报》（*The Age*）等 20% 以上的报纸。尽管费尔法克斯集团控制的报纸数量少于新闻集团，但其麾下的报纸就整体质量而言更胜一筹，在英语世界享有不错的口碑，其影响并不逊于新闻集团控制的报纸。这些报业集团除创办报纸外，其业务还扩展到广播、电视、出版等其他领域。

在众多的报刊中，日报发行量最大的当推墨尔本的《先驱太阳报》。星期日发行量最大的当推悉尼的《太阳电讯报》。全国性日报包括1964年在堪培拉创刊的《澳大利亚人报》和《澳大利亚金融评论报》。《澳大利亚人报》的报风比较严谨，涉及面广泛，对艺术、教育、科学比较关注。该报每天在悉尼、墨尔本、珀斯、汤斯维尔、布里斯班和阿德莱德同时开机印刷。《澳大利亚金融评论》于1952年创刊，起初是一家周报，从1963年起改为日报。上述两份报纸由于处理新闻稿的严肃性而备受尊重。全国性的周刊包括：《公报》（Bulletin）、《澳大利亚时代》（Time Australia）以及《经济评论周刊》（Business Review Weekly）。

《悉尼先驱晨报》是至今仍在发行的澳大利亚最古老的一份报纸。它创刊于1831年，起初称《悉尼先驱报》，1840年后才由周报改为日报。其创始人为沃德·斯蒂芬斯（Ward Stephens）、威廉·麦加维（William McGarvie）和弗雷德里克·斯托克斯（Frederick Stokes）。1841年，该报被约翰·费尔法克斯和查尔斯·肯普（Charles Kemp）买下，翌年改用现名。1853年，费尔法克斯成为该报的唯一股东。[①] 该报的金融、商业版很有分量，为中产阶级的理财人士所瞩目。

澳大利亚海外的新闻机构有两家，其一为澳大利亚联合新闻社（Australian Associated Press），它成立于1935年，在伦敦、纽约、亚太地区设有记者站，和英国的路透社有较多的业务联系。其二为澳大利亚合众通讯社（Australian United Press Ltd），它于1928年创立于悉尼，在墨尔本、堪培拉设有分社，负责收集国内信息，并向边远地区和海外发送。当然，也有的报刊如《澳大利亚人报》，为节约新闻采访的开支，通过付费方式从英国《卫报》和美国的《华盛顿邮报》直接获得海外新闻。

澳大利亚设有鼓励优秀新闻工作者的三种奖项，它们是：蒙塔古·格罗弗奖（Montague Grove Prize）、S. E. 普拉特奖（S. E. Pratt Prize）及

---

① 《澳大利亚百科全书》第4卷，第334页。

W. G. 沃克利奖（W. G. Walkleg Prize）。①

澳大利亚设有两个全国性的新闻协会：其一是澳大利亚新闻工作者协会，会员是国内的新闻记者；其二是澳大利亚报业理事会，其成员主要是全国主要报社。此外，还有澳大利亚地方报业协会，它在各州都设有工作站。

进入 21 世纪以来，在互联网及其他新媒体的冲击下，澳大利亚的报业格局发生了一些变化：全国性日报、都市报等多种报纸均出现了总发行量下降、读者减少的现象。但许多报纸的周末版却呈现日益红火之势，发行量前 10 名的报纸，其周末版比周一至周五各版平均多发行 30 万份，总版面是平时的两倍，而广告版则是平时的三至四倍。周末版增加了重磅文章，主打"信息牌"，以其丰富的信息量作为取胜之道。这种"信息超市"的周末版模式，已经被越来越多的报纸采纳。

二 广播电视

澳大利亚的广播电视业非常发达。播放电视的机构，通常也进行广播，但一般都称为广播公司。广播电视系统由国家电台和商业电台两部分组成。国家电台在节目中基本不插播商业广告，主要靠联邦政府资助，在 2009/2010 年度所获的联邦资助达到约 13 亿美元，占联邦政府艺术资助的 73%。② 国家电台要宣传政府的政策方针，但在宣传报道方面有极大的自主性和独立性，比较重视新闻、教育、文化、科技节目。而商业电台则主要靠广告收入维持，重点是娱乐节目。澳大利亚电视台必须播放一定数量的本土制作的节目，此举是为了促进本国影视业的发展，保证澳大利亚新闻工作者的就业机会。

在国家电台中，最重要的要数澳大利亚广播公司（Australian Broadcasting Corporation，简称 ABC）。澳大利亚广播公司成立于 1932 年，成立之初只有 10 多个广播电台，1949 年开始开展电视业务并组建全国电

---

① 《澳大利亚百科全书》第 4 卷，第 333 页。

② Australian Bureau of Statistics, *2012 Year Book Australia*, p. 498.

视网，1956年成功转播了墨尔本奥运会，1975年开始播出彩色电视节目，80年代后采用卫星传输，从松散的委员会管理逐渐过渡到公司管理，90年代后又将业务扩展到因特网领域。目前，网络、电视和广播成为澳大利亚广播公司的三个主要产业。ABC相当于我国的中央电视台，受到政府的大力资助，不按商业原则经营，而着力于提高人们在音乐、戏剧等方面的欣赏品位，同时为学校、农村听众和少数民族制作一些专门节目。这些节目一般比较严肃正统，具有较高的水准。除时事新闻、音乐、戏剧、儿童、农村等节目外，还有类似社会热点剖析、人物专访等针砭时弊的节目。澳大利亚广播公司拥有多个广播电台和电视台，在国内各主要城市，以及在新德里、新加坡、东京、华盛顿、纽约、伦敦和北京都派驻新闻记者。澳大利亚广播公司曾与中国中央电视台合作拍摄过52集木偶童话剧《神奇山谷》，在国际市场上很叫座。

ABC下属的澳大利亚对外广播电台（Radio Australia），主要面向亚洲和太平洋地区，通过短波和卫星输送全天候的节目，广播的主要语种包括英语、印度尼西亚语、日语、汉语、粤语、高棉语（柬埔寨语）、越南语等，[①] 英语广播占对外广播总时间的一半左右。它是促进澳大利亚多元文化发展的最重要的媒体之一，每天都播出普通话和粤语的节目，内容涉及新闻、评论、科学、妇女和儿童、戏剧、音乐等。

澳大利亚民族台（Special Broadcasting Service，简称SBS）成立于1980年。它负责对境内少数民族提供多语种的广播电视节目，并对其他向少数民族提供广播电视服务的机构提供资助。民族台的绝大部分资金来自政府资助，还有少部分来自广告和赞助。它用60多种语言播放节目，这些节目可以分为新闻、娱乐、纪录片、连续剧、电影、体育等几大类。民族台的非英语节目约占一半左右，播出时辅以英文字幕，以便人们能够理解。民族台很受土著和具有移民背景的观众的欢迎，同时澳大利亚人也可通过该台增加对外国的了解。该台曾派摄影组来华拍摄一部题为《透

---

① 《远东和大洋洲年鉴·1999》（*The Far East and Australasia, 1999*），欧罗巴有限公司，1999，第114页。

过澳大利亚人的眼睛》的电视片。该片通过一位华裔女孩首次回国探亲和观光的形式，介绍了我国悠久灿烂的文化和改革开放后的社会状况。民族台转播我国中央电视台的"新闻联播"和其他多国的新闻节目。

澳大利亚有为数众多的商业电台和社区电台。商业广播始于1924年，商业电视则发轫于20世纪50年代中期，当时相继成立了TNC第9频道、第7频道和第10频道。从1977年澳大利亚广播电视管理局开始向商业电视经营者发放许可证以来，商业电视台大量涌现。商业电视台主要依靠广告收入，最初播放的主要是从美国进口的影视节目，从八十年代开始，播放的本土节目越来越多。各商业电视台彼此竞争激烈，它们在节目类型上并不贪大求全，而是各据一方阵地。TNC第9频道多年来一直保持着收视率最高的纪录，在新闻、体育、娱乐节目方面都有过人之处，长期包揽了板球、澳式足球等重大赛事的转播权。第7频道的体育节目做得有声有色，赛马、赛车等栏目尤其受到关注，在2000年买下了悉尼奥运会的转播权，在2006年携手第10频道，出重金拿下了板球、澳式足球下一赛季的转播权。第10频道的节目比较新潮前卫，尤其适合年轻人的口味。

总的说来，澳大利亚电视节目的制作水平是相当高的，尤其是在以低成本制作通俗闹剧和吸引人的"系列剧"或"连续剧"方面。许多节目出口到英国和西欧其他国家。澳大利亚较成功的连续剧有《萨利文一家》《邻居们》《飞行的医生》《乡村习俗》等。更具有挑战性的小系列剧有《湖滨》《考拉突破》及《基督的新娘》。[①]

澳大利亚电视频道中没有成人黄色节目，但很多影视节目中充斥着色情暴力镜头，因此要求对影视作品实行严格审查的呼声此伏彼起。但以金钱至上的商业电视往往以言论自由为遁词，使政府对媒体的管制无力。另外，澳大利亚的广播台、电视台往往控制在少数报业集团手中，这种由个别报业主宰大众传媒的状况，使许多节目的内容、风格往往陷入雷同。报业高度垄断不利于不同见解的表达，少数人可以轻易地左右大众舆论，从而对民主和自由构成直接威胁。

---

① 戈登·福斯：《当代澳大利亚社会》，第85～86页。

第八章

外　交

第一节　外交政策与外交概况

一　外交发展简史

从 1901 年澳大利亚联邦建立至 20 世纪 30 年代，澳大利亚在名义上是一个主权国家，但在实际上无独立的外交政策可言。1931 年 12 月英国议会通过《威斯敏斯特法》，澳大利亚虽在法律上获得了内政与外交的自主权，但其外交与国防大权仍操纵于英国之手。"澳大利亚政府的外交政策在一切主要方面都和英国政府的外交政策没有区别"，因为"外交政策从来不是澳大利亚政府的一个主要先决问题"，"英国有权主动为整个英联邦拟定外交政策"。当时，澳大利亚在外交上的唯一要求是："当帝国政府决定有关澳大利亚的政策时应征求澳大利亚政府的意见。"澳大利亚人民"在国际事务上已经非常习惯于和英国取得一致，而且毫不犹豫地认为澳大利亚本身的安全是与英国的安全分不开的"。[①]

当时澳大利亚外务部虽已建立，但一直未司其职，形同虚设。澳大利亚联邦历史上第一个外务部从 1901 年存在到 1916 年，它仅主管"太平洋岛屿问题和移民归化问题"。[②] 联邦政府并未像外事机构一样对待这个部，

---

① 戈登·格林伍德：《澳大利亚政治社会史》，第 472 ~ 474 页。
② 南维兰·米尼：《澳大利亚和世界：19 世纪 70 年代至 20 世纪 70 年代文献史》，第 21 页。

也不希望它对世界事务做系统分析。为加强和英国的联系，1910 年澳大利亚建立了驻伦敦高级专员公署。1916 年，休斯总理又撤销了外务部并将其"外交"职能合并到总理府。1916 年 6 月，出于对日本扩张的担心，联邦政府在总理府建立了太平洋局，"以研究远东和太平洋国家（包括美国）的事务"。但在 1921 年华盛顿会议后，为了减少日本的注意和疑虑，又将其加以取消。直到 1935 年，随着远东和国际形势的日趋紧张，澳大利亚政府才决定重建外务部（1970 年外务部易名外交部）。然而，至第二次世界大战爆发前，外务部的全部官员只有 17 人。①

对英国的政治与外交依附导致澳大利亚长期没有设立驻外使节和使团，与英国的外交和国防联系仅通过其驻伦敦的高级专员进行。

澳大利亚长期存在只有独立主权之名而无独立外交之实的主要原因在于：（1）种族血缘关系的同根性和浓厚的忠诚意识构成了澳英关系的基础。（2）澳英之间在经济、安全和战略上的一致性。（3）澳大利亚所处的地理位置所形成的对"母国"的依附性。（4）澳大利亚人有关国家和主权意识的淡薄性。因此，澳大利亚只有在经济发展、政治独立和主权意识增强以及对外需求不断增加的条件下，才有建立外交机构、设立驻外使团的愿望和行动。

20 世纪 30 年代是澳大利亚对外关系开始发生重大转折的年代。1934 年，澳大利亚著名政治家、外务部长约翰·拉沙姆率领澳大利亚历史上第一个外交使团出访亚洲，这也是澳大利亚政府第一次行使 1931 年《威斯敏斯特法》所赋予的外交权力。拉沙姆使团访问了荷属东印度（即印尼）、新加坡、越南，中国的香港、上海、南京、天津、北平，以及日本和菲律宾。②

拉沙姆使团出访亚洲诸国，尽管其主要目的是为了开展贸易活动，但对澳亚关系所产生的影响是深远和富有决定意义的。它加强了澳大利亚对

① G. 格林伍德：《迈向亚洲：战后澳大利亚对亚洲的政策和态度》（G. Greenword, *Approaches to Asia: Australian Postwar Policies and Attitudes*），悉尼，1974，第 32 页。

② A. W. 斯塔加特：《澳大利亚的亚洲政策 1839～1972》（A. W. Stargardt, *Australia's Asian Policies: The History of a Debate*, *1839 - 1972*），汉堡，1977，第 154 页。

亚洲重要性的认识，推动了澳大利亚以欧洲为中心的传统亚洲观的转变。拉沙姆的访亚也促进澳人利亚朝野对建立独立外交和国防的思考。澳大利亚开始了向外交和国防独立自主的大转变，特别是向亚太大国的转变。

随着第二次世界大战的爆发，英国参战和澳大利亚被迫卷入战争，澳大利亚更加重视与亚太大国建立外交关系的重要性。当时执政的统一党领袖莱昂斯总理在 1939 年 3 月 30 日给英国自治领事务大臣托马斯·英斯基普的电报中这样说："很长时间以来，澳大利亚政府持续的政策是反对在海外建立直接的外交代表"，但"一直不断增长的国际联系使这一点变得紧迫，即我们应当在那些对澳大利亚非常重要的国家派驻更直接的代表，特别是在太平洋地区"。[1] 莱昂斯提出应立即着手"在华盛顿和东京建立独立的外交使团"，并认为完成这一任务的"时机已经到来"。[2] 由于莱昂斯总理不幸于 1939 年 4 月 7 日病故，建交计划由继任总理孟席斯完成。

从 1940 年 1 月至 1941 年 6 月，澳大利亚一批杰出的政治家先后被任命为驻亚太大国的首批使节：供应与发展部长 R. G. 凯西被任命为驻美公使，高级法院大法官约翰·拉沙姆任驻日公使，联邦拨款委员会主席 F. 埃哥莱斯顿任驻中国公使。[3] 向美、澳、中三国派驻使节体现了澳大利亚外交自主权的初步应用和外交重点从大西洋转向太平洋的新趋向。尽管澳大利亚对华派驻使节由于种种原因迟于美、日，但毕竟作出了正确的选择，承认了中国在亚太的重要地位，从而在对亚洲关系上迈出了重要的一步，并为澳大利亚在国际社会建立真正独立的外交铺平了道路。

1941 年 12 月 7 日太平洋战争爆发，英国的远东舰队遭到歼灭性的打击。澳大利亚失去了赖以寄托的海上保护。1942 年 2 月 19 日，日军两次空袭澳大利亚的达尔文港，澳大利亚必须独立面对入侵者的时刻终于到来。

澳大利亚史学家戈登·格林伍德指出："1941～1942 年的种种事件，

---

① 《澳大利亚对外政策文件集 1937～1949》第 2 卷，第 88～90 页。
② 《澳大利亚对外政策文件集 1937～1949》第 2 卷，第 88～90 页。
③ A. W. 斯塔加特：《澳大利亚的亚洲政策 1839～1972》（A. W. Stargardt, *Australia's Asian Policies*），第 161 页。

如日本军队取得了初期的胜利以及英国无力保证澳大利亚在太平洋的安全等，使澳大利亚在外交史上似乎开始了一个新纪元。"[1] 在外交和国防政策上，澳大利亚柯廷政府将保卫本国安全作为首要任务，开始了从依附外交向独立外交的转变。1942 年 2 月，柯廷总理拒绝了伦敦"太平洋作战会议"关于将驻中东澳军调往缅甸的决定，坚持将澳军第 7 师调回本国助防。英国首相丘吉尔当时非常恼火地说："我们不能想象（澳大利亚）竟然会拒绝我们的恳求，同时也是美国总统的恳求。"在这样重大的问题上和英国发生公开分歧，这在澳大利亚历史上是没有先例的。1942 年 10 月，澳大利亚外交又作出了惊人之举——与苏联建立了外交关系，互派大使，并在战争中向苏联提供了许多战略物资。

为了保证太平洋战场反法西斯战争的胜利，澳大利亚对外交政策做了重大调整，将其重心从大西洋转向太平洋，决定和美国结盟，共同抗击日本的侵略，将澳大利亚建成美国在太平洋的后方基地。美国应澳大利亚政府的要求，将西南太平洋战区司令部设在澳洲，并以此作为对日反攻基地。西南太平洋战场由此形成了澳美联合抗日的战略态势，为战胜日本法西斯提供了重要的条件。

1944 年 1 月，澳大利亚与新西兰签订了《澳新协定》，划定了一个包括澳大利亚、新西兰及其北部地区在内的防御地区，要求其他国家在处理该地区问题时要与澳新两国充分协商，反对任何大国采取单方面的行动。这是澳、新在英国之外签订的第一个国际性条约。澳大利亚外长认为签订这一协定具有重大意义，甚至将协定的签订仪式与二战中的同盟国巨头会议相提并论。他说，由于澳、新协商一致，不但可以让英、美听到澳新两国的声音，而且会引起他们的重视。

战后，澳大利亚对外政策发生了更大变化，它意识到再也不能依赖英国的庇护，开始执行更为独立的外交政策，积极参与国际事务与联合国事务。澳大利亚外长伊瓦特还曾被选为联合国大会主席（1948～1949）。澳大利亚政府认为，联合国有利于中小国家的联合，发挥它们在国际事务中

---

[1]　戈登·格林伍德：《澳大利亚政治社会史》，第 505 页。

的影响和作用。但战后的澳大利亚外交明显受到了冷战格局的制约，它从二战中摆脱宗主国英国的控制转向追随美国在亚洲推行冷战、争夺远东霸权的政策，参加了朝鲜战争和越南战争，损害了自身作为独立主权国家的形象。1951 年 7 月和 1954 年 10 月澳大利亚参加签订的《澳新美安全条约》和《东南亚集体防务条约》，均为澳美结盟、卷入冷战、"抑制国内外共产主义"的产物。从战后初期至今，尽管国际格局和国际形势发生了深刻变化，但澳美关系一直成为澳大利亚外交政策的基础和基本的出发点。

20 世纪 60 年代末至 70 年代初，澳大利亚对外政策处于探索和调整时期。随着国际大环境的改变，美国在亚洲实行战略收缩，东南亚军事对抗的紧张态势逐渐缓和。1972 年执政的工党领袖惠特拉姆总理抓住机遇，调整以冷战思维为指导的地缘政治观；改善对华关系，同中国建交；陆续从越南、马来西亚和新加坡撤军，结束了将东南亚作为澳大利亚前沿防御阵地的历史；开始推行积极的以区域和平为中心的亚太合作战略。

80 年代末至 90 年代初，国际形势趋于缓和，世界上的政治、军事对抗逐步让位于经济、技术的合作、发展与竞争。同时，国际经济一体化、集团化步伐加快。澳大利亚将外交政策的重点明确转向亚洲，工党政府提出了"全面融入"亚洲的政策。从弗雷泽、霍克到基廷均不断推进面向亚洲的历史进程，以独立自主的姿态参与亚太政治经济新秩序的构建。澳大利亚率先提出了"政治解决柬埔寨问题的方案"和召开"亚太经济合作会议"（APEC）等建议，并积极支持"东盟地区论坛"（ARF）的建立与活动。

二 外交政策的特点

澳大利亚的外交政策具有一个以亚太地区为主要方向的中等国家的外交政策的特点。从总体来看，影响澳大利亚外交政策的主要因素有三个：一是地缘政治与战略安全的利益；二是经济与贸易的利益；三是国际成员的责任。澳大利亚外交政策的最高目标是捍卫国家主权和独立，推进澳大利亚的经济与战略利益。1997 年 8 月发表的《澳大利亚外交和贸易白皮书概述》，将澳大利亚的国家利益置于外交和贸易政策的中心，为澳大利亚此后 15 年的外交制定了政策框架。白皮书规定应从三个方面推进澳大利亚的外交战略，即双边关系、地区组织和全球多边组织。白皮书强调：澳大利亚的"国家利益不会因政府的更迭而改变"。[①] 外交政策的重点是加强与美国的联盟关系，发展对亚洲，尤其是对东亚国家的关系。将美国、日本、中国和印度尼西亚作为澳大利亚最重要的发展对外关系的 4 个大国。澳大利亚主张种族平等，消除种族歧视，促进全球人权状况的改善，反对将人权与贸易挂钩；主张加强联合国的作用，改革联合国机构并支持日本、德国等成为安理会常任理事国。

澳大利亚把推动核裁军、防止核扩散作为其对外政策的重要目标。澳大利亚政府高度评价《不扩散核武器条约》，希望世界上所有重要国家，特别是有核国家早日成为该条约的签字国，积极推动联合国通过《全面禁止核试验条约》。澳大利亚积极倡导并签署了禁止化学武器公约，并积极主张禁雷。《澳大利亚外交与贸易白皮书概述》提出，澳大利亚"政府也努力确保有关大规模杀伤的核武器、化学武器以及生物武器的国际规则得以执行，而且在必要时得到加强"。[②]

澳大利亚认为全球经济一体化将给世界经济带来巨大的机会，同时也将对世界各国的政治、经济以及安全产生深远影响。《2000 年澳大利亚防务白皮书》将"全球化和美国第一"，列为"在全球范围内形成澳大利亚战略环境的两个交互影响的趋势"。[③] 因此，澳大利亚积极致力于推进贸易自由化，大力支持世界贸易组织和亚太经济合作组织。《澳大利亚外交与贸易白皮书概述》指出："在全球化的经济中，对澳大利亚最为有利的是在采取行动加强澳大利亚进行竞争的能力基础之上，澳大利亚应具有全球性的眼光并积极参与国际事务。"[④]

目前，澳大利亚已同世界上 90 多个国家和地区建立了外交和经贸关

---

① 澳大利亚驻华使馆：《澳大利亚外交和贸易白皮书概述》，第 2 页。
② 澳大利亚驻华使馆：《澳大利亚外交和贸易白皮书概述》，第 4 页。
③ 《2000 年澳大利亚防务白皮书》（*Defence 2000：Our Future Defence Force*），第 15 页。
④ 澳大利亚驻华使馆：《澳大利亚外交和贸易白皮书概述》，第 4 页。

系。据资料统计，截至 2012 年 6 月 30 日，澳大利亚在外设有 95 个使馆或领事馆，驻有贸易使团的城市有 14 个，驻在国际机构中的永久性使团6 个（其中纽约 1 个，日内瓦 2 个，曼谷 1 个，罗马 1 个，维也纳 1 个），设有名誉领事代表处的国家和地区有 65 个。[①]

第二节　与英国、美国的关系

一　与英国的关系

澳大利亚不仅在历史上曾是英国的殖民地，1901 年独立后仍然是英联邦的成员国，因而英国和英联邦决定着澳大利亚外交活动的基本框架与格局。第二次世界大战之后，英国势力逐渐从苏伊士运河以东地区收缩，在亚太地区的存在与影响大为减弱。

1949 年，由于东南亚地区的民族解放运动不断高涨，英国工党政府和澳大利亚、新西兰政府经过协商，一致同意共同制订国防计划，即著名的《英澳新军事协定》。此后，英澳新三国历届政府一直继续执行这一协定，但始终未导致签订军事条约。

1954 年 11 月，即《东南亚集体防务条约》签订后的两个月，澳大利亚外交部长 R. G. 凯西向国会通报说，英国政府决定逐步从印度洋地区撤退，并将位于西澳州的弗里曼特尔至科伦坡途中的可可群岛交由澳大利亚管辖。英国从印度撤走军事力量，对澳大利亚、新西兰与新加坡的关系产生了重大影响。

1956 年 7 月 26 日，埃及总统纳赛尔宣布埃及接管苏伊士运河，并颁布了苏伊士运河国有化法令。英法两国借口苏伊士运河危机对埃及发动了侵略战争。澳大利亚孟席斯总理支持英国艾登政府的苏伊士运河政策，为英国的侵埃行动辩护，引起了国内外舆论的谴责。1960 年 10 月，在联合国大会上，作为澳大利亚总理兼外长的孟席斯为讨好美英，对印度总理尼

---

① 《澳大利亚外交与贸易部年度报告 2011 ~ 2012》，第 236 ~ 242 页。

赫鲁及第三世界 4 国的提案提出修正案。尼赫鲁则代表第三世界一些国家抨击了孟席斯的修正案，使其修正案遭到彻底破产。

战后初期，由于历史原因，澳大利亚仍与英国及英联邦国家保持密切的经济关系。如 1949/1950 年度，澳大利亚向英国的出口仍占其出口总值的 38.7%，从英国进口则占其进口总值的 52%。而自第二次世界大战以来，尽管澳大利亚仍然是英联邦的成员国，但其"英国属性"在不断弱化，澳大利亚与英国原有的亲密关系已逐步为美国所取代。从 60 年代初开始，澳大利亚所关注的主要不是和英国的关系，而是和亚洲邻国及美国的关系。

1961 年底，英国开始讨论加入欧洲共同体。澳大利亚担心英国加入欧共体后将使澳失去重要的贸易伙伴，并使英联邦贸易特惠制丧失作用。1962 年 3～4 月，澳大利亚贸易部长约翰·麦克伊文访问北美和英国，希望找到一种在英国加入欧共体后的解决办法。同年，孟席斯总理又接踵访问欧美，但问题并未得到满意解决。1967 年，英国将驻在马来西亚和新加坡的军队分期撤回欧洲，澳大利亚在防务上对英国的依赖宣告结束。伴随澳英贸易额的下降和英国加入欧洲共同体，澳英之间传统的特殊贸易关系不复存在。

60～70 年代以来，随着亚太经济的迅速崛起，澳大利亚开始将经济贸易重心转向亚太地区，外交战略也作出了重大调整。根据地理位置与自身利益，澳大利亚的外交政策重点被置于亚太地区。70～80 年代以来，澳大利亚开始了"面向亚洲"的历史进程。共和运动的兴起更反映出澳大利亚社会在思想感情上与英国的分离和民族意识的增强。90 年代以来，澳大利亚对外贸易总额中已有 70% 以上集中在亚洲与太平洋地区，澳大利亚成为名副其实的亚太经济体系中的主要组成部分。澳大利亚已从早期大英帝国的"海外驿站"变成为亚太地区不可分割的一部分。

二　与美国的关系

澳大利亚与美国于 1940 年 3 月 6 日建交。太平洋战争爆发后，澳大利亚外交从传统上的对英依附关系转变为对美依附关系。第二次世界大战后，澳美关系一直被澳大利亚历届政府视为其外交政策的"基石"。1951年9月签署的《澳新美安全条约》将澳大利亚纳入了美国的亚太防务体系之中，成为两国联盟关系的基础。在冷战时期，澳大利亚追随美国，打着"遏制共产主义"的旗号，卷入了朝鲜战争和越南战争，其外交日益丧失灵活性与独立性。

1950年6月25日朝鲜战争爆发后，澳大利亚孟席斯政府即于当月底先后宣布派遣海军分遣舰队和空军战斗机中队赴朝，并交由美国军队指挥。至1953年7月朝鲜战争结束时，有281名澳大利亚士兵葬送了性命。越南战争使"澳大利亚在它的历史中再一次站在两个世界之间"。[1] 与朝鲜战争不同的是，它是澳大利亚以履行《东南亚集体防务条约》之名，以美国"多米诺骨牌理论"为指导，在亚洲所参与的另一场有限战争，并付出了沉重的代价。从美国在越南进行特种战争开始，澳大利亚就积极采取支持的立场。1962年5月，孟席斯政府应美国的要求派遣军队去越南，首批派出军事教官30名，后又投入空军与地面部队。1966年2月，美国副总统汉弗莱访澳，要求提供进一步的援助。澳大利亚总理霍尔特于3月初宣布将澳大利亚在越南的兵力增加两倍，达到4500人，[2] 引起了国内各阶层人士的抗议。60年代末，世界格局正经历从两极向多极的深刻变化，美国开始调整全球战略，并从亚洲实行战略收缩，澳大利亚戈登政府仿效美国于1970年1月开始从越南撤军。

1963年5月，澳大利亚与美国签订了关于建立无线电通讯中心的条约。美国建立的这一通讯中心实际上是一个核基地，是其世界核威慑体系中的重要组成部分，主要作用是保持同载有北极星核弹头的潜艇的联系，以便指挥从核潜艇发射洲际导弹。该条约还规定，对该通讯站，澳大利亚只能与美国协商但不能控制。后来，澳大利亚又允许美国在阿利斯—斯普林斯附近地区建立了另一个针对苏联和中国的间谍卫星接收站。[3] 1966年

---

[1] 曼宁·克拉克：《澳大利亚简史》，第263页。

[2] 格里高利·彭伯顿：《自始至终：澳大利亚通往越南之路》（Gregory Pemberton, *All the Way: Australia's Road to Vietnam*），悉尼，1987，第323页。

[3] 张天：《澳洲史》，社会科学文献出版社，1996，第373～374页。

10 月，第一位在任期间的美国总统约翰逊访问澳大利亚。澳美关系有了进一步发展。

1972 年工党领袖惠特拉姆执政后，从越南撤回了所有军队，并与中国建交，逐步摒弃了对外政策中的意识形态因素和冷战思维，使其外交与国防政策开始摆脱单纯依附美国，走上相对独立和成熟的发展阶段。

80 年代以来，尽管《澳新美安全条约》由于新西兰的禁核政策陷于瘫痪，但澳美之间一直保持着密切的盟国关系。《澳大利亚外交与贸易白皮书概述》指出："我们与美国之间存在一种基础广泛的联盟关系，而美国通过其战略参与及承诺为东亚的稳定承担了责任。"[①] 澳大利亚支持美国在亚太地区的军事存在，表示南太平洋无核区将不限制美国的核舰艇进入澳大利亚港口。美国在澳大利亚建有多处军事基地和科研基地。90 年代初以来，随着苏联解体、冷战结束，亚太国际关系格局发生了重大变化。《2000 年澳大利亚防务白皮书》指出："我们应当注意不要将美国第一认为是理所当然的"，因为"在即将到来的年代里，美国在全球的作用将面临其国内和其他国家的压力"。[②] 澳大利亚正在探索建立澳美新型关系的方向，开始改变单纯依靠美国军事保护的安全战略，即重视在保持与美国军事同盟的同时，提高本国防务政策的独立性，并加强与亚洲国家的安全合作。

近年来，澳大利亚愈发重视与亚太地区的交流，外交中心也越来越倾向亚太地区。有学者就此指出："澳大利亚外交上由只有对美关系这一根支柱转向对美关系和对亚太关系两根支柱的过渡时期。"[③] 澳大利亚尤其关注该地区的安全问题，防止潜在的敌对国家通过渗透进入这一地区。为实现这一目标，澳大利亚支持亚太各国进行广泛的安全对话和经济合作。澳大利亚清楚地认识到，单凭自身力量，根本无法确保这一地区战略利益不受损害。因此，澳大利亚认为，亚太地区稳定的关键，在于美国继续在

---

① 澳大利亚驻华使馆：《澳大利亚外交和贸易白皮书概述》，第 3 页。
② 《2000 年澳大利亚防务白皮书》，第 16 页。
③ 沈世顺：《澳大利亚外交新走向》，《国际问题研究》2006 年第 2 期。

该地区维持军事存在。换句话说，在澳大利亚的安全理念中，美国在该地区广泛的战略同盟体系和在西太平洋地区的军事存在，是亚太地区战略稳定的根本基础。

美国为应对中国的崛起，确保其在亚太地区的优势，进行了战略调整，这一战略的关键就是扩大和加强以美国为核心的同盟体系。美国的战略构想自然也会影响到澳大利亚的防务立场。美澳同盟对于维护澳大利亚的安全利益起着不可替代的作用，澳大利亚也希望借助美国的力量获得安全保证和提升地区影响力。因此，陆克文在访美期间明确表示，与美国的同盟关系是澳大利亚外交政策的"第一支柱"。而作为长期以来在安全问题上"搭便车"的盟友、美国亚太安全体系"南北双锚"中的重要一环，澳大利亚在意识形态、社会制度和价值理念等方面都与美国有着共同之处，更无法在美国的这种战略调整中置身事外，必然要在一定程度上予以配合。这也进一步凸显了美国对于澳大利亚的重要影响。[1]

第三节　与日本、印尼的关系

一　与日本的关系

20 世纪 30 年代，澳大利亚开始关注日本和远东形势。当时出于安全和贸易的考虑，除美国以外，澳大利亚亚太外交的重点是日本，而对日外交的宗旨是与日本建立稳固的经济和政治关系。在澳大利亚联邦建立初期，由于历届政府均推行白澳政策，限制或驱逐过在昆士兰的日本采珠工和甘蔗工，两国关系一度紧张。随着日本国力的不断增强，澳大利亚认识到与日本进行经贸往来的重要性。到 1931 年，日本已成为除英国之外的澳大利亚最主要的贸易伙伴。1932 年澳大利亚正处于经济萧条的最低潮。而在同年，日本几乎购买了澳大利亚 1/4 的羊毛，日本向澳进口值等于其

---

① 胡欣：《澳大利亚的战略利益观与"中国威胁论"——解读澳大利亚 2009 年度国防白皮书》，《外交评论》2009 年第 5 期。

对澳出口值的 3.5 倍。① 1933/1934 年度，澳大利亚对日本的出口贸易额占澳总出口的 11.2%。可见，日本对澳大利亚初级工业品的生产者至关重要。因此，澳大利亚政府极不愿意冒犯日本。在"九·一八"事变后国联讨论制裁日本的问题上，澳大利亚采取了追随英美对日妥协的立场。1934 年，澳大利亚外务部长约翰·拉沙姆率外交使团出使亚洲时，访问过日本。1935 年，澳大利亚委任了驻日本、东印度群岛和中国的亚洲贸易专员。② 30 年代中期以来，澳日两国曾互派政府代表团进行过多次访问。1940 年 6 月，由于德国在欧洲的胜利，澳大利亚非常担心日本会乘机南进。为便于掌握日本的动态，缓和英日矛盾，并尽可能改变日本南进的企图，澳大利亚战时内阁决定迅速采取行动，在东京建立公使馆，并于 1940 年 8 月任命拉沙姆为驻日公使。③

太平洋战争的爆发使澳大利亚人有史以来第一次面对日本侵略的威胁。澳人一向对其怀有深厚感情并视之为母国的英国无暇东顾，其驻新加坡的远东舰队全军覆没，美军驻菲律宾司令麦克阿瑟也退守澳洲。

在世界反法西斯战争中，澳大利亚在亚太地区投入了有史以来最大规模的兵力，为民族生存和人类正义事业而战，和以中国为首的亚洲国家同处在一个反法西斯联盟内，共同迎来了胜利的曙光。第二次世界大战使澳大利亚充分认识到依附英国和孤立于世界之外的不现实性和危险性。"日本的侵略与美国的结盟使澳大利亚挣脱了与母国的传统纽带并开始正视其太平洋地区地理位置的重要性。"④

1945 年 8 月盟军占领日本之后，澳大利亚积极参加了对日管制和在日本推行民主改革。澳大利亚军队在占领日本的盟军中有相当的比例。"战后驻扎在日本的英联邦占领军（BCOF）共有 3.5 万人，澳大利亚士兵约占 1/3。"⑤ 1945 年 12 月，盟军决定在东京设立盟国管制委员会，英

---

① E. M. 安德鲁斯：《澳大利亚和中国》，第 64～65 页。

② E. M. 安德鲁斯：《澳大利亚和中国》，第 73 页。

③ E. M. 安德鲁斯：《澳大利亚和中国》，第 97 页。

④ 吴祯福主编《澳大利亚历史 1788～1942》（一），北京出版社，1992，第 302～303 页。

⑤ 杰弗里·博尔顿：《澳大利亚历史 1942～1988》（二），北京出版社，1993，第 54 页。

联邦代表由澳大利亚选派。经澳大利亚外长伊瓦特提名，1946 年 3 月，墨尔本大学政治学教授威廉·麦克马洪·鲍尔接受了这项任命。另一位澳大利亚法官威廉·韦布爵士主持了国际军事法庭对日本战犯的审判。

随着远东冷战格局的形成，美国对日政策发生了由抑制到扶植的转变，澳大利亚对日方针亦由"强硬和平"变为"宽松和平"。美国提出的"对日媾和七原则"在澳大利亚政府和政党中引起了激烈的争论。不少政要担心日本会重新武装，再次构成对澳大利亚的威胁。美国则计划将澳新两国纳入其亚太防务体系，以提供安全保障来换取澳、新支持对日和约的缔结。出于遏制"共产主义在远东扩张"的考虑，澳大利亚和美国在对日政策上保持一致。在签订了《澳新美安全条约》后的一周，即 1951 年 9 月 8 日，澳大利亚与日本签订了和约。

50 ~ 60 年代，日本经济出现了迅速恢复和增长，它为澳大利亚的贸易转向提供了新的契机。1957 年澳大利亚与日本签订了贸易协定，成为澳大利亚与亚洲建立密切贸易关系，将贸易方向转向亚洲的重要标志。此后，日本一直是澳大利亚最重要的贸易伙伴和最主要的外资来源国之一。同时，澳大利亚也是日本最重要的农产品、矿产品和能源的提供者。在经济关系发展的基础上，两国的政治和安全关系也在逐步加强。

冷战结束之后，澳日关系在新的基础上进一步发展。澳大利亚从三个方面将日本视为其"天然伙伴"：一是两国都是亚太地区工业化历史较长的国家；二是两国均与美国保持着密切的军事同盟关系；三是两国未来的繁荣都取决于亚太地区的稳定。

日本和美国在澳大利亚亚太战略关系中占有重要地位。澳大利亚认为，仅靠自身实力难以维护本国利益和地区稳定，美国是亚太地区综合国力最强的国家，置身美国参与的亚太多边合作机制才能有效地促进地区的和平与发展，并促使日本发挥经济、政治作用，抑制其军事力量的扩张。澳大利亚注重在保持与美国战略合作关系的前提下，加快发展与日本在亚太战略体系中的建设性伙伴关系。从 70 年代以来，澳大利亚与日本就建立了部长级委员会，使官方高层对话制度化。1992 年 9 月，澳大利亚总理基廷访日，与日本首相宫泽喜一会谈并发表联合公报。澳大利亚表示支持日本提出的删除联合国宪章中的"敌国条款"和使日本成为安理会常任理事国的要求。日本则对澳大利亚提出的"亚太首脑会议"设想表示支持。澳日关系中具有里程碑性质的事件是 1995 年基廷重访日本时双方发表了《澳日伙伴关系联合声明》。此后,双方开始拟订"伙伴关系纲领"。1996 年 3 月,霍华德出任新总理后,澳日关系更为密切。1997 年日本首相桥本龙太郎访问澳大利亚时,双方决定每年举行一次首脑会晤,并完成了"伙伴关系纲领",确定了两国在 18 个方面的合作。

外交活动的扩展推动了澳日经济关系的发展。至 1992 年,日本已成为澳大利亚第一大贸易伙伴,日本对澳投资连续 4 年居各国之首,澳大利亚与日本在亚太合作进程中的密切联合,在地区政治、安全问题上相接近的利益取向,在经济上的互补互存,以及日本在亚太地区日益上升的经济、政治影响,使澳大利亚将发展稳固的对日关系作为实施"面向亚洲"政策的重要内容。

二　与印尼的关系

从地缘政治上看,印尼不仅是澳大利亚通往亚洲的必经之路,也是东南亚最大的国家。人口 2.38 亿,相当于澳大利亚的 10 倍。自然资源丰富,具有潜在的经济实力,对东南亚乃至整个亚太地区事务都有广泛的影响。因此澳大利亚非常重视与印尼的关系。二战之前,澳大利亚与印尼之间联系很少,缺乏了解和存在"遥远感"。太平洋战争爆发后,澳、荷、印尼联合对日作战,澳大利亚已不可避免地与印尼建立了联系。

二战后,荷兰重建了对印尼的殖民统治,印尼人民在苏加诺的领导下开展了反荷民族解放斗争。澳大利亚工党政府给予了同情与支持。1946年荷兰与印尼签订《林芽椰蒂协定》后又于 1947 年向印尼发动了殖民战争。1948 年 1 月,在澳大利亚、美国和比利时的斡旋下,签订了《伦维尔协定》。而在该年 12 月,荷兰再次对印尼发动战争。当时,澳大利亚虽不是联合国安理会的成员,但参加了安理会关于印尼问题的辩论。澳大利亚驻联合国代表科洛尼尔·霍奇森"以最强硬的方式","以违反联合国宪章为由，要求将荷兰开除出联合国"。[①] 为表示对印尼人民反殖斗争的支持，1949 年 1 月，10 多个新兴的亚洲国家采取了行动，由印度总理尼赫鲁发起在新德里召开有关国家会议，讨论印尼问题。澳大利亚是参加这次会议唯一的非亚洲国家，显示了它对亚太事务的强烈关注。"它的代表对最后通过的方案施加了限定性的影响。"[②]

在联合国的干预下，根据海牙国际会议协定，1949 年 12 月建立了印度尼西亚联邦共和国，苏加诺出任总统。印尼事态的发展虽已超出了澳大利亚政策的框架，但其在印荷关系上"所采取代表印尼利益的成功和坚定的立场，赢得了印尼的好感，并为两国未来合作关系的建立奠定了非常坚实的基础"。[③] 但在其后，澳大利亚与印尼的关系发展得并不顺利，影响两国关系的焦点之一是关于西伊里安的归属问题。1950 ~ 1954 年，印荷曾就归还西伊里安问题进行多次谈判，但没取得任何结果。为此，苏加诺总统决心将荷兰人驱逐出去，甚至不惜动用武力。1957 年，印尼政府决定在全国建立"解放西伊里安行动委员会"，开展了解放西伊里安的全国性运动。

澳大利亚政府"对西伊里安问题极为关注，它的基本政策是以安全为理由，希望荷兰留在西伊里安"。澳大利亚认为"西伊里安曾在荷兰统治之下，因此是荷兰管辖的内部事务，它超越了国际争端"的界限。[④] 这一政策给澳印尼两国关系蒙上了阴影，引起两国关系的紧张。苏加诺在西伊里安问题上采取了强硬立场，实行了"总体对抗"战略。同时，美、英的态度发生了变化，他们不希望印尼因此加强共产党的力量并倒向共产主义阵营。美国于 1958 年和 1959 年先后两次向印尼提供武器。英国也在 1958 年决定销售飞机给印尼。另外，美国还任命了琼斯为新驻印尼大使，以维持与印尼的友好关系。上述因素促使支持荷兰拥有西伊里安主权的澳

---

① G. 格林伍德：《迈向亚洲》（G. Greenwood, *Approaches to Asia*），悉尼，1974，第 289 页。
② G. 格林伍德：《迈向亚洲》，第 289 页。
③ G. 格林伍德：《迈向亚洲》，第 290 页。
④ A. W. 斯塔加特：《澳大利亚的亚洲政策 1839 ~ 1972》（A. W. Stargradt, *Australias Asian Policies*），第 254 页。

大利亚的态度趋向软化。1959 年 2 月，澳大利亚外长凯西邀请印尼外长苏班德里约访澳。在讨论中，澳大利亚作了一定让步，印尼得到了一项声明，即"澳大利亚政府愿意接受荷、印尼之间关于西伊里安问题和平达成的任何协定"。澳大利亚总理孟席斯在会见苏班德里约时详细表述了这一立场，他说：澳大利亚的"一贯观点是荷兰对西伊里安拥有主权"，"如对此有争议，应通过法律程序解决"；但又表示："如双方在将来就主权问题达成协议，澳将予以承认并尊重"，希望"在适当时候进行自决"，并希望"印尼公开声明不使用武力"去解决领土问题。①

　　1961 年，西伊里安领土主权争端使印尼和荷兰的关系处于剑拔弩张的状态。由于荷兰出动航空母舰和驱逐舰威胁并派兵进入该地区，苏加诺宣布与荷兰断交，同时在国际上一方面寻求美国的干预，另一方面寻求从苏联得到贷款或购买武器。而在这时，澳大利亚公开表示支持荷兰，并在该年底的联合国大会辩论西伊里安问题时，澳代表反复说明希望西伊里安人自治的立场。澳印尼关系重新蒙上了阴影。

　　美国的态度对西伊里安问题产生了重要影响。1962 年 5 月在堪培拉召开的澳新美条约理事会上，美国既不支持荷兰也不支持澳大利亚的立场。由于荷兰的北约盟国英、美不提供有效支持，而澳大利亚又和荷兰无军事协定，荷兰决定承认现实，于 1962 年 8 月 16 日与印尼签订了关于西伊里安问题的协定。西伊里安在 1962 年 10 月 1 日暂时移交联合国管制，并在 1963 年 5 月 1 日后移交印尼，而在 1969 年底之前，西伊里安人民有机会行使自决权。② 虽然澳大利亚政府对达成这一协定的方法表示遗憾，国内舆论对此也存有不满，但还是对争端的解决表示满意。西伊里安问题反映了澳大利亚外交政策的僵硬和失败，其地区安全战略也并不成功。澳大利亚与印尼之间关于西伊里安问题的分歧长期影响了两国关系。随着危机的解决，两国关系又重新回到正常状态，这为澳印尼关系的进一步改善

---

① 《当代国际事务评论》第 30 卷第 2 期，1959 年 2 月。
② G. 格林伍德、哈珀：《世界事务中的澳大利亚 1966～1970》（G. Greenwood and N. Harper, *Australia in World Affairs 1966－1970*），切西尔出版公司，1974，第 374 页。

和澳周边地区安全与东南亚的稳定创造了条件。70 年代起，澳大利亚对印尼推行稳定、安抚与合作的政策，通过经济合作与援助来促进印尼经济发展与政治稳定，从而为澳大利亚的安全提供一个现实与可靠的屏障。

苏加诺下台和印尼实行"新秩序"后，澳大利亚和印尼在文化、技术援助和防务领域进行了持续的合作。澳大利亚政府寻求加深和印尼的关系，1969～1975 年，澳大利亚与印尼的关系在许多方面有了新的转折和改善。

第一，政府间高层互访增加，并建立了协商机构。澳大利亚的几任总理与印尼苏哈托总统的私人关系有所发展。为改善和印尼新政府的关系，澳大利亚总理戈登和麦克马洪，在 1969 年 6 月和 1972 年 7 月先后访问印尼。苏哈托总统也于 1972 年和 1975 年两次访澳。惠特拉姆展开了"私人外交"，于 1973 年和 1974 年两次访问印尼，以便加深了解，在两国领导人之间建立了较为密切的私人联系，从而推动国家关系的发展。印尼和澳大利亚建立了年度协商机构，轮流在雅加达和堪培拉召开会议。这个永久性机构将使两国能够讨论共同关心的事务，并通报各自关于地区和双边事务的看法。

第二，澳大利亚实行了不干涉印尼内政的政策，使两国关系得以稳定发展。1968 年苏哈托就任印尼总统后，他的政府不断镇压反对派，大量政治犯未经审讯而被拘捕，政局动荡。在 1972 年和 1975 年苏哈托访澳期间出现的公众抗议，反映了澳大利亚人对印尼政府的不满。但澳政府认为这是印尼的内政，不便干预，所以直到 1975 年东帝汶事件发生前，澳大利亚政治家很少对印尼局势进行批评。在涉及两国关系的敏感问题上，澳大利亚政府都采取了谨慎的不干涉内政的态度。

第三，与印尼的经济技术援助和防务合作不断加强。除巴布亚新几内亚之外，印尼一直是澳大利亚进行经济技术和防务援助的最大受援国。从1970 年起，澳大利亚对印尼的年度援助拨款改为 3 年期，从 1970 年 6 月至 1973 年 6 月提供了发展援助金 5380 万澳元，1973 年 6 月至 1976 年 6月又增至 6900 万澳元。在 1974 年 6 月底，澳大利亚对东南亚国家提供了 3690 万澳元的援助，其中印尼就占了 2120 万澳元。澳大利亚对印尼的防务援助也在增加，1972 年 6 月麦克马洪总理访问印尼时，表示将提供为期 3 年（1973～1976）的 2000 万澳元的防务援助。此外，还向印尼提供了 16 架"军刀式"战斗机和一些海军巡逻艇及"诺马式"轻型飞机，并向印尼空军提供技术援助和训练设备。70 年代，澳大利亚与印尼防务合作的总体水平已相当于澳大利亚与马来西亚和新加坡防务合作的总和。

第四，陆续签订了有关海底边界条约和新几内亚有关的边界条约。1972 年 10 月，澳大利亚与印尼签署了划定澳大利亚与印尼所属帝汶岛之间海底边界条约，而原来澳大利亚的海底边界是大陆架距帝汶岛 50 英里处。根据国际法，大陆架被视为用于海洋开发的连接领土的一部分。通过协商，确定边界线达到距澳大利亚海岸约 200 英里处，或距东帝汶海岸线约 160 英里处。新条约为双方开发海洋资源提供了条件。另外，巴布亚新几内亚和西伊里安之间的边界也由澳大利亚与印尼双方于 1973 年 2 月签署的条约所解决。同年 11 月又签署了边界管理协定。

第五，葡属东帝汶问题的艰难解决。在 1974 年底之前，葡属东帝汶问题一直是澳与印尼关系中一个悬而未决的问题。1974 年 4 月，葡萄牙发生军事政变，新政府鼓励殖民地朝自治和独立的方向发展。其后，帝汶独立革命阵线、帝汶民主联盟、帝汶人民民主协会等政治派别纷纷涌现，并提出了各自解决帝汶岛问题的政治主张。东帝汶的政治动荡震惊了印尼政府，他们担心一旦东帝汶独立，必将对已归属印尼版图的帝汶岛西部构成直接威胁，印尼的将军们也做好了进军东帝汶的准备。

东帝汶局势引起了澳大利亚政府的警觉。1974 年 9 月惠特拉姆和苏哈托就东帝汶问题在日惹举行会谈。10 月葡萄牙领土合作部长桑托斯访澳并和澳大利亚政府就东帝汶问题进行讨论。从 10 月份开始，澳大利亚开始和葡萄牙、印尼进行了一系列高层会谈，准备以尽量调和和融合各方利益及要求的方式来解决东帝汶问题。很明显，在当时，澳大利亚将东帝汶与印尼联合视为最有可能提供的解决方法。1975 年 2～3 月，东帝汶问题在澳大利亚被公开化，报界在头版刊出了印尼准备入侵葡属东帝汶的标题。一些学生团体和官方人士对印尼进行了激烈指责。政府收到了印尼可能进行军事接管的情报警告。对此，澳大利亚政府采取了谨慎的态度，以惠特拉姆私人信件的形式对苏哈托作出反应。在 1975 年 2 月 28 日召开的亚太经济和社会理事会上，澳大利亚外长维尔斯表示澳大利亚完全反对在东帝汶使用武力。[①] 1975 年 8 月，帝汶独立革命阵线宣布发动总武装起义，迫使葡萄牙总督亡命岛外。1975 年 11 月 28 日，东帝汶民主共和国宣告成立。不久，苏哈托政府出兵东帝汶，并于 1976 年 7 月正式将东帝汶并入印尼版图。长期困扰澳与印尼关系的东帝汶问题暂时平息，画上了一个不和谐的休止符，尽管它没有得到澳大利亚设想的结局。

80 年代以来，由于澳大利亚外交贸易部长埃文斯和印尼外长阿里·阿拉塔斯之间的私人友谊，以及埃文斯有关不结盟运动有助于防止和调解争端的信念，使两国关系开始改善。从 1988 年 8 月至 1994 年 6 月，两国部长级水平的访问，共达 87 次，其中澳大利亚 52 次，印尼 32 次。仅从 1992 年 4 月至 1994 年中期，基廷总理就 3 次出访雅加达。在 1992 年 4 月的会谈中，基廷和苏哈托一致同意建立澳大利亚—印尼部长级论坛，作为长期发展双边关系特别是贸易与商务关系的组织机构。两国的部长级论坛及其工作部门为两国的合作奠定了基础。根据协议，澳大利亚向印尼提供了继巴布亚新几内亚之后的最大一次发展援助计划，即在到 1994/1995 年度的 5 年内，每年提供 1.25 亿澳元的援助。1995 年 12 月，澳印尼签署了《保障安全协定》。1997 年两国签订了海上边界划定条约，结束了双方长达 25 年的谈判。1997 年澳大利亚正式提出了在印尼东部建立澳印尼开发区的倡议。

2002 年 10 月，印尼巴厘岛爆炸事件后，澳与印尼加强反恐合作，两国签订了双边反恐合作协定。2005 年印度洋海啸灾难后，澳向印尼提供了大量援助。2005 年 4 月，印尼总统苏西洛访澳，与澳签署全面发展两国伙伴关系框架协议。2006 年 11 月，澳与印尼签署了第二个安全条约《澳大利亚—印尼安全合作框架协定》。新安全条约的签订体现了澳大利亚和印尼双边关系正走向平稳和成熟。2012 年 7 月，澳与印尼发表联合

---

① 　1975 年 3 月 1 日《悉尼先驱晨报》。

公报，重申两国"全面战略伙伴关系"。2012 年，澳与印尼贸易额为 146 亿澳元，占澳贸易总额的 2.4%。

第四节　与中国的关系

一　源远流长的中澳关系

越来越多的考古发现表明，亚洲的远古先民——距今 6000 年前的夷人和越人就已同美洲、大洋洲有了接触与交往。考古学、民族学提供的材料也显示中国的东南夷文化与大洋洲的古代文化有很密切的关系。除澳洲土著起源于亚洲说之外，澳大利亚人类学家艾伦·索恩博士还提出了一个大胆的观点，即在旧石器时代晚期，在中国南方沿海活跃着一个被称为"柳江人"的部族。这个勇敢的部族在几万年前就驾驶当时最简陋的航海工具——竹筏，伏波万里，踏上大洋彼岸的澳洲南部，并在那里定居繁衍……[1]中国香港学者卫聚贤先生还根据中国古籍《春秋》所列若干次仅澳洲可见的日食记录，推论中国人至少在公元前 6 世纪末已到过澳洲，并提出澳洲特有的动物袋鼠在《淮南子》和《山海经》中已有记载。[2]

在 1840 年鸦片战争前，中国人是否曾经到达澳洲，在正史上尚未发现记载。但唐宋元明几代人所记述的海外国邑，有许多至今尚未能考其确属于今日何地者，所以亦不能肯定当时的中国人不曾踏足澳洲。如元代著名旅行家汪大渊曾于 14 世纪 30 ~ 40 年代远游亚、非、澳各洲，其《岛夷志略》一书就记载了澳洲北部海岸"迷黎之"（Maraje）、"麻那里"（Marani）和"罗娑斯"（Lusasu）等地的风土、人情和物产，另外还有关于帝汶岛的记载。明代郑和所率船队七下西洋，所涉亚非两洲 30 多个国家和地区。据《星槎胜览》记载，已到达马来半岛、苏门答腊、爪哇、婆罗洲及帝汶岛等地。帝汶岛距澳洲北部海岸仅数百公里，郑和船队到达

---

① 参见张秋生《澳大利亚华侨华人史》，第 1 ~ 3 页。
② 卫聚贤：《中国人发现澳洲》，香港，1960，第 4、90 页。

澳洲是非常可能的。1879 年在澳洲达尔文港发现的中国寿星玉雕像，不断引起澳大利亚史学家对中国人何时到达澳洲问题的兴趣。1954 年菲茨杰拉德发表《是中国人发现了澳洲吗?》的论文，推测这尊玉雕是 14 世纪即中国明代的产品，"很可能属于郑和在 15 世纪初年所统帅的那支庞大的船队"。由于寿星玉雕像发现的前 4 年，即 1875 年，已有大批华工在达尔文港修路，该寿星玉雕像又可能为华工遗留之物，故以寿星玉雕像作为华人先于欧洲人到达澳洲的证据目前还难以定论。

明末以降，西学东渐，欧洲传教士利玛窦、艾儒略等人相继来华。他们在传播宗教的同时，也传入了西方的地理知识。中国知识界开始知道世界有五大洲、四大洋。鸦片战争以来，随着清政府被迫开放五口通商，广东、福建等沿海省份的华工去澳洲淘金谋生者日增。国内外知识分子介绍澳洲的书籍日多，逐渐打开了国人的眼界。成书于 1846 年的梁廷枏的《海国四说》，是中国人最早使用"澳大利亚"一词，并介绍澳洲地名由来和地理、移民情况的著作。1848 年，徐继畬又撰成《瀛环志略》，概要介绍了澳洲的舆地、民俗和移民情况，并引用西班牙人和荷兰人的叫法，将澳洲名之曰"墨瓦腊泥加"和"澳大利亚"与"新荷兰"。1866 年，张德彝著《航海述奇》，书后附有手绘地图，标上了"澳大利亚"的具体方位。10 年后张德彝随郭嵩焘出使英国，又在日记中进一步介绍了澳洲情况，并将澳洲 5 个殖民区称之为"五府"。另一随使官员刘锡鸿还在《英轺私记》中沿用了华工的叫法，将澳大利亚称为"新金山"。

中国清朝政府 1861 年设立总理衙门后，陆续向欧美国家派驻使节，在澳大利亚设立领事馆的客观条件也已具备。从 1877 年郭嵩焘出使英国到 20 世纪初澳大利亚联邦建立，在澳设立领事馆事宜进入了交涉与调查、准备时期，中澳关系也转入了接触阶段。由于英方的阻挠，在郭嵩焘任内设立领事馆的努力未能取得成果。1878 年 8 月至 1889 年 1 月，曾纪泽、刘瑞芬先后继任驻英公使后长达 10 多年的任期内，在澳设立领事馆的问题亦无进展。1890 年 4 月薛福成出任英、法、意、比 4 国公使后，仍继续为争取在澳设立领事馆而努力。

该时期设立领事馆的问题一方面由清朝政府驻英公使不断进行交涉，

另一方面国内洋务派领袖和有识之士也做了一些必要的调查和准备。1884年，洋务派代表张之洞被任命为两广总督，给予海外华侨居住地区以极大的关注。他认为在海外设立领事馆可以利用海外华人资金，"劝令捐购护商兵船之费"，[①] 以加强沿海防务。1886 年，张之洞等奏请清廷在东南亚设领事。为慎重起见，他建议在设立领事馆前由总兵王荣和与余隽率使团去东南亚和大洋洲访查，将"设官造船两事，一并密加商度"。[②] 同时为在澳洲设立领事馆做准备。

1887 年 5 月，王荣和、余隽二人以查访华民商务侨情的名义抵达澳洲。这是中国官员首次到达澳洲，这在中澳关系史上产生了重要的影响。王、余二人在澳洲停留两个多月，先后到达雪梨（悉尼）、美利滨（墨尔本）、叭拉辣（巴拉腊特）、庇里市槟（布里斯班）、大金山（本迪戈）等 18 座城市，遍访华人居住较集中的各埠，回国后向张之洞报告了考察情况，提出了"在雪梨大埠设总领事"的建议。

19 世纪末，澳洲兴起联邦运动，统一过程加快，限制华人的问题日益突出，华人要求设领护侨的呼声日高，加之维新派与共和派在海外从事反清活动，清政府终于下决心在澳洲设领事馆。

1898 年戊戌变法失败后，康有为、梁启超远走海外。梁启超因受其师影响，仍以拥护光绪、反对慈禧为其政治主张，并成立保皇党，希望在海外华人中发展力量，返国举事。为筹集政治活动的经费，康、梁把视线转向海外。澳洲华人多为粤籍，和康、梁同乡者颇多，早有联系，且在悉尼和墨尔本已有保皇党组织和报纸。梁启超于 1900 年 10 月 25 日由南洋到达西澳，募捐经费，召集人马，在澳居留半年之久，足迹遍及华人居住的大小城市 20 多处，所到之地，发表演说，评论国是。他的保皇主张虽非正确，但其活动对启发澳洲华人的反清情绪确有贡献，华人踊跃捐款达 5 千英镑。[③] 旅澳华人共和派的活动也对清政府形成了压力，他们的力量

---

① 张之洞：《张文襄公全集》卷十五。
② 张之洞：《张文襄公全集》卷十六。
③ 《新南威尔士保皇会会议记录》（*Minutes of the New South Wales Chinese Empire Reform Association*）第 1 卷，1900 ~ 1901。

相对保皇派来说较小，但自"同盟会成立后，亦在澳洲各地粤籍侨胞中广事联络"。[①]

在上述一系列因素的影响下，清廷总理衙门和其他参与制定对外政策的封疆大吏逐步取得共识，他们已不再为在澳洲设领事的必要性争辩，而是更多地考虑用什么方式来达到这一目的。1901 年，澳大利亚建立了联邦国家，取得了自治领地位，英国对其外交控制权日益削弱，这也为清廷在澳州设立领事馆提供了有利条件。

1907 年 5 月 26 日，英国外交部终于接受清政府的要求，同意在墨尔本和惠灵顿设立中国总领事馆，在悉尼、弗里曼特尔和布里斯班设立副领事馆。[②] 1908 年 5 月，中国驻伦敦公使馆公布了梁兰勋担任驻澳大利亚墨尔本总领事的任命。1909 年 2 月 6 日，英政府正式签署了梁氏任职的许可证书，中国开始在墨尔本派驻总领事。中国第一任总领事梁兰勋于 1909 年 3 月抵达墨尔本赴任，中澳两国从此才有了领事外交关系。[③]

从辛亥革命至 30 年代，中澳关系有了一定的发展，其官方关系主要是通过在墨尔本设立的中国驻澳总领事馆进行的。但两国交往的范围仍很有限，华人移民问题在两国关系中占据主要地位，中澳贸易仍以民间往来的形式为主。直至 1921 年和 1935 年澳大利亚先后在华派驻贸易代表和贸易专员，1941 年与国民党政府建立正式外交关系，情况才有所改变。中澳关系在 30 年代前未取得重大进展的主要原因，一是第二次世界大战爆发之前，早已取得自治领地位的澳大利亚政府在对外政策上追随英国，尚无独立外交，除英国外，它在中国和其他国家均无直接代办权。二是澳大利亚人对中国了解较少，经贸联系极其有限，特别是对 20 世纪以来已成为西方列强对外政策目标的中国的重要性认识不足。

从贸易关系看，这一时期中国还属于澳大利亚的次要贸易伙伴，双边

---

① 刘渭平：《澳洲华侨史》，台北星岛出版社，1989，第 179 页。

② 《驻英中国参赞致总理衙门札》，载《总理衙门清档》光绪三十三年，"汪太燮、李经芳使英"。

③ 杨进发：《新金山：澳大利亚华人 1901～1921》（C. F. Yong, *The New Gold Mountain*：*The Chinese in Australia*，*1901 - 1921*），里士满，1977，第 22 页。

贸易额十分有限，如 1917～1918 年中澳贸易额约为 150 万英镑。一战后，中国与远东的地位日益重要，澳大利亚政府决定在华派驻商务代表。1921 年，里德尔（Edward. L. Little）出任驻华商务代表，代表处设在上海广东路 2 号。1935 年 5 月，澳大利亚政府又任命前驻中国公司总经理维维安·鲍登担任驻华贸易专员，阿瑟·牛顿任助理专员，在上海设立了办事处。

中澳官方外交关系虽建立较晚，但民间贸易往来一直没有停止。如自 19 世纪末至辛亥革命，就有不少澳大利亚人到中国从事传教、行医、经商等活动。1933～1934 年，在中国就有 188 名澳大利亚传教士。在澳大利亚来华人士中，莫里逊（G. E. Morrison）医生和新闻记者端纳（W. H. Donald）是两位著名人物。莫里逊曾在辛亥革命前担任袁世凯的顾问，但后来对袁世凯称帝不满，开始和孙中山接触。端纳在 20 年代曾任张学良的顾问，30 年代辞去记者职务，作为中国顾问随李顿调查团访问中国东北。作为国民党政府的顾问，他对中国的政治与财政状况发表过很多见解，并在促成西安事变的和平解决中起了一定作用。

1941 年中澳两国根据国际形势的需要，正式建立了外交关系。澳大利亚联邦拨款委员会主席、首任驻华公使 F. 埃哥莱斯顿于 1941 年 9 月抵重庆就职，国民党政府外交部政务次长徐谟于同月被任命为中国驻澳公使。

1949 年 10 月，新中国诞生。澳大利亚政府就是否承认新中国的问题展开讨论。在澳大利亚外交部召开的有英国、新西兰代表参加的会议上，对这一问题作出了肯定的决定。但执政的工党领袖不敢在联邦选举前承认新中国，担心持反共纲领的反对党会因此而取得优势。同时，澳大利亚政府认为先于英美作出这样重大的外交举动非常冒险，必须使自己的对华政策与英美协调一致。

对英美的"双重依赖关系"使澳大利亚在对华政策上处于两难境地。而英国迫于形势和自身利益需要，在 1949 年 10 月底决定承认中华人民共和国。受美国制约的工党政府被迫声明：一旦大多数英联邦国家在 1950 年科伦坡英联邦外长会议讨论该问题后承认中华人民共和国，澳大利亚将立即承认并支持它加入联合国和安理会。1949 年 11 月是工党执政的最后一个月，澳大利亚仍持上述立场。1949 年 11 月 22 日，澳外交部发言人重申外长伊瓦特的声明，说至少要推迟到科伦坡会议后才能承认；同时又指出，承认中华人民共和国事实上会促进中澳贸易。但就在当天，澳大利亚与其他 30 个国家同时收到美国政府抗议中国拘捕驻沈阳领事馆工作人员马克登的照会，澳政府也对中国提出抗议，而承认问题从此被搁置起来。[①] 在 1949 年 12 月的联邦选举中，工党惨遭失败，因而长期无力解决与中华人民共和国关系正常化问题。

二 澳大利亚与中华人民共和国建交

20 世纪 60~70 年代以来，国际形势发生了重大变化，世界各种政治力量经过长期的较量和斗争发生了分化和改组，国际格局形成了美、苏、中大三角关系。美苏都打中国牌，中国成为美国对苏政策和苏联对美政策的一个重要因素。世界政治格局开始从两极向多极方向发展，推动了澳大利亚对外政策逐步转向亚洲和实现外交多元化。在实现这一重大转变的历史过程中，澳大利亚与中华人民共和国建立了外交关系，其主要原因在于：（1）美国全球战略的调整和对华政策的变化影响了澳大利亚的亚洲政策；（2）中国独立自主外交的发展和中国在联合国合法地位的恢复；（3）增加出口，发展经济贸易的需求，促使澳大利亚向中国寻求新的广阔市场；（4）澳大利亚国内的公众、学术界和政治团体对中国的态度日趋好转，要求取消对华不承认政策，改变对华关系。

到 70 年代初，调整亚洲政策、改善对华关系的时机已经成熟，并已成为摆在澳大利亚政府面前一项不可回避的迫切任务。以惠特拉姆为首的工党政府完成了这一历史使命。早在 60 年代末，作为工党领袖，惠特拉姆就认识到改善对华关系的重要性，并认为时机已经成熟。当时执政的自由党—国家党联盟政府尽管 "已开始走上承认中国的道路"，[②] 外交部也

---

① E. M. 安德鲁斯：《澳大利亚和中国：朦胧的关系》（E. M. Andrews, *Australia and China: The Ambiguous Relationship*），墨尔本，1985，第 147 页。

② E. M. 安德鲁斯：《澳大利亚和中国：朦胧的关系》，第 211 页。

已制定了对华政策纲要，但在调整对华政策上行动迟缓，落后于加拿大、意大利等西方国家。惠特拉姆"担心澳大利亚在中国问题上走向孤立，甚至面临被美国抛在后面的危险"。[①] 执政的自由党由于其外交政策的僵化、保守，在对华承认问题上没有顺应国内外形势变化和历史发展潮流，最后导致了失败并下台。

还在 1970 年初，澳大利亚政府就得到警告，说美国尼克松总统的对华"政策正在变化，澳大利亚应当评价自己的政策"。到 1971 年 1 月，澳大利亚开始进行对华政策的评估，政府决定在本年 4 月采取一些谨慎的步骤，其中包括："在保留台湾席位的同时，不阻碍中国进入联合国；少量贸易自由化；寻求发展贸易关系并和中国对话。"[②]

澳驻法大使雷努夫被委派与中国驻法大使黄镇进行接触，双方先后于 1971 年 5 月和 7 月举行了两次会议。雷努夫的使命是"讨论发展除外交关系以外其他任何领域的关系"，如果其他关系谈得很好，再考虑外交关系。而中国驻法大使的态度"截然相反"，坚持先谈外交关系。由于双方出发点不同，会谈陷入了僵局。雷努夫一无所获地返澳后，向麦克马洪总理汇报："除了谈判建立外交关系外，别无选择。"雷努夫认为，与中国谈判建交问题"做得越早，澳大利亚所能争取到的利益越大"。[③] 但麦克马洪否定了雷努夫的建议。

由于多年来服从于冷战政治思维的定势及其意识形态对立的惯性，澳大利亚的"对华政策一直充满敌意"。要调整对华政策，必须打破因曲解、隔阂所导致的澳大利亚对中国的错误的"恐惧心理"。工党领袖惠特拉姆认为，除了宣传中澳友好、承认中国的主张外，最好的办法是去中国与其直接对话。在当时那种"支持恢复对华关系的观点尚是选举

---

① 菲茨杰尔德：《与中国对话：澳大利亚工党访问中国和北京的对外政策》（S. FitzGerald, *Taking with China*：*The Australian Labour Party Visit and Pekings Foreign Policy*），澳大利亚国立大学，1972，第 11 页。

② A. 雷努夫：《受惊之国》（Alan Renouf, *The Frightened Country*），墨尔本，1979，第 328 页。

③ A. 雷努夫：《受惊之国》，第 329 页。

中一个不利条件"的局势下，这样做确实需要很大勇气。中加建交后不久，澳大利亚工党于 1971 年 4 月在议会要求政府采取仿效加拿大的做法，承认人民中国。惠特拉姆还致电周恩来总理，表示"渴望派一个代表团去中华人民共和国，讨论贵国有兴趣同澳大利亚建立外交和贸易关系的条件"。[①] 1971 年 7 月，他毅然率反对党工党代表团先于基辛格几天访问中国。

惠特拉姆和周恩来总理进行了友好的会谈，坦率地交换了意见。会谈主要涉及 5 个方面的问题，其中包括：越南问题、台湾问题、澳新美条约、日本问题、对华友好问题。时任澳总理的麦克马洪既对惠特拉姆与周恩来的会谈不满，也为美国不事先和澳商量而访华感到震惊与尴尬。1971 年 7 月 12 日，他强烈攻击惠特拉姆执行了一项"对澳大利亚来说是危险的"政策，是"速溶咖啡外交"；指责惠特拉姆在贸易与政治实际上未融合之时访华，"是利用小麦玩弄政治"。[②] 他谴责惠特拉姆"破坏与台湾关系，承认台湾是中国的一部分"，并准备与中国建立外交关系。同时，他还否认这与自己无关，并说：澳政府正在寻求和中国对话，以"确定建立正式外交关系的长期目标"。他"不再反对中国加入联合国"，为做到这一切，"澳大利亚正在和它的朋友协商，特别是美国"。[③]

然而，麦克马洪政府却"处于被美国抛弃的危险境地"。7 月 17 日澳大利亚的报纸报道了"尼克松率团访华，全球欢迎'和平使者'会见周恩来"的消息。[④] 美国并未事先征求澳大利亚的意见。尼克松和基辛格瞒着国务院和中央情报局，因此澳大利亚政府也被蒙在鼓里。

麦克马洪非常恼怒，却不得不很快对尼克松访华的消息表示"毫无保留地"欢迎，并保证澳大利亚"完全支持"。然而，麦克马洪政府迟迟不愿抓住和中国对话的机遇。关于其原因，安德鲁斯分析：一是"内阁

---

① 1971 年 7 月 7 日《澳大利亚人报》。

② S. 阿尔宾斯基：《澳大利亚工党的对外政策》（S. Albinski, *Australian External Policy under Labour*），昆士兰大学出版社，1977，第 46 页。

③ A. 雷努夫：《受惊之国》，第 330 页。

④ 1971 年 7 月 13 日、7 月 17 日《悉尼先驱晨报》。

的敌对";二是"固有的保守"。如 1971 年 8 月,美国国务卿罗杰斯宣布了修改后的美国对华政策,表示"要求承认中华人民共和国,吸收它进入联合国"。但麦克马洪不愿"步工党后尘",因工党已接受了中国的加拿大原则,即仅"特别提及"中国对台湾主权的要求。由于内阁在中国问题上意见不一,麦克马洪撤掉了主张调整对华政策的伯理的外长职务,并在 8 月 23 日重申在联合国代表权问题解决之前,澳大利亚不会承认中国。① 其后,麦克马洪又对一个澳大利亚贸易代表团访华作出种种限制,因而错失了真正对话的最好机会。

然而,国内外一系列事件推动了澳大利亚政府向积极方面转变。从国际上看,1971 年 10 月 25 日,中国恢复了在联合国的合法地位。1972 年 3 月,英国决定撤走在台湾的官方代表,并关闭领事馆。1972 年 9 月,日本首相田中角荣访华并宣布建交。这些使"澳大利亚的立场开始变得孤立和不合逻辑"。从国内看,澳大利亚越来越多的民众赞成与中国建交。1971 年的盖洛普测验显示:支持承认中国的人数已从 3 月的 39%、5 月的 49% 上升到 8 月的 56%。反对党工党选民中赞成者达到 59%,执政的自由党-国家党联盟选民占 56%,民主工党选民为 51%。② 1971 年底和1972 年初,澳外交部完成了对华政策的重新评估。1972 年 6 月澳大利亚国际事务学会主持召开了中国问题国际研讨会,与会者普遍改变了西方多年来所持的中国是世界和地区和平巨大威胁的论调。

承认中国已是大势所趋,工党已掌握了主动权。而执政的自由党-国家党联盟内部也出现了分裂。国家党领袖安东尼转向"拥护承认中国";副领袖伊恩·辛克莱也严厉驳斥了麦克马洪在电台所说的"承认中国不是澳洲最重要的事"和拒绝"抛弃"台湾的立场。在面临大选之际,承认中国的问题在执政党严重分裂之时再次出现,自由党重演了工党 1949年丧失承认中国机遇的历史,所不同的是这次工党已决意承认中国。

---

① 《澳大利亚联邦议会辩论集》(*Commonwealth Parliamentry Debates*),卷宗号:HR,73/540,1971 年 8 月 23 日。

② 1971 年 9 月 8 日《布里斯班信使报》(*Courier Mail*, Brisbane)。

1972 年 12 月，工党赢得了大选的胜利，惠特拉姆上任后改变了对华政策，并对亚洲政策做了重大调整。首先宣布承认中华人民共和国，并与其建立大使级外交关系。1972 年 12 月 21 日，中澳发表联合公报："澳大利亚政府承认中华人民共和国政府是中国的唯一合法政府，承认台湾是中华人民共和国一个省的立场。"① 中澳两国从当天起建立外交关系，中澳关系实现了历史性突破。

澳大利亚与中国建交对争取全面改善与亚洲国家的关系，调整亚太国际关系格局，产生了重要和积极的影响。这主要表现在：（1）澳大利亚与亚洲大国中国建交使亚太国际关系格局朝着有利于力量均衡的方向发展，并为亚太地区的政治稳定与经济繁荣创造了条件。（2）推动了澳大利亚与亚洲国家睦邻友好、地区合作思想与政策的形成和发展，促进了亚太国家合作，为以后亚太经合组织（APEC）的思想发端和组织建立奠定了基础。（3）为澳大利亚与亚洲经济贸易关系的发展提供了更广阔的空间和更持久的活力。进入 70 年代以后，澳大利亚对外贸易的重心逐渐从欧洲转到了亚太地区，经济贸易发展十分迅速。在澳大利亚出口贸易中，65% 产品是销往该地区的，进口产品也有 55% 来自该地区。而中澳关系的正常化，更推动了这一趋势，并为澳亚经贸关系的进一步发展提供了动力和空间。

三 20 世纪 70 ~ 90 年代澳中关系的拓展

中澳两国正式建立外交关系后，两国在科学、技术、文化、体育、经济和贸易等多方面开展了交流与合作，中澳关系揭开了新的一页。

1. 经贸关系发展迅速

中澳建交后，两国确定了贸易和发展援助合作关系。1973 年，澳大利亚海外贸易部长凯恩斯率代表团访问中国，中国政府贸易代表团也去澳访问。中澳之间缔结了贸易协定，商定中国在此后 3 年内向澳大利亚购买小麦，同时达成食糖长期贸易合同。近年来，中澳双边贸易取得较大进

---

① 邓力群、马洪、武衡主编《当代中国外交》，中国社会科学出版社，1990，第 308 页。

展，中国已成为澳大利亚第五大出口市场，澳大利亚在中国对外贸易中占第六位。中澳双边贸易额在70年代仅为8500万澳元，1994年的双边贸易额则超过60亿澳元，比1993年增加了约18%。[①] 1996年双边贸易额达到80亿澳元，增长14.7%。在投资合作方面，至1993年底，中国大陆已在澳投资134个项目，总额为5亿澳元。至1996年底，中国大陆在澳的直接投资已达10亿多澳元，使澳大利亚成为仅次于中国香港直接投资最多的地方。约有100多家中国大陆公司和机构在澳大利亚开设了代表处或分支机构。[②] 澳大利亚在中国投资也在迅速增加。截至1993年3月底，澳商在华投资项目已达640个，协议投资额6亿美元。[③] 他们主要投资于制造业，包括汽车工业和大型家庭用具、钢管、电话和电缆、食品加工、精纺毛织品、包装用品、光学镜头和体育设备等。吉百利·史威克巧克力有限公司、富仕达啤酒集团、ACI食品包装公司、BHP矿业公司、阿姆科尔纤维包装公司、先锋建筑材料公司和CSR公司，自1994年以来都与中国的合作伙伴签订了新的投资协议。

2. 科技文化教育的交流与合作持续不断

1980年，中澳签署了《促进发展技术合作协定》，澳政府向中国提供5000万澳元的无偿援助，用于为双方商定的技术合作项目提供先进技术和设备。此外，中澳于1980年和1981年先后签订了科技合作协定和文化合作协定。[④] 十几年来，双方在农业、林业、牧业、渔业、矿业、冶金、煤炭、核技术、地质、环境、海洋、气象、外贸、通讯和基础研究方面进行了卓有成效的合作。1991年中国为澳大利亚发射通讯卫星是两国科技合作的成功范例。1985~1997年，澳大利亚国际农业研究中心（ACIAR）在中国承办了55个项目，至1997年共有25个研究项目在中国进行，研究经费达1300多万澳元，占当时该农业研究中心在世界各地的项目总经

① 澳大利亚驻华使馆：《澳中关系》，1995，第6~7页。

② 澳大利亚驻华使馆：《澳中关系》，1995，第6~7页。

③ 吴仪：《继往开来又一春——中澳关系回顾与展望》，1994年1月27日《国际商报》增刊。

④ 邓力群、马洪、武衡主编《当代中国外交》，第308~309页。

费的 18% 左右。①

文化交流是联系中澳两国人民友谊的纽带。20 多年来，两国有许多文艺团体、艺术家、体育代表团进行互访，在社会科学、电影、戏剧、音乐、图书管理、艺术、体育等方面进行了富有成效的合作。1977 年，"金缕玉衣"去澳大利亚展览激起了澳大利亚观众对中国历史的强烈兴趣。1982 年，为庆祝中澳建交 10 周年，"秦兵马俑"在澳大利亚展出，震惊了举国上下。江苏京剧团的赴澳演出倾倒了无数澳大利亚观众。

1973～1993 年，中国政府共派遣 2000 多名留学生赴澳学习和进修。澳方也派出 200 多名学生来华学习。双方还交换了 150 多名教师到对方从事教学和科研工作。1996 年，中国赴澳访问人数约为 5 万，澳大利亚访华人数约为 14 万，近 3000 名中国学生在澳参加全日制教育培训。这些交流活动对两国文化、教育的发展作出了有益的贡献。

3. 政治关系稳定发展

作为增进中澳两国人民互相了解的方式，自 1979 年以来，中国沿海的广东、江苏、福建、上海、山东等省市先后分别同澳大利亚的新南威尔士、维多利亚、塔斯马尼亚、昆士兰和南澳 5 州结为友好省州和市，天津和广州也分别与墨尔本和悉尼结为友好城市。截至 1994 年 1 月，中澳已有 13 对省州和市建立了长期的友好关系。目前，友好省州和市的交往，已从一般交流，进入了注重经济合作的实务性发展阶段。

1978～1994 年，中国先后在悉尼、墨尔本、佩思设立了总领事馆。1984 年、1992 年和 2013 年，澳大利亚驻上海、广州和成都总领事馆也正式开馆。

80 年代以来，中澳关系中的一个重要特点是两国高级领导人的互访活动不断增多。1983 年中国总理首次访澳。1984 年中共中央总书记胡耀邦访澳。1984 年和 1986 年，澳大利亚总理霍克作为政府首脑两次访华。霍克在第二次访华期间，与邓小平进行了会晤。八旬高龄的邓小平向霍克阐述了 20 世纪末和 21 世纪初中国经济发展的远景，展望了中澳关系的前

---

① 澳大利亚驻华使馆：《澳中关系》，1997，第 16 页。

景。他说："中澳两国领导人应成为好朋友，两国也应成为好朋友。"
1988年，中国总理李鹏率代表团访澳，参加澳大利亚发现200年大庆。

90年代，澳大利亚政府明确提出了"面向亚洲"的政策，并采取了
切实的行动。1993年，双边高层互访频繁，澳大利亚总理基廷和贸易部
长库克先后率大型政府经贸代表团访华，中国外经贸部长吴仪率团赴澳参
加中澳第七届部长级经济联合会议。1997年，中国副总理朱镕基访问澳
大利亚。

1996年3月，自由党领袖霍华德政府上台执政后，对外政策有所调
整，但亚澳关系和中澳关系的主流一如既往。澳大利亚外长唐纳虽强调了
与欧美的传统关系，但认为"澳大利亚与中国的关系仍旧是澳大利亚对
外政策的一个主要方面"。① 霍华德总理于1997年3月访华，他在访华期
间的讲话中说："中国是我们所在地区最重要的国家之一"；关于未来的
中澳关系，"我们寻求的是一种既坚强有力、又丰富多彩的关系；是一种
建立在互利互惠和相互尊重基础上的关系"。②

第五节　与其他亚太国家和地区的关系

一　与东南亚、东北亚及南亚主要国家的关系

澳大利亚非常重视印度支那地区在本国外交与安全战略中的地位。澳
大利亚在1952年制定的《战略基础报告》中指出，印支地区是"东南亚
防务的关键"，越南首当其冲。1965年宣布向越南派兵成为澳大利亚战后
最大的海外军事行动。90年代以来澳越关系逐步得到改善。继1993年越
南总理武文杰访澳后，基廷总理于1994年4月回访，两国关系进入了一
个新阶段。近年来，澳越两国在经贸和政治、军事领域的合作关系发展较

① 亚历山大·唐纳：《澳大利亚和亚洲：展望未来》，1996年4月11日对悉尼"外国记者
协会"的演讲，澳大利亚驻沪总领事馆新闻处，1996年5月。
② 霍华德：《1997年3月31日于北京长城饭店在澳驻华大使举行的工作午宴上的讲话》，
澳大利亚驻沪总领事馆新闻处，1997年4月。

快。在 21 世纪的第一个 10 年里，双方贸易额平均每年以 10% 的速度增长，2010 年两国贸易额达到 61 亿美元。教育在两国关系中发挥着重要的作用。2010 年，澳大利亚高校和研究机构共接收 25000 名越南留学生，另外还有 1500 名越南学生在澳大利亚设在越南的学校学习。澳大利亚和越南通过 EAS 和 APEC 等区域性组织共同处理国际和地区事务。①

澳大利亚对推动柬埔寨问题的和平解决起了积极作用。在巴黎协定签订后不久，澳大利亚于 1992 年就开始对越柬两国实施一项多年援助计划。在 2011/2012 年度，澳大利亚对越南、老挝、柬埔寨的援助分别为 1 亿 4 千万、4200 万和 7740 万美元。

澳大利亚和马来西亚的经贸关系较为稳定，但政治关系一度紧张。1991 年借参加东盟对话之机，两国总理进行了会谈，双方恢复了正常关系。1996 年新加坡是澳在亚洲的第三大、在世界的第八大出口市场。新加坡是澳大利亚在东盟国家中最大的直接投资地，在防务上双方关系也很紧密。1994 年，新加坡在西澳州的皮尔斯建立了永久性空军飞行训练学校。

澳大利亚与泰国和菲律宾的关系较为密切。澳、泰与美国均有军事同盟关系，澳泰两国防务合作较多。1997 年，澳大利亚决定在现有基础上与泰国建立双边的地区安全对话机制。菲律宾是澳大利亚第十大移民来源国，在澳大利亚的对外发展援助中占第四位。近年来，澳大利亚在菲的投资增长较快，防务合作也在加强。

澳大利亚十分关注朝鲜半岛的局势，支持半岛北南双方对话，并对中、美、朝、韩"四方会谈"讨论建立新的和平机制的倡议表示欢迎。澳大利亚与朝鲜 1974 年建交，次年断交，2000 年复交。2002 年朝鲜宣布退出《不扩散核武器条约》后，澳停止对朝双边发展援助。2004 年，澳外长唐纳访朝。2006 年朝分别于 7 月和 10 月试射导弹和进行核试，澳于 9 月宣布对朝进行制裁，并于 10 月宣布加强对朝制裁措施。2007 年 3 月，澳政府派团访朝讨论朝弃核及澳向朝提供能源援助、核安保支持等问题。4 月，澳通过联合国向朝鲜提供 400 万澳元的人道援助。澳支持六方会谈

① *Year Book Australia*, 2012, p. 197.

进程，支持联合国 2006 年 10 月和 2009 年 6 月分别通过的第 1718 号决议和 1874 号决议，反对朝发射导弹及进行地下核试验。2010 年 5 月、11 月，"天安"号事件、延坪岛炮击事件发生后，除执行联合国对朝制裁外，还实施推迟对朝援助等单方面制裁措施。

二战后，澳大利亚参与了韩国的创建并与其建立了密切的双边关系。80 年代中后期以来，随着韩国在澳对外贸易与投资地位的上升，两国关系有了更大发展。双方在联合国、世界贸易组织、亚太经合组织和东盟地区论坛等多边机构中加强合作。澳大利亚支持韩国加入经济合作与发展组织，韩国支持澳大利亚加入"亚欧首脑会议"。1993 年 6 月，基廷总理访问韩国。1996 年 7 月，澳外长首次访问韩国，并举行两国首次政治、军事磋商，就地区安全和战略问题交换意见。2000 年 5 月，两国宣布建立外长和贸易部长年度会晤机制。2009 年 5 月，澳韩启动双边自由贸易协定谈判。2011 年 4 月，澳总理吉拉德访韩。2009/2010 年度双边贸易额为275.6 亿澳元，韩是澳第四大贸易伙伴。

澳大利亚是一个横跨太平洋和印度洋的国家，其对外贸易的 1/4 要经过印度洋。但由于印度洋地区各国之间差异较大，澳大利亚曾一度对该地区的关系重视不够。冷战结束后，超级大国退出了在印度洋地区的竞争，澳大利亚与这一地区的交流与合作关系不断加强。

澳大利亚认为，"印度将仍是印度洋地区的重要大国，并成为亚洲更广泛的战略平衡的关键因素"。澳大利亚将与印度"发展适度的防务关系以促进我们对其战略观点和优先权的理解，并鼓励理解我们的利益"。[①]同时，澳大利亚政府提出了"向西看"的政策，通过积极发展双边合作和推动区域合作两条轨道发展与这一地区的关系。

二　与南太平洋地区的关系

澳大利亚位于南太平洋地区，因而与南太平洋国家保持着最持久的外交关系，以及经济与防务关系，同时，重视在南太平洋地区发挥重要影响

———————————

① 澳大利亚国防部：《1994 年防务白皮书》。

与作用。澳大利亚在南太平洋地区的利益较为明确：一是保持该地区的安全稳定，防止外来势力的干预与破坏；二是维护其经济利益。

冷战结束之后，澳大利亚对南太平洋地区提出了"建设性承诺"政策，主要是保持和发展与南太平洋岛国的伙伴关系，通过经济发展和推广共同的战略和安全观来促进该地区的稳定。

1971年，澳大利亚、新西兰和南太平洋岛国一起成立"南太平洋论坛"，以加强同南太平洋国家的合作与协商，反对外国势力的扩张和渗透，捍卫本地区的利益。1980年9月，在澳大利亚首都堪培拉举行的"南太平洋共同体讨论会"，标志着"南太平洋经济合作委员会"（PECC）正式成立，澳大利亚是主要创始国之一。1985年8月，澳大利亚还倡导和缔结了关于建立南太平洋无核区条约。1996年3月唐纳出任澳大利亚外长以后3次访问巴布亚新几内亚、斐济等南太平洋国家。1996年和1997年霍华德总理分别参加了在马绍尔群岛和库克群岛举行的南太平洋首脑年会。巴布亚新几内亚等岛国领导人也出访澳大利亚。澳大利亚十分重视同新西兰的关系，两国领导人经常互访。1983年建立的澳新经济关系贸易协定使两国的双边经贸关系受益匪浅。1997年，新西兰成为澳大利亚第四大贸易伙伴和第三大出口市场，而澳大利亚则成为新西兰的第一大贸易伙伴。2012年，双边贸易额为212亿澳元，新西兰成为澳大利亚第七大贸易伙伴。

第六节 与国际组织和地区性组织的关系

一 澳大利亚与联合国及其他国际组织

第二次世界大战后，澳大利亚积极支持联合国宪章的规定和联合国各专门机构的工作，参加了一系列国际组织和机构的活动。据统计，澳大利亚参加的国际组织超过600个，其中政府间组织70多个。[①] 澳大利亚曾

---

① 参见梁西《国际组织法》（修订第4版），武汉大学出版社，1998，第33页注释。

参加过包括联合国大会、安全理事会在内的许多机构。早在 1945 年 4 月，澳大利亚派出了以副总理弗兰克·福特为首的代表团赴旧金山参加联合国制宪会议，伊瓦特是代表团的重要成员。联合国宪章主要是由美国外交家起草的。伊瓦特认为该宪章给美、英、法、苏、中 5 个安理会常任理事国的权力过大，对宪章草案提出了 38 条修正案。联合国制宪会议或全部或部分地采纳了其中的 26 条。伊瓦特还试图取消五大国对最后决议的否决权，但未获成功。伊瓦特因积极参加建立联合国的活动成为国际著名的外交家。1947 年，伊瓦特出任联合国原子能委员会首任主席和联合国巴勒斯坦问题委员会主席，1948 ~ 1949 年又当选为联合国大会主席。在 2012 年 10 月召开的第 67 届联大全体会议上，澳大利亚等 5 国当选 2013/2014 年度安理会非常任理事国。

自 1971 年以来，澳大利亚是经济合作与发展组织中的积极成员。澳大利亚参加了联合国人权委员会的工作，并于 1993 年当选为委员，在任 3 年。

澳大利亚参加了联合国和其他国际组织举办的有关妇女地位和发展的研讨会。自从联合国妇女地位委员会成立以来，澳大利亚是参加这个委员会长达 18 年之久的成员。1992 年，澳大利亚又成为这个委员会 1993 ~ 1996 年的委员。

澳大利亚向联合国维护和平的重大活动提供财力、人力和装备。从 1983 年以来，澳大利亚工党政府一直努力增强联合国维护和平的地位与作用，为联合国提供军队。澳大利亚认为，苏联的解体和冷战格局的结束衍生出许多不稳定因素，亚太地区力量对比的失衡将引发许多新的矛盾，一些亚洲国家的争端将会导致严重的国际冲突，必须由联合国加以干预，以确保地区安全，主张联合国应作为和平安全的国际保证。澳大利亚根据自己的安全原则，曾参加了联合国"从西奈、伊拉克和红海到西撒哈拉和阿富汗边界"的一系列维和行动，其中最有影响的是参加联合国对柬埔寨的维和行动。

1975 年，红色高棉夺取柬埔寨政权后，惠特拉姆政府承认了其新国名，但决定在其政策明朗化前不与其建立外交关系。1981 年，澳大利亚承认了柬埔寨的国际地位。1983 年霍克政府执政后，开始提出柬埔寨问题的和平建议。随着冷战结束，柬埔寨问题的和平解决出现了可能性，而澳大利亚在促进柬埔寨和平进程中发挥了重要作用。1989 年越南从柬埔寨撤军，法国抓住机会召开了解决柬埔寨问题的国际会议，但未能达成协议。1989 年 11 月，澳大利亚外长埃文斯提出了一项解决柬埔寨问题的和平计划，并成为 1991 年 10 月签订和平协议的基础。这项计划主要内容包括：（1）在柬埔寨走向民主选举的过渡时期，由联合国接管内政；（2）联合国帮助柬埔寨进行选举；（3）联合国军队进驻柬埔寨以保护冲突各方停火。① 这一计划得到了所有关注柬埔寨问题的国家的支持，并被安理会5 个常任理事国采纳。柬埔寨冲突四方也同意参加最高层会谈。在澳大利亚的积极斡旋和联合国与国际社会的关注下，参加柬埔寨问题巴黎会议的18 个国家政府的代表，和柬埔寨全国最高委员会的 12 名成员，于 1991年 10 月 23 日签署了《柬埔寨冲突全面政治解决协定》等具有历史意义的文件，延续了 13 年之久的柬埔寨问题终于得到全面、公正和合理的解决。这是"联合国在柬埔寨过渡时期的直接介入和联合国指挥下的军队承担的最大的维和行动"，在联合国历史上是第一次。澳大利亚外长埃文斯因其"灵活机智和尽心尽力地追求柬埔寨和平而赢得了诺尔贝和平奖的提名"，同时也使"澳大利亚赢得了国际社会的尊重"。②

　　根据巴黎和平协定，联合国安理会同意于 1992 年 4 月在柬埔寨建立联合国管制下的过渡政权，其军事方面由澳大利亚陆军中将约翰·桑德森领导。澳大利亚还同时派出官兵组成通讯联络分队，参加国际维和部队。澳大利亚政府还决定向过渡政权提供一个文职人员分队，作为维和部队的一部分。此外，澳大利亚选举委员会的官员米切尔·马莱在金边作为过渡政权的选举委员会副主任行使职权。澳大利亚还向柬埔寨提供援助，澳大利亚贸易和海外发展部部长宣布，在 1992 年 4 月 1 日以后的 4 年内，向柬提供数额约为 4900 万澳元的发展援助，其中 2300 万澳元是新

---

① 《澳大利亚政治和历史杂志》（*The Australian Journal of Politics and History*）第 39 卷，1993 年第 1 期。

② 澳大利亚外交和贸易部：《背景》第 3 卷第 6 期，1992 年 4 月 10 日。

的双边援助。[①]

澳大利亚军队还在世界许多国家和地区参加了联合国的维和与人道主义行动,包括阿富汗、布尔维干岛、厄立特里亚、埃塞俄比亚、伊朗、伊拉克、纳米比亚、卢旺达、所罗门群岛、索马里、苏丹与津巴布韦等。至2008年1月,澳大利亚是联合国维和预算的第12大出资国。

澳大利亚还是限制大规模破坏性武器的扩散及控制相关技术输出的各有关规定的参加国。1993年,澳大利亚在巴黎缔结禁止化学武器公约中起了重要作用。澳大利亚坚定地支持《不扩散核武器条约》和国际原子能机构的工作。如澳大利亚的铀销售政策规定,购买者不得用于军事或爆炸目的,需接受国际原子能机构的安全保障措施,并同澳大利亚签订保障安全的双边协定。

澳大利亚参加了世界环境问题的重要讨论,在执行多边环境倡议的措施方面处于前列。在150个国家中,它率先签署了1992年在里约热内卢世界环境与发展大会所提出的气候变化公约和生物多样化公约,这两个公约已获得澳大利亚的正式批准。

澳大利亚还是国际货币基金组织、国际复兴开发银行、世界气象组织、世界卫生组织、世界劳工组织、世界知识产权组织、联合国粮农组织、联合国教科文组织、国际民用航空组织、国际海事组织、万国邮政联盟、国际电讯组织等许多重要国际组织的参加者。

二 澳大利亚与东南亚联盟

相对"更具经济意义"的北太平洋来说,"澳大利亚在亚洲的战略和政治中心主要集中在东南亚和南太平洋的近邻国家",而东盟国家更是首当其冲。东盟国家在澳大利亚面向亚洲的战略中具有举足轻重的地位,澳大利亚一直将其视为对外政策在适应所处地区"成功或失败的一块基石"。[②]

---

① 澳大利亚外交和贸易部:《背景》第3卷第6期,1992年4月10日。
② 加雷斯·伊万斯、布鲁斯·格兰特:《澳大利亚对外关系:在90年代的世界中》(Gareth Evans and Bruce Grant, *Australia's Foreign Relations: In the World of the 1990s*),墨尔本大学出版社,1995,第194页。

1967 年成立的东南亚联盟，在 90 年代冷战结束、国际格局向多极化发展的新条件下，开始选择强调经济、社会和文化目标，推动整个东南亚地区成为一体化的经济区域。1992 年 1 月，东盟领导人创建东盟自由贸易区，1993 年 1 月生效。

东盟的特殊地位及其发展演变，引起澳大利亚的高度重视，它表示"对加入东盟感兴趣"。早在 1974 年，澳大利亚就成为和东盟建立正式对话关系的第一个国家。霍克总理执政期间曾提出："澳大利亚力图在东南亚做一个合群者，而不是一个不合群者。架设合作的桥梁将有利于本地区的安全。"① 澳大利亚外交和贸易部长埃文斯曾使用"全面介入"一词来形容澳大利亚对东南亚的政策。他的目标是使"东南亚国家在同澳大利亚保持积极关系的过程中谋求民族利益"。他希望"加强对东盟和亚太经济合作的支持，以及在共享安全利益的基础上促进地区共同体的建立"，还希望"使柬埔寨、老挝、缅甸和越南参与地区事务"。②

澳大利亚与东盟的正式对话集中在三个层次上：一是东盟年度邮政部长会议，由东盟 6 国外长和东盟的 7 个对话伙伴（澳、新、美、加、日、韩和欧盟）参加；二是高层官员参加的东盟—澳大利亚论坛年度会议；三是东盟—澳大利亚协商会议。为增进与东盟关系，埃文斯号召举行更多的东盟—澳大利亚部长会议。

基廷执政时期重视发展和东盟各国的关系，除加强与周边最大邻国印尼的关系外，澳大利亚还和东盟其他国家如马来西亚、新加坡、菲律宾、泰国、文莱，及以后加入东盟的越南（1995）、柬埔寨、老挝和缅甸（1997），保持和发展良好的外交与政治关系。基廷总理于 1992～1994 年先后出访新加坡、柬埔寨、泰国、老挝和越南等东盟国家。澳大利亚副总理布赖恩·豪、外长埃文斯访问了菲律宾。澳大利亚与东盟国家的内阁部长及高级官员也进行了频繁的互访，并签订了一系列有关政治、防务、经贸合作等方面协定。

---

① 《亚洲观察》（*Asian Survey*）第 33 卷，1993 年第 5 期。
② 《亚洲观察》第 33 卷，1993 年第 5 期。

澳大利亚还在以东盟为主的国家增设了外交与领事机构，以加强与东盟的联系。仅在泰国，澳大利亚就派驻了 54 名外交和贸易部人员，相当于驻雅加达人员的 3/4。驻曼谷的使馆成为澳大利亚最大的驻外使馆之一。澳大利亚政府认为，加强泰国与亚洲大陆及南方群岛的联系，"有助于扩大澳大利亚联系网络的范围和力量"，而这是"澳大利亚全面介入战略的中心"。① 澳大利亚与东盟国家政治关系的发展推动了双边贸易的扩展，2009/2010 财年，澳大利亚与东盟双边贸易额为 604.41 亿澳元，占其贸易总额的 15.1%。

由于战后澳大利亚支持过东南亚国家的民族解放运动，同时东盟国家又有一些是英联邦成员国、亚太经济合作组织的成员国或"五国联防"的成员，从总体上说，澳大利亚基廷政府在全面面向亚洲的进程中与东盟国家关系的发展势头良好，但也存在着某些严重困难和强大阻力，特别是历史文化与民族传统的差异。如 1993 年 11 月，因基廷用不礼貌的言词攻击马来西亚总理马哈蒂尔"执拗"不参加在西雅图召开的亚太经合组织领导人会议，引起马来西亚舆论的强烈反应，引发了马哈蒂尔乃至其他亚洲国家领导人对澳大利亚亚洲观的批评，直到基廷作出道歉为止。这一事件至少有三点值得澳大利亚决策者在处理澳亚关系时思考：一是以马来西亚为代表的东盟国家虽然还保留某些亲西方色彩，但已不同于意识形态对立占主导地位的时期。正如澳外长埃文斯所认为的那样，它们已表现出"更强烈的亚洲国家认同感"。② 二是澳大利亚"全面介入"东南亚政策的提出和实现之间存在差距，这种打上传统烙印的"介入"应随着历史、环境和国家利益的改变而加以"更新"。三是以"赐予式"或"尽义务式"发展与亚洲关系的态度必须改变。"老爱批评别国的政治文化和社会制度"的习惯必须抛弃。③ 尽管澳大利亚与亚洲国家在文化价值观上存在

① 加雷斯·伊万斯、布鲁斯·格兰特：《澳大利亚对外关系：在 90 年代的世界中》，第 209 ~ 300 页。
② 加雷斯·伊万斯、布鲁斯·格兰特：《澳大利亚对外关系：在 90 年代的世界中》，第 206 页。
③ 《亚洲观察》第 33 卷，1993 年第 5 期。

很大差异，但只要以尊重对方的平等身份相互交往，澳亚关系就能得到融洽、和睦、顺利地发展。

三 澳大利亚与亚太经合组织

澳大利亚是亚太地区对话与合作的最积极的倡导者、推动者和参与国。自60年代以来，澳大利亚活跃在亚太地区出现的所有形式不同、主体各异和层次多样的对话机制中，并发挥着非同寻常的作用。澳大利亚积极推进亚太经济合作，倡导建立亚太经济合作组织（APEC）的主要原因有以下4个方面：一是亚太地区经济的迅速发展及其表现出来的重要性，促使澳大利亚重视发展"与整个亚洲太平洋地区以及与该地区内各个国家之间的外交和外贸关系"，[①] 推进在亚太地区建立新型经贸关系的区域框架。二是霸权支配下的旧的结构关系走向解体，取而代之或与之抗衡的应是一种崭新的模式；市场一体化已被认为是近年最新经济变化的产物和成功模式。三是澳大利亚试图扮演更重要的地区性角色，抛弃以前相对孤立和保护主义的立场。四是国际舞台上大国影响的削弱和澳大利亚国内主要政党的支持。

从60年代始，澳大利亚就和日本、美国开始酝酿亚太区域合作，并不断地加以推进。1967年，澳大利亚与新西兰、美国、加拿大、日本4国企业界人士组建的"太平洋盆地理事会"（PBEC）宣告成立。1973年澳、新、加、美等国的一批学术界人士发起成立"太平洋贸易与发展会议"（PAFTAD），就环太平洋经济合作问题进行分析、预测，并为各国政府提供决策依据和政策方案。1980年1月，日本首相大平正芳访澳，其环太平洋合作构想得到了澳总理弗雷泽的支持。在两国总理发表的联合公报中，首先肯定太平洋合作构想"是一项重要的长期目标"；同时建议由环太平洋地区各国的学术机构召开一系列非官方研讨会，作为实现合作构想的重要手段。[②] 1980年9月，日本首相大平正芳和澳总理弗雷泽联合倡议和发起召开"太平洋经济合作会议"（PECC），会议在堪培拉国立大学

[①] 王惠珍主编《面向21世纪的选择》，上海社会科学院出版社，1991，第23页。
[②] 林汉隽：《太平洋挑战：亚太经济及其文化背景》，学林出版社，1987，第217页。

举行，成立了由各参加国政界、企业界、学术界三方面组成的非官方协商性国际组织"太平洋经济合作委员会"。早期成员除澳大利亚、日本外，还有美国、加拿大、新西兰、东盟6国和南太平洋岛国。

1983年，澳大利亚总理霍克建议亚太地区国家聚会讨论计划，然后开始新一轮的多边贸易谈判。次年东盟加入对话进程，因此大大推动了本地区政府间的协商。建立亚太经济合作组织的观点是1989年1月澳大利亚总理霍克访问韩国时在日、美支持下首先提出来的。他在发言中"要求亚太地区进行更有效的经济合作"，[1] 提出建立亚太经济合作组织的设想，得到了众多亚太国家的赞成。在澳大利亚总理积极倡议的推动下，亚太经济合作组织第一次会议于1989年11月在澳大利亚堪培拉召开，亚太地区12个国家的贸易部长和外交部长参加了会议，包括澳大利亚、文莱、印尼、日本、加拿大、马来西亚、新西兰、菲律宾、新加坡、韩国、泰国和美国。一位韩国政治家认为，堪培拉会议是"太平洋时代的开始"。[2]

亚太经济合作组织是亚太经济合作中唯一的政府间国际组织。该组织的宗旨和目标为："（1）支持作为该地区人民共同意愿的地区增长与发展，并以这一方式致力于世界经济的增长与发展。（2）促进产生于不断增长的经济依存的地区与世界经济的积极成果，包括鼓励商品、服务、资金和技术的流动。（3）发展和加强一种在亚太和所有其他成员利益方面的多边贸易体系。（4）以和GATT（关税和贸易总协定）原则一致的方式，在成员国之间削减货物和服务方面的贸易壁垒。"[3]

按照有关各方对亚太经合组织商定的原则，每年举行1次由各成员国外交部长和主管经济、贸易的部长级年会，举行3、4次高级官员会议，必要时可就某一问题举行部长级特别会议。亚太经合组织的所有协议都以

---

① 加雷斯·伊万斯、布鲁斯·格兰特:《澳大利亚对外关系：在90年代的世界中》（Gareth Evans and Bruce Grant, *Australia's Foreign Relations: In the World of the 1990s*），墨尔本大学出版社，1995，第128页。

② 弗劳利安·康马斯、尤迪特·施塔波丝:《新亚洲——亚洲挑战世界》，中央编译出版社，1998，第114页。

③ 肯·伯利:《APEC：汉城报告》（Ken Berry, *APEC: Seoul Report*），载澳大利亚外交和贸易部《背景》第2卷第21期，1991年12月6日。

取得一致意见为原则。亚太经合组织初创时共有 12 个成员，不过这时的
亚太经合组织实质上只是一个松散的、不具有约束力的地区性经济贸易论
坛，起到一定的协调和促进作用，与欧洲共同体、北美自由贸易区等区域
性经贸集团有着本质的区别。

澳大利亚满怀希望和信心地发起和参加亚太经合组织的创始会议，澳
外长埃文斯认为，澳大利亚当时以区域合作思想中的五大实际目标去参加
这次会议。这五大目标是："（1）加强区域性国家个体或集体分析和政策
构成的能力；（2）检查该区域内进一步自由化的方式，以非歧视态度对
待世界其他地区；（3）通过公开合理提供参与和讨论分歧的机遇，进一
步减少区域性国家的贸易问题；（4）加快规划和保护区域利益的能力；
（5）形成特殊领域的合作计划。"[1]

澳大利亚设想的这些目标，在 1989 年 11 月召开的堪培拉会议上得到
了广泛的支持，其主要精神反映在被一致通过的《亚太经济合作原则》
的声明中。

从 1989 年 11 月的堪培拉会议开始，"亚太经合组织开始成为亚太地
区优秀的经济论坛"，每年一度的部长会议都在下半年正式举行，"它已
成为区域性外交的焦点"。[2] 从 1990~1995 年，亚太经合组织部长级年会
先后在新加坡、汉城、曼谷、西雅图、茂物、大阪召开，亚太合作的参与
范围逐步扩大，特别是在 1991 年，中国、中国香港地区和中国台湾地区
的加入，将这一进程由创始朝实质性进展向前推进了一大步。澳大利亚对
中国、中国香港地区和中国台湾地区 3 个成员的加入"特别感到高兴"，
因为由于上述 3 个成员的加入，亚太经合组织成员将"占世界国内生产
总值的一半和世界贸易的 40%"。[3]

1992 年 4 月，澳大利亚总理基廷根据亚太经合组织急需改变松散、
不具约束力的纯地区经贸论坛的状况，建议在近期召开亚太经合组织领导

---

① 加雷斯·伊万斯、布鲁斯·格兰特：《澳大利亚对外关系：在 90 年代的世界中》，第 132 页。
② 加雷斯·伊万斯、布鲁斯·格兰特：《澳大利亚对外关系：在 90 年代的世界中》，第 132~
133 页。
③ 肯·伯利：《APEC：汉城报告》，载《背景》第 2 卷第 21 期，1991 年 12 月 6 日。

人非正式会议。他指出："在亚太经合组织成员讨论地区经济与贸易问题的基础上，举行定期的亚太经合组织成员领导人会议，是有希望的。"澳外交与贸易部长埃文斯也认为："领导人会议机制的建立将会提高亚太经合组织的政治分量与地位，并将加强亚太经合组织经济合作和贸易自由化工作。"① 美国总统克林顿接受了澳大利亚的建议。

在澳大利亚倡导的亚太经合组织领导人非正式会晤中，1994 年茂物会议在亚太经合组织发展史上有重要的意义。因为在这次会议前，无论是亚太经合组织成员官方，还是新闻媒体，都对此次会议应否就确定亚太地区贸易、投资自由化的原则和实施日程表等有不同看法，有的还持保留态度。但结果表明，与会领导人比较顺利地取得了一致，并表示决心要为亚太地区实现贸易、投资自由化的长远目标而扩大经济合作，在进一步促进全球贸易和投资自由化方面显示亚太经合组织的领导作用。对于茂物会议的成果，几乎所有的 APEC 成员都持赞赏态度。澳大利亚更是倍加欢呼。澳大利亚外长埃文斯在 1994 年 11 月 3 日对澳大利亚企业亚洲论坛的讲话中，将茂物会议称之为亚太地区经济发展方面"具有分水岭意义的事件"。"它把该地区所有 18 个成员的首脑聚集一起，提供了一个在亚太地区通过一个一致的不久进入 21 世纪的时间表，产生一个公开宣称的自由贸易承诺的良好机遇。"② 1995 年 9 月 22 日，埃文斯在回顾亚太经合组织发展进程时又不无自豪地宣称："从茂物会议以来，我们取得了所有议程中最重要的一项：在本地区实现自由和开放的贸易与投资的允诺——就工业化国家来说，不晚于 2010 年，发展中国家不晚于 2020 年。"③

基廷总理在中澳建交 23 年（1995）时，也对亚太经合组织在亚太国

---

① 《澳大利亚政治和历史杂志》第 40 卷，1994 年第 2 期。

② 加雷斯·伊万斯：《澳大利亚，亚洲太平洋和 APEC：今天和明天》（Gareth Evans, *Australia, Asia Pacific and APEC: Today and Tomorrow*），载澳大利亚外交和贸易部国际公共事务局《背景材料》（International Public Affairs Branch Department of Foreign Affairs and Trade, *Background Information*）第 2 卷，1994。

③ 加雷斯·伊万斯：《APEC：亚洲长期增长的一份蓝图?》（Gareth Evans, *A Blueprint for Asia's Long Term Growth?*），载议会和传媒分部《1995 年 7 月~12 月内阁演说》（Ministerial Speeches, *July to December 1995 Parlimetary and Media Branch*）。

际关系中的地位给予了充分肯定，并对其未来发展提出了期望。他说："正是亚太地区的迅速发展使澳大利亚政府对亚太经济合作组织格外重视。澳大利亚政府欢迎 1994 年亚太经济合作组织能有 18 个经济体的领导人在茂物发表的共同决心宣言。这次会议加强了亚太经济合作组织作为对该地区关键性组织的地位，同时确保我们对该地区持有一种跨太平洋的态度，从而避免了将世界划分为欧洲、亚洲和南北美洲这三大对立集团。工业化国家将于 2010 年，发展中国家将于 2020 年实行地区自由贸易的承诺，将创立一个拥有 20 亿人口的生机勃勃的一体化市场。现在面临的挑战是使做出的承诺变为行动。澳大利亚强烈希望在亚太经合组织范围内的贸易自由化顺应并进一步促进全球的贸易自由化。"[1]

澳大利亚国际关系学者格雷哥·谢里丹认为，亚太经合组织完成了埃文斯所设想的 4 项任务："一是将东亚和世界上具有最重要贸易关系的北美联合到一起，它对澳大利亚是至关重要的；二是为完善世界贸易的 GATT 制度而斗争并反对特惠和歧视性地区贸易封锁的世界范围的趋势；三是致力于创造我们所处世界一部分的更强的共同体感；四是为澳大利亚走向推动与东亚地区更紧密的经济融合目标提供了道路。"[2] 澳大利亚带着自己的目标和理想在积极参与和推动着亚太经合组织的前进，同时也在推动着澳亚关系在新的框架和范畴内发展。亚太经合组织这一组织形式和其所追求的目标很适合亚太这一复杂地区，因而对太平洋沿岸国家和地区产生了强大的吸引力。同时，在亚太经合组织内部及其发展进程中，澳大利亚与一些亚洲国家的文化价值观矛盾与利益差异也显露出来，并影响着未来澳亚关系的发展。

第七节　21 世纪初期的澳大利亚外交

一　21 世纪初的澳大利亚外交概况

早在 1996 年，霍华德政府就提出了 21 世纪的对外战略，即"在全面

---

① 澳大利亚驻华使馆：《澳中关系》，1995，第 3 页。
② 1993 年 12 月 6 日《澳大利亚人报》。

融入东亚地区的同时，保持和发展与东亚地区之外重要国家的关系"。①
自从在 1998 年和 2001 年两次蝉联总理之后，2004 年霍华德第四次当选
澳总理，成为澳大利亚政坛上自罗伯特·孟席斯之后第二位任期最长的总
理。在第三任期间霍华德就希望通过实行"均衡"外交，并注意有所调
整，突出重点，发挥澳在未来亚太地区及全球国际关系中的积极作用。
2007 年工党领袖陆克文当选新总理，在此外交理念基础上，推行"中等
强国外交"，继续影响着均衡外交的走向。总体来看，陆克文政府外交政
策有如下特点：巩固澳美同盟关系，在同盟关系中发挥自己的作用；坚持
"融入亚洲"的外交政策，融入亚洲经济圈；拓展多边外交，在国际事务
中发挥更加积极的作用，开展"积极外交"。② 在发展与东亚地区国家关
系时，陆克文政府的"融入亚洲"政策与其前任有所区别，把发展与中
国关系放在澳大利亚发展与亚洲地区国家关系的首要位置。③ 陆克文试图
表明与前任的不同，但落实到具体的外交行动上就是以亚太地区为中心开
展多边外交，实施新的均衡外交实践，实质上也是在新的国际形势下对
"均衡外交"的继承和调整。

均衡外交政策的基本内容，具体来说，由以下四方面组成：

第一是以亚洲为中心，尤其以东盟为重点发展与东南亚各国的关系。
外长唐纳阐述了联合党外交政策的基调：发展与亚洲国家的关系是政府外
交的首要选择。2004 年霍华德上台伊始就邀请马来西亚总理马哈蒂尔访
澳，并派外长出访印尼、新加坡、泰国等国，政府宣称澳大利亚将对东盟
实行特殊"全面外交"，"加强与东南亚的经济、政治、文化关系"。④ 唐
纳外长谈到了未来发展与亚洲关系的三个战略：一是以 APEC 和东盟为依
托加强经济领域合作；二是通过东盟区域论坛以及敦促美国继续参加地区

① Insight，澳大利亚外交与外贸部，1996 年 3 月 25 日。
② "'陆克文环球之旅'折射积极外交政策"，http：//news. xinhuanet. com/world/2008 – 04/11/content_ 7960547. htm。
③ "从陆克文首次出访看其外交政策走向"，http：//news. xinhuanet. com/world/2008 – 04/09/content_ 7947264. htm。
④ 英国经济学家情报局：《国别报告：澳大利亚》，1996 年第一季度，第 3 页。

性事务来推动未来区域安全合作；三是重视双边关系。① 2007 年陆克文政府上台后，更是把多边外交的突破口放在"全面参与亚洲"事务上。

第二是以 APEC、ARF、WTO 等地区或全球多边机制为依托，利用其连接两大洋两大洲的特殊地理位置，发挥其联系东亚和南亚、东盟自由贸易区与澳新自由贸易区的桥梁作用；利用其是欧美地区之外的西方国家和具有发展中国家特征的发达国家的特点，以期成为发达国家与发展中国家的桥梁，据此实现其"立足亚太，放眼全球"这一全面和均衡的外交战略。

第三是关注东北亚。东北亚地区对澳大利亚的繁荣与安全至关重要：日本、韩国、中国、中国台湾地区和中国香港地区都是其重要的贸易伙伴；这一地区具有澳所需的资金、技术、市场、商品等经济发展要素；东北亚地区存在朝鲜半岛核问题和台湾问题。澳认为，美中关系、日中关系的演变会影响其在亚太地区的利益，因此希望通过各种制约关系来达到该地区的力量均衡。2007 年 3 月澳日《关于防务和安全合作的声明》的签署，是继澳大利亚与美国签订《澳新美同盟条约》之后的又一个着眼于国家安全的防务协定。这使国际社会普遍认为"美日澳构筑战略铁三角，欲打造亚洲版北约"。②

第四是加强与欧美的传统联系。澳与欧美有相同的社会、文化、政治背景，霍华德政府将亚洲作为其外交中心的同时，摒弃了要成为亚洲一部分的提法，强调保持和发展与欧美的经济、安全等重要关系。澳政府十分重视同欧盟的关系：历史和文化的联系；与北约组织建立密切的军事联系，在国际舞台上发挥积极作用以取信欧盟；整合过去与欧盟各国打交道时的分散的外交资源，努力构建一种积极有效的对欧盟的新外交政策。

与美国的关系一直是澳大利亚对外政策的基石，2003 年新白皮书改变以往将与美国、日本、中国、印尼关系列为同等重要的做法，将美澳关

---

① F. A. Mediansky, ed. , *Australian Foreign Policy into the New Millennium*, South Melboume: Macmillan Education Australia, 1997, pp. 262 – 263.

② 2007 年 3 月 17 日新华网军事新闻，http：//news. xinhuanet. com/mil/2007 – 03/17/content_ 5859883. htm。

系视为澳对外政策中唯一最重要的,而与亚洲其他国家的关系则是"相当重视、优先考虑"。陆克文新政府也承认美澳同盟对澳大利亚安全利益和亚洲未来权力平衡的重要性。

没有亚洲,澳损失的只是政治和经济上的利益,但如果失去美国,澳不仅无力应付地区冲突,甚至连最为基本的国家安全都难以保证。基于此种考虑,澳在 2001~2010 年的 10 年内每年增加军费开支 3%。1939~2000 年,澳大利亚军费开支年均占 GDP 的比例为 1.9%。虽然到 2010 年军费开支所占 GDP 的比例仍然为 1.9%,但随着其 GDP 总量的增长,绝对量将会继续大幅度提高。"9·11"事件后,澳单方面启动《澳新美安全条约》,先后参加了阿富汗战争和伊拉克战争,并在 2003 年 11 月正式决定参与美国导弹防御系统。

二 21 世纪初澳大利亚外交政策变化的动因

澳大利亚外交政策之所以显示出均衡全面和突出重点的务实灵活特点,应做如下两方面的分析:

一方面,澳大利亚执行经济贸易上密切合作、安全保障方面逐步配合、文化心理上保持距离的亚洲政策,原因在于:

(1)现实利益高于意识形态,经济因素是影响澳对亚洲政策的最主要因素。

亚洲尤其是东亚经济迅速增长为澳大利亚与该地区的发展创造了良好的环境。近年来,东亚经济年增长率一直保持在 7% 左右,高于世界其他地区 1 倍多。目前,澳最大的 10 个出口市场有 7 个在东亚,它最大的 10 个进口地有 5 个在东亚,它最大的 10 个旅游来源国有 6 个在东亚。亚洲经济的繁荣是促使澳在经济上融入亚洲的推动力。澳大利亚不能不正视东亚的经济发展,不得不重新审视亚洲尤其是东亚地区的市场潜力和贸易前景。不管是从其长远利益考虑,还是为解决当前国内的经济难题,澳都需要与东亚国家全面接触、密切交往。

(2)安全因素。受地缘因素的影响,澳调整对外政策并非仅仅着眼于经济,寻找新的战略支撑点、联合新的政治伙伴也是其亚洲政策的重要组成部分。

过去澳的安全问题一直依靠英美，而冷战结束后，美国在东亚的驻军问题受到严重挑战，在亚太地区的影响力下降，先是不得不从菲律宾基地撤出驻军，后又因国内政治经济压力不得不消减在东亚的驻军。而同时，与经济高速增长的国力相适应，亚洲各国都在加紧建立各自安保体制。因此，澳开始把安全保障的立足点转向亚洲。需要指出的是，防务政策的转变不是意味着放弃美澳军事同盟，而只是在美国影响力削弱的情况下开始认识到独立防务政策的重要性，需要加强地区性的安全合作、改善与周边国家关系。为此，澳与东南亚诸国共同制订联合作战计划，实施一系列军事合作项目，包括：海上监视与巡逻训练、空中防御演习和地面武装力量作战行动，军事人员互访和情报交流，共同研究和开发军事装备，在国防工业建立合资企业。这体现了澳外交政策的理性化、务实性，也展现了其独立性的一面。

（3）国家定位的困惑，即历史原因造成的政治和社会文化因素的影响，也是澳大利亚在历史和地理的矛盾中寻求归属感的问题。

关于澳大利亚的身份问题，国立澳大利亚大学国际关系教授迈克尔·麦金利教授认为："澳大利亚仍在其国家身份问题上纠缠不清；澳大利亚对自身的定位有很多想法，但是大部分都不合适。这个国家的民族多样性越来越明显，但并没有呈现出文化上的多样性。"[1] 关于澳大利亚定位问题，20多年前，时任总理的基廷宣布：澳大利亚不再是"帝国的一个分部"，它必须成为一个共和国"融入"亚洲。亨廷顿曾经说过："把澳大利亚重新确定为亚洲国家是基于这样一种假设：在塑造民族命运的过程中，经济压倒了文化，其主要的动力是亚洲经济的蓬勃发展。"[2] 这种转变尚未完成，文化和价值观仍是澳融入亚洲的根本障碍之一。

正是这种文化价值观和历史传统的差异，使澳成了一个有着西方传统

---

① 彼得·卡莫勒：《霍华德殖民心态导致了澳大利亚的身份危机》，2002年12月8日《南华早报》，转引自《参考资料》，2002年12月16日，第27页。

② 塞缪尔·亨廷顿：《文明的冲突与世界秩序的重建》，周琪等译，新华出版社，1998，第163页。

但尚未完全定位的国家，而寻求这种定位正是影响澳在亚太地区的外交政策以及要在地区政治和安全中发挥何种作用的重要因素。

另一方面，澳大利亚坚持"澳美一家亲"的全方位合作的澳美关系，既有传统的心理惯性，也有新形势下的考虑。

（1）美国在澳大利亚经济中的地位是显而易见的。美国对澳出口增幅较快的主要商品是电器、通信产品、飞机、大型的采矿设备等，就是这些商品支撑着澳大利亚逐步发达的经济走向国际化。美国福特公司成为澳最大的汽车生产商，并为其提供了数以千计的就业机会。2004 年 5 月，澳美签署双边自由贸易协定，该协定于 2005 年 1 月正式生效。2006 年，澳美双边贸易额为 325.41 亿澳元。美国还是澳最大的投资来源国。

（2）保持与美国的战略合作关系。澳清楚地认识到仅靠自身实力无法维护本国利益和地区稳定，在可预见的未来，还没有任何机制能取代美国军事保护对澳国家安全和地区稳定所发挥的作用。因此，澳极力反对马来西亚提出的将美澳排除在外的"东亚经济圈"，坚持以 APEC 为基础，建立包括美国、南太平洋国家在内的亚太经济圈。澳认为美是亚太地区综合国力最强的国家，排除美国的亚太合作既不可取也不现实，只有美国参与的亚太多边机制才能有效地促进地区的和平与发展，并促使日本发挥政治经济作用、抑制其军队扩张，同时也可以利用美澳特殊关系加强澳在亚太合作中的有利地位。

发展国内经济、维护地区稳定、提高国际地位等根本利益，是澳推行均衡外交的本质原因。可以说，澳大利亚所奉行的外交方针与原则，是以西方人为主体的社会同亚太地区地理位置相互作用的产物，也是世界多极化、东方崛起的结果。

三　进入 21 世纪的中澳关系

1. 中澳政治关系不断加强

21 世纪以来，两国政治关系更加密切，主要体现在以下两方面：

其一，两国高层领导人互访频繁。

进入 21 世纪以来，中国更加重视和发展中澳关系。2003 年 10 月，中国国家主席胡锦涛成功访问澳大利亚，双方一致同意建立"高度互信、长期友好、互利双赢的全面合作关系"。2004 年 11 月，胡锦涛主席和温家宝总理分别在智利 APEC 会议和老挝"10＋3"会议期间，与霍华德总理举行双边会晤，就双边关系和共同关心的国际、地区问题交换意见。霍华德执政以来也 5 次来华。这几次互访有力地推动了中澳双方经贸关系的发展。2007 年，新总理陆克文上任不久便于次年访华并在北京大学作了中文演讲，得到了中国各界的欢迎与关注。2011 年 4 月 27 日澳大利亚总理茱莉亚·吉拉德上任后首次出访中国，并于 2013 年 4 月参加了在海南举办的博鳌论坛之后，再次对中国进行了国事访问。2007 年 9 月，中国国家主席胡锦涛第二次对澳大利亚进行国事访问。2009 年 10 月，中国国务院副总理李克强对澳进行正式访问。中澳双方的高层互访日益增多。

其二，两国在多边机制中的政治合作增强。

澳大利亚所倡导的多边合作机制最为突出的有三个，即联合国、亚太经济合作组织和太平洋岛国论坛，这也为双边关系的发展提供了良好的交流与合作平台。

首先是中澳两国在联合国中的政治合作。21 世纪以来，国际社会发生了一些影响较大的国际或地区性问题，如恐怖袭击事件、伊拉克问题、朝核问题和伊朗问题，联合国改革，日本争常，以及卫生领域的非典疫情等。中澳两国充分利用联合国这个平台表达各自的观点与看法，求同存异，在大多数国际或地区性问题上看法是一致的。

其次是中澳两国在亚太经合组织中的政治合作。亚太经济合作组织虽是以经济交流与合作为主题的合作机制，但它确实为两国政治关系的发展与合作提供了重要平台。21 世纪以来，由中澳两国政治关系发展现状不难看出，两国高层基本上每年一度的接触都是通过 APEC 这个平台来实现的。中澳两国领导人不失时机地利用 APEC 领导人非正式会议进行会晤，针对热点问题交流看法，同时中国也从与澳方的接触中得以重申中国对台政策及其一贯立场，也由此获得澳方对"一个中国"政策的承诺。

再次是中澳两国在太平洋岛国论坛中的交流与合作。太平洋岛国论坛（Pacific Islands Forum）是南太平洋地区最重要，也是最大的地区性组织。

该论坛宗旨是加强各成员国之间在贸易、投资、航海运输以及旅游、教育方面的合作。中国自 1990 年起，便以非成员国的身份参加当时名为南太论坛的对话会议。21 世纪以来，中国继续参加太平洋岛国论坛。2002 年，外交部长助理周文重出席太平洋岛国论坛第 14 届对话会，强调指出："中方将一如既往地支持南太各国维护国家主权和领土完整、发展民族经济和区域合作以及建立南太无核区。"中国通过对话会表达出自己的看法和观点，并得到澳大利亚等国家的积极响应与合作。

此外，作为东盟倡议召开的、涵盖"10 + 3"之外国家的首脑会议——东亚峰会首届峰会于 2005 年在马来西亚举行。本次会议最明显的特点就是美国没有列席会议，然而却吸纳了印度、澳大利亚和新西兰三国与会。在本届峰会上，温家宝总理会见了霍华德，回顾和高度评价了中澳关系，并就进一步提高双边关系、加强贸易合作交换了意见和看法。

2. "中国崛起"对中澳关系的影响

近年来，中国与澳大利亚在经济领域的互利合作关系不断加深，但同时我们也应该看到，随着中国和平崛起势头的持续发展，由于两国的文化传统和社会政治制度不同，以及安全战略上的分歧，导致中澳关系出现了一些波折，尤以 2009 年中澳关系最为波澜跌宕。先是年初澳大利亚政府公布新版《国防白皮书》，直指"中国威胁"；接着是"力拓"案引燃中澳媒体大战；是年秋季中国"疆独"分子热比娅"窜访"澳大利亚受到其新闻界热捧，中方对此表示"强烈不满"。凡此种种，促使人们对中澳关系的走向表现出极大关注。实际上，中澳关系的上述发展变化，在一定程度上反映了一个处于崛起与复兴之中的大国与一个希望继续维持现状的中等强国之间的相互再认识与关系调试过程。[①]

中国乃至整个亚洲的崛起，改变了澳大利亚的国际环境，澳大利亚需对此作出反应，并及时调整政策。2007 年 11 月工党陆克文上台后，提出了"富有创造力的中等强国外交"思想，在坚持澳美同盟框架的基础上

---

① 喻常森：《澳大利亚对中国崛起的认知与反应》，《当代亚太》2010 年第 4 期。

谋求外交行动的"独立性",开展多边外交,全面参与亚洲事务,决心把澳打造成西方世界中最精通亚洲文化的国家,以顺应渐露曙光的亚洲纪元。① 2009 年 5 月,澳大利亚公布的新的国防白皮书正是这一目标在安全领域的集中体现。但这份名为《2030 年的军力——在一个亚太世纪里保卫澳大利亚》的白皮书用大量篇幅渲染"中国威胁",称中国的军事现代化引发了周边国家的不安。《澳大利亚人报》一篇报道的题目则是"国防白皮书紧盯中国"。这说明,中国的崛起在很大程度上已经成为澳大利亚制定防务政策时不得不重点考虑的因素。

虽然中澳双方在政治理念和安全战略上存在一定分歧,在经贸领域的合作却进一步深化,2009 年,中国已成为澳大利亚最大的贸易伙伴;为推动双边贸易的发展,中断一年多的中澳自由贸易区谈判也于 2010 年 2 月重新启动。两国自由贸易协定一旦签订,将在未来 20 年内为澳大利亚创造价值 1460 亿澳元的收入。面对巨大的经济利益,2010 年 6 月,吉拉德取代陆克文出任澳大利亚新总理后,在继续推行陆克文工党政府稳健的外交政策同时,也稍作调整。2013 年 5 月公布的新版澳大利亚国防白皮书中明确欢迎中国的崛起:"中国经济持续发展对澳大利亚和其他国家的经济发展起到了积极作用,有助于欧洲和美国经济的复苏。"新版白皮书强调,尽管中国的崛起将造成不可避免的竞争,但"澳大利亚不认为中国是对手,澳大利亚支持中国的和平崛起,并以确保本地区的战略竞争不导致冲突为目标"。②

一直以来,随着中国国家实力的不断增长,澳大利亚学术界和官方人士对"中国崛起"有不同的认识,主要分为三大派:自由主义、现实主义和保守主义。自由主义学派主张澳大利亚应该以积极与和平的心态对待中国的崛起。他们认为"中国作为一个新兴的全球经济体,在亚太地区未来的经济格局中将发挥领导作用。由于澳大利亚与中国在经济上有巨大的互补性,澳大利亚的繁荣有赖于中国经济的持续增长"。因此,他们鼓

① 唐小松、宾科:《陆克文"中等强国外交"评析》,《现代国际关系》2008 年第 10 期。
② 澳大利亚国防部:*Defence White Paper 2013*。

励并建议澳大利亚政府继续推行对华建设性接触政策，同时加强与中国的坦承对话。

现实主义学派认为中国崛起是不争的事实，但中国未来的发展走向至今无法预测；澳大利亚一方面应继续积极同中国打交道，但同时必须谨防中国单独主导亚洲事务。现实主义学派学者建议澳大利亚不仅要加强自身的防御能力，同时也要通过国际机制，发挥中美之间的桥梁作用，消解中国崛起所引起的不稳定因素，极力避免卷入两败俱伤的同盟战争。

保守主义学派主要从意识形态和冷战思维出发，对社会主义中国怀着非常强烈的不信任感和偏见，从消极的立场审视中国崛起。他们将中国的崛起视为挑战和威胁，甚至危言耸听地认为，中国的崛起不仅影响澳大利亚的国家安全，而且将严重冲击和动摇整个自由资本主义世界体系，因此主张对中国进行遏制和围堵。

澳大利亚政府较好地吸收了上述各流派的合理之处。首先，澳大利亚工党政府在对华总战略上，主要基于现实主义的政策立场，将应对中国崛起作为首要任务和挑战。工党政府认为，中国乃至整个亚洲的崛起改变了澳大利亚的国际环境，澳大利亚需对此作出反应，并及时调整政策。其次，在对华经济政策上，充分吸收自由主义学派的主张，继续全面加强与中国的经济贸易关系和技术合作，因为这种合作符合澳大利亚的国家利益。最后，在政治安全上，澳大利亚工党政府的对华政策除了主要立足于现实主义的考量外，还部分采纳了保守主义的主张。例如，在人权、民主和宗教自由等方面，工党政府继续对中国进行批评。在国防政策上，重点加强对中国的防范。[①]

陆克文和吉拉德两届工党的国防白皮书体现的正是一个区域性大国对自身战略环境的认知和判断。中国和澳大利亚的双边关系仍然是稳定的，两国之间没有直接的、涉及国家核心安全利益的冲突，而且澳大利亚的国家定位和利益需求也决定了中澳之间存在很大的合作空间。所以，虽然近年来在两国交往中不断出现波折，但就长远和主流来看，两国政府和人民

---

① 喻常森：《澳大利亚对中国崛起的认知与反应》，《当代亚太》2010 年第 4 期。

可以持一定的乐观态度。

3. 中澳关系展望

第一，在国际事务和国际政治方面，中国和澳大利亚仍将加强合作，共同关注国际问题，尤其是积极参与亚太地区事务。"中国作为一个世界公认的正在和平崛起的大国，将会越来越多地关注和参与亚太地区事务，并承担起自己应承担的责任。澳大利亚作为亚太地区中等强国，在新世纪里，澳对外政策关注的范围将不断扩大，并积极参与亚太地区事务。"为此，中澳两国将会充分利用亚太经合组织以及联合国等多边合作平台，借双边和多边场合加强交流与合作，以达成彼此信任、共同合作发展的目标。

第二，中澳两国已建立高层互访机制和长期政治磋商机制。健全良好的互访机制为两国政治接触提供了制度保证，且机制本身也已经表明两国政治关系的加强。同时，互访机制和磋商机制将两国关系锁定在机制化和稳定化的轨道上，为两国政治关系发展注入新的活力和动力。

第三，近年经济全球化和区域经济一体化的不断加强将促使中澳两国在经济贸易领域进一步加强合作。中澳两国将会充分利用丰富的特有资源，实现资源优势互补。此外，现已酝酿良久的中澳自由贸易区将有望在不久的将来建成，从而使中澳两国商品能够实现自由流通，劳动力能够自由来回流动，也将为两国经济合作与发展提供持久的推动力。

第四，安全合作也将成为中澳两国共同加强的领域。澳国防部长尼尔逊于 2007 年 7 月访华时称中澳是"地区稳定的好伙伴"，并极力邀请中国海军访澳，参加澳大利亚、新西兰和中国三方举行的首度海上联合演习。尼尔逊盛赞"中国海军舰队这次访问澳大利亚有助于强化中澳双边国防关系，中国与澳大利亚建立国防关系的基础是增进彼此的了解，而这次访问具有重要意义"。① 中国海军与南太平洋两个重要国家——澳大利亚和新西兰联合举行演习还是第一次。中澳两国将会加强军事交流与合

---

① 《中国海军军舰抵澳访问，将参加澳新中联合演习》，《澳大利亚时报》（*Australian Chinese Times*）2007 年第 470 期。

作，为本国、本地区的经济发展创造良好的外部环境。随着中国在澳大利亚安全战略中的砝码增大，澳大利亚将会在防务战略磋商、反对恐怖主义、打击非法移民和走私等方面，与中国有更多的合作。

此外，中澳两国文化教育交流也会进一步增强，双方互派留学生数量将更多，2010 年 3 月 19 日，中国文化部副部长赵少华与澳大利亚驻华大使芮捷锐，分别代表本国在京签署《中华人民共和国文化部与澳大利亚外交贸易部关于 2010~2012 年互办文化年谅解备忘录》，中澳两国文化交流显示出前所未有的全新发展态势。

2013 年 10 月 6 日中国国家主席习近平在印度尼西亚巴厘岛会见了澳大利亚新总理阿博特。习近平指出，中澳同为亚太地区重要国家，两国紧密合作，不仅符合两国根本利益，也有利于本地区乃至世界的和平与发展。中方一向从战略高度和长远角度看待和发展中澳关系，愿同澳方一道努力，推动中澳战略伙伴关系不断深入发展，使中澳关系成为不同社会制度、不同历史文化、不同发展阶段国家和谐相处、合作共赢的典范。双方应该巩固两国关系 4 个纽带，即互信纽带、经贸纽带、人文纽带和安全纽带。习近平提出，当前，亚太地区总体上政治稳定、经济发展、区域合作活跃，亚太各国合作应该把重心放在发展和经济增长上来。中澳双方可以通过外交和战略对话等机制，加强沟通、协调、合作。中方愿同澳方一道，为推动即将举行的亚太经合组织第二十一次领导人非正式会议达到预期成果发挥建设性作用。

阿博特表示，中国国力日益上升，对世界是福音，不是挑战。澳大利亚繁荣得益于同中国的合作。在其执政期间将继续致力于强化两国互信、经贸、人文、安全四个纽带，发展更强劲的澳中关系，做中国的好朋友。澳方愿意加快两国自由贸易协定谈判，欢迎中国企业赴澳大利亚投资，希望同中方在二十国集团、亚太经合组织框架内加强合作。

附　　录

一　澳大利亚联邦历任总督[1]

约翰·路易斯·霍普（John Adrian Louis Hope, 1901.1–1903.1[2]）

哈勒姆·坦尼森（Hallam Tennyson, 1903.1–1904.1）

亨利·斯塔福德·诺思科特（Henry Stafford Northcote, 1904.1–1908.9）

威廉·亨伯·沃德（William Humble Ward, 1908.9–1911.7）

托马斯·登曼（Thomas Denman, 1911.7–1914.5）

罗纳德·芒罗–弗格森（Ronald Craufurd Munro–Ferguson, 1914.5–1920.10）

亨利·威廉·福斯特（Henry William Forster, 1920.10–1925.10）

约翰·劳伦斯·贝尔德（John Lawrence Baird, 1925.10–1931.1）

艾萨克·艾尔弗雷德·艾萨克斯（Sir Isaac Alfred Isaacs, 1931.1–1936.1）

亚历山大·阿克赖特·霍尔–鲁斯文（Alexander GoreArkwright Hore-Ruthven, 1936.1–1945.1）

亨利·艾伯特亲王（Prince Henry William Frederick Albert, 1945.1–1947.3）

威廉·麦克凯尔（William Mckell, 1947.3–1953.5）

---

[1]　引自金太军《当代各国政治体制·澳大利亚》，兰州大学出版社，1998，第51~53页。

[2]　指任职时间，下同。

威廉·斯利姆（William Slim, 1953.5 - 1960.2）

威廉·谢泼德（William Shepherd, 1960.2 - 1961.2）

威廉·菲利普（William Philip, 1961.8 - 1965.9）

理查德·加德纳（Richard Gardiner, 1965.9 - 1969.4）

保罗·哈斯勒克（Paul Hasluck, 1969.4 - 1974.7）

约翰·克尔（John Kerr, 1974.7 - 1977.7）

泽尔曼·考恩（Zelman Cowen, 1977.12 - 1982.7）

尼尼安·斯蒂芬（Ninian Stephen, 1982.7 - 1989.2）

威廉·乔治·海登（William George Hayden, 1989.2 - 1996.2）

威廉·帕特里克·迪恩（Willianm Deane, 1996.2.16 - 2001.6.29）

彼得·约翰·霍林沃思（Peter Hollingworth, 2001.6.29 - 2003.5.28）

菲利普·迈克尔·杰弗里（Philip Michael Jeffery, 2003.8.11 - 2008.9.5）

昆廷·布赖斯（Quentin Bryce, 2008.9.5 - ）

二　澳大利亚联邦历任总理[①]

埃德蒙·巴顿（Edmund Barton, 1901.1.1 - 1903.9.24[②]，保护关税派）

艾尔弗雷德·迪金（Alfred Deakin, 1903.9.24 - 1904.4.27，保护关税派）

约翰·克里斯琴·沃森（John Christian Watson, 1904.4.27 - 1904.8.18，工党）

乔治·豪斯顿·里德（George Houston Reid, 1904.8.18 - 1905.7.5，自由贸易派）

艾尔弗雷德·迪金（Alfred Deakin, 1905.7.5 - 1908.11.13，保护关税派）

---

① 引自金太军《当代各国政治体制·澳大利亚》，第139～141页。

② 指任职时间，下同。

安德鲁·费希尔（Andrew Fisher，1908.11.13 – 1909.6.2，工党）

艾尔弗雷德·迪金（Alfred Deakin，1909.6.2 – 1910.4.29，保护关税派）

安德鲁·费希尔（Andrew Fisher，1910.4.29 – 1913.6.24，工党）

约瑟夫·库克（Joseph Cook，1913.6.24 – 1914.9.17，自由党）

安德鲁·费希尔（Andrew Fisher，1914.9.17 – 1915.10.27，工党）

威廉·莫里斯·休斯（William Morris Hughes，1915.10.27 – 1923.2.9，初为工党，1917 年 1 月另组国民党）

斯坦利·梅尔本·布鲁斯（Stanley Melbourne Bruce，1923.2.9 – 1929.10.22，国民党）

詹姆斯·亨利·斯卡伦（James Henry Scullin，1929.10.22 – 1932.1.6，工党）

约瑟夫·阿洛伊修斯·莱昂斯（Joseph Aloysius Lyons，1932.1.6 – 1939.4.7，统一党）

厄尔·佩奇（Earle Page，1939.4.7 – 1939.4.26，乡村党）

罗伯特·戈登·孟席斯（Robert Gordon Menzies，1939.4.26 – 1941.8.29，统一党）

阿瑟·威廉·法登（Arthur William Fadden，1941.8.29 – 1941.10.7，乡村党）

约翰·约瑟夫·柯廷（John Joseph Curtin，1941.10.7 – 1945.7.6，工党）

F. M. 福德（F. M. Forde，1945.7.6 – 1945.7.13，工党）

约瑟夫·本尼迪克特·奇夫利（Joseph Benedict Chifley，1945.7.13 – 1949.12.19，工党）

罗伯特·戈登·孟席斯（Robert Gordon Menzies，1949.12.19 – 1966.1.26，统一党）

哈罗特·埃·霍尔特（Harold E. Holt，1966.1.26 – 1967.12.19，自由党）

约翰·麦克尤恩（John Mcewen，1967.12.19 – 1968.1.10，乡村党）

约翰·格雷·戈顿（John Grey Gorton，1968.1.10 – 1971.3.10，自由党）

威廉·麦克马洪（William Mcmahon，1971.3.10 – 1972.12.5，自由党）

爱德华·高夫·惠特拉姆（Edward Gough Whitlam，1972.12.5 – 1975.11.11，工党）

约翰·马尔科姆·弗雷泽（John Malcolm Fraser，1975.11.11 – 1983.3.11，自由党）

罗伯特·詹姆斯·李·霍克（Robert James Lee Hawke，1983.3.11 – 1991.12.19，工党）

保罗·约翰·基廷（Paul John Keating，1991.12.20 – 1996.3.11，工党）

约翰·霍华德（John Howard，1996.3.11 – 2007.12.3，自由党）

陆克文（Kevin Michael Rudd，2007.12.3 – 2010.6.24，工党）

吉拉德（Julia Gillard，2010.6.24 – 2013.6.27，工党），

陆克文（Kevin Michael Rudd，2013.6.27 – 2013.9.7，工党）

阿博特（Tony Abbott，2013.9.7，自由党 – 国家党联盟）

三 著名历史人物小传

（一）发现澳洲大陆的"哥伦布"：库克

詹姆斯·库克（James Cook，1728 – 1779） 英国航海家和探险家。1728 年 10 月 27 日出生于英国约克郡的一个农民家庭，18 岁进入沃克船运公司当学徒，1755 年 6 月 25 日加入皇家海军，两年后升任"水星"号船长。后在英法战争中立功获升迁。1768 年 5 月 26 日，库克受命于英国皇家海军，前往太平洋探险，观测金星和探寻南方大陆。在完成对金星的观测之后，继续航行寻找大陆。1769 年 10 月 7 日，他登陆新西兰，并用 6 个月时间对该岛进行精确测绘。在返英途中，偶然发现了真正的南方大陆。这一天是 1770 年 4 月 20 日，从此澳洲结束了与世隔绝的历史。1772 ～ 1775 年他再次奉命出航，发现诺福克岛，完成南半球的大洋环球航行，首次穿越南极圈。他在 1976 ～ 1979 年的一次环球航行中，途径桑德维奇群

岛（今夏威夷群岛）时，于 1779 年 2 月在与当地土著的冲突中丧命。库克船长后来被称为"澳大利亚之父"。

（二）"第一舰队"舰长：菲利普

阿瑟·菲利普（Arthur Phillip，1738－1814） 1738 年 10 月 11 日生于伦敦，15 岁开始当海员。1755 年加入皇家海军舰队，1781 年被任命为皇家海军舰队队长，1786 年被任命为新南威尔士殖民地的第一任总督。1787 年 5 月 13 日，菲利普率领由 11 艘船组成的"第一舰队"运送英国流放犯驶往澳大利亚。1788 年 1 月 18 日抵达澳大利亚的植物湾。1 月 26 日在悉尼港升起英国国旗，这天后来被称为"澳大利亚日"。菲利普在任总督期间，意识到仅仅靠流放犯的集体劳动，难以满足流放地的生活需要，便多次向英国政府建议，从英国吸收自由移民到新南威尔士，授予他们土地，让流放犯成为自由移民的劳动力。他还建议把土地授予刑满释放者，让他们自食其力，建设家园。这些建议经过后几任总督的补充，成为英国政府在澳大利亚的长期殖民方针。1792 年 12 月，菲利普总督因病离开新南威尔士，返回英国。1814 年 8 月 31 日，菲利普在巴斯逝世，享年 76 岁。

（三）开明总督：麦夸里

拉克伦·麦夸里（Lachlan Macquarie，1761－1824） 1761 年 1 月 31 日生于苏格兰的赫布里底群岛。早年参军，曾在欧洲、美洲、非洲、澳洲服役。1809 年 12 月麦夸里奉英政府之命赴澳洲处理新南威尔士保安队，黜免布莱总督，并继任总督。在执政期间，麦夸里兴建医院，开办学校，修筑道路，并对释放犯和土著采取宽容的政策，还取消了土地赠予制度，对开发澳大利亚内陆作出贡献。麦夸里的努力使他在英国议会、政府部门多方面获得好评。1821 年，麦夸里因受不同政见者的排挤返回英国。麦夸里统治澳大利亚时期的 1810～1821 年被称作"麦夸里时代"，而他本人也被称为"澳大利亚之父"。1824 年 7 月 1 日，麦夸里在伦敦病逝，享年 63 岁。

（四）养羊业之父：麦克阿瑟

约翰·麦克阿瑟（John Macarthur，1766－1834） 1766 年出生于英国德文郡的一个穷苦家庭。1789 年到澳大利亚服役，被任命为新南威尔士保卫队上尉。1797 年他引进了几只西班牙种的美利奴绵羊，获得成功。1802 年他在英国推销他的美利奴羊毛，得到了卡姆登勋爵的支持。回到澳大利亚后，麦克阿瑟辞去保卫队的职务，专心养羊。麦克阿瑟的美利奴绵羊后来发展成为著名的"澳洲美利奴绵羊"，麦克阿瑟因此被称为"澳大利亚养羊业之父"。麦克阿瑟曾担任新南威尔士殖民政府的秘书官，领导成立了澳大利亚农业公司、澳大利亚银行，并为澳大利亚一些学校从事筹办工作。1829～1832 年出任立法委员会委员。1834 年 4 月 11 日在澳大利亚去世。

（五）联邦首任总理：巴顿

埃德蒙·巴顿（Edmund Barton, 1849－1920） 1849 年 1 月 18 日生于悉尼市郊，父亲是证券经纪人。1865 年考入悉尼大学读文学，1868 年获学士学位，1870 年获硕士学位，1871 年成为律师。19 世纪 70 年代后期开始从政，并在 1879 年当选新南威尔士立法会议委员，成为最年轻的立法委员，不久出任议长。1887 年辞去立法会议议长后，两次出任司法部长。1891 年 3 月，巴顿出席了在悉尼举行的全澳联合会议，被选为宪法委员会委员。1897 年 3 月 22 日，在澳大利亚联邦大会第一次会议中，巴顿成为大会主席，并担任宪法委员会主席，负责起草联邦宪法。1900 年《澳大利亚联邦宪法》经公民投票通过并于 7 月 9 日生效。澳大利亚首任总督霍普召请巴顿出面组阁。1901 年 1 月 1 日，正式出任澳大利亚联邦首任总理兼外务部长。巴顿政府颁布了有关加强海关税收及防务的法律，积极倡导澳大利亚创建海军。1902 年，巴顿被封为爵士，并在同年被授予牛津大学名誉法学博士学位。1903 年，他辞去总理职务，被任命为联邦高等法院法官。1920 年 1 月 7 日，巴顿在新南威尔士病逝。

（六）首位工党总理：沃森

约翰·克里斯琴·沃森（John Christian Watson, 1867－1941） 1867 年 4 月 9 日生于智利的瓦尔帕莱索，13 岁辍学，成为一名童工。1886 年，他前往悉尼，后来任悉尼工会理事会主席。1894 年当选为新南威尔士立法会议议员。1901 年沃森出任工党领袖。在 1903 年大选中，工党以微弱优势获胜，沃森在 1904 年 4 月 23 日成为澳大利亚第三任总理兼财政部长，不久便宣布辞职。1905 年 7 月，沃森把他的继任者 G. H. 里德赶下台，支持迪金组阁，出任副总理。3 年半后，他辞去工党领袖职务，1910 年退出联邦众议院，后因支持征兵政策而被工党开除。1941 年 11 月 18 日在悉尼逝世，享年 75 岁。

（七）首位被执政党开除的在职总理：休斯

威廉·莫里斯·休斯（William Morris Hughes，1864 – 1952）1864 年 9 月 25 日生于英国的威尔士。22 岁时赴澳大利亚，积极参加并领导了工会的各种组织和活动。1894 年，他当选新南威尔士立法议会议员，1901 年当选为首届联邦议会众议员。此后曾任工党政府的司法部长，并于 1910 年协助制定了《澳大利亚银行钞票法》和《海军防务法》，1911 年修订了《调解与仲裁法》。1915 年出任澳大利亚联邦第 11 任总理（1915 ~ 1923）。1916 年，因征兵法案与工党决裂，被开除出党。1917 年 1 月在新组建的国民党中担任领袖，并于 1917 年、1918 年、1922 年的联邦大选中三次蝉联总理。第一次世界大战结束时，他代表澳大利亚参加巴黎和会。在会上，他坚持澳大利亚对本大陆周围岛屿拥有控制权，并坚持在移民政策上拥有自决权。1923 年因遭到反对党的反对，辞去总理职务。1929 年休斯被国民党开除。1931 年休斯加入了莱昂斯创立的澳大利亚统一党，1943 年任该党领袖，但在 1944 年被开除。1945 年休斯加入了孟席斯组建的澳大利亚自由党。1952 年 10 月 28 日在悉尼逝世，终年 90 岁。他曾先后参加过四个政党，领导过三个政党，并被这三个政党所开除。他是澳大利亚联邦历史上最为著名和争议最多的总理之一。

（八）联邦历史上任期最长的总理：孟席斯

罗伯特·戈登·孟席斯（Robert Gordon Menzies，1894 – 1978）1894 年 12 月 20 日生于维多利亚的杰帕里特镇，先后在维多利亚公立学校、墨尔本卫斯理学院及墨尔本大学接受教育。1918 年获维多利亚州律师资格，由于辩才卓绝，声名大振，并于 1928 年当选为维多利亚州参议员，1929 年成为该州众议院议员。1934 年当选为联邦众议院议员，并担任莱昂斯政府的司法部长。1939 年因莱昂斯死在任上，孟席斯继任总理。他由于狂妄自大导致党派分裂，于 1941 年被迫辞职。1943 年将统一党改组为自由党，并出任该党领袖。1949～1966 年长期担任澳大利亚联邦政府总理，是澳大利亚政坛上名副其实的不倒翁。在任期间，广泛实施移民计划，建立了较完善的社会保障体系，重视发展教育，同时努力发展首都堪培拉的市政建设，使堪培拉真正成为国家的政治中心。在外交方面，追随英美，将澳大利亚拖入了朝鲜战争、越南战争的泥潭。1951 年签署《澳新美条约》，1954 年参加东南亚条约组织。1966 年淡出政坛之后，曾于 1967～1972 年担任墨尔本大学名誉校长。孟席斯著述颇丰，包括《澳大利亚宪法研究》（1933）、《被遗忘的人们》（1943 年）、《演说时代》（1958 年）、《澳大利亚联邦的中央政权》（1967 年）、《战时的法制》（1977）等。1978 年 5 月 15 日在墨尔本逝世，终年 84 岁。

（九）战时总理：柯廷

约翰·约瑟夫·柯廷（John Joseph Curtin, 1885－1945） 1885 年 1 月 8 日生于澳大利亚维多利亚的克莱斯威克的一个警官家庭。曾在公立学校接受教育，13 岁时失学后到一家印刷厂工作。加入澳大利亚工党后，深受空想社会主义思潮的影响。1911～1915 年，任维多利亚州伐木工人协会理事、维多利亚州林业工会书记，曾因反对政府的征兵政策而受短期监禁。自 1916 年起长期担任《西澳大利亚州工人报》的编辑。曾任皇家儿童基金委员会委员。1928 年进入联邦众议院。1935 年成为工党领袖。1941～1945 年任联邦政府总理。他在任内力排众议，组织战时联合内阁，不顾英国反对，招回澳大利亚的海外兵团，保卫澳大利亚本土，并与美国结成战时军事同盟。他在国内为适应战时需要，实行一系列经济政策和福利政策，领导澳大利亚取得战争的胜利。繁忙的公务使其积劳成疾，他于 1945 年 7 月 5 日在堪培拉病逝。

（十）战后恢复时期的杰出领导人：奇夫利

约瑟夫·本尼迪克特·奇夫利（Joseph Benedict Chifley, 1885－1951） 1885 年 9 月 22 日生于新南威尔士的巴瑟斯特城。出身贫苦，17 岁时成为铁路工人。他因努力自学，1912 年担任新南威尔士州"铁路司机、司炉和清扫工协会"的法律顾问。1917 年 8 月，奇夫利参与领导了新南威尔士州铁路工人和有轨电车司机大罢工。1920 年参与组建"澳大利亚火车司机工会"。1921 年被聘为新南威尔士州仲裁法院"火车司炉协会"的律师。1928 年入选联邦众议院。1931～1932 年，奇夫利在工党总理斯卡伦的提拔下任联邦政府国防部长和助理财政部长，直至斯卡伦下台。1933 年当选为巴瑟斯特郡议会参议员。1940 年重返联邦众议院。一年后，被工党总理柯廷任命为财政部长。1945 年 7 月 12 日奇夫利当选工党领袖出任澳大利亚第 20 任总理。他上任后集中精力进行战后重建。1949 年 12 月大选中，工党失利，奇夫利辞去总理之职。1951 年 6 月 13 日在堪培拉病逝，享年 66 岁。

（十一）中澳邦交的架桥人：惠特拉姆

爱德华·高夫·惠特拉姆（Edward Gough Whitlam, 1916 - ）
1916 年 7 月 11 日出生于墨尔本一个律师家庭。1935 年进入悉尼大学圣保罗学院攻读古典文学，获得学位之后，又攻读法学。1941 年，他中断学业，入伍作战。1945 年退役，获得法学学位并加入工党。1952 年 11 月进入联邦议会众议院。1956～1959 年任联邦议会两院宪法审查委员会委员。1959 年任工党决策委员会委员。1960 年 3 月成为工党副领袖。1967 年 2 月惠特拉姆执掌工党，在 1971 年 6 月 27 日至 7 月 14 日，以澳大利亚反对党领袖的身份访问中国。1972 年 12 月任联邦第 26 任总理，刚一上任，便于 12 月 21 日宣布与中华人民共和国建交。为了减少西方大国对澳大利亚的影响，惠特拉姆把外交重点放在第三世界国家。1975 年 11 月 11 日惠特拉姆被迫下台。惠特拉姆著述颇丰，主要有：《澳大利亚的外交》（1963 年）、《改革之路：执政中的工党》（1975 年）、《惠特拉姆政府》（1985 年）等。他是中澳邦交的创始人，先后 4 次访华，自 1986 年一直担任"澳中理事会"主席，为中澳友谊作出了积极的贡献。

（十二）全面面向亚洲政策的决策者：基廷

保罗·约翰·基廷（Paul John Keating, 1944 - ） 1944 年 1 月 18 日出生于悉尼市郊的一个工人家庭。他家境贫苦，未满 15 岁便辍学，一边工作，一边去贝尔莫尔科技学院和悉尼科技学院上夜校，完成了学业，获得大学文凭。1962 年加入了新南威尔士州"工党青年委员会"。1967～1969 年担任该组织的主席。在 1969 年的联邦大选中，成为联邦最年轻的众议员。1972 年 12 月，工党大选获胜，惠特拉姆任总理，基廷被任命为澳北区发展部部长。1976 年初，基廷改任农业问题发言人，3 个月后被提为矿业和能源问题发言人。1979 年 9 月，基廷担任工党新南威尔士州分部主席，对工党领导机构进行了改革，为工党新南威尔士州分部带来新的活力。1980 年 11 月工党领袖海登任命他为资源和能源问题发言人。1983年，霍克出任工党领袖，并在同年 3 月出任总理，基廷被任命为联邦政府财政部长，由于其在任内的非凡表现，被欧洲一家商业杂志称为"1984年最佳财政部长"。1990 年 3 月，他升任联邦政府副总理兼财政部长，1991 年 6 月，在向在任总理霍克提出挑战时败北，辞去联邦副总理兼财政部长职务，屈居后座议员之位。同年 12 月 19 日，他再次提出挑战，并获胜成为第 29 任总理。在任总理期间，他支持土著人的土地权利，支持澳大利亚共和运动，支持澳大利亚与亚洲国家保持更紧密的关系，并把开拓海外市场的重点放在亚洲。

（十三）现代主义文学巨匠：怀特

帕特里克·怀特（Patrick White，1912－1990） 澳大利亚著名的小说家。1912 年生于伦敦，在澳大利亚悉尼接受启蒙教育后，被送往英国读中学，17 岁返澳。1932 年再次去英国在剑桥大学攻读现代语言。怀特于 1973 年获得诺贝尔文学奖。他有 11 部长篇小说出版，主要作品有《人类之树》《姨妈的故事》《沃斯》《战车上的乘客》等。他的作品以其优美的叙事方法、朦胧的寓意、诗化的笔触，对人生、社会、信仰进行了深刻剖析。其作品的一个突出主题是"苦难和赎罪"，刻画了人在失去信仰后的孤独，寻找自我又难以自得。他作品中运用的象征手法及其非现实主义倾向使他的作品有强烈的感染力，从而影响了整整一代作家，使当代澳大利亚文坛出现了雄踞一方的文学流派——怀特派。怀特派小说与当时的现实主义流派和新派小说一起，丰富了澳大利亚文坛的表现力。

（十四）致力于改善经济的总理：霍华德

约翰·霍华德（John Howard，1939－　） 1939 年 7 月 26 日生于新南威尔士郊区，父亲是汽车修理行老板。从悉尼大学毕业后，曾当过悉尼几家公司的律师。1974 年当选为联邦议会议员，此后担任过联邦政府企业和消费事务部部长（1975～1977 年）、特殊贸易部长（1977 年 7～12 月）、财政部长（1977～1983 年）。1982 年 4 月，被选为自由党副领袖，1985 年 9 月～1989 年 5 月担任自由党领袖。1995 年 1 月再次出任自由党领袖。1996 年 3 月，自由党－国家党联盟在大选中获胜，霍华德就任澳大利亚第 25 任总理。雄心勃勃的霍华德将面临工党留给他的严峻形势：1800 亿澳元的外债，77 万人的失业大军，27% 的青年失业率，以及 1996/1997 年度 80 亿澳元的赤字，更为严重的是国内商业投资的下滑趋势所预示的经济衰退。在当时国内呼声甚高的共和制问题上，霍华德表示自己是君主立宪的拥护者，但他支持民众的意愿。在 1998 年的大选中，自由党再次获胜，澳大利亚进入第二届霍华德政府时期。

（十五）会讲中文的总理：陆克文

陆克文（Kevin Michael Rudd，1957 －　　）　1957 年 9 月 21 日出生于澳大利亚昆士兰州，幼年丧父，家境贫寒，母亲艰难地独自抚养四个孩子。中学时代，他学习成绩优异，口才出众。1976 年，陆克文就读于澳大利亚国立大学，主修汉语和中国历史，"陆克文"这个响亮的中国名字是他就读大学时所起的。1981 年从澳大利亚国立大学毕业后即加入工党。1984 年被派驻北京，担任澳大利亚驻华使馆外交官。正是这一经历使他有机会深入了解中国，他对中国的认识，远远超出澳大利亚政治精英，而他流利的普通话在西方国家领导人中更是绝无仅有的。陆克文 1995 年任毕马威会计师事务所中国事务顾问，1997 年任澳大利亚昆士兰大学亚洲语言系副主任，1998 年当选昆士兰州格里菲斯选区众议员。他在国会首次发言时就强调，应该建立完善的社会保障制度来保护弱者。

2006 年 12 月，陆克文击败了金·比兹利，成为工党领袖。从 1996 年以来，工党一直是在野党，短短 10 年之内就已更换了四任领袖。新任的工党领袖能否扭转乾坤，成为众人瞩目的焦点。陆克文新任伊始，便赴全澳各地展开竞选宣传攻势，出席各种公众活动，做客电视谈话节目，提出"新领导""新思想"的竞选口号，以环保、撤回驻伊士兵以及加强与中国及亚洲国家的关系为基础，宣传自己和工党的政治主张。这些努力使得他在民众当中的声望迅速攀升，他的支持率甚至超过了时任总理霍华德。但是，随着竞选的推进，陆克文也开始遭遇丑闻的困扰。2007年初，陆克文的妻子泰雷丝·瑞恩（Therese Rein）所经营的公司从政府得到大量订单，一时引起国人热议，瑞恩不得不出售公司以平息该事。

2007年11月24日，陆克文击败连任四次的约翰·霍华德当选为澳大利亚总理。上任伊始，陆克文即履行承诺，于2007年12月3日签署了《京都议定书》，并于2008年6月撤回首批驻伊士兵约500人。但在对待中国以及亚洲其他国家时，他偏离了其竞选承诺，这在一定程度上说明，澳大利亚虽重视亚洲国家在经济方面的重要作用，但仍对中国的崛起心存疑虑。2010年6月24日，在工党内斗中败于吉拉德，卸任总理。但在2013年3月21日，在党内投票中获胜，再次出任总理。在2013年9月7日大选中，被自由国家党候选人阿博特击败。

（十六）吉拉德

朱莉娅·吉拉德（Julia Eileen Gillard，1961 - ） 澳大利亚第27任总理、工党领袖。

1961年9月29日出生于英国威尔士小镇巴瑞，因患小儿支气管炎，听从医生建议，1966年移民澳大利亚阿德莱德，并在那里长大。1982年从阿德莱德大学休学，移居墨尔本，1986年获墨尔本大学法学和文学双学士学位。毕业后成为律师事务所合伙人。1983年曾当选澳大利亚学生会主席和左翼的"社会主义论坛"秘书长。1988年参加大选当选议员。1996年任工党领导人约翰·布伦比的秘书长。2001年加入工党"影子内阁"。2006年工党内部选举中获胜，任陆克文副手。2007年11月24日，工党在大选中获胜，11月29号陆克文任命吉拉德任副总理。2010年6月24日，在工党内部纷争中吉拉德获胜，替代陆克文，成为澳历史上首位女总理。8月21日，议会大选以微弱优势击败阿博特，获得连任。2013年6月，在工党议会党团选举中败给陆克文，卸任总理之职。2013年3月21日，再次连任工党领袖。2013年6月26日，在工党党首选举中败给陆克文，卸任总理一职。

（十七）托尼·阿博特

托尼·阿博特（Tony Abbott，1957 - ） 1957年11月4日出生于

伦敦，3 岁时回澳大利亚悉尼定居。

大学期间，获得悉尼大学经济学和法学学位，后进牛津大学深造，获政治学和哲学硕士学位。此后在《澳大利亚人报》任专栏记者。1991 年任反对党领袖的秘书。1995 年在北悉尼选区竞选中获胜，成为众议院议员，步入政坛。霍华德政府时期，他主管过就业、卫生和老年事务。2009 年当选自由党领袖，他在移民、同性恋、堕胎、碳税等问题上均持保守态度。他视霍华德为"政治导师"，但口无遮拦，被称"政治粗汉"，曾在几次大选中失败。

2013 年 9 月 7 日的大选中代表自由党和国家党联盟，战胜工党领导人陆克文，当选为总理。他主张"节约政府"，将在任期内节约 300 亿澳元，减少 160 亿澳元债务，主张与美英保持友好，提倡"亚洲优先"政策。

大事纪年

1606 年	荷兰航海家威廉·杨茨到达澳大利亚约克角半岛。
1642 年	荷兰航海家阿伯尔·塔斯曼第一次发现塔斯马尼亚和新西兰。
1770 年	詹姆士·库克发现澳大利亚东海岸，4 月 19 日在植物湾登陆，8 月 22 日在占领岛宣布澳东部为英国领土，后命名为新南威尔士。
1774 年	10 月 10 日库克第二次远航时发现诺福克岛。
1786 年	英国决定在植物湾建立犯人流放地。
1788 年	1 月 18 日菲利普总督率领第一批运犯人的船到达植物湾，2 月 7 日正式宣布新南威尔士殖民地建立。
1791 年	第三批犯人到达。
1793 年	第一批自由移民到达澳洲。
1797 年	亨利·瓦特诺斯从好望角运来第一批美利奴羊，养羊业从此开始。
1800 年	海军上校菲利普·吉德雷·金就任第三任总督。
1801 年	在纽卡斯尔建立第一个犯人区，并建立犯人毛织品厂。
1806 年	8 月 13 日威廉·布莱尔出任第四任总督。
1807 年	美利奴羊毛第一次出口英国，共 11 公斤。
1817 年	第一家银行——新南威尔士银行建立。
1819 年	7 月 17 日澳大利亚储蓄银行在悉尼建立。
1820 年	首批罗马天主教神父到达悉尼。

1821 年	托马斯·布里斯班接替麦夸里出任新南威尔士第六任总督。
1822 年	在范廸门建立流放犯人移民区。
1824 年	新南威尔士立法会议举行第一次会议。
1828 年	塔斯马尼亚建立立法会议。
1830 年	在阿瑟港建立犯人移民区。
1831 年	废除土地恩赐制，实行售卖制。
	4 月 18 日《悉尼先驱报》出版。
1832 年	开始执行资助移民计划。
1836 年	宣布南澳大利亚移民区建立。
1837 年	开通悉尼和墨尔本之间的邮政业务。
1841 年	宣布新西兰为独立殖民地。
1842 年	悉尼和墨尔本获准建立地方政府。
1851 年	在新南威尔士和维多利亚发现金矿，开始出现淘金热。
1852 年	通过建立悉尼大学法案。
1854 年	第一条蒸汽机车铁路正式在悉尼至巴腊拉特通车。
1856 年	南澳大利亚建立地方政府。
1858 年	澳大利亚人口达到 100 万。
1859 年	建立昆士兰殖民地，并建立责任政府。
1868 年	最后一批犯人流放到西澳大利亚。
1870 年	铺设阿德莱德到达尔文的电报线。
1871 年	新南威尔士建立常备军。
1873 年	通过第一个工厂法。
1880 年	悉尼、墨尔本、布里斯班开始办理公用电话业务。
1881 年	新南威尔士、昆士兰、维多利亚和南澳通过限制华人移民法案。
1885 年	联邦委员会建立，开始了联邦运动。
1890 年	西澳建立责任政府，塔斯马尼亚大学建立。
1891 年	起草澳大利亚联邦宪法。

1897 年	举行第二次联邦会议。
1900 年	7 月 9 日英国女王批准联邦宪法，埃德蒙·巴顿组成第一届联邦内阁。
1901 年	1 月 1 日澳大利亚联邦正式诞生。
1902 年	联邦政府批准妇女拥有选举权。
1905 年	建立海军局。
1908 年	堪培拉定为联邦首都，工党领袖费舍尔出任总理。
1909 年	自由党组成，澳大利亚开始实行两党制，迪金第二次出任总理。
1910 年	联邦银行首次发行货币。
1912 年	建造横贯东西大陆的铁路。
1914 年	8 月 4 日英国向德国宣战，澳大利亚卷入第一次世界大战。
1915 年	澳新军团在埃及组建，并参加加里玻利战役。
1916 年	澳陆军在法国参加作战，骑兵在巴勒斯坦参战。
1918 年	一战结束，澳军 6 万人在一战中伤亡。
1919 年	澳派代表参加巴黎和会。
1920 年	澳大利亚乡村党和共产党相继成立。澳参加国联。
1921 年	以托管名义，接管德属新几内亚。
1923 年	建立澳大利亚皇家空军。
1927 年	联邦首都由墨尔本迁到堪培拉。
1931 年	由于世界经济危机殃及澳大利亚，澳货币贬值，联邦法庭裁定将工资税率减少 10%。
1932 年	悉尼湾大桥竣工。
1935 年	联邦外交部成立。
1936 年	联邦航空公司成立。
1939 年	澳大利亚参加第二次世界大战，第二次组织远征军团。
1940 年	澳护卫舰护送第六、第七师出兵中东，澳军参加利比亚战役。
	凯西作为澳历史上第一位外交官被派往美国。

1941 年	澳军参加北非、希腊和克里特岛、叙利亚等地战役。第九师参加了著名的阿拉曼战役。
1942 年	日军占领新加坡，澳第八师 15000 余人投降，2 月 19 日日战机轰炸达尔文港，麦克阿瑟在澳建立总司令部。
1943 年	澳军和美军共同收复新几内亚的一些地区。第九师奉调回国。
1944 年	澳新签订双边条约。
1945 年	澳军在婆罗洲东南地区登陆。5 月 8 日德国投降。8 月 15 日，日本投降，澳军在第二次世界大战中伤亡 33826 人。
1946 年	与英国协作，在南澳伍默拉建导弹试验场。
1947 年	颁布协助欧洲人移民澳大利亚的计划。
1949 年	12 月 19 日罗伯特·孟席斯就任联邦总理。巴布亚新几内亚合并。
1950 年	9 月 28 日派兵参加朝鲜战争，实施科伦坡计划。
1951 年	签订澳、新、美安全条约，实施同化土著的政策。
1953 年	实施联邦医疗和福利政策，
1954 年	伊丽莎白女王二世和菲利普亲王访问澳大利亚。澳成为东南亚条约组织成员国。
1956 年	16 届奥林匹克运动会在墨尔本举行，澳获得 13 枚金牌。支持英、法侵略埃及。 电视广播出现。
1957 年	悉尼歌剧院设计方案中选。 日澳签订贸易协定。
1958 年	原子能反应堆在新南威尔士建成。
1959 年	澳大利亚开发银行成立。
1960 年	制定土著享受社会福利条约。
1961 年	西澳皮尔巴拉地区发现高质量铁矿，昆士兰发现油田。 全国大选，人口为 10548267 人。
1962 年	给土著以选举权。

1965 年	澳政府派一营士兵去南越。
1968 年	首次心脏手术在澳洲获得成功。
1970 年	教皇保罗六世访澳。
	庆祝库克到达植物湾 200 周年。
1971 年	宣布巴布亚新几内亚在 1972～1976 年实行自治。
	惠特拉姆率领工党代表访华。
1972 年	惠特拉姆在选举中获胜。出任总理。
	12 月 21 日与中国建交。
1973 年	10 月惠特拉姆总理对中国进行正式访问，与周恩来总理会谈，毛泽东和邓小平分别会见。
	英国伊丽莎白二世参加悉尼大剧院落成典礼。
1975 年	巴布亚新几内亚获得独立，全国大选，自由党－乡村党联合执政，弗雷泽出任总理。
1978 年	北澳地区获自治。
1980 年	9 月弗雷泽总理和日本首相大平正芳倡议发起"太平洋经济会议"在堪培拉召开。
	5 月李先念副总理访澳。
1981 年	澳大利亚总人口达到 14922300 人。
1982 年	联邦政府将艾尔斯岩归还土著居民。
1983 年	3 月，罗伯特·霍克出任联邦总理，后于 1984 年、1987 年连任。
1984 年	2 月，澳总理罗伯特·霍克访华。
	7 月在上海设立澳总领馆。
1985 年	4 月，中共中央总书记胡耀邦访澳，发表《中澳经济合作的新闻公报》。
1986 年	9 月万里副总理访澳，宣布成立中澳部长级联合经济委员会。
1989 年	中澳关系一度紧张，后经双方努力，全面恢复正常关系。
	11 月，亚太经济合作组织第一次会议在堪培拉举行。

1990 年	4 月 20 日保罗·基廷就任总理。
1991 年	2 月朱镕基副总理和钱其琛外长访澳。
1992 年	澳外长埃文斯访华，主持新大使馆开馆仪式。
1993 年	基廷总理访华。
	澳外交政策实施"面向亚洲"的转变。
1995 年	澳大选揭晓，霍华德领导的自由党和国家联盟党，击败了工党连续 13 年的执政，成为新一届总理。
	悉尼至上海航线开通。
	9 月霍华德访问印尼、新加坡和日本。
1997 年	5 月朱镕基正式访澳。
	11 月江泽民主席与霍华德总理在温哥华举行的亚太经合组织会议会晤。
1997 年	3 月霍华德总理正式访华。
1999 年	5 月澳副总理兼贸易部长费希尔访华。
	7 月澳外长唐纳访华。
	8 月中澳举行第三次人权对话。
	9 月江泽民主席应总督迪恩邀请正式访澳，建立两国领导人和外长定期会晤机制。
2000 年	4 月澳陆军司令巴里上将访华。
2001 年	3 月澳国防部长里恩访华。10 月霍华德总理和外长唐纳出席在上海举行的亚太经合组织会议。
2002 年	5 月总理霍华德来华进行工作访问，与江泽民主席、李鹏委员长、朱镕基总理会晤。
	9 月李鹏委员长正式访澳。
2003 年	8 月霍华德来华进行工作访问。
	10 月胡锦涛主席正式访问澳大利亚。
2004 年	霍华德第四次当选总理，成为澳历史上继孟席斯之后任职最长的总理。
	5 月，澳美签署自由贸易协定。

2005 年　　6 月澳国防部长希尔访华。

2006 年　　7 月澳增派军队参加阿富汗战争。

年底陆克文击败金·比利兹，成为工党领袖。

4 月温家宝总理正式访澳。

2007 年　　1 月 24 日，陆克文领导的工党在大选中获胜，出任总理。

12 月，澳在联合国气候变化大会的《京都议定书》上签字。

2008 年　　2 月 13 日，陆克文代表澳政府向百年来推行"白澳政策"的受害者土著人正式道歉。

2 月政府决定大赦难民，并放宽移民政策。

4 月陆克文总理访华，并在北大演讲。

6 月澳从伊拉克撤军。

2009 年　　陆克文发表《全球金融危机》的文章。

澳大利亚因金融危机减少 2100 亿澳元的收入。

2 月，澳政府推出化解金融危机的政策，提出 420 亿澳元的"国家建设和工作计划"和 47 亿澳元的基础建设投资项目以及对工薪阶层的减税计划。

2010 年　　6 月，朱莉娅·吉拉德在工党内部争斗中向陆克文挑战，成为工党领袖并担任总理。

8 月 21 日，联邦大选，吉拉德联合绿党取得胜利。

2011 年　　4 月，吉拉德访华，与温家宝会谈，并签署有关经贸的五个文件。20 日与胡锦涛会见。

2011 年　　11 月，奥巴马总统访澳，并在议会发表"重返亚洲"的演讲，澳同意美海军陆战队在达尔文训练。

2013 年　　3 月，工党内部纷争，能源部长马丁·费格森等三位部长辞职，反对吉拉德任工党主席。

4 月，吉拉德参加博鳌亚洲论坛，随后第二次访华，与李克强会谈。

2013 年　　6 月 27 日，陆克文再次出任总理。

9 月 7 日，澳大利亚大选，托尼·阿博特领导的自由党和国家党联盟战胜工党领袖陆克文，成为新一届总理。

10 月 6 日，习近平主席在巴厘岛举行的 APEC 会议上与阿博特会晤。

2014 年　4 月 1 日，阿博特总理与李克强总理通电话，对马来西亚航空 MH370 航班失联一事表示继续联合搜救，"不能松懈，更不放弃"。

2014 年　4 月 10 日，阿博特总理出席"博鳌亚洲论坛"，李克强总理举行欢迎仪式，11 日访问上海。

参考文献

一　中文部分

1. T. L. 麦克奈特：《澳大利亚地理总论》，陕西人民出版社，1977。

2. 科林·赛尔：《澳大利亚：国土及其发展》，陕西人民出版社，1979。

3. W. P. 霍根、E. J. 塔普、A. E. 麦奎因：《澳大利亚概况》，广东人民出版社，1979。

4. 赵书文、段绍伯：《大洋洲自然地理》，商务印书馆，1987。

5. 季任钧：《澳大利亚和新西兰农业地理》，商务印书馆，1995。

6. 唐海彬、叶进：《今日澳大利亚》，陕西人民出版社，1979。

7. 约翰·根室：《澳新内幕》，上海译文出版社，1979。

8. 托卡列夫、托尔斯托夫主编《澳大利亚和大洋洲各族人民》，三联书店，1980。

9. 张秋生：《澳大利亚华侨华人史》，外语教学与研究出版社，1998。

10. 骆以清：《访澳纪实》，光明日报出版社，1991。

11. 黄源深、陈弘：《当代澳大利亚社会》，华东师范大学出版社，1991。

12. 郭可、张咏华：《澳大利亚风情录》，知识出版社，1992。

13. 戈顿·福斯：《当代澳大利亚社会》，南京大学出版社，1993。

14. 王晋军：《澳洲风情录》，山西人民出版社，1995。

15. 高京：《澳大利亚》，世界知识出版社，1997。

16. 王德华：《澳大利亚：从移民社会到现代社会》，上海社会科学院出版社，1997。

17. 田森：《大洋洲探秘》，浙江人民出版社，1998。

18. 理查德·怀特：《创造澳大利亚》，云南人民出版社，1999。

19. 骆以清：《骑在羊背上的国家》，科学普及出版社，1999。

20. 唐纳德·霍恩：《澳大利亚人——幸运之邦的国民》，上海译文出版社，2000。

21. 李凯林等：《澳大利亚国民素质考察报告》，广西人民出版社，1999。

22. 戈登·格林伍德：《澳大利亚政治社会史》，商务印书馆，1960。

23. 曼宁·克拉克：《澳大利亚简史》，广东人民出版社，1973。

24. 骆介子：《澳大利亚建国史》，商务印书馆，1991。

25. 郑寅达：《澳大利亚史》，华东师范大学出版社，1991。

26. 吴祯福主编《澳大利亚历史（1788～1942)》，北京出版社，1992。

27. 杰弗里·博尔顿：《澳大利亚历史（1942～1988)》，北京出版社，1993。

28. 黄鸿钊、张秋生：《澳洲简史》，香港开明书店，1993。

29. 张天：《澳洲史》，社会科学文献出版社，1996。

30. 李沙：《澳大利亚历届总理小传》，新华出版社，1992。

31. 薛厉廉：《澳大利亚政府机构与文官制度》，中国社会科学出版社，1986。

32. 金太军：《当代各国政治体制：澳大利亚》，兰州大学出版社，1998。

33. 南开大学经济研究所世界经济研究室：《澳大利亚经济》，人民出版社，1975。

34. 陈国庆：《战后澳大利亚经济》，天津人民出版社，1984。

35. 沈仲：《澳大利亚经济》，华东师范大学出版社，1991。

36. 殷汝祥：《富饶的南方大陆》，知识出版社，1991。

37. 衣维明等编著《今日澳大利亚》，天津人民出版社，1994。

38. 殷汝祥、衣维明：《澳大利亚市场经济体制》，兰州大学出版社，1994。

39. 滕大春：《外国教育通史》，山东教育出版社，1995。

40. 王斌华：《澳大利亚教育》，华东师范大学出版社，1996。

41. 梁占平编《各国科技要览——40个国家的科学技术》，科学技术出版社，1991。

42. 钟书华：《澳大利亚的科学技术》，中国经济出版社，1995。

43. 黄源深：《澳大利亚文学论》，重庆出版社，1995。

44. 黄源森：《澳大利亚文学史》，上海外语教育出版社，1997。

45. 刘丽君：《澳大利亚文化史稿》，汕头大学出版社，1998。

46. 洪丕柱、张迪珊：《澳洲风情纪实》，学林出版社，1993。

47. 洪丕柱：《南十字星空下》，复旦大学出版社，1997。

48. 殷汝祥：《今日澳大利亚研究》，天津大学出版社，1998。

49. 杨翠迎、郭光芝编著《澳大利亚社会保障制度》，上海人民出版社，2012。

二　英文部分

1. Russel Ward, *Australia since the Coming of Man*, St Martin's Press, 1989.

2. Manning Clark, *A Short History of Australia*, America New Library Press, 1980.

3. John Molony, *The Penguin Bicentennial History of Australia*, Penguin Books Australia Ltd. , 1987.

4. *Sydney Morning Herald*.

5. *Australian*.

6. *Australin Archives*.

7. *The Australian Journal of Politics and History*.

8. J. A. La Nauze, *The Making of the Australian Constitution*, Melbourne, 1972.

9. Pamela Statham, *The Origins of Australia's Capital Cities*, Sydney, 1989.

10. Gavin Long, *The Six Years War: A Concise History of Australia in the 1939 – 1945 War*, Canberra, 1973.

11. Australia Embassy, *Australia in Brief*, Canberra, 1996.

12. Centre for the Study of Australia-Asia Relations, *The Asia-Australia Survey 1995 – 1996*, MacMillan Education Australia Pty. , 1995.

13. Australian Bureau of Statistics, *Year Book Australia 1997*.

14. In the National Interest, *Australia's Foreign and Trade Policy White Paper*, 1977.

15. Commonwealth Treasury of Australia, *Budget Overview & Economic Outlook 1995 – 1996*, 1995.

16. *Defending Australia: Defence White Paper*, 1994.

17. *Defence 2000: Our Future Defence Force*.

18. Jeffry Grey, *A Military of Australia*, Cambridge University Press, 1990.

19. Gregory Pemberton, *All the Way: Australia's Road to Vietnam*, Sydney, 1987.

20. C. F. Yong, *The New Gold Mountain: The Chinese in Australia, 1901 – 1921*, Richmond, Raphael Arts Pty. Ltd., 1977.

21. Department of Foreign Affairs and Trade, *Backgrounder*.

22. G. Greenwood, *Approaches to Asia: Australia Postwar Polices and Attitudes*, Sydney, 1974.

23. E. S. Elphick, *Australia's Relations with Asia*, Sydney, 1975.

24. Jim Hyde, *Australia: The Asia Connection*, Melbourne, 1978.

25. C. F. Munns, *Australia and Asia in World Affairs since World War Ⅱ*, Brisbane, 1976.

26. H. R. Gowie, *Asia and Australia in World Affairs*, Melbourne, 1980.

27. Peg White & Peter Young, *Australia's Relations with Asia*, McGraw-Hill Book Company Australia Pty. Ltd., 1988.

28. A. W. Stargardt, *Australia's Asian Policies: The History of a Debate, 1839 – 1972*, Hamburg, 1977.

29. Werner Levi, *Australia's Outlook on Asia*, Greenwood Press, 1979.

30. Greg Sheridan, *Living with Dragons: Australia's Confronts its Asian Destiny*, Allen & Unwin, 1995.

31. Ross Carnaut, *Australia and the Northeast Asia: Ascendancy*, Canberra, 1990.

32. Ravindra Varma, *Australia and Southeast Asia*: *The Crystallisation of a Relationship*, New Delhi, 1974.

33. R. N. Rosecrance, *Australian Diplomacy and Japan*, *1945 – 1951*, Melbourne University Press, 1962.

34. E. M. Andrews, *Australia and China*: *The Ambiguous Relationship*, Melbourne Press, 1985.

35. Albinski, *Australia and the China Problem during the Korean War Period*, Canberra, 1964.

36. Albinski, *Australian Attitudes and Policies toward China*, Princeton University Press, 1965.

37. Edmund Fung & Colin Mackerras, *From Fear to Friendship*: *Australia's Policies towards the People's Republic of China*, *1966 – 1982*, Queensland University Press, 1985.

38. FitzGerald, *Talking with China*: *The Australian Labour Party Visit and Peking's Foreign Policy*, Australian National University Press, 1972.

39. F. K. Crowley, *Modern Australia in Documents*, *V. 1*, *1901 – 1939*; *V. 2*, *1939 – 1970*, Melbourne, 1973.

40. Australia Department of Foreign Affairs, *Documents on Australian Foreign Policy*, *1937 – 1949*, Canberra, 1975.

41. Neville Meaney, *Australia and World*: *A Documentary History from the 1870s to the 1970s*, Longman Cheshire Pty. Ltd. , 1985.

42. *Commonwealth Parliamentary Debates* (*CPD*).

43. *Current Notes on International Affairs*.

44. Gough Whitlam, *The Whitlam Government*, *1972 – 1975*, Australian Penguin Books Ltd. , 1985.

45. Gareth Evans and Bruce Grant, *Australia's Foreign Relations*: *In the World of the 1990s*, Melbourne University Press, 1995.

46. Alan Renouf, *The Frightened Country*, Melbourne, 1979.

47. Russel Ward, *A Nation for a Continent*: *The History of Australia*, *1901 –*

1975, Richmond, 1981.

48. Alan Watt, *The Evolution of Australian Foreign Policy*, *1938 – 1965*, Cambridge University Press, 1967.

49. Albinski, *Australian External Policy under Labour*, University of Queesland Press, 1977.

50. Huson, *Australia in World Affairs*, *1971 – 1975*, George Allen & Unwin, 1980.

51. *The Australian Encyclopedia*, the Grolier Society of Australia Pty Ltd., Sydney, 1979.

52. Susan Bambrick, ed., *The Cambridge Encyclopedia of Australia*, Cambridge University Press, 1994.

53. Colin A. Hughes & B. D. Graham, *A Handbook of Australian Government and Politics*, *1890 – 1964*, Canberra, 1994.

54. Don Aitkin, *Stability and Chang in Australian Politics*, New York, 1977.

55. Australian Bureau of Statistics, *2012 Year Book Australia*, Canberra, 2012.

索　引

新版《列国志》总书目

亚洲

阿富汗

阿拉伯联合酋长国

阿曼

阿塞拜疆

巴基斯坦

巴勒斯坦

巴林

不丹

朝鲜

东帝汶

菲律宾

格鲁吉亚

哈萨克斯坦

韩国

吉尔吉斯斯坦

柬埔寨

卡塔尔

科威特

老挝

黎巴嫩

马尔代夫

马来西亚

蒙古国

孟加拉国

缅甸

尼泊尔

日本

沙特阿拉伯

斯里兰卡

塔吉克斯坦

泰国

土耳其

土库曼斯坦

文莱

乌兹别克斯坦

新加坡

叙利亚

亚美尼亚

也门

伊拉克

伊朗

以色列

印度

印度尼西亚

约旦

越南

非洲

阿尔及利亚

埃及

埃塞俄比亚

安哥拉

贝宁

博茨瓦纳

布基纳法索

布隆迪

赤道几内亚

多哥

厄立特里亚

佛得角

冈比亚

刚果

刚果民主共和国

吉布提

几内亚

几内亚比绍

加纳

加蓬

津巴布韦

喀麦隆

科摩罗

科特迪瓦

肯尼亚

莱索托

利比里亚

利比亚

卢旺达

马达加斯加

马拉维

马里

毛里求斯

毛里塔尼亚

摩洛哥

莫桑比克

纳米比亚

南非

南苏丹

尼日尔

尼日利亚

塞拉利昂

塞内加尔

塞舌尔

圣多美和普林西比

斯威士兰

苏丹

索马里

坦桑尼亚

突尼斯

乌干达

赞比亚

乍得

中非

欧洲

阿尔巴尼亚

爱尔兰

爱沙尼亚

安道尔

奥地利

白俄罗斯

保加利亚

北马其顿

比利时

冰岛

波兰

波斯尼亚和黑塞哥维那

丹麦

德国

俄罗斯

法国

梵蒂冈

芬兰

荷兰

黑山

捷克

克罗地亚

拉脱维亚

立陶宛

列支敦士登

卢森堡

罗马尼亚

马耳他

摩尔多瓦

摩纳哥

挪威

葡萄牙

瑞典

瑞士

塞尔维亚

塞浦路斯

圣马力诺

斯洛伐克

斯洛文尼亚

乌克兰

西班牙

希腊

匈牙利

意大利

英国

美洲

阿根廷

安提瓜和巴布达

巴巴多斯

巴哈马

巴拉圭

巴拿马

巴西

秘鲁

玻利维亚

伯利兹

多米尼加

多米尼克

厄瓜多尔

哥伦比亚

哥斯达黎加

格林纳达

古巴

圭亚那

海地

洪都拉斯

加拿大

美国

墨西哥

尼加拉瓜

萨尔瓦多

圣基茨和尼维斯

圣卢西亚

圣文森特和格林纳丁斯

苏里南

特立尼达和多巴哥

危地马拉

委内瑞拉

乌拉圭

牙买加

智利

大洋洲

澳大利亚

巴布亚新几内亚

斐济

基里巴斯

库克群岛

马绍尔群岛

密克罗尼西亚

瑙鲁

纽埃

帕劳

萨摩亚

所罗门群岛

汤加

图瓦卢

瓦努阿图

新西兰

国别区域与全球治理数据平台

www.crggcn.com

"国别区域与全球治理数据平台"（Countries，Regions and Global Governance，CRGG）是社会科学文献出版社重点打造的学术型数字产品，对接国别区域这一重点新兴学科，围绕国别研究、区域研究、国际组织、全球智库等领域，全方位整合基础信息、一手资料、科研成果，文献量达30余万篇。该产品已建设成为国别区域与全球治理数据资源与研究成果整合发布平台，可提供包括资源获取、科研技术服务、成果发布与传播等在内的多层次、全方位的学术服务。

从国别区域和全球治理研究角度出发，"国别区域与全球治理数据平台"下设国别研究数据库、区域研究数据库、国际组织数据库、全球智库数据库、学术专题数据库和学术资讯数据库6大数据库。在资源类型方面，除专题图书、智库报告和学术论文外，平台还包括数据图表、档案文件和学术资讯。在文献检索方面，平台支持全文检索、高级检索，并可按照相关度和出版时间进行排序。

"国别区域与全球治理数据平台"应用广泛。针对高校及国别区域科研机构，平台可提供专业的知识服务，通过丰富的研究参考资料和学术服务推动国别区域研究的学科建设与发展，提升智库学术科研及政策建言能力；针对政府及外事机构，平台可提供资政参考，为相关国际事务决策提供理论依据与资讯支持，切实服务国家对外战略。

数据库体验卡服务指南

※100元数据库体验卡，可在"国别区域与全球治理数据平台"充值和使用

充值卡使用说明：
第1步 刮开附赠充值卡的涂层；
第2步 登录国别区域与全球治理数据平台（www.crggcn.com），注册账号；
第3步 登录并进入"会员中心"→"在线充值"→"充值卡充值"，充值成功后即可使用。

声明

最终解释权归社会科学文献出版社所有

客服QQ：671079496
客服邮箱：crgg@ssap.cn

欢迎登录社会科学文献出版社官网（www.ssap.com.cn）和国别区域与全球治理数据平台（www.crggcn.com）了解更多信息

卡号：3678182497582086
密码：

图书在版编目（CIP）数据

澳大利亚/沈永兴，张秋生，高国荣编著 . —3 版 . —北京：
社会科学文献出版社，2014.7（2022.3 重印）
（列国志. 新版）
ISBN 978 - 7 - 5097 - 6033 - 8

Ⅰ. ①澳⋯ Ⅱ. ①沈⋯ ②张⋯ ③高⋯ Ⅲ. ①澳大利亚 -
概况 Ⅳ. ①K961. 1

中国版本图书馆 CIP 数据核字（2014）第 098545 号

· 列国志（新版）·

澳大利亚（Australia）

编 著／沈永兴 张秋生 高国荣

出 版 人／王利民
项目统筹／张晓莉
责任编辑／赵怀英
责任印制／王京美

出 版／社会科学文献出版社·国别区域分社（010）59367078
地址：北京市北三环中路甲 29 号院华龙大厦 邮编：100029
网址：www. ssap. com. cn
发 行／社会科学文献出版社（010）59367028
印 装／唐山玺诚印务有限公司

规 格／开 本：787mm × 1092mm 1/16
印 张：29.5 插 页：1 字 数：453 千字
版 次／2014 年 7 月第 3 版 2022 年 3 月第 2 次印刷
书 号／ISBN 978 - 7 - 5097 - 6033 - 8
定 价／89.00 元

读者服务电话：4008918866